训诂学

（第四版）

XUNGUXUE

宋子然 ○ 编著

UESTCP
电子科技大学出版社

图书在版编目（CIP）数据

训诂学 / 宋子然编著. —4 版. —成都：电子科技大学出版社，2012. 9（2025.4 重印）

ISBN 978–7–5647–1040–8

Ⅰ. ①训⋯ Ⅱ. ①宋⋯ Ⅲ. ①训诂—高等教育—自学考试—教材 Ⅳ. ①H13

中国版本图书馆 CIP 数据核字（2012）第 222910 号

训诂学（第 4 版）

XUNGUXUE（DI-SI BAN）

宋子然 编著

出　　版：	电子科技大学出版社（成都市一环路东一段 159 号电子信息产业大厦　邮编：610051）
策划编辑：	汤云辉
责任编辑：	高小红
主　　页：	www.uestcp.com.cn
电子邮箱：	uestcp@uestcp.com.cn
发　　行：	新华书店经销
印　　刷：	成都汇源文化发展有限公司
成品尺寸：	140 mm×203 mm　　印张 14.25　　字数 371 千字
版　　次：	2012 年 9 月第 4 版
印　　次：	2025 年 4 月第 9 次印刷
书　　号：	ISBN 978-7-5647-1040-8
定　　价：	42.00 元

第四版前言

这本《训诂学》自 1993 年面世以来，迄今已近 20 年了。其间经过了两次修订，现在是第三次修订，出第四版了。这次修订，更新了“试题选登”的内容，选了一些训诂在人文科学和自然科学中应用的例子，作为“拓展阅读材料”，供部分有兴趣的读者作为深一步阅读的参考。

训诂学是一门看似典雅深奥，实则平易致用的学问。若问何谓训诂？则曰训诂就是解释，主要是解释古代文献中的词语。训诂学就是研究训诂的理论及其方法的学问。文字与词汇，是一个民族文化的主要载体。人不能脱离社会，社会有其历史，传统文化与当下文化一脉相承、源流相通。所以，解释古代词语与解释现代词语，其理论与方法都是相通的、可以借鉴的。并且，各行业、各学科都有其历史沿革，都有其文献词语，都需要审视其词语的本来意义及其演变情况。因此，历史文献词语的解释不应该局限于训诂之学，而在自然科学与社会科学中也会有广泛的应用。这是训诂学应用性能的体现，也是训诂学振兴创新的必然前途。

2002 年我在巴蜀书社出版过一本《训诂理论与应用》

的书，那里面有《训诂学在人文科学中的应用》和《训诂学在自然科学中的应用》两章。这次修订时，四川师范大学年轻有为的张能甫教授建议我把它们移植到这本书里来。我感谢并采纳了他的建议，把这两章的内容选录过来，作为阅读材料。这些应用内容只是举例而已，若有志于此者，由此开拓下去，成果将无可估量。

宋子然

2012 年 9 月 26 日

于四川师范大学桂苑月楼

第三版前言

本书自1993年出版以来，迄今已逾10年。其间1998年曾修订过一次。按照出版法的规定，书出10年，可重新签约，重新出版，于是便再修订，刊出了本书的第三版。

第三次修订，增加了原书每章之后的“思考与练习”的内容。以试题的形式重复该章的基本内容，并附有参考答案；书末加多了模拟试题和已考试题的数量。其目的是为了帮助学生更好地掌握这门功课的知识。

由于这次修订需要重新录入文字，所以全书又得从头校对。开学在即，急于用书，故匆匆付梓。如有文字错讹，恳请读者指正。

编　者

2004年1月19日

于四川师范大学桂园月楼

第二版前言

这本《训诂学》自 1993 年出版以来，作为四川省自学考试的教材迄今已经使用了五年。在使用过程中，发现本书由于排印仓促而出现的文字失校现象比较严重。特别是经四川大学赵振铎先生将本书作为他的研究生教材使用之后，发现了更多的文字错讹。因此，编者期待有一个校正的机会。

我校今秋拟将这本《训诂学》作为中文系本科生教材，趁此机会，与出版社协商，终于有幸得以修订。

此次修订，除了校订文字之外，还适当增加了一些例证资料，拓展了一些知识范围，如在“训诂学与中医学”的关系一节中，从“由训诂以通医经”和“医经补证训诂”这两个方面加以论述，自觉有些新意，这对于拓宽训诂学的研究范围和适用范围，或许是有益的尝试。

可以肯定，修订之后还会存在一些错误，因此恳请同行方家及读者随时赐教。

编　者

一九九八年八月六日

于四川师范大学

前　言

为了适应社会上广大青年文化自修的需要，特编写了这本内容通俗易懂的《训诂学》。

四川、云南、贵州和广西四省的高等教育自学考试汉语言文学专业（本科段）自 1990 年开考训诂学以来，采用的是统一的教材、统一的大纲和统一的试题。本书在编写过程中参照了自学考试大纲的规定和标准，在内容范围和难易程度上也与原用教材基本相符，所以经四川省高教自考汉语言文学专业指导组负责人审定，认为本书是一本适合自学的教材，考生可以在本书和原教材之间任选一种使用。

这本《训诂学》还可供大专院校文科学生及研究生参阅。

承蒙四川师范大学张振德教授审订此书，四川大学赵振铎教授也通阅全稿，并为本书作序，在此深表谢意；研究生崔雪梅、唐莉协助编者做了不少工作。编者为水平所限，错讹难免，敬请读者批评指正。

编　者

一九九三年十月二十八日

宋子然《训诂学》序

训诂学是我国传统语言学的一个部门，它以解释语言的意义为任务，这和现代语言学的词汇学不同；它和语义学接近，但是偏重于方法的总结，这又和语义学有区别。

20 世纪 20 年代以来，训诂学作为一门课程进入高等学校的课堂，其中虽然经过起落，但是到了 80 年代，这门学科却有了很大的发展，不少综合大学、师范院校都开了这门课程。据说有的省电大本科班没有修外语课程的，还可以用训诂学代替，足见这门课程在专业教学计划中占有重要的地位。

多年来，一些学者编写的训诂学教材在普及训诂学知识、总结训诂经验方面做了大量工作。齐佩瑢、洪诚、陆宗达、郭在贻诸先生各有建树，所撰教材，特色鲜明。各种训诂学教材已经出版三十余种。由于社会需要量大，而这类书的印数又少，出版不久，就告罄脱销，这给学习者带来很大的不便。

四川师范大学宋子然先生，在研究生期间即致力于训诂学的学习，毕业后又对这一课题作了长期钻研。近年撰写成了这本《训诂学》作为电大和自学教材。全书十章，论述清楚，举例翔实，训诂学的基本内容都涉及了，能够满足这方面的需要。

一本教材要真正站得住脚，为社会所公认，必须经过多年不断使用，反复修改，做到精益求精。相信这本书经过一段时间的教学实践，不断总结，会成为一本好教材。

自愧学识谫陋，不敢妄下雌黄。蒙子然先生不弃，登门求序，无法推辞，只好开戒动笔。但愿这不是一篇“誉文”。

赵振铎

一九九三年十月二十六日

于文科楼 325 室

目　录

【拓展阅读材料】

第一章 概 论

第一节 什么是训诂

“训诂”二字在现在看来是一个专门的学术术语，它的基本含义就是解释古籍中的语言。至于这个词的形成和由来，古今训诂学者们曾对它作过详细的研究和解释，对这个词的分用、合用和倒用以及最早见于何书都作了探寻，现择要介绍如下。

一、认为“训”、“诂”二字分用有别

东汉·许慎《说文解字·言部》：“训，说教也。”“诂，训故言也。”

魏·张揖《杂字》：“诂者，古今之异言也；训者，谓有意义也。”（见陆德明《尔雅音义·释诂》）

唐·孔颖达《毛诗正义·周南·关雎》：“诂者，古也，古今异言，通之使人知也。训者，道也，道物之貌以告人也。”

清·马瑞辰《毛诗诂训传名义考》：“毛公传《诗》多古文，其释《诗》实兼诂、训、传三体，故名其书为《故训传》。尝即《关雎》一诗言之，如‘窈窕，幽闲也，淑、善、逑，匹也’之类，诂之体也；‘关关，和声也’之类，训之体也；若‘夫妇有别则父子亲，父子亲则君臣敬，君臣敬则朝廷正，朝廷正则王化成’，则传之体也。”

近人黄侃说：“诂者，故也，即本来之谓；训者，顺也，即引

申之谓。”(见黄焯《文字声韵训诂笔记》)

综观以上诸家所言,“诂”、“训”二字在最初是各有意义的,这二字的区别是:“诂”的意义偏重于“释故言”(“诂,故也”是声训,“故”有古、旧之义),“训”的意义偏重于“理顺”、“疏通”。但是,如果从广义的角度看,或者是从“训诂”这个专门的术语来看,实在没有这种深求细分的必要,训、诂二字都是同义的。在科学研究中,有些时候单个要素之和并不全等于整体的功能,这好比肌骨解剖过细反失其生命之精微一样。

二、认为“训”、“诂”二字合用无异

训、诂二字并提合用,词义是相同的,都是“解释”的意思。古人在对这两个字分别解释之后,也常有合而释之的。如:

唐·孔颖达《毛诗正义·周南·关雎》解释了“诂”和“训”的区别之后,对“训诂”二字下了个定义:“诂训者,通古今之异辞,辨物之形貌,则解释之义尽归于此。”

清·段玉裁《说文·言部》“诂”下注云:“分之则如《尔雅》析‘诂’、‘训’、‘言’为三,三而实一也。”

清·马瑞辰《毛诗诂训传名义考》云:“盖散言则诂、训、传俱可通。”

清·王筠《说文句读》“诂”下注云:“谓诂、训同义也。《尔雅》释诂、训,虽分两篇,义实同也。”

近人黄侃:“训诂者,用语言解释语言之谓。”(见黄焯《文字声韵训诂笔记》)

可见,训诂的本义是“解释古语”(动词),或“古语的解释”(名词)。①

---

① 见张永言《训诂学简论》,华中工学院出版社,1985年。

所谓“解释古语”，就是用今天已知易晓的语言解释古代未知难明的语言。这里应该强调“古今”的问题，如果是以今语释今语（如各种难懂的行业语）就不能算训诂。如果是方言，也只能是方言中的古语。《尔雅》是我国第一部汉语分类词典，也是一部训诂专著，它的释词范围较广，既“解释古今之异言”，又“通方俗之殊语”，同时还搜集了一些其他词语（如“男子先生为兄，后生为弟”类）。这三方面的收词范围都是合乎《尔雅》一书的编纂宗旨的：“尔雅”者，近雅也，符合标准语也。方言和有些其他词语，不合乎雅言，所以该书要搜而通释之，但是这项工作，并不能算做“训诂”。训诂作为一种专门的学术，就是训释古语，其间有个“古今”问题，舍弃了“古今”这一概念，那么就等于取消了“训诂”这门学术独立存在的基础。因为，如果解释异域方言也算训诂的话，那么今天的方言工作也就等于训诂工作了。陈澧的《东塾读书记》说得够清楚而准确了：“地远则有翻译，时远则有训诂，有翻译则能使别国如乡邻，有训诂则能使古今如旦暮。”所以，因地域迥远而造成的殊语，通之则曰翻译；因时代久远而造成的异言，释之则曰训诂。虽然《尔雅》是我国最早的一部训诂专著，但这种评语是着眼于它保存了大量的训诂资料、粗具了训诂条例而言的，不能说《尔雅》这部词典所做的工作都是训诂工作，毕竟《尔雅》不能全等于“训诂”。更何况《尔雅》中所解释的方言，多数也是古之遗语。所以我们说，训诂工作是用今语解释古语，也解释方言中的古语。把训诂工作的对象过分扩大，反而不利于这门既古老又年轻的学科的自身建设。

所谓“古语的解释”，是由“解释古语”引申发展而来的，如古书的各种注解，曰“传”、曰“笺”、曰“疏”之类，当然也属于训诂的范畴，是训诂工作的成果体现，所以又是一个名词。与“训诂”异名同实的注解称谓有很多，如：“解诂”、“解故”、“故”、“解”、“释”、“说”、“微”、“章句”等，这些注解名称，虽然互有些微差异，但大体来说，都可视为训诂之别称。

三、关于“训诂”的倒文

正因为古代有些学者认为“训诂”二字是同义并列，所以历来研究者都认为这两个字又可以倒用，并且努力在古典文献中去寻找最早出现的例证，以说明训诂的起源问题。如陆宗达的《训诂简论》认为：“训诂这两个字连用，始于汉代的《毛诗诂训传》，‘诂训’就是‘训诂’。”在两汉时代，同义并列复合词的倒用就已经十分普遍了，这种词倒用与顺用都是同一个意思，如会聚—聚会、随从—从随、省察—察省等。但是，在古代汉语中，并列复合词的字序并不是都可以对换的，因为这种词的两个词素之间有的是平行关系（如“会聚”），有的是连动关系（如“感动”），有的是进层关系（如“责罚”），有的是因果关系（如“谦退”）。如果两个词素之间是连动、进层或因果关系，则字序是不能颠倒的。[①]更何况，有的是偏正关系的复合词，其字序更不能颠倒。在汉人著作中，关于训诂的称呼，不止一种，或名“训故”，或单称“故”，或单称“训”，或名“解诂”，或名“训纂”。以往的学者为了找到“训诂”一词的最早出处，于是与《毛诗诂训传》中的“诂训”联系起来，认为“诂训”即“训诂”，是“训诂”一词的倒用。按“诂训”旧本多作“故训”，即“古训”，是古昔的教言之意。《诗经·大雅·烝民》有“古训是式”一语，《毛传》说：“古，故。训，道。”郑玄注说：“故训，先王之遗典也。”可见“故训”是一个偏正关系的复合词，其字序不能颠倒，并不是“训诂”一词的最早出处。

---

① 见宋子然《从汉人训诂看上古并列复合词的构成及其特点》，《四川师范大学学报》1985 年第 2 期。

综上所述，“训诂”的本义是“解释古语”或“古语的解释”。后世对“训诂”二字所下的定义，已经越出了“训诂”二字的原始意义，即训诂工作的范围逐渐扩大了，用任何方式对古书上任何语言事实加以解释说明，几乎都可以叫做训诂。

到目前为止，学术界对“训诂”二字的理解也还是有分歧的，这一点也正反映出“训诂”这门学科既古老又年轻的性质。

第二节 什么是训诂学

训诂和训诂学的概念是不同的。训诂是一种工作，而训诂学是研究这门工作的一门学科。

殷孟伦在《训诂学的回顾与前瞻》中曾说：“什么是训诂学？我个人认为，首先应当明白‘学’字的含义。‘学’字相当于西文字尾的 logy，是有系统条贯，可以因简驭繁，并明其理法规律的意思，因此附‘学’于‘训诂’之后成为专名，与单言‘训诂’含义并不相同。”在秦汉时代，可以说只有“训诂”而没有“训诂学”。“研究前人的注疏、历代的训诂，分析归纳，明其源流，辨其指归，阐其枢要，述其方法，演为系统而条理之；更进而温故知新，评其优劣，根据我国语文的特质提出研究古语的新方法、新途径，这便是‘训诂学’。”[①]到目前为止，学术界对训诂学的定义仍然未取得一致的意见，可见训诂学仍然是一门年轻的学科。如近人胡朴安说：“训诂学，是书本子上的考古学。”（见《中国训诂学史·自序》）何仲英说：“训诂学是关系字义方面的一种专门学术……训诂学也是文字学的一个重要部分。”（见《训诂学引论》）周大璞说：“训诂学也就是语义学。”（见《训诂学要略》）张永言

① 见齐佩瑢《训诂学概论》第 11 页，中华书局，1984 年。

说："训诂学是中国传统语文学即所谓'小学'的一个部门……按照近代科学系统来说，训诂学可以说是语文学的一个部门，是主要从语义的角度研究古代文献的一门学科。"（见《训诂学简论》）白兆麟说："训诂学是以古代书面语言的训诂为研究对象，以语义为主要研究内容的一门独立的科学……训诂学是汉语语言科学中的应用科学。"（见《简明训诂学》）赵振铎说："训诂就是解释。训诂学是以训诂作为研究对象的学科，它是传统语言学的一个重要部门。"（见《训诂学史略·前言》）现在对训诂学的定义还没有最科学、最完备的表述。但就目前看来，一般认为训诂学不等于词汇学，训诂学不等于语义学。因为词汇学是研究、分析语言中的词以及词义和词汇演变的，也就是说，词是词汇学研究的特定对象。训诂学当然要研究词、词义和词汇演变，但是绝不仅止于词的研究，它还要涉及比词更大的语言单位。而语义学是研究语言意义的学科，它分为从哲学角度去研究的语义学和语言语义学。语言语义学是从话语行为和说话人的物质环境以及智力环境间的关系去研究语义，而中国训诂学虽然也研究语义，但工作对象还要涉及许多语义以外的因素，如文字校勘、探求本字、审定声音以及文化背景等问题。可见词汇学和语义学的内涵都小于训诂学，在为中国训诂学下定义时，不宜与词汇学或语义学画上等号。我们相信，随着训诂事业的发展，随着人们对训诂学科的深入研讨，终会有一个完善合理的科学定义出现的。

第三节 训诂学的任务和功用

训诂学的任务，是分析古代书面语言的矛盾障碍，总结前人的注疏经验，阐明训诂的体制和义例、方式和方法、原则和运用，以便更好地指导训诂工作。也就是说，训诂学一方面要在前人已总结出的训诂理论和经验的基础上，运用科学的方法，使其理论化、系统化；另一方面要继承前人的方式，进行具体的训诂实践。

训诂学的主要功用是：指导古文教学，指导古籍阅读和整理，指导辞书编纂。

古文教学，离不开训诂，每一位古文教学者，都理所当然应是一位训诂工作者。古文教材中并不是处处有注，需要教师随时补注；即使书中有注，有时也需教师订讹纠谬。下面是中学语文教学中的两个例子，是周复纲等先生在教学工作中的体会。

《察变》："槛外诸景，历历如在几下。"课本注："[槛(jian)]窗户。也指廊下的栏杆。"根据训诂学中词义在特定语境中唯一性的原则，"槛"的意义在句中如为"窗户"，就不可能"也指廊下的栏杆"，反之亦然。课本注罗列诸种解释又不能加以认定，从方法到结论都不可取。

再如《涉江》："带长铗之陆离兮，冠切云之崔嵬。"原课本注："佩着长长的宝剑，戴着高高的帽子。铗，剑柄，这里指剑。陆离，长剑摆动的样子。冠，戴。切云，帽子名。崔嵬，高耸的样子。"这样的注释一般来说似乎也过得去了，但如用训诂学原则进行较严格的审议，问题仍然不少。首先，是原注中释词与译句脱节，译文上句"佩着长长的宝剑"，只相当于原文"带长铗"三字而已，"陆离"二字未译出。而后面又释"陆离"为"长剑摆动的样子"。译文下句"戴着高高的帽子"，未涉及帽子名称，而后面却指出"切云"为"帽子名"。这种注释与译文严重脱节的现象在中学教材中是不允许的，因其容易令涉世未深、缺乏经验的中学生步入迷宫。其次是"陆离"的释义不确。原文上下两句是对文关系，根据训诂学中关于对文的认识，"陆离"既与"崔嵬"相应，理当作同类处理。释"崔嵬"未作"帽子高耸的样子"，却释"陆离"为"长剑摆动的样子"，是不合理的。按"陆离"、"崔嵬"皆为表情态的形容词，无论用来形容何种东西，皆没有必要将其解释为“（某物）摆动的样子”，或者“（某物）高耸的样子”。如随便添加一些本来没有的附加意义，便犯了训诂学中所谓“增字强释”的毛病。第三，“陆离”也并非“摆动的样子”。依对文关系，知“崔嵬”既为“高貌”，则“陆离”当为“长貌”。查《离骚》有：“高余冠之岌岌兮，长余佩之陆离。”二句即上引《涉江》二句的影写，其中“岌岌”也与“陆离”形成对文关系，“岌岌”为“高貌”，“陆离”为“长貌”，“岌岌”为“高”的重叠形容词，“陆离”也为“长”的重叠形容词。依训诂学中“互见类比”的原理，“陆离”应释为“长的样子”，课本注失据。①

在古书阅读和整理中，更离不开训诂知识。

（1）古书注解往往异说歧出，训诂学知识可以帮助我们择善而从或者另求正解。如《诗经·曹风·蜉蝣》：“蜉蝣掘阅，麻衣如雪。”《毛传》：“掘阅，容阅也。”《郑笺》：“掘阅，掘地解阅。谓其始生时也。以解阅喻君臣朝夕变易衣服也。”《孔疏》：“蜉蝣之虫，初掘地而出皆鲜阅。定本云：‘掘地解阅，谓开解而容阅。’义亦通也。”以上三家对“掘阅”一词的解说分歧，使人不得要领。《中文大辞典》有“解阅”词条，引证的就是以上《曹风》及其《传》、《笺》、《疏》，并且释义为：“犹言解脱也。一曰穿穴也。”从以上引文材料中可以看出，“解阅”词条的书证见于《郑笺》里，而“解阅”被释为“解脱”、“穿穴”的两项词义，在上面大段引证中找不出任何依据。细寻诗文和《传》、《笺》、《疏》，笺释“阅”为“解阅”，即《毛传》的“容阅”，也即《孔疏》的“鲜阅”、“容阅”，“容阅”究竟为何义，引证中没有解说分明，难以得出“解脱”和“穿穴”的结论。偶检符定一《联绵字典》“解阅”条，发现《中

① 引自周复纲等编《训诂学基础教程》第10页，学苑出版社，1989年。

文大辞典》以上训释词和书证文字皆与符书相同，只是删省了两段关键的书证材料：一是符书引用马瑞辰之说，马认为解阅“作穿穴解为善”；二是符书引用胡承珙之说，胡认为“盖解阅犹言解脱”。这便是“解阅”一词的训释依据。由于《中文大辞典》的这一疏漏，致使读者对以上引证材料不知所云。按《曹风》“掘阅”，即“解阅”，亦即“容阅”，皆同一连语。《郑笺》将“掘阅”分而训之（云“掘地解阅”）显属不妥。段玉裁说：“古书中堀字多讹掘。《曹风》‘蜉蝣堀穴’，此盖自来古本如是。唐以后本尽改为掘字。”又说：“堀阅、容阅皆联绵字也。”可见堀阅即解阅、容阅、解说（通悦），义即安闲豫乐之貌。《诗经·小雅·何人斯》：“尔还而入，我心易也。”《传》云：“易，说。”《笺》云：“女行反入见我，我则解说也。”“说”通“悦”。又《史记·梁孝王世家》：“太后乃解说。”“解说”即愉悦之意。容阅又作容裔、容与，义即漫衍自在之貌。如《楚辞·远游》：“斑漫衍而方行。”王逸注：“缤纷容裔，以并升也。”《文选·江淹·杂诗谢光禄郊游》：“行光自容裔。”张铣注：“容裔，自在貌。”《九歌·湘夫人》：“时不可兮骤得，聊逍遥兮容与。”《汉书·礼乐志·郊祀歌练时日一》：“澹容与，献嘉觞。”颜师古注：“容与，言闲舒也。”又“解阅”可作“解㑊”，《素问·平人气象论》：“尺脉缓涩，谓之解㑊。”《黄帝内经太素卷十四·四时脉形》：“大过则令人解㑊。”隋代杨上善注云：“解音懈，㑊相传音亦，谓息惰运动难也。”《黄帝内经太素卷十五·尺诊》：“尺肉弱者，解㑊安卧。”杨上善注云：“解㑊，懈惰也，尺肉软弱者，身体懈惰而欲安卧。”懈怠与闲舒、愉乐义通。故“解阅”者，松懈安乐之义。诗意是蜉蝣命短，犹且衣饰楚楚，身处土穴之中，犹一味懈乐，喻小人在位，偷合苟容，正符诗人讽喻之旨，与“掘地”、“穿穴”之义无涉。

又例如古乐府《东门行》：“出东门，不顾归。”“不顾”一词，一本作“不愿”。余冠英说：“义可并存。”北京大学中国文学史教研室选注《两汉文学史参考资料》，根据余说作了进一步发挥，说："两说皆可通。'不顾归'是说出东门时原已下定决心，铤而走险，不再考虑回家的事；'不愿归'是说当时自己再也不愿回家了。语气和情感的强弱稍有不同。"在古籍中，由于版本的差异，造成同一词句两义并存的事例是常有的。但是，如果细加训诂，确实弄清一个词的来龙去脉，这种两可的解释又是可以避免的。蒋礼鸿《义府续貂·顾返顾归》说：

案：顾归是也。晋乐所奏一篇亦作顾归。《古诗十九首》："浮云蔽白日，游子不顾返。"顾归、顾返皆两字为一词，其义则同为还返，顾字不属上读。《吕氏春秋·观表篇》："郈成子为鲁聘于晋，过卫，右宰谷臣止而觞之。陈乐而不乐，酒酣而送之以璧。顾返，过而弗辞。"《战国策·赵策三》："公子魏牟过赵，赵王迎之。顾反，至坐前。"梁刘遵《度关山》云："行人思顾返，道别且徘徊。"斯其确证。盖顾字亦有返义。《穆天子传》卷三，天子答西王母之谣曰："予归东土，和治诸夏。万民平均，吾顾见汝。"郭璞注："顾，还也。"陶潜《咏荆轲》诗："心知去不归，且有后世名。登车何时顾，飞盖入秦廷。"犹言何时还也。又王粲《七哀》云："行者不顾反，出门与家辞。子弟多俘虏，哭泣无已时。"曹植《吁嗟篇》："惊飙接我出，故归彼中田。"故归即顾归，言转蓬沉渊，而惊飙接之，冀得复归中田也。《公羊传》桓公十一年："少辽缓之，则突可故出，而忽可故反。"故出之故涉下文而衍；故反即顾返，犹故归即顾归也。古故字有用同顾者，如《史记·赵世家》："秦服其劳而赵受其利，虽强大不能得之于小弱，小弱故能得之于强大乎!"《国策》文同，而故作顾。顾归之与故归，顾返之与故反，亦若是则已矣。敦煌《云谣集杂曲子·凤归云》词："待公卿回故日。"俞平伯校："故乃顾之误。"余旧校以为皈之误，此皆未知故借为顾也。

词义的训诂，要注意词义的时代特性。“顾返”是一个同义复合词，它的出现，最早当在战国后期，《义府续貂》已举例说明了。徐复在《读<义府续貂>识语》中又从同时代的《韩非子》一书中补充两例。

《内储说上·七术》：“商太宰使少庶子之市。顾反，而问之曰：‘何见于市？’对曰：‘无见也。’”

《外储说右上》：“曾子之妻之市，其子随之而泣。其母曰：‘女还，顾反为女杀彘。’”

有了这些例证，我们就可以判断，“顾返”这个同义复合词，它的词义就是“还”、“反”。古乐府《东门行》中一本作“不愿”，“愿”当是“顾”的讹误。这样，我们就可以避免那种两可的似是而非的释义，把这些古籍读懂。①

（2）词典解释一个词，往往罗列诸多义项，训诂学知识可以帮助我们准确选择义项，否则会失误。如宋玉《风赋》：“飘忽淜滂，激飏熛怒。”其中，“熛”字依《辞源》有四个义项：一、火焰；二、闪动；三、疾速；四、赤色。朱东润《中国历代文学作品选》在选择《风赋》中“熛”的义项时，望文生训，注为“熛，火飞”，“熛怒，言其震撼之声，犹如火飞于空中”。台湾《中文大辞典》解为“火盛貌”。显然这两种训解是不准确的。按正确的义项当是“疾速”。《风赋》通篇写风，何来“火飞”、“火盛貌”？飘忽淜滂，激飏熛怒，写的是风力迅猛，风声大作，激昂呼啸的情状。这里的“熛怒”当是“风疾貌”，是“熛”或“熛怒”的引申义。当然“熛”和“熛怒”的本义与火有关，如《说文·火部》

① 见周大璞《训诂学初稿》第200页，武汉大学出版社，1987年。

云："熛，火飞也。"《风赋》中不能用此本义，是因为"熛"字还有轻疾义。如《说文》"票"下段玉裁注云："此与熛音义皆同。《玉篇》、《广韵》亦然，引申为凡轻锐之称。《周礼·草人》"轻票用犬"注谓地之轻脆者也。汉有票姚校尉、票骑将军。票姚，荀悦《汉纪》作票鹞，服虔音飘摇。"盖票、飘、飃皆有轻速之义，故《风赋》中的"熛怒"乃大风迅疾飞扬之义。反之，《诗经·小雅·正月》："燎之方扬。"《郑笺》云："火田为燎。燎之方盛之时，炎炽熛怒，宁有能灭息之者？"中的"熛怒"，则是"火飞"、"火盛貌"。所以，没有训诂学知识的修养，即使有工具书，释义也是会失误的。

又如"料理"一词义项较多，下面是郭在贻对杜甫诗中的"料理"一词的词义所进行的选择和辨析。

《江畔独步寻花七绝句》之二："稠花乱蕊畏江滨，行步欹危实怕春。诗酒尚堪驱使在，未须料理白头人。"其中"料理"一词，《杜诗详注》引《世说》："韩康伯母闻二吴哭母哀，语子曰：'汝若为选官，当先料理此人。'"又引《晋书·王徽之传》："王子猷作桓车骑参军，桓谓王曰：'卿在府久，比当相料理。'"《钱注杜诗》、《杜诗镜铨》所引亦同。按：《世说》和《晋书》中的"料理"，乃安排、照顾之意，施於杜诗，殊欠妥帖。张相《诗词曲语辞汇释》於"料理"条下归纳了四个义项：安排、帮助、排遣、逗引。并训杜诗"料理白头人"之"料理"为安排、帮助之意，其误实与仇注同。这里，问题的关键是对於"料理"一词的义训研究得不够透彻。据笔者考索，"料理"一词在六朝以迄唐宋的诗文中，除张相所归纳的四个义项外，还有作弄、欺侮、撩拨之义，其说详见本书《古代汉语词义札记》(二)，这里不烦赘述，而杜诗"未须料理白头人"的"料理"，正可作欺侮、作弄、撩拨解。下面就让我们按照这个解释，来串解一下老杜这四句诗：

“稠花乱蕊畏江滨，行步欹危实怕春。”这二句是一层意思。其意若曰：“春天到了，你看那大江之畔，繁花似锦，争妍斗艳；可是我老了，步履维艰，行动不便，对着眼前这大好的春光，真有点怕呢！（表面是怕春，实则是感叹老之已至，无由享受这美好的春光。）

紧接着，三、四两句即下一转语：“诗酒尚堪驱使在，未须料理白头人。”（“在”字宜从张相说，训为得）这意思是说：别看我已垂垂老矣，可我还能赋诗饮酒。我并不服老。春光呀，你不要欺侮（或曰作弄、撩拨均可）我这个白头人吧。训料理为欺侮、作弄、撩拨，其主语即是春光（春光被诗人加以人格化，乃诗中恒见之现象）。联系这一组绝句的第一首“江上被花恼不彻……”云云，恼者，戏弄也、撩拨也，花可以撩拨人，则春光何尝不可以作弄人？再看工部的另一首《送路六侍御入朝》诗“剑南春色还无赖”，施鸿保《读杜诗说》引《汉书·高帝纪》之注“江淮间小儿多诈狡狯者为无赖”，堪称确当。《杜诗详注》注“无赖”为“狼藉”，殊觉未安。既然春色得以“多诈狡狯”目之，则其能作弄和欺侮人，也便不足为奇了。

又：使春色人格化，谓其可以作弄和撩拨人，实乃诗人之恒伎。如老杜《绝句漫兴九首》之一：“眼见（一作前）客愁愁不醒，无赖春色到江亭。”又如宋人杨万里《明发祈门悟法寺·溪行险绝》第六首：“已是山寒更水寒，酸风苦雨并无端；诗人瘦骨无半把，一任残春料理看。”均其例也。①

（3）在既无古注，又无词典解释的情况下，利用训诂知识，可以自谋其义。如《文选》曹丕《与吴质书》：“后生可畏，来者难诬。”其中“诬”字难解，李善及五臣皆无注，各种词典也找不

① 见《训诂丛稿》第76页，上海古籍出版社，1985年。

到恰当的释义。以训诂知识审辨文义和比较同类同例，知道它应当解释为“抹杀”。[①]

另外，解释词义还可以从本书找内证，如在《诗经》训诂中，很多学者就是通过总结用词通例来证实词义的。如《小雅·节南山》：“有实其猗。”《毛传》：“实，满；猗，长。”《郑笺》：“猗，倚也。”言南山既能高峻，又以草木平满其旁倚之畎谷，使之齐均也。”王引之引《诗经》用例证明《传》、《笺》解释有误。《经义述闻》卷六“有实其猗”条下说：“《诗》之常例，凡言‘有蕡其实’、‘有莺其羽’、‘有略其耜’、‘有捄其角’，末一字皆实指其物，‘有实其猗’文义亦然也。‘猗’疑当读为‘阿’，古音‘猗’与‘阿’同，故二字通用……‘有实其阿’者，言南山之阿实然广大也。”

（4）在古籍整理中，训诂知识更为必要。如中医经典《黄帝内经·太素》第十六卷（原缺，今有复刻本）云：“问曰：‘所谓顺者，手之温也；所谓逆者，手足寒也。’”寻味文义，参之医理，会发现“手之温”与“手足寒”不能相对成文，“之”字当是“足”字之形近而误。查对隋代杨上善的注文，“手之温”作“手足温”；查对日本仁和寺手抄卷子本（影印），其手写行书的“足”字很似“之”字，可证是形近而讹。

又如在对《世说新语》的整理中，有的成果由于忽视了训诂知识，对魏晋南北朝词语的训释欠当。下面举几个例子加以说明。

《贤媛》19：“日夕，遂设精食，从者皆无所乏。逵既叹其才辩，又深愧其厚意。”〔注释〕愧其厚意：对他的厚意感到不安。

按：在魏晋南北朝时期，“愧”有感谢义，蒋礼鸿《敦煌变文字义通释》已有论说。“愧其厚意”，即感谢他的厚意，指范逵感

① 见钱钟书《管锥编》第四册第1294～1295页，中华书局，1979年。

谢陶侃的盛情招待，不是对他的厚意感到不安。[①]

《文学》68："左太冲作《三都赋》初成，时人互有讥訾，思意不惬。后示张公，张曰："此《二京》可三，然君文未重于世，宜以经高名之士。"〔注释〕此《二京》可三：这《二京》赋，可以和（你的）《三都赋》相比美。《二京》:《二京赋》，东汉作家张衡作。三:《三都赋》。

按："三"是数词用为动词，不是指《三都赋》。"可三"，即可以成三个。意即左思的《三都赋》可以和张衡《二京赋》并列比美。《文学》79有"可三《二京》四《三都》"之语，也是把数词用为动词。

《俭啬》1："和峤性至俭，家有好李，王武子求之，与不过数十。王武子因其上直，率将少年能食之者，持斧诣园，饱共啖毕，伐之。"〔注释〕上直：上等的价值。直：通"值"。

按：上直就是官吏上朝轮直，犹言"值班"。不是"上等的价值"或"值上等价钱"。王武子（王济）是和峤的妻弟，他不满意和峤的吝啬，因此趁他上朝不在家时，率人砍了他的李子树。如果理解为"王武子由于这些李子值上等价钱"（该《选译》译文），便率人砍了和峤的李子树，于文意实在扞格不合。

《言语》84："高世远时亦邻居，语孙曰："松树子非不楚楚可怜，但永无栋梁用耳。"〔注释〕松树子：如同说松树这位老先生。

---

① 见李自修《世说新语选择》，河北教育出版社，1989年。以下六例同此。

按：在魏晋南北朝时期，“子”可以作为词尾，指人、动物或器物。如“婢子百余人”（《汰侈》3），“妻尝炉，乃骂秀为貉子”（《惑溺》4），“譬如人眼中有瞳子”（《言语》2）；“子”字又常含有“幼小”的意味，这里的“松树子非不楚楚可怜”，即小松树长得楚楚可爱。注者误将“子”字训为实词，“如同说松树这位老先生”，显然是不对的。

《假谲》6：“命骑追之，已觉多许里，追士因问向姥：“不见一黄须人骑马度此邪？”姥曰：“去已久矣，不可复及。”〔译文〕命令骑马追赶。骑兵觉得已追出好几里了，便问老妇人……

按：译文错了，“觉”不是“觉得”，而是相差、相去的意思。“已觉多许里”即已经相去好多里了。《捷悟》3：“我才不及卿，乃觉三十里。”“乃觉三十里”即相差三十里。《捷悟》7：“唯车亭一人常在前，觉数十步。”“觉数十步”即相距数十步。“觉”是“校”（较）的借字，故觉、校、较三字同音而通用。可参见徐震堮的《世说新语词语简释》、郭在贻的《训诂丛稿》和周一良的《魏晋南北朝史札记》。

《言语》80：“李弘度常叹不被遇，殷扬州知其家贫，问：‘君能屈志百里不？’”〔译文〕……殷浩知道他家中贫困，问道：“您能委屈地到百里外任职吗？”

按：“百里”是县的代称，非指距离远近。“君能屈志百里不？”意思是“您能委屈一下当县令吗？”注释者译为“到百里外任职”，是误解了“百里”的意义。

《忿狷》7：“王大、王恭尝俱在何仆射坐……意便欲相杀。何仆射无计，因起排坐二人之间，方得分散。”〔译文〕……何仆射没有办法，于是站起让人一个挨一个地坐在他们二人之间，才使他们分散。

按：在魏晋时代，“排”字作“推”、“挤”二义讲，如“蓝田大怒，排文度下膝”（《方正》58）是“推文度下膝”；《忿狷》7中的“排坐二人之间”，是“挤坐二人之间”。“排”字在当时没有“排列”用例。注者将“排坐二人之间”译成“让人一个挨一个地坐在他们二人中间”，将“排”理解成排列的“排”，是以今律古，与原意不合。

编纂辞书，理所当然要接受训诂的指导，因为字典辞书本身就是一种训诂专书。编纂辞书，首先是分列部首，部首的分类原理是由《说文解字》创立的，虽然后世的字典部首和文字学部首在分析字形的时候不尽相同，但是大体上是受训诂学启发和指导的。其次是释义，传统训诂学创立的一套解释词义的方法，有许多仍然被应用于当代的字典辞书之中，如训诂学中的“义训”，还普遍被今天的辞书编纂者们所采用。《新华字典》：“口，①嘴，动物吃东西和发声的器官。”口、嘴相训，是传统的“义训”中的“同义相训”；“动物吃东西和发声的器官”，是“义训”中的“标明义界”。《辞源》：“貙，大如狗，文如狸。”这是“义训”中的“描述比况”。《辞源》：“滞，①不流通。”这是“义训”中的“由反知正”，即用反义词加上否定词来阐明词义。这种释义方式在《说文》中早已有之，如《说文》“拙，不巧也”，“暂，不久也”，“假，非真也”，“悒，不安也”等。又如《辞源》：“滞，②滞留。”这是“义训”中的“增字足义”。这种释义方法是把被释词放在释词的地位，另外增加一个或几个词以完足词义的训释。古代的例子如《论语·宪问》：“子贡方人。”孔安国注：“方，比方也。”《释名·释州国》：“鲁，鲁钝也。”《诗经·鄘风·君子偕老》：“扬且之皙也。”

《毛传》:“皙，白皙。”在辞书编纂过程中，训诂学知识还可以帮助我们避免许多不必要的错误，从而提高辞书质量。如在《辞源》修订过程中,“先进”一词的原稿曾这样写:〔先进〕前辈。《论语·先进》:“先进于礼乐，野人也；后进于礼乐，君子也。”按《论语》原文,“先进”并非“前辈”之义，而是与“后进”相对应的词组，义为“先学习”。释义与书证严重脱节。这种错误的出现是由于编写人没有弄清《论语》原文中“先进”的含义，望文生训，以今律古而出现的错误。“力役”一词,《辞源》修订本原稿中曾这样写:〔力役〕征用民力。《孟子·尽心下》:“有布缕之征，粟米之征，力役之征。”这一释义与所引书证也不相符。“征用民力”是个动宾结构，而书证中的“力役”则是个偏正结构，义即“劳役”，编写人以“征用民力”释“力役”，大约是受到书证原文中“征”字的影响，因而加上“征用”二字，犯了“增字为训”的错误。以上两例，在《辞源》修订本定稿后皆得到了妥善的处理，但由此却说明了训诂知识在辞典编纂中的重要性。

第二章　古代书面语言的一般障碍

古书难懂，主要是因为古代书面语言存在着种种障碍，这种障碍大体上有两类：一类是属于专业性质的；另一类是属于一般性质的。语言文字方面的障碍即属于一般性质的障碍，一般性质的障碍大致可分为三个方面：文字障碍，词义障碍，语法、修辞障碍。

下面分别对这三个方面具体加以叙述。

第一节　文字障碍

这类障碍多数是由于古今字、通假字、异体字、讹误字、避讳字、无句读等原因造成的。

一、古今字

语言有古今的不同，文字也有古今的不同。汉字在长期的演变过程中，随着字义的分化发展，经过多次的形体变化，出现了古今字等歧异现象。所谓古今字主要是指同一个词在古书中先后所用的不同形体的字。先用者为古，后用者为今。段玉裁说："古今无定时，周为古则汉为今，汉为古则晋宋为今，随时异用者谓之古今字。"古今文字形体上的分歧自然给阅读古书带来了很大的麻烦。试看下列例句。

①率时农夫，播厥百谷。(《诗经·周颂·噫嘻》)
②帅射夫以弓矢舞。(《周礼·春官·乐师》)
③朝诸侯，分职授政任功，曰：予一人。(《礼记·曲礼下》)
④頫沓眇而无见。(《文选·上林赋》)
⑤求僊人羡门之属。(《汉书·郊祀志》)

例①“率”为统领之义。毛《诗》用“率”，韩《诗》作“帅”，“率”“帅”为古今字，反映在同一经典不同文本的用字当中。例②“帅”古书作“率”，可与例①互证。例③郑玄注曰：“余，予，古今字。”“余”和“予”均表示第一人称代词，商代甲骨文和西周春秋金文里，第一人称用“余”。古人开始用“予”表“余”不早于春秋时代。因此，“余”为古字，“予”为今字。例④“頫”是“俯”的古字。李善注引《声类》：“頫，古文俯字。”例⑤“僊”即“仙”的古字，颜师古注：“古亦以僊为仙”。

更为普通的古今字，是由于字义的分化和假借。为了区别本义与引申义或假借义，后世就造今字以分散其职能。例如：

①既成昏，晏子受礼。(《左传·昭公三年》)
②距关，毋内诸侯，秦地可尽王矣。(《史记·项羽本纪》)
③犹未足以澹其欲也。(《汉书·食货志上》)

例①“昏”本义为日暮，上古在此时行婚礼，所以称结婚为“昏”，“昏姻”是引申义，为了区别，“昏姻”义后来写作“婚”。例②“内”本义是外的反面，引申出“使……入内”之义，后来将歧义写作“纳”。例③“澹”的本义是“水摇貌”，古代假借来表示“给”之意。后来又造“赡”来代表此义。颜注：“澹，古赡字也。”“赡”

是后起的本字。郑珍《说文新附考》："至晋右将军郑烈碑始见从贝之赡，殆制于魏晋间。"

古今字的情况可以分为以下三类。

（1）古字用本字，今字用假借字

《说文》："予，推予也。"《说文》"余"字下段注："《释诂》云：'余，我也。余，身也。'孙炎曰：'余，舒迟之身也。'然则余之引申训为我……凡言古今字者，主谓同音而古用彼今用此异字。若《礼经》古文用'余一人'，《礼记》用'予一人'，余予本异字异义，非谓予余本即一字也。"

（2）古字用假借字，今字用本字

《说文》："遹，回避也。"《说文》"述"字下段注："述循叠韵，述或假借术为之……孙炎曰：'遹，古述字。'盖古文多以遹为述，故孙云尔，谓今人用述古人用遹也。凡言古今字者视此。"

（3）古今无定时，古今字随时异用

《说文》"谊"字下段注："《周礼·肆师》注：'故书仪为义'，郑司农云：'义读为仪，古者书仪但为义，今时所谓义为谊。'按此则谊义古今字，周时作谊，汉时作义，皆今之仁义字也。其威仪字则周时作义，汉时作仪。凡读经者不可不知古今字。古今无定时，周为古则汉为今，汉为古则晋宋为今，随时异用者谓之古今字。"

还有如：镶饷、绔裤、辟避、来徕、责债、珤寶、自鼻、它蛇等都是前后所出现的古今字。

对这些古今异形字，如果熟悉汉字的演变情况，懂得其中的对应关系，阅读时便会文从字顺。

二、通假字

古书中字多假借。所谓假借就是借用音同或音近的字来表示另一个词。借字和本字之间一般只有音相通，意义上没有联系。

假借可按照被代替词的存在与否，分为两种不同性质的情况。

1．无本字的假借

这种假借即许慎所说的："本无其字，依声托事。"上古之时，文字甚少，语言中的一些词汉字中没有现存的字表示，从一开始就借用同音字来代表。如"来"本指小麦，借用为"往来"之"来"。疑问代词"何"，借用本义为"负荷"义的"何"字来代替。古书中这类假借字不可胜数，兹举例如下：

①柔上而刚下，二气感应以相与。(《易·咸》)

②缵戎祖考，王躬是保。(《诗经·大雅·烝民》)

③子入太庙，每事问。(《论语·八佾篇》)

例①"相"本义观察。《诗经·鄘风·相鼠》："相鼠有皮，人而无仪。""相"即"省视"之义，假借为相互之"相"。"相与"即"相互交和"之意。例②"戎"本义是兵器。《说文》："戎，兵也，从戈，从甲。"假借为第二人称代词"汝"，郑笺："戎，犹女也。""女"即"汝"。例③"每"本义指草茂盛长出(《说文》)，此处借为每件事、每个人之"每"。这些假借字相沿已久，遂成通例，不再造字，一般读者已习焉不察了。

还有一些双音联绵字，本身就是借音表义，借字表音，因此也是一种无本字的假借。如"陆离"合起来表示"色彩繁杂"的意思。"扶摇"合音表从地面盘旋而上的暴风，《淮南子·原道》："扶摇掺抱羊角而上"，"扶摇"即飙风。高诱注为："扶，攀也。摇，动也。"这正是不明假借而望文生训之误。

2．有本字的假借

即本有其字，临时代替。这种假借是本字现存而不用，借用其他音同音近字，用此字作彼字，两字通用。为了与前一种相别，现一般称这种假借为“通假”或“通借”。东汉郑玄说：“其始书之也，仓卒无其字，或以音类比方，假借为之，趣于近之而已。”（《经典释文·叙录》）指的就是这种字。《孟子·离娄下》：“蚤起，施从良人之所之。”“蚤”本义是“跳蚤”，依此义则难通，其实，此处是借用同音字“蚤”来代替本字“早”，表示“早晨”之义。《礼记·儒行》：“虽危，起居竟信其志。”“信”此处通“伸”。“信”本义为“相信”，“伸”本义为“伸展”，信、伸古音相同，借“信”代“伸”。如按“信”之本义释之，则扞格难通。《史记·项羽本纪》一段中的“要项伯”，“要”借为‘邀”；“倍德”的“倍”借为“背”，是一般读者都熟悉的通假字。王力先生认为这是“古人写别字”，后来为了存古而相沿袭用，积习而成的。

前一种情况是一个从“无”到“有”的过程，后一种情况则是由“有”到“有”的过程。前一种假借较长久、固定，有的借义甚至挤掉本义，独占优势；后一种借字与本字关系则较松散，不固定。阅读古书最容易引起误解的大多是后一种。常见的错误是不明通假和滥用通假。

（1）不明通假而误

通假字与本字间的联系往往存在不定性和临时性的特点，一般是在特定的语言环境中相通，而且缺乏长久性。因此后人不易知晓，常把通假字当做一般字理解，从而使原句滞碍不通或产生误解。如：

①泌之洋洋，可以乐饥。（《诗经·陈风·衡门》）

②庄公寤生，惊姜氏。（《左传·隐公元年》）

例①“乐”该是“疗”的通假字，义为“治疗”。而《毛传》释“乐饥”为“可以乐道忘饥”，正是不明通假，增字为说。例②“寤”

即“牾”的通假，义为“倒着、逆”。“寤生”即难产之义。杜注释为“寤寐而庄公已生”，望文生训，误解原文。对初学者来说，要辨识通假字的确不易。但对书中已注明的，尤其是一些常见的通假字，应努力去掌握。

下面是因不识假借字而望文误注的例子。

《管子·幼官》：“立四义而毋议者。”俞樾说：议，读为俄。《说文·人部》“俄，行顷也。”《广雅·释诂》：“俄，衺也。”是俄有倾邪之意。《管子》书或以义为之。明法解曰：“虽有大义，主无从知之。”大义即大奸也，是以义为俄也。此文又以议为之，“立四义而毋议”，即“立四义而毋俄”，谓不倾邪也。尹注以无异议说之，未达假借之旨。

《管子·大匡》：“不广閒。”俞樾说：“广者，旷之假字。”《荀子·王霸篇》：“人主胡不广焉。”杨倞注曰：“广，或读为旷。”《列子·汤问篇》：“不思高林广泽。”《释文》曰：“广，一本作旷。”是其证也。“不广閒”者，“不旷閒”也。《诗经·小雅·何草不黄》篇，《毛传》曰：“旷，空也。”空与闲义正相近。尹注曰：“广求閒安。”则增出求字矣。

《国语·鲁语》：“陷而入于恭。”于鬯说：陷，当读为谄。谄陷并谐臽声。故《荀子·修身篇》杨注云：“谄之言陷也。”谄之言陷，则陷之言谄矣。《说文·言部》云：“讇，谀也。或文作谄。”“谄而入于恭”谓谄而后入于恭也。下文“陷而后恭”，则“而”作而后解，明甚。子服景伯之意欲教宰人过为恭，若谓尽礼尚不足为恭，故穷而至于谄谀，而后入于恭也。韦解训“陷”犹过失，云如有过失，宁近于恭，则当云“陷宁入于恭”，不当云“陷而入于恭”矣，若曰过失而入于恭，岂可通乎？且如有过失，宁近于恭，是极寻常语，何至为闵马父所笑。下文云：“闵马父笑，景伯问之，对曰：‘笑吾子之大也。’”笑者正笑其以谄教人也。笑吾子之大，正以景伯以谄教人。自以为小之，又小故以大朝之。又云

“陷而入于恭”，其满之甚也，亦正以景伯以谄教人。自以为虚之又虚，故以满嘲之。不然，观下文闵马父之语不过责景伯不称古道，而专造此非道之语，故又曰：“陷而后恭，道将何为？”何必谓之大，谓之满。大字满字，正与谄字舌锋针对也。韦不知“陷”为“谄”字之借，并下文“陷而后恭，道将何为？”亦不能为之解矣。

《左传·定公十二年》：“与其素厉。”于鬯认为：“厉”即上文之“列”……“上文云：殿而在列，其为无勇乎？是殿宜退列，然使其退列，则列空矣。故曰‘与其素厉，宁为无勇’，素厉者空列也。杜解训‘素’为‘空’，是也。训‘厉’为‘猛’，非也。孔义云：‘罗以曹国小弱，不敢来追卫师，而在后为殿，空设严猛。’其言曹国小弱，不敢来追卫师，意已得之。特迁就杜训猛之义，故说转未安。盖罗意正以曹国不敢来追，不须为殿，特不欲正言之，因借空列为说耳。上文用列字，此用厉字。”

以上四例中，前两例是俞樾校读《管子》（见《诸子平议》），纠正尹注之误。指出“议”是“俄”字的借字，“广”是“旷”的借字，而尹注直以“议论”、“广大”义解之，是不明假借而望文生训。第三例是于鬯校读《国语》（见《香草校书》），认为“陷”是“谄”的借字，韦注不知“陷”是“谄”的借字而训“陷”为“过失”义，则失之。第四例是于鬯校读《左传》，论证“厉”、“列”二字可通假，“素厉”是“空列”之义，而杜注训“厉”为“猛”，是不知假借而误注。

（2）滥用通假

在古籍中，尤其是上古典籍里的确大量存在同音通假的现象，但切不可以轻率的态度滥讲通假字。识别通假字有三点必不可少：①必须严格遵守同音通假的原则，这里的“音”是指古音，而不是今音。“同音”必须是声、韵皆近，但很多人大讲“双声通假”、“叠韵通假”，只顾及一个语音成分，而舍弃另一成分，这样，假字的范围便会漫无边际。②通假字与本字在意义上毫无联系，只因同音而借用。这可看做是它与异体字、同源字相区别的地方。③必须要有古书例证来说明两字确实通用。对待通假字，宜采取严谨的态度，不可乱套乱用。例如：

孙叔敖相楚，栈车牝马……面有饥色，则良大夫也，其俭偪下。(《韩非子·外储说左下》)

陈奇猷《韩非子集释》曰："逼偪同，偪当为匹之同音假字……孙叔敖之俭匹拟于下贱之人。若释偪为迫，俭何迫于下？不通。"洪诚《训诂杂谈》批评陈氏之说不明语例，主观强解，认为这一条注释出现了三个错误。①偪、匹古音既不同音，亦非叠韵。②改偪下为匹下，不合原意。偪下者，使下面的人受压力，感到难处，不能比孙叔敖更俭。何以不通？③偪上偪下，上下指地位而言，等于说上面的人，下面的人。陈氏把下说成下贱的人，距原意太远。[①]这种中肯的批评，对纠正滥用通假现象不无裨益，因此讲通假不可失之于宽、失之于滥。

王引之曾说："至于经典古字，声近而通则有不限于无字之假借者，往往本字见存，而古本则不用本字，而用同声之字。学者改本字读之，则怡然理顺；依借字解之，则以文害辞……迄今考之文义，参之古音，犹得更而正之，以求一心之安，而补前人之阙。"可见"考之文义，参之古音"是扫除通假字障碍的重要方法。戴侗在《六书故》中也强调："至于假借则不可以形求，不可以事指，不可以意会，不可以类傅，直借彼之声以为此之声而已耳。求诸其声则得，求诸其文则惑。不可不知也。"可见，摆脱文字形体的束缚，依声求本字，则假借之字便可涣然冰释。

---

① 见《中国语文》1979年第5期。

三、异体字

异体字是读音和意义完全相同，可以通用的外形不同的字。又称为“重文”、“或体”。如：睹—覩、馈—餽、鹅—䳘、泪—淚、緜—绵、呪—咒。它们或形符相异，或声符有别，或位置不同，或有会意字与形声字之差。当这些分歧的形体出现在古书中时，也会造成阅读障碍。例如：

①跻彼公堂，称彼兕觥。（《诗经·豳风·七月》）

②式号式呼，俾昼作夜。（《诗经·大雅·荡》）

③不积蹞步，无以至千里。（《荀子·劝学》）

例①《说文》引《诗》作“觵”，今《诗》作“觥”，“觵”和“觥”是异体字，指用兕牛角做的饮酒器。例②《说文》引《诗》作“謼”，今《诗》作“呼”，二字是异体字，一字之二形，音义皆同，皆“呼喊”之意。例③“蹞”与“跬”、“𧺆”皆为一字之异形，《说文·走部》：“𧺆”，半步也，读若跬同。“𧺆”与“跬”只是声符有别，今文用“跬”。一般来说，两字音义全同，并行时间不会长久。古书中异体字的情形很复杂，其产生方式主要有以下几种。

（1）都是形声字，形符不同。意义类属相关的形符古书中常可通用，因而形成异体，如：

哗（一体从言）	猫（一体从豸）
误（一体从竖心）	坞（一体土作阜）
睹（一体目作见，在右）	溪（一体水作谷，在右）

（2）都是形声字，声符不同，如：

梅（一体每作某）	溯（一体朔作斥）
蒂（一体帝作带）	掩（一体奄作弇）

臆（一体意作乙） 馈（一体贵作鬼）

（3）组成部分的位置不同，如：

鹅（一体我在鸟上） 峰（一体山在夆上）

秋（一体禾在右） 略（一体田在各上）

这种情况不能类推，如“怠”与“怡”，形符与声符都一样，只是位置不同，古书中偶尔也可通用，如《周易·杂卦》：“谦轻，而豫怠也。”陆德明《释文》：“（汉）虞（翻）作怡。”但在大多数情况下，“怡”是喜悦义，“怠”是松懈、懒惰义，两者并不相同。

（4）一个是非形声字，一个是形声字。王念孙说：“形体虽异，本为一字……于六书之义，各有所取。”[①]如：

泪（一体从水戾声） 黥（一体从黑从刀）

磊（一体从石累声） 膻（一体从三羊）

（5）笔画略有不同。有的是书写风格的差异在古书用字上的反映，如：

册（一体上相连） 吴（一体天字第一横带钩）

皂（一体七作十） 冉（一体无正中一竖）

（6）古字的遗留，如：

野（一体林下为土，见于甲骨文）

草（一体作艸，见于小篆及其前之古文字）

线（一体戋作泉，见于《说文》古文）

蜂（一体逢字下作两虫，见于小篆）[②]

还有一些字，最早是同一字的异体字，后来各自所表的意义有了分工，异体变成了用法不同的字。例如：“亨”和“享”最早

① 《重修古今韵略凡例》，刘盼遂《段王学五种·高邮王氏父子年谱》引。

② 以上异体字的几种情况，引自金本植《古汉语文字学知识》，四川教育出版社，1984 年。

是一对异体字，用法无别。享受的“享”可写作“亨”。《周易·大有》九三爻辞：“分用亨于天子。”亨通的“亨”也可写作‘享”，《周易》：“元亨利贞。”马王堆帛书本《周易·乾卦》和东汉时代的张公神碑都作“享”。“烹饪”之义较早一般用“亨”表示。《诗经·豳风·七月》：“七月亨葵及菽。”也可用“享”表示，云梦睡虎地秦简《日书》：“享而食之。”后来，“亨”专用于表示“亨通”义，“享”用于表示“享受”之义，通过分工变成了两个用法不同的字。又如“喻”和“谕”，二字最早已是异体字，都是懂得、晓谕的意思。《论语·里仁》：“君子喻于义，小人喻于利。”“喻”是“晓谕”之义。《战国策·魏策》：“寡人谕矣。”“谕”亦是“晓谕”之义。《孟子·梁惠王上》：“王好战，请以战。”《汉书·贾谊传》：“谊追伤之，因以自谕。”此二例中的‘喻”、“谕”均是比喻的意思。到了后代，“谕”专用于表“晓谕”之义，“喻”则用于表“比喻”之义，二字不再通用，原是异体字，分工后就不再是异体字了。再如“或”、“国”、“域”三个异形字，最初原是一个字。《明公𣪘》：“唯王令明公遣三族东或。”“东或”即“东国”。《汉书·韦玄成传》：“无惰尔仪，以保尔域。”“域”即“邦国”之义。后来三字分用，《说文解字》中把“或”和“域”当做一个字，把“国”当做另一个字，都解释为“邦”，随着三字的分工，音亦有所变化。唐代这三字分化成三个读音：“或”音胡国反，“域”音雨逼反，“国”音古或反。

对以上异形字，阅读时应注意其中的对应关系，了解其通用与分化的状况。对文献中指明的异体字，多加识记，有助于减少文字障碍。

四、讹误字

古书典册，由于历经刻写传抄，文字讹误难免。王引之指出：

“经典之文，往往形似而讹，仍之则不可通，改之则怡然理顺。”[1]古书里因字形相近而误写的例子相当多。例如：

《逸周书·武称篇》：“美男破老，美女破舌。”王念孙指出：“‘美女破舌’于义亦不可通。”他根据隶书“舌”字，与“后”字形相近，认为“舌”是“后”字之误。“美男破老，美女破后”就是《左传·闵公二年》中“内宠并后，外宠二政”的意思。

《荀子·儒效》：“争之则失，让之则至；遵道则积，夸诞则虚。”王念孙认为“道”为“遁”之形误。“遵遁”即“逡巡”，义为“退让”。

《管子·乘马篇》：“薮久镰缠得入焉。”“缠”是“缠绕”的意思。王念孙认为：“缠”字当从宋本作“纆”，“纆”是绳索的名称。“镰”和“纆”都是入薮（草木茂盛的湖泽）采薪的工具。因此二者可并举。如果作“缠”，并非绳索之名，不能与镰并举。由于世人多见“缠”字，少见“纆”，所以诸书多讹作“缠”。

《吕氏春秋·原乱》：“虑福未及，虑祸过之，所以皃之也。”“皃”字费解。王念孙认为“皃”即“完”的形近而误字。“完”隶书之形与“皃”相近致误。“完”有“全”义，即“所以全之也”，语义便易解了。[2]

《国语·齐语》：“故拘之以利。”于鬯认为“拘”字应是“均”字之误，他说：“拘字殊无义，盖均字之误。均之以利，其义易晓。故韦无解。若作拘则必当发解矣。《管子·小匡篇》作‘故钧之以爱，致之以利。’钧即均，以拘字扌旁核之，则此作均不作钧。扌与土形近，与金形不近也。然此均之以下或脱‘爱致之以’四字，亦未可知。”

《国语·周语》：“改玉改行。”于鬯认为“玉”字疑当作“王”

① 见《经义述闻》卷三十二。

② 以上四例均引自王念孙《读书杂志》。

字。他说："古玉字本无一点。玉、王二者同体，故写王字或中画近上。王字中画近上者，特以别玉字，非有意义也。其实王字三书亦宜匀例，此王字当正三书匀列，故传写者误为玉字。韦解云：'玉，佩玉'。然更姓之制，何以独改佩玉。且佩玉却虽更姓，未闻有改制。韦亦知佩玉无改制，故谓所以节行步。君臣尊卑，迟速有节，则竟是不改玉，而改其迟速之节。又谓服其服则行其礼，则又不言玉而言服。非所谓遁辞知其穷乎！要之凡改制皆包於改行之中，故曰改王改行，其义自明。良不必别言改玉也。且下文云'叔父若能光裕大德，更姓改物以创制，天下自显庸也。'惟言改王改行，乃可以彼文承此。若第曰改玉改行，又何以见所改者为更姓创制乎？在彼亦无著矣。"

《左传·哀公二年》："庶人工商遂人臣，隶圉免。"于鬯认为"人臣"的"人"字疑当作"入"字。"入人二字形近，故误入为人。读当属上为义。庶人工商遂入臣，谓庶人工商遂进仕也。故杜解云：'得遂进仕'，进字正诂人字，仕字正诂臣字，非以进诂遂，而又添设仕字也。然则杜所据入字未误，其解当断在臣字之下，今断在遂字之下，又误入为人，庶人工商遂，语义既不完，而人臣隶圉免更不可解。人臣何以免乎？杜云去厮役。人臣非厮役也，是止释隶圉免义，不释人臣免义。则人臣二字不下属而上届，又其证矣。人臣二字上属曰遂人臣，亦不成义，故知人字为入字形近之误也。"

《国语·越语》："王命工以良金写范蠡之状。"于鬯认为："写"当为"象"字之误。他说："《国策·燕策》鲍彪本云：'宋王无道，为木人以象寡人。'今姚宏本及《史记·苏秦传》俱作'写'，吴师道校注引一本亦作写，云盖古象字，作写讹也。《御览·偶像览》引春秋后语云：'宋王无道，以木人以像寡人'与策文同。而字作像，像、象同字，即可知作写者误，此写字当作象，犹彼也。与《书·说命》孔义引皇甫谧曰'乃赐百工写其形象'者自异。"

《国语·越语》:“杂受其刑。”于鬯认为杂字当作离。离、杂二字形近，传写易讹。他说:“《周礼·形方氏》‘职无有华离之地’，郑注引杜子春云：‘离当作杂。’《书》亦或作杂。《急就》颜师古本‘分别部居，不杂厕’，他本杂皆作离，并其证矣。韦解云：‘杂犹俱也。’训杂为俱，却与离义相近。《易·兑卦》陆释引郑注云：‘离，併也。’《后汉书·邓皇后纪》李注云：‘离，并也。’併、并义即犹俱义，则韦本或正作离，亦未可知。要训离为俱义，亦未确。离之言罹也，《诗·兔爰篇》‘雉罹于罗。’陆释云：‘罹本作离。’《文选·卢子谅赠刘琨诗》李注云：‘离，一作罹。’离受其刑者，犹云罹受其刑也。《书·汤诰》:‘罹其凶害。’《传》云:‘罹，被也。’《史记·管蔡世家》:‘无罹曹祸。’司马索隐亦云：‘离，被也。’然则谓被受其刑也。《说文》无‘罹’字，见《新附》，而云“罹古多通用离’。盖古止有离字，故曰离受其刑。离讹为杂，斯不可解矣。”[①]

由上可见，讹误字往往使语意扞格难通，给阅读古书带来人为的困难。如果校订出来，便会文从字顺，不待烦言而自解了。

五、避讳字

古人在语言表达中遇到可能触犯忌讳的人、事，常用更改古书文字的办法回避。一般是取同义、同音字代替，或省缺字的笔画。如《楚辞·招魂》:“肴羞未通，女乐罗些。”“通”字原本作“彻”，汉朝人为避武帝刘彻的名讳，而用同义词“通”代替。南朝范晔的父亲名“泰”，他所撰《后汉书·郭泰传》均用“太”代“泰”。孔丘的“丘”在典籍中常被省去右边一竖，这就是“敬缺末笔”。唐朝人为避唐太宗李世民的名讳，往往以“人”代“民”。

① 以上五例均引自于鬯《香草校书》。

如韩愈《原道》中“人其人”，本为“民其人”，意思是使其人成为编户之民。清代因避康熙帝玄烨讳，以“元”代“玄”等等。这些避讳字，大多是因避帝王名字而改字。

避讳之法在文字上表现为以下几种方式。

（1）用近义字代替应避讳的名字

《史记·秦楚之际月表》：“端月。”唐司马贞《索隐》：“二世二年正月也，秦讳正，故云端月也。”秦始皇名政，《史记》此处犹沿秦讳，以“端”代“正”。“正月”之“正”也因此而念平声zhēng。

《尚书·益稷》：“万邦作义。”《史记·夏本纪》引作“万国为治”，改“邦”为“国”，避汉高祖刘邦讳。班固则或许是离高祖的时代已远，其《汉书》在这一点上尚不完全回避，如《汉书·韦贤传》载韦孟《讽谏诗》即有“实绝我邦”、“我邦既绝”、“邦事是废”等，皆未改“邦”为“国”。

（2）不言避讳字，人名当避者，则往往只言字

《史记·高祖本纪》：“高祖，沛丰邑中阳里人，姓刘氏，字季。父曰太公。”对刘邦及其父均不言名。

《魏书·崔玄伯传》：“崔玄伯，清河东武城人也，名犯高祖庙讳。”崔玄伯名宏，与北魏孝文帝（元宏）同名，故只言其字。

范晔在《后汉书》列传中，为避家讳（其父范泰），对郑泰、郭泰只称其字（郑泰字公业，郭泰字林宗）。

唐魏征等修《隋书》，王世充只作“王充”，以避太宗讳。

（3）以音同或音近的字代避讳字

《史记·高祖功臣侯者年表》：“中三年侯谭元年。”《汉书》作“谈”，司马迁讳父名而改。

范晔在《后汉书》列传标题中改郭泰为郭太，郑泰为郑太。

唐高祖李渊之祖父名虎，唐时将苏州的虎丘改为武丘。唐徐坚等编的类书《初学记·兽部》中有狮、象等兽，唯无虎。

虎贲古亦为星名，唐房玄龄等修《晋书·天文志》中说："武贲一星在太微西蕃北下台南。"亦因避李渊祖父名而改。

（4）缺笔，即将实在无法换去的字少写一笔，以示此字应避讳

孔丘为"至圣"，凡书"丘"字则缺右边一竖。

唐时为避太宗之"世"字，"世"字缺下面的一横。

宋时避太祖赵匡胤讳，清时避清世宗（胤祯）讳，胤字均不写右边的"乙"。

六、无句读

旧版古籍无句读标志，更没有分词连写，因而句读往往难定，无疑给阅读古代文献增加了一层障碍。例如《孟子》上说："其为气也至大至刚以直养而无害则塞于天地之间。"朱熹读成"其为气也，至大至刚，以直养而无害，则塞于天地之间。""以直养"很难理解。其实是朱熹断错了句，"以直"二字本应连上读，而朱熹误在"至刚"下逗。王念孙认为"以"应作"而"讲，"至大至刚以直"与《尚书·金縢》的"天大雷电以风"句法一样，亦即"至大至刚而直"。这一改读，则《孟子》原文便十分易懂了。又如《汉书·贾谊传》："国已屈矣，盗贼直须时耳。然而献计者曰'毋动为大耳'。"颜师古注"毋动"云："言天下安，不可动摇。"又注"为大耳"引如淳曰："好为大语者。"这是把"毋动为大耳"五字分为两句。周寿昌云："汉文时，尚黄老，以清静为治，故曰'毋动为大'，不必截读。"依周说，"毋动为大"即"以毋动为大"，师古误解了此句文意。再如《南史·沈庆之传》："（沈庆之）又讨诸山蛮，缘险筑重城。"依此读法，上下主语均为沈庆之。但沈方进讨，为什么忽然"缘险筑重城"呢？其实，"缘险筑重城"的是被诬为"蛮"的起义军。只因标点者误把"蛮"字连上读，以致

语义全非。如果读作“又讨诸山，蛮缘险筑重城”则意思便很明白了。

可见分清句读对词义、文义及历史事实的了解都有着重要的辅助作用。黄侃说：“研治先秦古籍，必自分析章句始。”①说明研读古书，首先第一步就需要断句分章。即古人所说的“离经辨志”，特别是在今天的古籍整理工作中，如果没有这一步功底，往往给后世留下新的障碍。例如戴震《方言疏证序》中的一段话，被今人整理标点为：

常璩《华阳国志》于林、闾、翁、孺、扬、庄并云见扬子《方言》。李善注《文选》，引张伯松曰：“是悬诸日月不刊之书也。”亦直称扬雄《方言》曰：“可证歆、雄遗《答书》附入《方言》卷末已久。”②

这段话错误有三：第一句，林闾翁孺是一个人，被标点成四个人；扬庄也是一个人，被标点成两个人。第二句，“亦直称扬雄《方言》曰”是指张伯松谈到《方言》时的一种提法，“曰”字下当加句号，今作冒号，后面又标引号，是错误的。“可证……已久”句应是戴震论述之语，不得加引号。第三句“歆雄遗答书”指刘歆《遗扬雄书》和扬雄《答刘歆书》，文中却标成了一部书。这三处错误，正是未明文意，又缺乏足够的文化知识所致。

造成古书断句标点错误的原因很多，大致来说，古书文字有错、脱、衍、倒则可能致误，不明通假、不辨章法、不明史实可能致误，不解词义、割裂词语可能致误。下面举几则误解词义而致断句和标点错误的例子。

---

① 见黄侃《手批白文十三经·前言》。

② 见《戴震集》第202页，上海古籍出版社，1980年。

《敦煌变文集·李陵变文》："由（犹）更赐其珂、白玉装弓勒鞅、束封仆从。"

点校本以白玉装弓勒鞅为句，显然误以为是用白玉来装饰弓、鞅的，实际上"白玉"在这里是一个并列成分而不是修饰成分。白玉、珂、装弓、勒鞅为所赐之四物。故原文应标点为"由（犹）更赐其珂、白玉、装弓、勒鞅，束封仆从。"中华书局点校本因误解词在句中的语法意义而误断。[①]

《南史》："不图门衰祸集，一旦草土，残息复罹今酷。"

此为中华书局标点本句读。误读处甚多，原因是不明"草土"一词的词汇意义，误以为草土带有动词意义（或被看成是名词活用为动词），故有"一旦草土"之句。实际上"草土"相当于《孟子》书中所说的"土芥"，是由"泥土"与"草芥"紧缩合成的。原文本为四字句，应断成：

不图门衰，祸集一旦，草土残息，复罹今酷。[②]

这样就文从字顺了。标点本因误解词义而断误。

《敦煌变文集》徐震堮校注本："我佛当为菩萨日，争无臻志苦修持。"

有人撰文指出臻当读作"贞"，"臻志"，即"贞志"，以罗常培《唐五代西北方音》舌上音混入正齿音之说证臻、贞语音可通，意义可借。[③]又以同书548页"心贞志而跃跃兴兴，体逶迤而遥遥拽拽"为内证，其说可信。但校注本标点有误，徐、蒋二位均疏忽不察。笔者认为"持"后当用"？"号而非句号，标点符号使

---

① 参见郭在贻、黄征、张涌泉《〈李陵变文〉补校》，《古籍整理研究学刊》1991年第1期。

② 参见吴孟复《古书读校法》，安徽教育出版社，1983年。

③ 臻为庄纽，臻韵，贞为知纽清韵，臻、贞系一声之转。参见蒋骥骋《敦煌变文集校注笺识》，《湖南师大学报》1992年第1期。

用不当的原因就是不明“争”在这里的词汇意义。

“争”在唐时多同“怎”，是一个疑问词。张相《诗词曲语辞汇释》卷二：“争，犹怎也。自来谓宋人用怎字，唐人只用争字。”可见“争”在唐代表达的是“怎”的意思，它用在句中表示反问。张书引唐代诗人的诗句很多，如唐玄宗《题梅妃画真》诗“霜绡虽似当时态，争奈娇波不顾人”、白居易《题峡中石上》诗“诚知老去风情少，见此争无一句诗”、杜牧《边上闻笳》诗“游人一听头堪白，苏武争禁十九年”、韩偓《哭花》诗“若是有情争不哭？夜来风雨葬西施”等诗句中用“争”字的句子都应当标“？”号为好。《敦煌变文集》为唐人写本，此“争”字正是用如“怎”，故“争无臻志苦修持”当用“？”号，而不是句号。反问句与陈述句的意思毕竟是不同的。

第二节 词义障碍

时有古今，地有南北，语言随时、地的不同而发生变化。语言的词汇更是处在经常变动中。一些不合时用的词不断消失，但仍保留在古代典籍里，还有些词的词义经过多次演变已有所差异，这些都会成为后来读者的阅读障碍。词义障碍主要是由于不解古语和词义演变而造成的。

一、不解古语

所谓古语是指旧时通行、后世衰微了的词语，包括一般性古词语、古方俗语、成语、典故、古译语等。这些古语遗存于今，难以通晓，往往失其正解。

（1）一般古词语

古书古语较多，后人读古书，不解其语，往往用今义释之，就容易产生误解，俞樾《古书疑义举例》中言之甚详。如《尚书·微子篇》："好草窃奸宄。""草窃"古语，本又为草乱。《说文·丰部》："丰，艸蔡也，象艸生之散乱也。""艸蔡"即"草窃"，引申为"散乱"。"好草窃"就是"好乱"之义。枚传训为"草野窃盗"，不达古语。又如《墨子·节葬下》："内积奚后，并为淫暴而不可胜禁也。""奚后"又作"謑诟"，古语。《说文·言部》："诟，謑诟，耻也。"即"耻辱"之义。今本"积"误为"续"，"后"误为"吾"，不解古语而改字，古语更加不可解。还有一种情况是一个词语的某一意义或用法后世不通行，以今语解之亦误。如秦韬玉《贫女》诗："谁爱风流高格调，共怜时世险梳妆。"其中"时世险梳妆"一句难懂，后人臆改"险"为"俭"，释为"俭朴"，释"时世"为"当代"。其实，"时世"一词在唐代有"时髦"义，"险"字应当"怪异"讲，所以该句应解为"都爱时髦怪异的打扮"。

（2）古方俗语

我国自古以来地域广阔，历史悠久。语言多随时地而异，方言殊语与共同语并存，大量留载于古文献中。王充说："经传之文，圣贤之语，古今言殊，四方异谈也。"方言的分歧造成了语言的隔阂，因而也给古代的书面语带来了障碍。阅读时不细心分辨，很容易致误。例如：

①文而致实，博而党正。(《荀子·非相篇》)

②百姓晓然皆知其污漫暴乱而将大危亡也。(《荀子·富国篇》)

③下武维周，世有哲王。(《诗经·大雅·下武》)

以上三例中的"党"、"晓"、"哲"，字面虽异，词义则同，"党"、"晓"皆为"知晓"、"明白"之义，"哲"是"明智"之义，"知"与"智"义同。这种字面的分歧正是由方言的分歧造成的。《方言》卷一："党、晓、哲，知也。楚谓之党，或曰晓，齐宋之间谓之哲。"

而杨倞注云："致，至也。'党'与'谠'同，谓直言也。"杨注以"直言"释"党"，正是未解古方俗语。文中"致"训"至"，"致"与"党"相对为文，"党"亦应为动词，应训为"知"，句意为"文而不流于虚伪，博而能知其邪正。"①

①死而弃其招箦。(《淮南子·说山训》)

②床笫之言不逾阈。(《左传·襄公二十七年》)

此两例中的"箦"、"笫"均是床的异名。《方言》卷五："床，齐鲁之间谓之箦，陈楚之间谓之笫。"这种异名同实的现象同样是方言分歧所致。

同样，口头俗语和共同语之间也会存在着字面与义别的现象。如唐代韩偓《清兴》诗："阴沈天气连翩醉，摘索花枝料峭寒。""摘索"一词是当时的口头俗语，即"离索"，萧条冷落之意，而《中文大辞典》收了此词，释为"索取也"。并引韩偓《清兴》诗为例，显然是望文生训。唐代张文成《游仙窟》："局至，十娘引手向前，眼子盱瞜。""盱瞜"一词较隐晦，各大型辞书均不见收，是唐代的一个口语词，郭在贻考释"盱瞜"即"眗瞜"，意思是"笑"。"眼子盱瞜"即"眼睛笑眯眯"的意思。

以上古方俗语，有的是字面生涩而义晦，有的是字面普通而义别。在阅读时应注意考释，如果望文生义，便会曲解其意。

（3）成语

汉语中的成语非常丰富，它是经过凝练、长期习用而流传下来的固定词语，具有高度的概括性，理解不准确，就易致误。

首先在训释成语时，要注意古今字义之别，成语释义之误往往系于一字，因此字酌句斟非常必要。例如：

---

① 郭在贻《训诂丛稿》"游仙窟释词"，上海古籍出版社，1985年。

律，历迭相治也，其间不容发。（《大戴礼记·曾子天圆》）

这是成语“间不容发”的源头，意思是说，前后距离相近，中间不能放进一根头发。“间”应当是“中间”的意思，而有的《汉语成语词典》则释为“空隙、隔开”，读音也随之而别，与本义不合。

吴公差强人意，隐若一敌国矣。（《后汉书·吴汉传》）

“差强人意”这个成语中的“差”，其古义是“甚”或“颇”。“差强人意”即“很能振奋人意”。后来，“差”字为“稍微”、“大致”之义，但在最初是不能相混的。张相《诗词曲语词汇释》卷二引此例云：“然则差强人意云者，乃甚强人意之谓，非稍强人意之谓也。”而《汉语成语词典》则释为：“差，稍微，大致……原意为还算能振奋人的意志。现在表示还能够使人满意。”误以今义为古义。

其次，成语一经凝练成词，便有很强的约定性，因此不应妄改。例如：

相逢不用忙归去，明日黄花蝶也愁。（苏轼《九日次韵王巩》）

诗意是：赏菊花要趁今天重阳节，到了明天佳节已过，菊花就是不应节的过时东西了。成语“明日黄花”出于此。有人妄改为“昨日黄花”，以为这样才能表现“陈旧”、“过时”之意。

再则，不可轻断成语的褒贬之意。如：“有恃无恐”这一成语，出自《左传·僖公二十六年》。原文是：“齐侯曰：‘室如县罄，野无青草，何恃而不恐？’（展喜）曰：‘恃先王之命。’”并无褒贬之义，而有的《汉语成语词典》则注释说：“含贬义。”后来使用这个成语，也不一定用于贬义。

（4）典故

古诗文多用典，或称“用事”，以增强文章的说服力，这也往往造成理解上的困难，从而需要注释。用典有明用、暗用之分。例如：

闻说初东幸，孤儿却走多；难分太仓粟，竞弃鲁阳戈。（杜甫《伤春》五首之五）

这是明用典故，其中“太仓粟”出自《汉书·贾捐之传》：“太仓之粟红腐而不可食。”“鲁阳戈”出自《淮南子·览冥训》：“鲁阳公与韩搆难，战酣日暮，援戈而抝之，日为之反三舍。”这里用“太仓粟”是表示唐王朝储备的粮食多，用“鲁阳戈”是表示羽林军使用的兵器精。

暗用就是“用事不使人觉”，隐而不显，读者不知有典，也能了解文意；如果知道出典，就能理解得更深一些。如：

秋草独寻人去后，寒林空见日斜时。（刘长卿《长沙过贾谊宅》）

这两句诗看来是直道眼前景物情事，但其中的“人去”、“日斜”又是有出典的，而且就出自贾谊的《鹏鸟赋》：“庚子日斜兮，鹏集予舍……野鸟入室兮，主人将去。”

又如：

我见青山多妩媚，料青山见我也如是。（辛弃疾《贺新郎》）

这两句暗用了唐太宗夸魏征的故事，将其事迹融于文中，让读者自去领略；如果读者不知，就不容易更深领会作者的用意了。因此这种地方也是需要注家点明的。

更隐讳的暗用是看似无出处而实有出处，看似不用典而实用典，而且必须知道出典，才能理解语意。例如：

为君别唱吴宫曲，汉水东南日夜流。（吴伟业《圆圆曲》）

末句用了李白《江上吟》："功名富贵若长在，汉水亦应西北流。"吴诗翻用其典说：汉水依旧东南流，功名富贵何能长！如果我们不知道吴句出处，就无从了解诗人暗示并预言显赫一时的吴三桂功名富贵终归不能长保的意思。

（5）古译语

即音译的外来语。汉语里的外来词，约分为四类：第一是上古时期的外来语；第二是西域的借词和译词；第三是佛教翻译过来的借词和译词；第四是由日本传入的汉字译名。汉语里的外来语虽然不是很多，但研究得也不够，对于这类词语有的需要认真考释，才能理解其意。例如："骆驼"本匈奴词，先秦借入中国，最初写作"橐拖"。《逸周书·王会解》："请令橐拖……为献。"南北朝才写作"骆驼"。又如白居易《新乐府·阴山道》："阴山道，阴山道，纥逻敦肥水泉好。"据陈寅恪考证，"纥逻敦"乃是突厥语 kara tunā的音译，义为"青草地"。汉魏六朝从梵语借来的，主要是与佛教有关的词，如"佛"来源于梵语"buddha"，"袈裟"来源于梵语的"kasaya"等。早在《尔雅》中就有一些古释语，如《释地》中的"昭余祁"、"医无闾"、"珣玗琪"、"邛邛岠虚"；《释天》中的"摄提格"、"大荒落"、"大渊献"、"赤奋若"等。郭璞说："其事义皆未所详通者，故阙而不论。"这些古译语，来源难寻，不可妄解。考订和发掘古译语，是一件艰苦的工作，需要淹博、精审和识断，反对单词孤证，反对草率对音。如《尔雅·释天》"太岁在甲曰阏逢"一句，郭注阙而不论，郝懿行《义疏》却说："《一切经音义》引李巡曰言万物锋芒欲出，拥遏未通，故曰阏逢。”这显然是依声附义。又如《后汉书·南蛮传》：“于是女解去衣裳，为仆鉴之结，著独力之衣。”李贤注：“仆鉴、独力皆未详。”张永言《训诂学简论》将此二词与泰语比较，认为“仆鉴”可比 puk kien，义为“束发为结，辫发为髻”；“独力”可比泰语 tuk lik，义为“一种羊毛布。”[①]按：这种对音结论似不可信。“独力”犹“手力”，指奴仆、差役之辈。江蓝生《魏晋南北朝小说词语汇释》[②]引蒋礼鸿《敦煌变文字义通释》和郭在贻《太平广记词语考释》言之甚详，江书还引《搜神记》文字证说“手力”又可称“独力”，如云：

盘瓠将女上南山，草木茂盛，无人行踪。于是女解去衣裳，为仆竖之结，著独力之衣，随盘瓠升山入谷，止于石室之中。

这里“仆竖”与“独力”对言，且为了升山入谷，穿越草莽，当然要穿奴仆类的衣裳，若解为“羊毛布”，显然于理不通。又按《后汉书·南蛮传》作“仆鉴”，《搜神记》作“仆竖”，鉴、竖二字当是形近而误，恐作“竖”为是。

二、词义演变

词义是历史地形成的，随着社会历史的发展，词义也会不断变化。词义的演变自然会给古书阅读带来障碍。词义演变的方式是多种多样的。概括起来主要有：词义的增加、减少、扩大、缩小、转移五种类型。

---

① 见张永言《训诂学简论》第 39 页，华中工学院出版社，1985 年。

② 见江蓝生《魏晋南北朝小说词语汇释》“手力”条，语文出版社，1988 年。

（1）词义的增加和减少

词由本义派生引申义，新的义项产生之后，本义仍然保留，词的义项多起来，这是词义的增加。例如：

①古之兵，戈、矛、弓、矢而已矣。（《荀子·议兵》）

②勇悍果敢，聚众率兵。（《庄子·盗跖》）

例①中的“兵”是“兵器”的意思，这是“兵”的最初本义。例②中的“兵”是“士兵”之意，这是后来新增加的义项，而且在一段时期之内，两义并存使用。

词义的增加不只是义项在数量上的增多，而且与旧义项之间有一定意义联系，也有一定区别。这种联系和区别，有的比较明显，有的相当隐蔽，差别甚微。在读古书时，很容易忽略，以致误解文意。因此，应细心分辨新旧义项的细微差别。例如：

①乃令张仪佯去秦，厚币委质事楚。（《史记·屈原列传》）

②愿驰明驼千里足，送儿还故乡。（《木兰诗》）

③将军身被坚执锐。（《史记·陈涉世家》）

例①中的“币”本意是纺织品，引申泛指玉、马、皮、帛等礼物。先秦没有“货币”的义项，而是指“礼物”，到汉代以后才指“货币”，因此上文中“币”是“礼物”之意。例②中的“驰”有“奔驰”、“驱驰”等义项，最初是指人赶马的行为，即“驱赶”之意。后代才指马的动作，即“奔驰”。这句中“驰”应是“使劲赶马”之意，指人的动作。例③中的“身”本义是人或动物的躯干。后来增加的义项有：身体、亲自、自己。此句中应是“亲自”的意思。这几个所增义项差别很小，容易含混，特别值得注意。

词义的减少，是指原来不止一个意义，后来其中某些意义逐渐消失了，即词的义项变少了。例如《左传·僖公二十四年》：“寺人披请见，公使让之，且辞焉。”“让”最早有辞让、责备等义项。此句中“让”即“责备”之义，但后来“责备”义从这个词的意义范围之内逐渐消失了。又如梁元帝《金楼子》卷三《说蕃篇八》：“仍言左右，下官热发，可觅冷渖饮，并劝始安且还别省消息。”这里的“消息”是“将息、调养”之义，此义屡见于六朝人文字。后来此义项使用频率下降，并逐步消失。在阅读时也应注意其存在与消失的情况，不可厚古薄今。

（2）词义的扩大和缩小

词义的扩大是指有些词，由甲义引申出乙义，而甲义的外延可以包含在乙义之中。即古义包括在今义之中。例如《礼记·曲礼下》：“在府言府，在库言库。”郑玄注：“库，谓车马兵甲之处也。”“库”上古储藏财物的地方。《后汉书·张堪传》：“成都既拔，堪先入据其城，检阅库藏，收其珍宝。”

一般原义和扩大义之间的差别非常细微，按今义去讲似乎也讲得通，但细研起来，难以与事实相合，有时会令人费解。例如：

红脸桃花色，客别重羞眉。（陈后主《紫骝马乐府》）

句中的“脸”是指“颊”，常指妇女搽胭脂的地方。这是“脸”的最初意义，后来扩大指整个面部。文中“红脸”是指搽了胭脂的颊，今义则是指整个面部发红。另外古诗词中常有“双脸”、“两脸”的说法，按今义去理解，就会闹笑话了。

又如：

抉吾眼县（即悬）吴东门之上，以观越寇之入灭吴也。（《史记·伍子胥传》）

这里的眼是指“眼珠”，上古没有“睛”字，“眼珠”就用“眼”表示。后来词义扩大了才指眼睛，如聂夷中《伤田家》诗：“医得眼前疮，剜却心头肉。”因此上文中的“眼”不能理解为“眼睛”。

下面再举《世说新语》中的几个词作为词义扩大的例子。

“教”字，本来是君王对臣民的政令或训导，即“上所施下所效”的内容（见《说文》），魏晋以后，使用范围扩大，凡上司对下属的批示、指令都可以称为“教”，如《世说新语·政事17》：“作白事成，以见（虞）存，存时为何（骠骑）上佐，正与（虞）謇共食，语云：‘白事甚好，待我食毕作教。’”白事，指报告类文书；作教，即在文书上作批示。又如《赏誉》74：“王蓝田拜扬州，主簿请讳，教云：‘亡祖先君名播海内，远近所知；内讳不出于外。余无所讳。’”六朝其他小说如《搜神记》、《异苑》、《冥祥记》等也把鬼神的指令称为“教”，详见江蓝生《魏晋南北朝小说词语汇释》100页。①

“目”字，本为名词“眼睛”、动词“看视”。另外还有“称呼”义，而且及物，如《谷梁传·隐公元年》：“段，郑伯弟也……以其目君，知其为弟也。”范注：“目君，谓称郑伯。”《世说新语》中再引申为“品题”、“品评”义，用例甚多，如《言语》85：“桓征西治江陵城甚丽，会宾僚出江津望之，云：‘若能目此城者，有赏。’顾长康时为客在坐，目曰：‘遥望层城，丹楼如霞。’”又如《品藻》2：“庞士元至吴，吴人并友之。见陆绩、顾劭、全琮，而为之目曰：‘陆子所谓驽马有逸足之用，顾子所谓驽牛可以负重致远。’”“目”字作及物动词时，与“称”、“谓”同义，在《世说新语》中二字时或并用，如《赏誉》2：“世目李元礼：谡谡如劲松下风。”《赏誉》5：“钟士季目王安丰：阿戎了了解人意。谓裴公之谈：经日不竭。”这里目、谓对举。《赏誉》50：“卞令目叔向：

① 语文出版社，1998年。

朗朗如百间屋。”《赏誉》49：“王大将军称其儿云：‘其神候似欲可。’”这里是目、称并用。在这部书里，“目”作品题、评价的用例很多，这个意义当是由“称呼”义引申出来的。

“没”字，本为水淹没，引申为“掩盖”。“掩盖”义再引申为超过、胜过，这一引申义不见于《辞源》等工具书，而《世说新语》中有之。如《品藻》70：“王子敬问谢公：‘林公何如庾公？’谢殊不受，答曰：‘先辈初无论，庾公自足没林公。’”意谓先辈人从没有论及此事，庾公自然足以胜过林公。《汉语大字典》“没”字下虽然列了“掩盖、超过”的义项，但读其所举书证，全是“掩盖”的用例，没有列出“超过”义的材料。其中所引《仪礼·聘礼》“弊美则没礼”一例，郑玄注云：“是以享用弊，所以副忠信，美之则是主于弊，而礼之本意不见也。”不见，则是为美弊所掩盖，失去礼的本来意义，所以《仪礼》中的“没”字是“丧失”或“掩盖”义，没有“超过”义；《礼记·坊记》：“子云：敬则用祭器。君子不以菲废礼，不以美没礼。”《孔疏》：“言不可以其薄不及礼而不行礼，亦不可以其美过而去礼。”美过，与“薄不及”对言，一指祭器过丰，一指祭器菲薄。过于丰美的祭品则“没礼”，意思是丧失了行礼的本意，孔疏释“没礼”为“去礼”，也没有“超过”之义。《经籍纂诂》“没”字下引《坊记》文，注释为“过也”，云依据《孔疏》，此未摘中孔疏原意。所以“没”的“超过”义，是在《世说新语》中才出现的新的引申义。

“疑”字，有“疑忌”义，引申出“嫌弃”、“责怪”义，这是晋时新的引申义，《辞源》修订本等辞书皆未录取。如《世说新语·文学50》：“殷中军（殷浩，殷渊源）被废东阳，始看佛经。初视《维摩诘》，疑‘般若波罗密’太多；后见《小品》，恨此语少。”这里的“疑”字不是疑忌之类的旧义，而是“嫌弃”的意思。此条刘注云：“（殷）渊源未畅其致，少而疑其多；已而究其宗，多而患其少也。”其他如陶渊明《饮酒二十首》之九：“壶浆远见候，疑我与时乖。”此“疑”也是责怪义。

与此相反，词义的缩小，是指词由甲义引申出乙义，而乙义的外延可以包含在甲义之中，词的原意部分保留。如：

上天之载，无声无臭。(《诗经·大雅·文王》)

句中“臭”指气味的总称，包括香的和臭的。郑玄笺：“耳不闻声音，鼻不闻香臭。”大概从汉代开始，词义缩小为专指难闻的气味。如仲长统《昌言·理乱》：“三牲（指牛、羊、猪）之肉，臭而不可食。”词义的范围变窄了。

词义缩小的情况中，原义和缩小义粗看差别亦不大，但如果不求甚解，认为古今义差不多，按今义去理解古词，往往会因一词之差，而误解了古人的原意。例如：

且许子何不为陶冶，舍皆取诸其宫中而用之？（《孟子·滕文公上》）

这里的“宫”字，如果按今义“宫殿”去理解，就会曲解原义，而且与事理不合。其实，这个“宫”字，在先秦指房屋、住宅，不分帝王与平民。文中就是指许行的房屋，跟“室”是同义词。秦汉以后才专指帝王的宫殿。如《史记·秦始皇本纪》：“作宫阿房，故天下谓之阿房宫。”词义范围缩小了。

樊哙，帝之故人也，功多，且又乃吕后弟吕须之夫，有亲且贵。(《史记·陈丞相世家》)

这句话令人费解处在于一个“弟”字，吕须是吕后之妹，而文中用“弟”称呼她。其实，“弟”在上古不仅指弟弟，也可指妹妹。

后来所指范围才缩小，若了解其演变，这句话就好懂了。

再如，古代的“床”是一种坐、卧之具，在《世说新语》里只有“坐具”的意思，不表“卧具”。如《规箴》7：“晋武帝既不悟太子之愚，必有传后意。帝尝在陵云台上坐，卫瓘在侧，欲申其怀，因如醉，跪帝前，以手抚床曰：‘此坐可惜！’”《容止》1：“魏武将见匈奴使，自以形陋，不足雄远国，使崔季珪代，帝自捉刀立床头。”《世说新语》中有“胡床”一词，也是一种坐具，如《自新》2：“戴渊少时游侠，尝在江淮间攻掠商旅，使少年掠劫，渊在岸上，据胡床指挥左右。”据《清异录》和《演繁露》考释，胡床传自西域，高帝令改为“交床”，即今之“交椅”，四川今呼为“马架”。现代的“床”字只含“卧具”之义。

“卿”是古代对人的敬称，不分长幼。魏晋以后，对低于己者或同辈间的亲昵称呼用“卿”，如《世说新语·规箴 15》：“王丞相为扬州，遣八部从事之职，顾和时为下传还，同时俱见……王问顾：‘卿何作闻？’”又如《品藻》52：“有人问谢安石、王坦之优劣于桓公，桓公停欲言，中悔，曰：‘卿喜传人语，不能复语卿。’”夫妻属于同辈，所以亲昵时也可以互称为“卿”。如《古诗为焦仲卿妻作》：“府吏谓新女，贺卿得高迁。”此是夫谓妻。《世说新语·惑溺 6》：“妇曰：‘视卿爱卿，是以卿卿。’”第三个“卿”字当动词用，其余“卿”字是妇人指称其夫王安丰。自唐代以后，“卿”字只是君王对臣民的称呼。

“氓”本指流民，又为百姓之通称。《诗经·卫风·氓》：“氓之蚩蚩，抱布贸丝。”后特指移民，《孟子·滕文公上》：“闻君行仁政，愿受一廛而为氓。”

“朕”上古常用作第一人称代词，相当于“我”，《楚辞·离骚》：“朕皇考曰伯庸。”《孟子·万章上》：“干戈朕；琴朕；弤朕。”后为皇帝或听政太后的专用自称。《史记·秦始皇本纪》：“臣等谨与博士议曰：命曰制，令曰诏，天子自称曰朕。”

以上说明词义演变后，尤其要弄清楚它们古今词义之间的细微差别，阅读古书时才不致因词义相近而误解。

（3）词义的转移

词义的转移指有些词由甲义引申出乙义，而乙义产生之后，甲义不复存在，或是产生了正反、轻重、褒贬的变化。词的旧义被新义所代替。例如：

①赴汤火，视死如生。（晁错《言守边备塞疏》）

②将军者，国之爪牙也。（《汉书·李广传》）

③白日放歌须纵酒，青春作伴好还乡。（杜甫《闻官军收河南河北》）

例①中的“汤”是指热水、开水。大约在唐以后，开始转化为菜汤。例②中的“爪牙”是指武臣，也用来泛指辅佐君主的人，本是褒义词，今用来比喻坏人的帮凶，具有贬义，词义的感情色彩发生转移。例③“青春”指春季。按古代的五行说，春季属东方，其色为青，主春之神叫青帝，所以称“青春”，今转移指年龄，用来比喻人生最美好的青年时代。

再如：“闻”，原为听到的意思。《荀子·儒效》：“闻之不若见之。”《礼记·大学》：“心不在焉，视而不见，听而不闻。”在词义演变中“闻”由表示听觉意义，转为表示嗅觉意义，杜甫《大云寺赞公房》四首之三：“灯影照无睡，心清闻妙香。”苏轼《题杨次公春兰》：“时闻风露香，蓬艾深不见。”

“孩”，《说文·口部》：“咳，小儿笑也。”古文作“孩”。《老子》：“如婴儿之未孩。”《列子·杨朱》：“孩抱以逮昏老。”李密《陈情表》：“生孩六月，慈父见背。”后由孩笑之义转化为小孩、儿童之义，柳宗元《种树郭橐驼传》：“字而幼孩，遂而鸡豚。”

“间谍”，古义为动词，“间”谓往来，“谍”谓觇候。如《史记·廉蔺列传附李牧》："李牧者，赵之北边良将也。常居代、雁门，备匈奴……习骑射，谨烽火，多间谍，厚遇战士。"《世说新语》中开始引申作为名词，意义与现代相同，如《方正》5："诸葛亮之次渭滨，关中震动……亮遣间谍觇之，还曰：'有一老夫，毅然仗黄钺，当军门立，军不得出。'"又如《容止》1："魏武将见匈奴使……既毕，令间谍问曰：'魏王何如？'"这两例中的"间谍"，皆指侦探军情的人。

"陵迟"，古义为延缓的斜坡，如《荀子·宥坐》："三尺之岸，而虚车不能登也。百仞之山，任负车登焉，何则？陵迟故也。"《世说新语》中新引申为时间的拖延，如《德行》14注引虞预《晋书》："（王）祥以后母故，陵迟不仕。年向六十，刺史吕虔檄为别驾。"孝子王祥，因其后母对他的虐待苛求，迟迟未能出来做官，拖延至六十岁，才召为别驾。这里的"陵迟"即蹉跎、淹滞之义，由山形的延缓引申为时间的延缓。

总之，词义的演变，一方面增加了语言表达的灵活性和丰富性；另一方面也造成了一词多义的现象。阅读古书时，若不仔细分辨，或笼统地以今义释古语，就很容易引起歧解。

第三节　语法、修辞障碍

一、语法方面的障碍

在词汇、语音和语法三大语言要素中，语法相对来说，具有很大的稳定性。但并不能因此而忽略古今语法的不同，从而得出语法不变化的结论。如果简单地用现代语法去套用古代汉语的语法，同样会产生误解，难达古义，下面分别从词法、句法、虚词三方面说明古书中的语法障碍。

（1）词法上的障碍

在古代汉语里，各类词的归属总的来看还是比较固定的，但词类活用的现象普遍多于现代汉语，如果不灵活分析其用法，不考虑上下文意，也会误解词义和句义。例如：

曹子手剑而从之。（《公羊传·庄公十三年》）

这句的“手”应作动词，“手提、手拿”之意，如果理解为名词，文句便疑惑难解了。

高者挂罥长林梢，下者飘转沉塘坳。（杜甫《茅屋为秋风所破歌》）

这里的“沉”应是形容词，训“深”，“沉塘坳”和“长林梢”相对，同为偏正结构。如果解为动词“沉没、沉入”，就不合事理了。①

再如《诗经·豳风·七月》：“采荼薪樗，食我农夫。”《郑笺》云：“干荼之菜，恶木之薪亦所以助男养农夫之具。”胡承珙《后笺》云：“荼为苦菜，春夏已成，此采荼虽承九月之下，非谓至是始采。谓所采之荼，所薪之樗于是时皆可为助养农夫之用。”又云：“或疑苦菜非九月所采，此荼即王肃所云荼，陆秽者，如《左传》蓺之薪蒸与樗为一类，非也。”今案，胡氏所引或说较其说为优，荼不当是苦菜或苦菜干。《尔雅·释草》云：“荼，委叶。”即王肃义之所本，谓委弃之草叶。委弃之草叶皆可取之烹物，“采荼”与“薪樗”当为并列结构。薪，本义为柴薪，属名词，与“樗”连用，则活用作动词。薪樗之“薪”就有“伐取”之义，所采之荼与所

① 见张永言《训诂学简论》第12页，华中工学院出版社，1985年。

薪之樗可以助养农夫烹煮食物。此本承上文七月食瓜、八月断壶、九月菽苴三句而言，瓜谓菜瓜，与菽苴都需烹煮然后才可食，故郑玄释为“助男养农夫之具。”但郑笺不明薪字动用，仍以名词之薪相训，盖误以活用为常用也。[①]

《诗经·小雅·蓼莪》：“出入腹我。”《郑笺》云：“腹，谓怀抱。”此训以“腹”为怀抱，囿于字形。《毛传》训“腹”为“厚”，后人谓《毛传》是以腹为复之假借字。其实这里的“腹”是名词动用，当“怀念”讲，一出一入都牵系着父母的心，故曰“出入怀我念我”，《郑笺》释为“怀抱”，虽以动词相训，但与上文长我育我之义不相协。子既已长育成人，怎么还需要怀抱呢。“腹”当怀念讲，盖由腹在古代诗文中常代指内心这一语义引申而来。如古语中常有“腹诽”，又作“腹非”，指内心非议他人，但不显露于色，后来又有“腹稿”的说法，指“内心”预先打好稿子。思念的行动发自内心，所以用腹这一名词表示内心的心理活动是有语义上的联系的。“腹”处在代词“我”之前，也符合古代汉语名词活用为动词的规律，为活用无疑。今本《辞源》仍以“怀抱”释之。

（2）句法上的障碍

古书中存在着一些特殊的句法现象，如果不解其体例，在句意的理解上往往会发生分歧、难明古义。例如：

> 启乃淫溢康乐，野于饮食。（《墨子·非乐上》）

孙星衍《尚书今古文注疏》卷十三中疑“野于”当作“于野”，并训“于”为往。这种训释错误在于没有弄清先秦汉语中介词结构的一种特殊语序。“野于”是个介词结构，按先秦汉语的语法结构，

---

① 说见于鬯《香草校书》卷十三。

介词“于”可以放在它的宾语“野”之后。而这种介词结构作补语时，可以提到谓语前面。俞樾《古书疑义举例》卷一指出“野于饮食”与《左传》“室于怒，市于色”句法正同。孙星衍的误解正是由于不达古书之例，将“于”训为动词“往”，更误。

咏北狄之遐征，奏胡马之长思，凄入肝脾，哀感顽艳。（《文选·繁钦与魏文帝笺》）

黄侃《文选平点》曰：“‘哀感顽艳’句，此与上‘凄入肝脾’俪句，言顽者、艳者皆为其哀音所感耳。尝见有人云：‘哀感顽艳，四字兼而有之’，不知是何言语矣。”黄侃正是从章句结构的分析中认识到：“凄入肝脾，哀感顽艳”是对偶句，都是主动宾的句法结构。因此“哀感顽艳”不是像有人所说的“四字兼而有之”的并列结构。而是顽者、艳者都是被哀音所感动的意思。解者没有弄清楚句法结构，因而对句意和词义都误解了。

循墙而走，亦莫余敢侮。（《左传·昭公七年》）

杜预注：“其共如是，亦不敢侮慢之。”黄扶孟《义府》云：“循墙而走，指小儿之学步者，虽学步之小儿，余也不敢侮之……旧注非。”沈钦韩《左传补注》云：“言无有余所敢侮之人。”按“亦莫余敢侮”其实是一个否定句，在上古汉语中，代词作否定句的宾语，通常都在动词前。“亦莫余敢侮”即“亦莫敢侮余”，因此杜注是正确的。而黄、沈的解释则违背了上古汉语这一句法规则，是错误的。

（3）虚词上的障碍

古汉语中实词易解，虚词难求。“虚词一乖，判于燕越。”（刘淇《助字辨略序》）在解读虚词时，很容易虚实相混，误虚为实，从而导致歧义横生。例如：

诞寘之隘巷，牛羊腓字之。（《诗经·大雅·生民》）

“诞”是发语词，无意义，而《毛传》训为：“诞，大。”把虚词误解为实词。类似的还有《诗经·大雅·皇矣》：“诞实匍匐”、“诞后稷之穑”等，《毛传》皆误解为实词。又如，曹丕《与吴质书》：“岁月易得，别来行复四年。”《五臣注》张铣释“行”为动词，指（四时）“运行”。其实，“行”是副词，义为“即将、快要”。

特别要注意的是，古书中常有虚词用于句子中间以足句，有人称之为“语助”，这些词并没有实际意义，只是调谐节奏。如果不注意就会误解为实词。例如：

①介之推不言禄。（《左传·僖公二十四年》）

②佚之狐言于郑伯曰：“国危矣……师必退。”（《左传·僖公三十年》）

③有兔斯首，炮之燔之。（《诗经·小雅·瓠叶》）

例①②“之”均为足句虚词，夹在人的姓和名中间，无意义。例③“斯”也是用于句子中间的足句虚词，“兔斯首”即“兔首”，而《郑笺》云：“斯，白也。”以实词解之，误把虚词当做了实词。

对虚词误解的情况，王引之在《经传释词·自序》中说：“自汉以来，说经者崇尚雅训，凡实义所在，既明著之矣，而语词之例，则略而不究，或即以实义释之，遂使其文扞格，而意亦不明。”可见，对虚词理解不当，则有碍于文义的详明。

二、修辞方面的障碍

古人行文讲究修辞，其修辞方式多种多样，如譬喻、代称、并提、互文、变文、夸饰、倒置、省略、委婉之类，比比皆是，如果不明古人修辞，也会存在阅读障碍。下面择要举例说明。

（1）互文

古代“互文”有两个意思：一是指上下两句各举一端，其文义要两句互相补充才算完整；二是指在两句话相对应的位置中使用同义词，以避免行文雷同单调。

第一类互文的例子如《左传·隐公元年》中“公入而赋”、“姜出而赋”，叙述郑庄公和姜氏在隧道里相见而赋诗的情况，如果依字面解读，则是庄公进入隧道后即吟赋：“大隧之中，其乐也融融？”其后姜氏从隧道中出来后吟赋：“大隧之外，其乐也洩洩？”实际上，这里用的是互文修辞手法，“出”、“入”二字应互相补足文意才对，即二人在出洞、入洞时都在吟赋，不可强分先后。这类例子很多，例如汉乐府《战城南》中的“战城南，死郭北”，诸葛亮《出师表》中的“受任于败军之际，奉命于危难之间”，范仲淹《岳阳楼记》中的“不以物喜，不以己悲”，王昌龄诗《出塞》“秦时明月汉时关”，白居易《琵琶行》中的“主人下马客在船”等等，都是互文手法，如果机械地从某一句中去理解，就拘泥不通了。

第二类互文的例子如李斯《谏逐客书》：“郑卫之女不充后宫，而骏良駃騠不实外厩。”这种骈偶文句中，位置相对应的词往往词性相同，词义相同或相近，如“充”与“实”即是同义词。又如《左传·襄公十四年》：“贽币不通，言语不达。”“通”与“达”互文，同义。这类句子很多，不一一列举。懂得这种修辞手法，可以帮助我们推求词义，不烦他人作注。徐仁甫的《广释词》，解释古书中特别是韵文中的虚词，创获极多，其推证手段，多是利用的互文见义。反之，不明这种手法，就会误解词义或文意。如：

譬之越人安越，楚人安楚，君子安雅。（《荀子·荣辱》）

这段话排比成文。越、楚、雅相对为文，越、楚均为地名，而杨倞释“雅”为“正而有美德谓之雅”，难以与上文相对，可见其解释未当。王引之说：“‘雅’读为‘夏’，‘夏’谓中国，故与楚、越对文。”《荀子·儒效》篇中有：“居楚而楚，居越而越，居夏而夏”可以证之。

（2）倒文

古人在行文时，有时为了强调某事，或者为了调音协韵，或者为了将就骈对，常常不依正格而颠倒语序。这种颠倒语序，一种属于有条件的倒置，今人叫做“倒装”，这对于古人来说原是正常的句式，我们只要掌握了它的倒装条件，就不难理解了；另一种属于临时性的倒置，是一种非规律的修辞现象，如果不知道这种情况，也会给阅读带来困难。

俞樾《古书疑义举例》里有“倒句例”、“倒序例”、“倒文协韵例”等，举了不少例子来说明这种现象。所谓“倒句”，如《左传·昭公十九年》的“室于怒，市于色”，即“怒于室，色于市”。又如《诗经·大雅·桑柔》：“大风有隧，有空大谷。”意思是说：“大风则有隧矣，大谷则有空矣。”因为押韵的需要，“大谷有空”则倒而为“有空大谷”了。再如杜甫《秋兴八首》之八的“香稻啄余鹦鹉粒，碧梧栖老凤凰枝”，是有名的倒装句例，本意应为“鹦鹉啄余香稻粒，凤凰栖老碧梧枝”，为了平仄和协韵而临时颠倒了语序。所谓“倒序”，俞樾举了古书中有的叙述不依顺序的例子，如《周礼·春官·大宗伯》：“以肆、献、祼享先王。”肆、献、祼（guàn）皆古代祭祀之礼。古人祭祖先，祭礼的顺序是祼为先，献次之，肆为后。《周礼》文倒序而言之。若不明白这种修辞手法，依字面顺序讲解，或者迂曲考究，都是不对的。所谓“倒文协韵”，古书韵文中屡见不鲜。前面举的“有空大谷”、“香稻啄余鹦鹉粒，碧梧栖老凤凰枝”也属此类，他如《诗经·大雅·既醉》：“其仆维何？釐尔女士。釐尔女士，从以孙子。”按：“女士”即“士女”，

“孙子”即“子孙”，倒文以协韵。又如《庄子·山木》：“一上一下，以和为量。”俞樾认为这两句话本应为：“一下一上，以和为量。”“上”、“量”押韵，今本不知古人这一修辞手法，改为“一上一下”，反而失其韵了。又如《庄子·秋水》：“无东无西，始于元冥，反于大通。”也是被后人改动的，本应作“无西无东”，“东”与“通”才协韵。

俞樾在《古书疑义举例》中还举了《孟子·尽心下》的例子：“若崩，厥角稽首。”赵岐注云：“百姓归周若崩，厥角，额角犀厥地，稽首拜命，亦以首至地也。”今案赵岐注误以“若崩”属上读，不知“若崩”为倒文，当云：“厥角，稽首若崩。”《汉书·诸侯年表》：“厥角稽首。”应劭曰：“厥者，顿也，角者，额角也，稽首，首至地也。”“若崩”当是厥角稽首时的一种情状，正常的语序应是“厥角稽首若崩”，顿角叩首犹如山崩一样。赵注倒文顺释，其说迂曲难通。[①]

再如：《左传·宣公九年》：“且闻不令。”于鬯云：“此倒文也，犹云不令且闻，谓不善之声且外闻于民，承上句民无效焉而言。闻者，民闻之也。注家于此句多略，盖其倒文实易见，不烦发解。而如林尧叟左传句解云，且所闻非令美之事，则不知其于闻字究云何，盖不省其倒文，说不能明了矣。《谷梁传》云：‘使国人闻之则犹可，使仁人闻之则不可。’其语较详而小异，此正谓不可闻于民，彼则谓犹可闻于民也。要其所谓闻之义一也。”[②]

可见倒文在古书阅读中也是一障碍，不明这种情况，就会失其正解，或者臆改原文。这些都是训诂工作者应当禁忌的。

（3）变文

我们这里所说的“变文”，是指古人行文时用同义词互相变换，

---

① 参见俞樾《古书释义举例》卷一。

② 见《香草校书》卷三十九。

以达到修辞的目的。古书里有“变文以协韵”，有“变文以成辞”，有“变文以避复”等情况。文字虽然变换了，但在并行的上句（或下句）的相应位置上，却存在着它的同义词。明白了这种辞例，有助于我们训诂；反之则不解古人苦衷。

变文协韵的例子如《诗经·鄘风·柏舟》：“母也天只，不谅人只。”《毛传》：“天谓父也。”诗意为：“母呵父呵，不理解我呵！”不用“父”字而变用“天”字，是为协韵的需要，在这里“天”与“父”是同义词。又如《周易·小畜》：“上九，既雨既处。”处、止同义，原意为“既雨既止”，不言“止”而言“处”，目的在于协韵。《正义》不知变文协韵之例，望文生训，把“处”字讲为处所，曰“得其处”，则与“既雨”文不相伦类了。

变文成辞的例子如《周礼·地官·大司徒》：“令五家为比，使之相保；五比为闾，使之相受。”相保、相受，皆同义。“保”与“受”是同义词，古语中有保、受连文的用法，如《士冠礼》：“咏受保之。”《尚书·召诰》：“保受王威命明德。”这里指让老百姓聚居，使之相保，使之相受——意在互相担保，不犯法禁。又如《尚书·舜典》：“流共工于幽州，放驩兜于崇山，窜三苗于三危，殛鲧于羽山。”共工、驩兜、三苗和鲧，是尧舜时代的四个罪人（“四凶”）的名字，幽州、崇山、三危和羽山是地名，流、放、窜和殛是四个同义的动词。孔安国说：“殛、窜、放、流，皆诛也。”这是变异其文，以避单调重复。后世不知“殛”与“流”、“放”在这里是同义，依字解释为“杀死”①，这是不懂古人变文之体而造成的，同时也有昧于我国远古史实。孔传训“殛”为“诛”，上古“诛”不单指“杀戮”，如《说文》：“诛，讨也。”郝懿行《尔雅义疏》“殛”下注云：“诛不必杀了。”段玉裁“殛”下注云：“殛”是“极”的假借字，“至高至远皆谓之极”，因此肯定“殛鲧于羽

① 见《辞海》修订本，《中文大辞典》。

山”中的“殛”字是流放到远方的意思。从《左传》和《史记》所载史实也可以看出禹的父亲“鲧”因治水失败而被舜流放远方，并非杀死，如《文公十八年》云：“舜臣尧，宾于四门，流四凶族。”《五帝本纪》云：“于是舜而归言于帝，请流共工于幽陵，以变北狄；放驩兜于崇山，以变南蛮；迁三苗于三危，以变西戎；殛鲧于羽山，以变东夷。”可证“鲧”并没有死，而是被逐到东方去了。《孟子》曰：“杀三苗于三危。”段注《说文·米部》“𥻦”字下云：“杀三苗即𥻦三苗也。”段又云：“𥻦，本谓散米，引申之凡放散皆曰，亦省作杀。”可见，变文成辞这种修辞手法，用同义词互训还是比较可靠的，任何异字歧说都需要我们去辨析。

俞樾在《诸子平议》卷三十四又论证《扬子·法言一》“多闻则守之以约，多见则守之以卓。”其中“约”、“卓”二字同义。他说：“卓亦约也。《庄子·大宗师篇》：‘彼特以天为父，而身犹爱之，而况其卓乎。’郭象注曰：‘卓者，独化之谓也。’是卓有独义。《说苑·君道篇》：‘踔然独立。’踔与卓同。多闻则守之以约，多见则守之以卓。并谓闻见宜多，而所守宜少也。盖卓与约本叠韵字。《庄子·逍遥游》：‘淖约若处子。’《文选·上林赋》：‘便嬛绰约。’此云守之以约，守之以卓，亦犹淖约绰约之比，变文以成辞，初无异义也。温公注曰：‘约谓择其精要，卓谓取其高远。’强为区别，未达古人用字之法矣。”

变文以避复的例子如《史记·蔡泽传》云：“如是而不退，则商君、白公、吴起、大夫种是也。”“白公”，即白起。不说“起”的原因是其后有“吴起”之“起”，作者为了避免重复，所以变换其字。又如《汉书·翟方进传》：“兄宣，静言令色，外巧内嫉。”王念孙在《读书杂志》中指出：“静言，即巧言。”杨树达《古书疑义举例续补》云：“此用《论语》‘巧言令色’之文，变‘巧’言‘静’者，以避下文‘巧’字故耳。”再如《三国志·魏志·陈思王植传》：“臣闻明主使臣，不废有罪，故奔北败军之将用，秦、鲁以成其功；绝缨盗马之臣赦，楚、赵以济其难。”裴松之注云：“秦穆公有赦盗马事，赵则未闻，盖以秦亦赵姓，故互文以避上‘秦’字也。”权依裴注，此处变“秦”为“赵”，亦古人行文技巧。倘若真是遇到这种情况而依字硬解，岂但是误解词义，且大乖史实。

又如《左传·昭公三年》：“昧旦丕显，后世犹怠。”《古文尚书·太甲上篇》云：“先王昧爽丕显，坐以待旦。”改“旦”字为“爽”字，不是字讹，而是为了避免与下句“坐以待旦”中的“旦”字重复，故以“爽”改之。（“爽”有明义，与“旦”同义。）又如《列子·汤问》：“瓠巴鼓琴而鸟舞鱼跃。”《荀子·劝学》：“昔者瓠巴鼓瑟而流鱼出听，伯牙鼓琴而六马仰秣。”一作“鼓琴”，一作“鼓瑟”，字不误；《荀子》因避下文之“琴”而改字也。琴、瑟同义。又如《孟子·尽心上》：“穷则独善其身，达则兼善天下。”梁武帝《请征补谢朏何胤表》：“穷则独善，达则兼济。”一作“兼善”，一作“兼济”，义近。梁武帝为避免与上句的重复改“善”为“济”，非字讹也，修辞所需也。

第三章 训诂的内容

训诂的内容，即训诂应当从事哪些工作。既然训诂的任务是解释古代文献语言，扫除古代书面语言中存在着的种种矛盾和障碍，那么，凡是解释古代语言所涉及的问题都是训诂的内容。因此，它的范围是相当宽广的，如解释词义、解释文意、注音、辨字、校勘等。下面分别加以介绍。

第一节 解释词义

解释词义是训诂的基础工作。因为词是语言中最基本的表义单位，同时，又因为它在语言发展历史中，变化最大、最迅速，所以又是最主要的阅读障碍。因此，词义的训释在训诂工作和训诂学研究中占有极其重要的地位。解释词义一般包括以下几个方面。

一、解释本义与引申义

在词的若干互相关联的义项中，其中能够体现当初造字意图的而且又能在古代书面语言材料中找到印证意义的，就是词的本义。由这个本义派生出来的其他意义，就是词的引申义。在古人的训诂材料中，有不少解释本义和引申义的例子。如：

①《左传·僖公三十三年》："狄人归其元，面如生。"杜注：

“元，首。”

②《公羊传·隐公元年》：“元年者何？君之始年也。”

③《尚书·大禹谟》：“汝终陟元后。”孔传：“元，大也。大君，天子。”

④《左传·文公十八年》：“高辛氏有才子八人……天下之民谓之‘八元’。”杜注：“元，善也。”

以上对“元”字的释义，有四种解释，其中例①“首”义是本义，这从甲骨文“元”字的形体可以反映出来；其余三个义项是由“首”引申发展出的意义，是引申义。又如：

①《国策·齐策》：“不能相去。”高注：“去，离也。”

②《左传·闵公二年》：“卫侯不去其旗。”杜注：“去，除也。”

③《孟子·公孙丑下》：“则去之否乎？”赵注：“去之，杀之也。”

④《国策·秦策》：“处女相与语，欲去之。”高注：“去，犹遣之也。”

以上“去”字有四种解释，《说文》云：“去，人相违也。”相违，就是互相离开的意思。则例①用的是本义；其余三例中的“除”、“杀”、“遣”则是“去”字的引申义。可见古代训诂家在为古书作注的时候，有时在解释本义，有时在解释引申义。无论解释本义还是引申义，都要切合句中文意，否则这种注解就是没有实用意义的了。

确定一个字的本义，并由本义而确定其引申线索，也不是一件容易的事，所以训诂学者常常对这类问题加以讨论。如：

方 《广雅·释诂》一上：“方，始也。”王氏《疏证》云：

"凡事之始，即为事之法；故始谓之方，亦谓之律，法谓之律，亦谓之方矣。"案：王氏宛转相附，似未可从。方为始者，方本作父，音转为方，鱼阳对转也。《考工记》："抟埴之工陶旊。"先郑旊读为甫始之甫，后郑谓旊读如放于此乎之放。《释文》依二郑读：旊，甫罔反，又音甫。此父、方相转之比也。父者身之始，引申为凡始之称，音转则为方。从父而加则为甫（甫从用，父声），甫亦有始义。从方而加日则为昉，为方始后起专字。此以明方、父义相依衍也。①

解　解牛为解，以锯析木亦为解，嘉兴谓以锯析木为解，读古马切。离散为解，凡纠结，缓而除去之曰解，读群马切，如云解开死结、解衣带，是也。不紧曰解，人之性缓而不急亦曰解，如云解优优，即慢优优也。事无关系，非所急者亦曰解，如问云：该你的钱过两天还何如？可之曰：解。即无妨、可以的、不要紧的也。事之懈者亦曰解，如云解脱哩，犹云松劲也。上来诸义，除锯解外，嘉兴皆读群马切。优优者，宽绰有余裕意也，遂有缓慢不急义，若云解优优，慢优优、轻优优是也。优不当作悠。《说文》："憂，和之行也。从夊，㥑声。"此优优义所自出。②

党　《左传》哀公五年："师乎，师乎！何党之乎？"杜注："师，众也。党，所也。之，往也。哀群公子失所。"《礼记·玉藻》："侍坐，则必退席。不退，则必引而去君之党。"孙希旦《集解》云："党，所也。臣侍君坐，则必退其席而远君。如君命之勿退，则亦必引却而稍离君所。皆所以明退让之义也。"孙说是也。郑玄以为辟君之亲党，今所不取。《释名·释州国》："上党，党，所也。在山上，其所最高，故曰上党也。"《战国策·齐策六》："将军之在即墨，坐而织蒉，立则丈插，为士卒倡；曰：可（何）往矣？

① 见蒋礼鸿《义府续貂》"方"条，中华书局，1987年。

② 见蒋礼鸿《义府续貂》"解"条，中华书局，1987年。

宗庙亡矣？云曰尚矣（此句误），归于何党矣？”何党即何所。嘉兴谓何处为啥何党，去啥而言何党，则以为处所，如云格个何党即此处是。何读乌去声，党读徒郎切。上海谓此处为格党，党徒郎切。林昭德《诗词曲语词杂释》(《中国语文》1980年第3期）释“当（去声)”为地方、处所，云：“四川威远、资阳、安岳、乐至、遂宁、潼南、武胜等县口语中普遍言‘当’，相当于文言‘此处’、‘彼处’之‘处’。如云‘找个坐当’即找个可以坐下去的地方。林君所言之当，宜与上面所言之党同。党为所者，盖取乡党义，字当为削也。”①

又如《周礼·天官·酒正》中有“行酒”一词，孙诒让在其《周礼正义》中最先提出训释，他说：“今案行酒，段无说。其义当为薄酒。《九章算术·盈不足篇》：‘醇酒一斗，钱五十；行酒一斗，钱一十。’”陆宗达《训诂简论》对孙说加以评论：

孙诒让用东汉文献《九章算术》的语言来证实“行酒”是汉代的词，这固然是对的，但仅从“醇酒”、“行酒”对举解为薄酒，尚未能从“行酒”命名的由来阐述语义，似未允洽。考“行”字无“薄”训，古“行”字训“通行大路”，引申为“普通”之义。“行酒”者，是普普通通的酒，并非嘉酿。唐人也有“行货”一词，解者说为“劣货”，也不妥当，实即“普通货”。②

按陆说非是。“行酒”的“行”义并不是由“通行大路”的“行”义引申出来的。王引之在《经义述闻》中说：“古人谓物脆薄为‘行’。”《方言》卷二“揄铺……毳也”条郭璞注云：“皆谓物之行

① 见蒋礼鸿《义府续貂》“党”条，中华书局，1987年。

② 陆宗达《训诂简论》第121页，北京出版社，1980年。

敝也。”敝，义即“破败”，与“行”并列同义。所以“行”为古语，并不是由“通行大路”义引申出来的。（详见后面对“行”字的训释。）

下面再以陆宗达的《“草”字小议》为例来看训诂学者是如何论证本义和引申义的。

“草”字《说文》训“草斗、栎实也，一曰象斗子。”它的果实是一种黑色的颜料。“草木”的“草”甲骨文作艸，篆文作艸，而文献都写作“草”，今天，“草”已成为“草木”的正字。

“草”字的意思本很单纯，《说文》“艸”训“百卉”，也就是草本植物的众名。但它有很多引申义。有人问：“潦草”、“草创”、“草稿”、“草草收兵”等等，这些“草”，是不是“草木”的引申义？它们与“草木”有什么关系？

“草”有“疾”、“速”之义。因荒野所生的草，比农作物长得快。这一点可以用它的同源字来证明。段玉裁说：“二屮三屮一也。”也就是说，“艸”、“芔（卉）”、“茻”其实是一字之分化。“卉”有“快速”之义。比如，《汉书·礼乐志》中的“郊祀歌”有“卉汩胪”之称。颜师古注：“卉汩，疾意也。”“汩”即《说文·十一下·川部》“𡿧”的借字，“𡿧”训“水流”，也有“疾速”义。“茻”字多写作“莽”，也有“快”义，“卤莽”就是图快而不假思索。“驀”从“茻”声，训“上马”，也有“快”义，“驀地”就是“猛然间”，也就是快。由此可见“草（艸）”有“疾速”义是合于规律的。“草草收兵”就是匆匆忙忙收兵，“草草”义为快。

草不但长得快，而且也未加人工培育，所以有“粗糙”的意思。如：

《战国策·齐策》：“左右以君贱之也，食以草具。”

《史记·陈丞相世家》:“更以恶草具进楚使。”《集解》:“草，粗也。”

《汉书·郊祀志》:“草改历服色事。”注:“草，粗也。”由“粗糙”义引申为“鄙陋”。如《史记·老庄申韩列传》:“草野而倨侮。”《正义》:“草野犹鄙陋也。”

“潦草”的“草”，就是“粗糙”，也就是随随便便不认真。

“草”还有“开始”的意思。《广雅·释言》:“草，造也。”“造”当“始”讲。《易经·屯卦》:“天造草昧。”朱骏声说:“或曰，上古之世，地未垦辟，芃荒艾蔽，故曰草昧，因又为创始之称也。”文献中“草”当“创始”讲的很多，如:

《汉书·艺文志》:“萧何草律。”注:“草，创造之。”

《史记·屈原贾生列传》:“屈平属草稿。”《索隐》引崔浩注谓:“发始造端也。”

“草稿”之义正是最初写成的文稿。

所以，“潦草”、“草创”、“草稿”、“草草收兵”的“草”，都与“草木”之义相关，都是“草”的引申义。①

二、解释古语

古语，一是指某个时代通行的词语，后世不用了，因而难以理解；二是某个词语的某一个意义后世不用了，因而容易致误。如《诗经·大雅·荡》:“内奰于中国，覃及鬼方。”《毛传》:“奰，怒也，不醉而怒曰奰。鬼方，远方也。”原来《诗经》时代的“奰”是平白无故发怒的意思，这是后世难以理解的古语。

又如“行”字，《中华大字典》“行”字下云:“行，不坚牢也（《唐书·韩謻传》），器不行窳。（音义）不牢曰行。（按:今引申

① 见陆宗达《古汉语词义答问》第90～92页，甘肃人民出版社，1986年。

之，谓凡不可者曰不行。)”

这条按语不可信。行窳之“行”，与“不行”一词不存在引申关系。

先看“行”的词义。古人谓器物不坚牢为“行”，或谓之“行敝”，如《方言》卷二：“揄铺、艦極、帗缕、叶褕，毳也。”郭璞注：“皆谓物之行敝也。”王引之《经义述闻》卷八：“《九章算术·盈不足篇》：‘醇酒一斗，钱五十；行酒一斗，钱一十。’行酒谓薄酒也。《潜夫论·浮侈篇》曰‘以完为破，以牢为行。’《唐律·杂律》曰：‘诸造器用之物及绢布之属，有行滥短狭而卖者，杖六十。’注曰：‘不牢谓之行，不真谓之滥。’滥即《方言》之艦，今京师人谓货物不牢曰行货，高邮人言之，则下庚反，皆古之遗语也。”章太炎《新方言·释言》云：“今吴越谓器物楛窳为行货。”《辞海》修订本云：“行，质量差，不坚实。”今四川方言仍把器物不坚牢叫“行”，或叫“敝”。

“行”既为不坚牢，“不行”则当为坚牢。《中华大字典》的按语认为：“凡不可者曰不行”，是由不坚牢义的“行”引申出来的，其说显为牵强。寻检“不行”（不可）一词，出现得很晚，可能是现代才有的说法，如吴廉铭编的《中华成语词典》收了这个词，他说：“不行，禁止的语调，是说不可如此。”[①]所以，古人把器物不坚牢叫做“行”，现代把“可以如此”叫做“行”，这是毫不相关的两个词，两者之间是不存在引申关系的。这类古语在阅读上古文献时会遇到，俞樾《古书疑义举例》“不达古语而误解例”中举了一些，可以参见。

第二种情况的例子，如“驶”字，除了有“行驶”、“驾驶”义而外，古代还有“迅疾”义，如《世说新语·尤悔14》：“人谓公常无嗔喜，曾送兄征西葬还，日莫雨驶，小人皆醉，不可处

① 中华书局，1935年。

分……”[1]雨驶，即雨疾。又《搜神记》卷十四：“其去甚驶，逐之不及。”甚驶即甚疾、甚快。《大唐西域记》卷六：“前有驶流之阨，后困猛火之难。”驶流即疾流[2]。如果以“行驶”义解释上述诸文，则不合文意。又如：“奇”在汉末魏晋有“美、美好”义，陶潜《感士不遇赋》：“伊古人之慷慨，病奇名之不立。”奇名，即美名。“奇”字在汉末还有“多余”之义，此义鲜见，误解者有之。如《论衡·量知篇》：“如或奇能织锦刺绣，名曰卓殊，不与恒女科矣。”意思是此女多能织锦刺绣，是很卓异的，与常女只能纺绩者不同。刘盼遂《集解》以“如或奇能”为句，是不解“奇”字而失误。[3]

“物”字除了外物、物体义而外，魏晋六朝时当“人”讲，如《世说新语·方正12》“（杜）预少贱，好豪侠，不为物所许。”不为物所许，即不被人称许之意。“悠悠”，在魏晋六朝时还有“路人”、“众人”之义。如《世说新语·赏誉153》注引《晋安帝纪》“悠悠之论，颇有异同。”《辞源》引此文并释“悠悠”为“庸俗”，不确。“居然”，现代作副词，义为“竟然”。但是在六朝时作“显然”讲。如《世说新语·夙惠 3》：“因问明帝：‘汝意谓长安何如日远？’答曰：‘日远。不闻人从日边来，居然可知。’”《三国志·魏志·何夔传》：“显忠直之赏，明公实之报，则贤不肖之分，居然别矣。”这个词到唐宋时代仍有“显然”义，如《教坊记》：“云韶谓之宫人，盖贱隶也，非直美恶殊貌，居然易辨明：内人带鱼，宫人则否。”《老学庵笔记》三：“岑参在西安幕府，诗云：‘那知故园月，也到铁关西。’韦应物作郡时，亦有诗云：‘宁知故园

---

① 引自余嘉锡《世说新语笺疏》，中华书局，1983年。后同。

② 见郭在贻《〈世说新语〉词语考释》，《字词天地》1984年第3期。

③ 见蒋礼鸿《义府续貂》“奇”字条。

月，今夕在西楼。’语意悉同，而豪迈、闲澹之趣，居然自异。”[①]“信”字在魏晋南北朝时有“信使、使者”义，如《周书·刘璠传》：“寻而家信至，云其母病。”“信”指家中的使者，而《辞源》却误为家中寄来的信函[②]。

古今是相对而言的。在确定某词某义的使用时代时，还应该注意排除字形的蒙蔽。如唐代常有“刬袜”、“刬马”一词，“刬”字是“徒”的意思，“刬袜”就是徒袜（只穿袜）不穿鞋，“刬马”就是徒马不披鞍。但这个“刬”字并不是唐代的新词，早在《诗经》时代就已有之，蒋礼鸿《义府续貂》论证甚详。

刬 唐以来有刬袜、刬马之语，刬袜谓徒袜而不鞋。刬马或作骣马，谓徒马而不鞍，《诗词曲语词汇释》卷四言之详矣。寻以刬为徒，其来甚古。《诗·秦风·小戎》：“俴驷孔群。”《释文》引《韩诗》曰：“驷马不著甲曰俴驷。”《管子·参患篇》：“甲不坚密，与俴者同实。”尹知章注：“俴，谓无甲单衣者。”陈奂《诗毛氏传疏》谓《韩诗》不字衍，用申毛义。以《管子》观之，则俴古自有不著甲之说，陈说殆不然也。《周礼·春官·巾车》：“士乘栈车。”郑玄注：“栈车，不革鞔而漆之。”《考工记·舆人》：“栈车欲弇。”郑注：“为其无革鞔，不坚，易坼坏也。”车舆不革鞔曰栈，与人马无甲曰俴同义。

又如“娄空”是古语，蒋礼鸿训解甚详，转摘如下。

娄空 俞氏《古书疑义举例》卷七：“娄空，古语也。”《说文》女部：‘娄，空。从毋中女，娄空之意也。’凡物空者无不明，故

① 见王锳《唐宋笔记语辞汇释》第91页，中华书局，1990年。

② 见张永言《训诂学简论》第6页，华中工学院出版社，1985年。

以人言则曰离娄，以屋言则曰丽度，离与丽皆娄字之双声也。《论语·先进篇》：‘回也其庶乎，娄空。’此言颜子之心通达无滞，若窗牖之丽廔闿明也……西汉经师已失其解，而娄空之语独见于《说文》，乃叹许君之书有裨经学不浅也。”今按娄字本义今不可知，然娄音之语有空义，则载籍足征，非意之也。娄之重言曰娄娄。《释名·释宫室》：“楼，谓户牖之间有射孔，楼楼然也。”《太平御览》卷一百七十六作娄娄然也，是也。冠以双声之字则曰离娄，丽娄。《说文·囧部》：“囧，窗牖丽廔闿明。”陆机《白云赋》：“构琼阕之离娄。”是也。离娄或作离朱，古书多以为明目善视人名，无俟胪举。其实非真人名，但依德为号，若祷杌、穷奇之云尔。朱、娄古同侯部叠韵，故离娄转为离朱。然则心明曰娄空，目明为离娄，屋明日丽廔、娄娄，其义一也。敦煌写本《燕子赋》云：“不言我早悉，事状见喽喽。”“喽喽”又为事状之明晰，亦可见也。后世或言玲珑、伶俐，其义并与俞说《论语》屡空同，所谓剔透聪明者是也。此即离娄、丽娄之声转也。又转为喽啰。孙光宪《北梦琐言》载唐昭宗相郑綮诗：“侧坡蛆昆仑，蚁子竞来拖。一朝白雨下，无钝无喽啰。”而说之曰：“意者以时运将衰，纵有才智，亦不能康济，当有玉石俱焚之忧也。”《通俗篇》亦谓娄罗盖聪明才敏之意，是也。喽啰亦即伶俐矣。[①]

三、解释方言

方言，虽然表面上看是地域殊语，实际上也是古今时差造成的异言，或者说方言是古语的地方变种。训诂的内容之一，就是用通语释方言，这在汉代训诂家中不乏例证。如：

① 以上二例引自蒋礼鸿《义府续貂》。

①《礼记·中庸》："壹戎衣而有天下。"郑玄注："衣读如殷，声之误也，齐人言殷声如衣。"

②《礼记·郊特牲》："汁献涚于醆酒。"郑玄注："献读当为莎，齐语声之误也。"

郑玄用当时的通语解释《礼记》中的齐方言，说经书中的"衣"应讲作"殷"，"献"应讲作"莎"，是齐人"声之误"造成的。

《尔雅》一书不仅以今语释古语，还以通语释方言；《说文解字》中也往往征引方言。例如：

①《尔雅·释诂》："瘵、瘼，病也。"郭注："今江东呼病曰瘵，东齐曰瘼。"

②《说文·言部》："信，诚也。""訦，燕代东齐谓信'訦'。"

扬雄《方言》中这一类解释更多，例如：

①《方言》卷一："党、晓、哲，知也。楚谓之党，或曰晓；齐宋之间谓之哲。"

②《方言》卷三："凡饮药傅药而毒，南楚之外谓之瘌，北燕朝鲜之间谓之痨，东齐海岱之间谓之瞑，或谓之眩，自关而西谓之毒。瘌，痛也。"

以通语释方言同以方言证古语，两者虽然出发点不同，但方式上是相似的。这同时也说明了训诂学与方言学的密切联系。以方言通训诂、证古语的材料很多，这在训诂内容中占有很大的比重。如：

①《诗经·小雅·南山有台》："保艾尔后。"《毛传》："艾，

养。”

②《诗经·小雅·蓼莪》：“母兮鞠我。”《毛传》：“鞠，养。”《方言》：“鞠，养也。汝、颍、梁、宋之间或曰艾。”

③《乐府·陇西行》：“好妇出迎客，颜色正敷愉。”《方言》：“怤愉，悦也。”

④《陌上桑》：“少年见罗敷，脱帽着绡头。”《方言》卷四：“络头，帞头……自河以北赵魏之间曰幧头。”

⑤《荀子·非相》：“今世俗之乱君、乡曲之儇子，莫不美丽姚冶，奇衣妇饰。”《方言》：“儇，慧也。”

⑥《报任安书》：“且夫臧、获、婢、妾，犹能引决。”《方言》：“荆淮海岱杂齐之间骂奴曰臧，骂婢曰获；齐之北鄙、燕之北郊凡民男而婿婢谓之臧，女而妇奴谓之获；亡奴谓之臧，亡婢谓之获。皆异方骂奴婢之丑称也。”

考订、辨证方言词语，也是训诂家之分内事。例如：

《方言）卷四：“扉屦、粗，履也……丝作之者谓之履，麻作之者谓之不借。”又《急就篇》二：“裳韦不借为牧人。”

“不借”一词，郑玄注《周礼》作“薄借”，《释名·释衣服》解释这个词的理据云：“不借，言贱易有宜各自蓄之，不假借于人也。”这显然是望文生训。王念孙在《广雅疏证》中驳正说：“《释名》以‘搏腊’为粗貌，是也。搏腊叠韵，字转之则为‘不借’，非‘不假借于人’之谓也。”

《方言》卷三：“褛裂、须捷、挟斯，败也。南楚凡人贫衣被丑弊谓之须捷，或谓之褛裂……或谓之挟斯。器物弊亦谓之挟斯。”

钱绎《笺疏》将“挟斯”一字依字析义，认为“挟”是“销”的意思。“斯”是“离”的意思，引证是《淮南子·人间训》：“秦皇挟图录。”高诱注云：“挟，销也。”《方言》卷七、卷六：“斯，离也。”“嘶，散也。”按钱绎引《淮南子》例太牵强，《笺疏》之说不可从。“挟斯”一词是以字记方音，不可依字解释。《广雅·释诂》：“侠斯，败也。”王念孙疏证云：“挟与侠通。”“侠斯者，败也。”《方言》郭注云：“挟斯，犹挟变也。”按“变”字难以理解，周祖谟《方言校笺》云：“变疑为燮之误。”燮字《集韵》作“甐，悉协切，瓦破声。”可见，“挟斯”训“败”，是一个联绵字，钱绎的分析释义，是错误的。

也有用古文献论证方言俗语的，例如洪迈《容斋四笔》卷一：“柔词谄笑，专取容悦，世俗谓之‘迷痴’，亦曰‘迷嬉’。心中有愧见诸颜面者，谓之‘缅砚’。举措脱落，触事乖忤者，谓之‘厥拨’。虽为俚言，然其说皆有所本。《列子》云：‘墨屎、单至、啴咺、憋懯，四人相与游于世。’又云：‘眠娗、諈诿、勇敢、怯疑，四人亦相与游。’张湛注云：‘墨音眉，屎，敕夷反，《方言》：江淮之间谓之无赖；眠音缅，娗音殄，《方言》：欺谩之语也。郭璞云：谓以言相轻嗤弄也。’所释虽不同，然大略具是矣。《曲礼》：‘衣毋拨，足毋蹶。’郑氏注云：‘拨，发扬貌。蹶，行遽貌。’大抵亦指其荒率也。”

第二节　解释文意

解释文意是对某一句、某一段甚至某一章的意思加以串释讲解，使原文意思更加明了。它包括串讲大意、分析句读、阐述语法、显示修辞、申述章旨、考证名物和典章制度、引证史实和故事、评论原文等方面。

一、串讲大意

串讲大意是指对一句、几句或全章的大意进行解释。如：

①《诗经·邶风·绿衣》："心之忧矣，曷维斯已。"《毛传》："忧虽欲自止，何时能止也？"

②《楚辞·九歌·国殇》："车错毂兮短兵接。"王逸《章句》："言戎车相迫，轮毂交错，长兵不施，故用刀剑以相接击也。"

③《孟子·梁惠王上》："孟子见梁惠王，王立于沼上，顾鸿雁麋鹿曰：'贤者亦乐此乎？'"赵岐《章句》："沼，池也。王好广苑囿，大池沼，与孟子游观，顾视禽兽之众多，心以为娱乐，夸咤孟子曰：'贤者亦乐此乎？'"

④《孟子·公孙丑上》："公孙丑问曰：'夫子当路于齐，管仲晏子之功，可复许乎？'"赵岐《章句》："夫子，谓孟子；许，犹兴也。如使夫子得当仕路于齐，而可以行道，管夷吾晏婴之功宁可复兴乎？"

由以上数例可以看出：例①串讲句意类似于现代的翻译；例②串讲句意与词义解释两者往往是同时进行或者是互为补充的，如"沼，池也"、"许，犹兴也"是在串讲之前先对重点的词语进行训释，而《梁惠王》中的"顾"字、《公孙丑》中的"路"字却在串讲中加以补释，曰："顾视"、曰"仕路"，这样使文意更明白；例③从汉代训释者的串讲文字中还可以看出双音节复合词的兴起，如沼—池沼，顾—顾视，错—交错，毂—轮毂，兴—复兴。

在解释词义之后再串讲句子大意，这种注释体例就是西汉时期开始盛行的章句。章句形式的进一步发展，到了六朝时期就形成了义疏之学。这种训诂体裁比汉人注解更详细，即它不仅解释词义，还串讲句意，阐发章旨，申述全篇大意。它的缺点是有烦琐之嫌，皇侃的《论语义疏》是其代表，引例可见本书第八章“烦琐寡要”条。

二、分析句读

今人所谓标点，古人称作“句读”。古书没有标点符号，所以句读难以确定，致使文意难解，有时产生歧义。《札记·学记》篇说：“一年视离经辨志。”把分析古书的句读列为教和学的基本内容之一。所谓“离经”，即点断文章的句读；所谓“辨志”，即审明文章的思想内容。郑玄的笺注对于句读有误者常叱之以“不辞”。“不辞”就是“不成话”。因此，分析句读实质上就是训释文意，是训诂工作的一个课题。

《周礼·天官·宫正》：“春秋以木铎倚脩火禁凡邦之事跸宫中庙中则执烛。”郑玄注：“郑司农读火绝之，云‘禁凡邦之事跸’。玄谓：事，祭事也。邦之祭社稷七祀于宫中，祭先公、先王于庙中。隶仆掌跸止行者，宫正则执烛以为明。”

郑玄的这一段注文，主要是指出郑司农断句的错误。“读火绝之”，又云“禁凡邦之事跸”，说明郑司农将上引一段话断成三句：“春秋以木铎脩火，禁凡邦之事跸，宫中庙中则执烛。”这样，宫正（王宫的总管）有三项职责，即脩火，禁跸事（跸，禁止人通行），执烛。郑玄认为郑司农所断不合文意，对“事”字的解释亦含混，掌跸事的是隶仆而不是宫正。这是说应作两句断开：“春秋以木铎脩火禁。凡邦之事跸，宫中庙中则执烛。”这样一来，宫正有两个职责：一是“脩火禁”，即谨慎地执行防火的禁令；二是“执烛”，即王在宫中、庙中祭祀时，宫正执烛以为明。郑玄的句读是对的。

《周礼》一书屡见“脩火禁”之事，是“火禁”连文的证明，据《周礼·夏官·隶仆》：“隶仆掌跸宫中之事。”可见宫正并不主跸事。《左传》有“国之大事，唯祀与戎”的说法，这里的“凡邦之事”显然专指祭祀，所以郑注云：“事，祭事也。”①

《礼记·檀弓》：“孔子少孤，不知其墓。殡于五父之衢。人之见之者，皆以为葬也。其慎也，盖殡也。问于郰曼父之母，然后得合葬于防。”郑玄于“不知其墓”下注云：“孔子之父郰叔梁纥与颜氏之女徵在，野合而生孔子。徵在耻焉，不告。”

郑玄读“不知其墓”为句，便不免附会以自圆其说。句读既已弄错，事实也就随着被歪曲了。清人孙邃人著《檀弓论文》，以为“不知其墓殡于五父之衢”十字为一句。据此，那段文字是说：孔子幼时死了父亲，不了解父亲的墓是深葬还是浅葬（殡是浅葬）；为审慎起见，他从一老年妇女处得知确系浅葬，然后启殡，把父母合葬于防。孙氏断句，便觉怡然理顺。②

句读不分，文意不定。有时，一字可以连上读，也可以往下属，由于一二字之游移，就会从根本上改变原文的意思。例如：

《论语·里仁》：“富与贵是人之所欲也，不以其道，得之不易也；贫与贱是人之所恶也，不以其道，得之不去也。”

通常以“得之”二字属上句。

---

① 参见陆宗达《训诂简论》第24～25页，北京出版社，1980年。

② 参见张舜徽《中国古代史籍校读法》第17～18页，上海古籍出版社，1962年。

《史记·留侯世家》:“五日平明，良往，父已先在，怒曰:‘与老人期，后，何也？去！’曰:‘后五日早会。’五日鸡鸣，良往，父又先在，复怒曰:‘后，何也？去！’曰:后五日复早来。’”

通常将两个“去”字作为叙述语，置于单引号之外。但是据古书一人之辞中加“曰”字例，标点应当如上。同时据王充《论衡·纪妖》的同一记事（本于《史记》)，其标点也如上;“五日平明，良往，父已先在，怒曰:‘与老人期，后，何也？去！后五日早会。’五日鸡鸣，复往，父又已先在，复怒曰:‘后，何也？去！后五日早来。’”

三、阐述语法

旧训诂对词句的语法分析比较粗疏零散。训诂专书一般只限于收录一些虚词，至于句法则完全是空白的。但是古代的传注，在解释词义之外，在关于虚词和语序的说明及解释还是屡屡可见的。这些资料虽然不完整，不成系统，但依然能够帮助读者了解句子结构和语气。例如:

《诗经·周颂·清庙》:“于穆清庙，肃雝显相。”《毛传》:“于，叹辞也。”

这是解释虚词。

《诗经·周南·葛覃》:“葛之覃兮，施于中谷。”《毛传》:“中谷，谷中也。”

这是说明语序。孔颖达《正义》说:“倒其言者，古人之语皆然，诗文多此类也。”

《诗经·郑风·扬之水》：“扬之水，不流束楚。”《毛传》：“激扬之水可谓不能流漂束楚乎？”

这是指点语气。毛亨无异于告诉读者，那七个字为了适应诗的格律，虽然要在中间作语音的停顿，但其文义却是上下连贯，不能截断的；而且还点明，这不是叙述句，而是反问句，加上“可谓……乎”，即表达了反问的语气。由此可知，诗文中，反问句以省略语气词为常。

《春秋》：“襄公二十有五年，吴子遏伐楚，门于巢卒。”《公羊传》：“门于巢卒者何？入门乎巢而卒也。入门乎巢而卒者何？入巢之门而卒也。”

这实际上是通过句式的更换，指出“门”字是名词用作动词，是“入门的”的意思。

《左传·昭公十九年》：“谚所谓‘室于怒，市于色’者，楚之谓矣。”杜预注：“言灵王怒吴子而执其弟，犹人忿于室家而作色于市人。”

这是点明了一种特殊的语序颠倒现象。

《吕氏春秋·期贤》：“然则君何不相之。”高诱注：“何不以段干木为辅相也。”

这个注释表明，旧训诂家已经意识到名词用作意动的语法现象。

《诗经·周南·汝坟》:“既见君子,不我遐弃。”《正义》:“不我遐弃,犹云不遐弃我也。古之人语多倒。诗之此类众矣。”

孔颖达在这里明确指出了上古否定句语序的特点,即宾语前置。

旧时训诂,实词必注,虚词从略,尤其是助词,仅以“语辞”、“辞也”一语带过。如朱熹《诗经集传·周南·汉广》:“思,语辞也。”《诗经·周南·芣苡》毛传:“薄,辞也。”《汉书·沟洫志》:“薪不属兮卫人罪,烧萧条兮噫乎何以御水!”颜师古注:“噫乎,叹辞。”

四、显示修辞

说明修辞手段,也是训诂中常见的一个内容。它的作用往往是加深读者对文意的理解。例如:

《诗经·小雅·鹤鸣》:“鹤鸣于九皋,声闻于野。”《毛传》:“兴也。皋,泽也,言身隐而名著也。”

“兴”是诗三百篇的写作手法之一,即先言他物以引起所咏之物。因为这种表现手法比较委婉,所以毛亨特意标明一下,指出这两句是起兴,是用来比喻贤人隐居荒野,他的名声却仍然传之远地。

《诗经·小雅·车攻》:“萧萧马鸣,悠悠旆旌。”《毛传》:“言不喧哗也。”

毛亨在这里点明诗的言外之意:表面上是写马鸣旗飘,实际上是烘托征人出征时的肃穆气氛。

《诗经·小雅·苕之华》："牂羊坟首，三星在罶。"《毛传》："牂羊坟首，言无是道也；三星在罶，言不可久也。"《郑笺》云："无是道者，喻周已衰，求其复兴不可得也；不可久者，喻周将亡，如心星之光耀见于鱼笱之中，其去须臾也。"

通过毛亨和郑玄的解释，我们才真正弄明白了原诗的含义。原来前句如同今天所谓的"歇后语"，后句用的是借喻手法。

《诗经·小雅·巷伯》："萋兮斐兮，成是贝锦。"《郑笺》："喻谗人集作已过以成于罪，犹女工之集采色以成锦文。"

郑玄的解释指出诗中的意思是说，那些诽谤者就像女工们编织采锦时那样，挖空心思地罗织各种罪状来诬陷别人。

《孟子·滕文公上》："许子以釜甑爨，以铁耕乎？"赵岐注："以铁为犁，用之耕否耶？"杨树达《古书疑义举例续补》云："赵注云'以铁为犁，用之耕否耶？'是铁谓犁也。不言犁而言铁者，以犁为铁制也。"

赵、杨二人说明句中用"铁"代指"犁"采用的是借代手法。

训释文意，若是拘泥故训，不顾修辞，反而会游离于上下文，违背原来意旨。如：

《左传·哀公二十五年》："是食言多矣，能无肥乎？"沈钦韩《左传补注》引《尔雅》："食，伪也。"

沈氏以为"食言"即"伪言"，就是说假话，但是联系全句就讲不通了，杜预以“消”注“食”，邢昺《尔雅注疏》引杜注并进而疏曰：“言而不行，如食之消尽。后终不行，前言为伪，故通谓伪言为食言。”意谓说出来的话又将它吃下消尽，所以下文接着反问“能无肥乎？”可见，不明修辞，反会释词忘义。

五、申述章旨

在解释词义、串讲句意的基础上，古代训诂家还对篇章之主旨加以概括。如：

①《诗经·小雅·采薇》：“昔我往矣，杨柳依依。今我来思，雨雪霏霏。行道迟迟，载渴载饥。我心伤悲，莫知我哀。”《郑笺》：“上三章言戍役，次二章言将率之行，故此章重序其往反之时，极言其苦以说之。”

②《孟子·梁惠王上》：“……王无罪岁，斯天下之民至焉。”赵岐《章句》：“章指：言王化之本，在于使民养生送死之用备足，然后导之以礼义，责己矜穷，则斯民集矣。”

③《孟子·公孙丑上》：“……当今之时，万乘之国行仁政，民之悦之，犹解倒悬也，故事半古之人，功必倍之，惟此时为然。”赵岐《章句》：“章指：言德流之速，过于置邮，君子得时大行其道，是以吕望睹文王而陈王图，管晏虽勤，犹为曾西所羞也。”

六、考证名物、典章制度

训诂的内容还涉及考证名物，如：

《诗经·小雅·苕之华》：“苕之华，芸其黄矣。”孔疏：“《释草》云：‘苕，陵苕。黄华，蔈；白华，茇。’舍人曰：‘苕，陵苕也。黄华名蔈，白华名茇。别华色之名也。’……陆机疏云：‘一名鼠尾，生于湿水中，七八月中华紫，似今紫草。华可染皂，煮以沐发即黑。'"

孔颖达所作的是考证名物的工作。他引《尔雅·释草》所载、舍人所言、陆机所云，说明诗中之"苕"的别名、花色和习性。

《周礼·春官·典瑞》："珍圭以征守。"郑注："杜子春云，若今时征郡守以竹使符也。"

这也属于考证名物，即指出古代的"珍圭"相当于汉时的符节。

①《尔雅·释虫》："蝾螈，蜥蜴。蜥蜴，蝘蜓。蝘蜓，守宫也。"这是展转相训，指出一名而异称者四："蝾螈"、"蝘蜓"、"守宫"皆为蜥蜴之别名，这三个别名源于方言间的差别，《方言》指出汉代在秦晋西夏一带称为"守宫"。南阳人称为蝘蜓。这是根据蜥蜴动作行为特征命名的，这一带的人们见到的蜥蜴多出现于屋梁之上，故有"守宫"之谓。而出现于草泽中的有蝾螈之名，其色为青绿色，今俗谓四脚蛇者是也。

②《释名·释丧制》："碑，被也。此本葬时所设也。施鹿卢以绳被其上，引以下棺也。"

碑的最早用途是用来拴被下棺之绳索的。这既有文献资料的佐证，又有考古文物的印证。《礼记·丧大记》云："凡封，用綍去碑负引。"郑注云："树碑于圹之前后，以绋绕碑间之鹿卢，輓官而下之。"郑振铎编《中国历史参考图谱》（上）第四辑五十九图为管仲鲍叔墓，正是树二碑相对有空隙，可见是"施鹿卢"以"輓官而下之。"现代意义的碑只起于汉代，先秦的墓一般无碑，有碑也无字，孔、孟墓虽有碑有字，乃为汉人所立，其字为楷书和汉隶可证。

还有训释典章制度的，如：

《春秋·僖公五年》：“夏，公孙兹如牟。”《左传·僖公五年》：“公孙兹如牟，娶焉。”杜预注：“叔孙戴伯娶于牟，卿非君命不越竟，故奉公命聘于牟，因自为逆。”孔颖达《五经正义》疏：“牟是附庸之国，唯桓十五年，邾人、牟人、葛人来朝，自尔以来更不朝聘于鲁，鲁不应使卿聘此小国，当是叔孙聘妻已定，但卿非君命不得越竟，故咨公请使，奉君命以聘，因自为逆妇，故《传》称‘娶焉’，明其因娶而聘。”

杜、孔在说明公孙兹到牟国娶亲的原因时，指出了春秋时期“卿非君命不越竟”的制度。公孙兹为鲁卿，没有国君的命令是不能逾越国境的，因此，他“咨公请使”，以便到牟国去迎亲。这是关于“礼制”的训释。

《淮南子·泰族》：“商鞅为秦立相坐之法，而百姓怨矣。”高诱注：“相坐之法，一家有罪，三家坐之。”

百姓指百官，此处是指无官职的贵族。高注说明了秦孝公时商鞅为秦所立的相坐之法的内容，这是关于“刑法制度”的训释。

七、引证史实、故事

注疏中引证史实、故事的例子如：

《诗经·邶风·二子乘舟》：“二子乘舟，泛泛其景。”《毛传》：“二子，伋、寿也。宣公为伋取于齐女而美，公夺之，生寿及朔。

朔与其母愬伋于公。公令伋之齐，使贼先待于隘而杀之。寿知之，以告，使去之。伋曰：‘君命也，不可以逃。’寿窃其节而先往，贼杀之。伋至，曰：‘君命杀我，寿有何罪？’贼又杀之。国人伤其涉危遂往，如乘舟而无所薄，汎汎然迅疾而不碍也。”

这是在解释“二子乘舟，其景”诗句时，引证历史背景，使诗中的含义更明显。还有补充历史事实的，如：

《庄子·胠箧》：“故曰：‘唇竭则齿寒’，‘鲁酒薄而邯郸围。’”陆德明《经典释文》：“楚宣王朝诸侯，鲁恭公后至而酒薄，宣王怒，欲辱之。恭公不受命，乃曰：‘我周公之胤，长于诸侯，行天子礼乐，勋在周室。我送酒已失礼，方责其薄，无乃太甚！遂不辞而还。宣王怒，乃发兵与齐攻鲁。梁惠王常欲击赵，而畏楚救，楚以鲁为事，故梁得围邯郸。言事相由也，亦是感应……许慎注《淮南》云：楚会诸侯，鲁赵俱献酒于楚王，鲁酒薄而赵酒厚。楚之主酒吏求酒于赵，赵不与。吏怒，乃以赵厚酒易鲁薄酒，奏之，楚王以赵酒薄，故围邯郸也。”

对于“鲁酒薄而邯郸围”这件历史事实，陆氏引用了两种说法。

《诗经·大雅·生民》：“古公亶父，陶复陶穴，未有家室。”

这首诗写的是周人的祖先古公亶父的事。此为诗的第一章，写亶父初迁岐山之下，只能掘土为穴，尚未有宫室。为了说明亶公迁岐的缘由，《毛传》补充史实如下：

《毛传》：“古公处豳，狄人侵之，事之以皮币，不得免焉；事之以犬马，不得免焉；事之以珠玉，不得免焉。乃属其耆老而告之曰：‘狄人之所欲者，吾土地也。吾闻之，君子不以其所养人者害人。二三子何患乎无君？’去之，逾梁山，邑于岐山之下。豳人曰‘仁人之君，不可失也。’从之如归市。”

还有阐释成语故事的，例如：

《诗经·大雅·生民》：“履帝武敏歆，攸介攸止，载震载夙，载生载育，时维后稷。”（履，践也。武，足迹也。敏，借为拇，拇趾也。歆，欢也。攸，乃、便也。介，相助，如左右手，此指左右足。载，借为则。震，借为娠。夙，借为肃。时，借为是。）

诗的大意是：上古帝王高辛氏的世妃姜嫄本为炎帝之后人，为求子嗣随高辛氏到郊外祭神，路上有上帝留下的一个脚印，姜嫄踩在上帝的脚趾印上，欣欣然有所感，便止其左右足，于是怀孕，不复御于帝，生下一个男孩，哺育成人，这就是后稷。诗句对于“稷生于迹”的传说讲述得并不清楚，于是郑玄在《毛诗笺》中作了阐释：

《郑笺》注：“祀郊禖之时，时则有大神之迹，姜螈履之，足不能满，履其拇指之处，心体歆歆然，其左右所止住，如有人道感己者也。于是遂有身，而肃戒不复御，后则生子而养，长名之曰弃，舜臣尧而举之，是为后稷。”

这类传说，自不免于对帝王、伟人的美化陋习，而伟人自有其不平凡的天赋和产生的环境，也是不可无视的。神奇一旦被人类的知识所揭穿，则这一类的记载可免曰无稽之谈。又如：

《贾谊·吊屈原文》：“莫邪为钝兮，铅刀为铦。”李善注：“《吴越春秋》曰：‘干将者与欧冶同师，俱作剑，阖闾得而宝之，以故使干将造剑二枚，一曰干将，二曰莫邪。’莫邪，干将妻之名也。”

李善对“干将莫邪”的传说作了说解，使读者更能深刻地认识到贾谊所反映的世俗间是非颠倒、黑白混淆的社会现实。

第三节　注音、校勘

一、注音

古代训诂在注明字音时，早期用譬况、读若、直音等方法。例如：

①《吕氏春秋·慎行》：“崔杼之子相与私哄。”高诱注：“哄，读近鸿，缓气言之。”

②《淮南子·地形训》：“其地宜黍，多旄犀。”高诱注：“旄，读近绸缪之缪，急气言乃得之。”

③《说文·人部》：“倓，读若谈。”

④又《艸部》：“莠，读若酉。”

⑤《汉书·高帝纪》：“秦将章邯距破之。”苏林注：“邯，音酒酣之酣。”

例①、例②用的是譬况法，所谓“缓气言之”、“急气言”是指发音方法，今天看来是很不明确了。例③、例④是用训诂术语“读若”注音，有的完全同音，有的读音相近。例⑤用的是直音法。李邺《切韵考》云：“今直音与古人读若不同，古人读若取其近似，今直音非确不可。”

直音法，就是用同音字注音。这种方法局限性很大，后来训诂家就逐渐用反切来注音了。例如：

①《诗经·小雅·苕之华》："牂羊坟首，三星在罶。"《毛传》："牂羊，牝羊也。"《释文》："牂，子桑反。坟，扶云反。牝，频忍反。"

②《文选·邹阳狱中上梁王书》："昔者司马喜膑（鼻引）脚于宋。"

③《礼记·大学》："所谓诚其意者，毋自欺也，如恶恶臭，如好好色。"《释文》："恶恶，上乌路反，下如字。好好，上呼报反，下如字。"

④《论语·微子》："四体不勤，五谷不分。"《释文》："不分，包云如字，郑扶问反，云'犹理'。"

反切简称"反"或"切"。这种方法是上字取其声母，下字取其韵母（包括声调），声母和韵母合在一起，得出被切字的读音。不过，反切法没有今天的拼音那样便捷，加上古今字音变化，颇不容易掌握。例一，"牂，子桑反"、"坟，扶云反"是注诗文里"牂"、"坟"二字的音，而"频忍反"是注《毛传》里"牝"字的音。例②"鼻引"即"鼻引切"，是注"膑"字的音。

古代训诂注中还有"如字"这个术语，它通常是告诉读者，在这特定的上下文里，这个字要按照它本来的读音读。如例③是说，第一个"恶"字读"乌路反"，是去声，第二个"恶"字要读它本来的音（所以叫"如字"），即恶劣的"恶"，旧读入声；第一个"好"字读"呼报反"，是去声，第二个"好"字要读它本来的音，即美好的"好"，是上声。例④"不分"的"分"，包咸注"如字"，郑又有去声的读法。包、郑两家的读音，反映了对"分"字的不同的理解，读平声是"分别"的意思，读去声是"治理"的意思。因为汉字音读不固定，古籍中便出现了注音的复杂情况。

二、校勘

校勘有广狭二义：狭义指对文字的订正和考异，广义则包括对古书的辨伪和辑佚。这里介绍的是狭义的校勘，诸如校订错字、乙正错简、删削衍文、补缀脱文、比较异同等。例如：

①《论语·微子》："子路曰：'不仕无义……'"朱熹《集注》："福州有国初时写本，'路'下有'反子'二字。以此为'子路反'而夫子'言'之也，未知是否。"

②《荀子·成相》："上能尊主爱下民。"王念孙《读书杂志》："'爱下民'当作'下爱民'，与'上能尊主'对文。《不苟》、《臣道》二篇并云'上则能尊君，下则能爱民'，是其证。"

③《汉书·苏武传》："乃幽武置大窖中，绝不饮食。"《读书杂志》："此本作'绝不与饮食'，师古所见本脱'与'字，则义不可通……旧本《北堂书钞·设官部》十五、《服饰部》三、《艺文类聚·天部下》、《太平御览·天部》十二、《人事部》百二十七、《服用部》十，引此皆作'绝不与饮食'，是诸家所见本，皆与师古异也……今据以订正。"

④《管子·霸言》："故贵为天子，富有天下，而伐不谓贪者，其大计存也。"俞樾《古书疑义举例》："伐乃代字之误。《管子》原文本作'世不谓贪'，言一世之人不以为贪也。唐人避讳，改世为代，后人传写又误代为伐。"

例①是用对校法比较异同，一时还不能校正。所谓对校，是用同书的版本或别本互相对勘。例②是用本校法乙正错简，指明原句"爱下民"当倒置为"下爱民"。所谓本校，是用本书的前后文字互证，断定其中的错误。例③是用他校法补缀脱文。所谓他校，是用他书勘定本书，凡本书有采自前人者，可据前人之书校之；有为后人引用者，可据后人之书校之；其史料事实为同时之书所并载者，可据同时或同性质之书校之。例④是用理校法订正错字。所谓理校，是根据文字、音韵、语法、文理等规律来推测其讹误。

校勘之法虽有四种，但实际上经常参合使用。如今本《战国策·赵策》有“左师触詟愿见太后”一句，清代著名训诂学家王念孙在《读书杂志》一书中，运用各种校勘方法和大量确凿的证据考定“龙、言二字误合为詟”。

念孙案：此《策》(指古本《战国策·赵策》) 及《赵世家》(指《史记·赵世家》) 皆作“左师触龙言愿见太后”，今本龙、言二字误合为詟耳。太后闻触龙愿见之言故盛气以待之，若无“言”字，则文义不明。据姚云“一本无言字”，则姚本有“言”字明矣，而今刻姚本亦无言字，则后人依鲍本改之也。《汉书·古今人表》正作“左师触龙”，又《荀子·议兵篇》注曰“《战国策》赵有左师触龙”，《太平御览·人事部》引此《策》曰“左师触龙言愿见”，皆其明证矣。又《荀子·臣道篇》曰：“若曹触龙之于纣者，可谓国贼矣。”《史记·高祖功臣侯者表》有“临辕夷侯戚触龙”，《惠景间侯者表》有“山都敬侯王触龙”，是古人多以触龙为名，未有名触詟者。

王氏用今本同古本相比较，用鲍（彪）本和姚（宏）本相对勘，这是对校法；据文理指出“若无言字，则文义不明”，这是理校法；又拿《史记》、《汉书》、《荀子》、《太平御览》等书相印证，又有佐证，因而持之有故，言之成理。1973 年长沙马王堆三号汉墓出土的帛书证明，王氏的推论是完全正确的。颜之推说：“校定书籍，亦何容易，自扬雄、刘向方称此职耳。观天下书未遍，不得妄下雌黄。或彼以为非，此以为是；或本同末异，或两文皆欠；不可偏一隅也。”[①]这说明校勘是件艰难的工作，不仅需要认真细致的态度和作风，而且要具有一定的学识和才思。

下面引清代学者校勘名物的例子：

《说文·龟部》：“龟，旧也。外骨内肉者也。从它。龟头与它（蛇）头同。天地之性，广肩无雄。龟鳖之类，以它（蛇）为雄。”

“广肩”不辞，疑有讹误。段玉裁引《列子·天瑞篇》为其作注：“纯雌其名大腰，纯雄其名稚蜂。”张（湛）注曰：“大腰，龟鳖之类也。”可见“广肩”为“广腰”之讹。“腰”俗书作“胃”，与“肩”形近而误。《集韵》作者未考《列子》，引《说文》将此语径改为“广肩无雄”。文不成义矣。[②]

《战国策·赵策三》：“郑同北见赵王。赵王曰：‘子南方之傅士也。’”

“傅士”不经见，疑讹。明刻鲍彪本作“博”。注云：“博士，辩博之士。”孙诒让据同代之书《墨子·非儒篇》中“儒”今本误作“傅”之例，定为“儒”之形讹，“傅士”当为“儒士”。[③]鲍氏以为“博士”属于误校。

---

① 见《颜氏家训·勉学篇》。

② 参见俞正燮《癸已存稿》卷三。

③ 参见孙诒让《札迻》卷三。

第四章 训诂的方法

词义解释是训诂的基础和核心，因此我们所说的训诂方法，就是指探求词语意义的方法。总结前人的训诂，其方法主要有三种：形训、声训和义训。

第一节 形 训

一、形训的方式

形训又称以形索义，就是通过分析汉字的形体结构来解释字义，这种训诂方法是根据汉字的特点而建立起来的。

汉字是一种以象形为基础而发展起来的表意文字，其形体和意义有着密切的联系，因而造字时的基本的意义往往可以从字形的分析中显示出来。而且古代汉语以单音节为主，用汉字记载的古代汉语书面语言，基本上一个字就是一个词。因此，古代汉语书面语言里的词，除了有音、义两个要素外，还有一个“形”的外在要素。这就是形训的理论根据。

远在春秋战国时代，对汉字形体结构的分析就已经开始了。如《左传·宣公十二年》：“夫文，止戈为武。”《韩非子·五蠹》：“古者苍颉之作书也，自环者谓之私，背私谓之公。”但这些说法都带有很强的主观色彩，并不完全符合被解说字造字时的原意。直到东汉，许慎著《说文解字》，才全面系统地运用了形训的方法。许慎根据师传的“六书”理论，把汉字字形构造归纳为六种，一曰象形，二曰指事，三曰会意，四曰形声，五曰转注，六曰假借。从训诂学和词汇学的角度看，其中前四种都是形训。例如：

> 气　云气也。象形。（气部）
> 泉　水原也。象水流出成川形。（泉部）

根据其形象性的轮廓或符号，我们可以解释这两个字的含意。

> 本　下曰本，从木，一在其下。（木部）
> 寸　十分也。人手卻，一寸动脉谓之寸口，从又一。（寸部）

根据抽象性符号或在象形字基础上加抽象性符号，我们可以解释这两个字的含意。

> 企　举踵也。从人止。（人部）
> 采　将取也。从木从爪。（木部）

‘企”、“采”二字是会意字，根据它们的形体，也可解释它们的含意。

> 河　河水。出敦煌塞外昆仑山，发原注海。（水部）
> 翁　颈毛也。从羽，公声。（羽部）

这两个形声字的形旁表示字的本义所属的意义范畴，所以形声字的形符也是我们辨析词义的一种有用资料。有时形声字的声旁也含有意义，如“诂”字，《说文·言部》云：“诂，训故言也。”段注：“故言者，旧言也，十口所识前言也。”此类形声字中声旁含义例在《说文》中颇不少见。

二、形训的作用

形训的作用，在于探求字的本义，但不能说明语源。语言里的词是由音和义组成的，文字只是记录词的符号。从字形的角度加以分析，可以探知这个字当初为什么这样书写，从而解释出这个字的本义，即推知这个词的本义；如果说要知道这个词的语源，则必须结合语音来加以分析。所以形训的作用是有一定限度的。

当然，恰当地运用形训的方法，则可以把有些字的意义解释得更清楚。

例如“取”字。《左传·僖公二十二年》：“虽及胡，获而取之，何有于二毛？”其中的“取”字，有的选本注为“获取”。“取”与“获”是同义词，引例中用“而”联结，意思不免重复。《说文·又部》：“取，捕取也。从又耳。《周礼》：‘获者取左耳。’《司马法》曰：‘载献聝。’‘聝者，耳也。’”许慎引《周礼》和《司马法》，说明“取”字“从耳”之意，“从又耳”，就是以手取耳的意思。“获”是俘获，“取”是割耳，是两个不同的动作。

再如中医学讲“元气”，“元”者谓何？《说文·一部》云：“元，始也。从一，兀声。”元的意思是开始，故常曰“元始”。“从一，兀声”，指“元”字是一个形声词，字义与“一”字有关。何谓“一”？《说文》对“一”字的解释是：“惟初太极，道立于一。造分天地，化成万物。”意思是说，在天地混沌未分之先，即有一个视之不见，听之不闻的“道”存在，“道”之别名，就是“一”，在《易经》中叫“极”，在《尚书》中叫“中”。极者，至也；中者，央也。道生天地，“一”分为二，始有天地、阴阳，造育出万事万物；万事万物，其数难尽，归根复命，必统于一。《淮南子·精神训》云：“古未有天地之时，惟象无形，窈窈冥冥，芒芠漠闵，澒濛鸿洞，莫知其门。有二神混生，经天营地，孔乎莫知其所终极……于是乃别为阴阳，离为八极，刚柔相成，万物乃形。”这就是“惟初太极”的情况，然后“二神混生”（阴和阳），才形成万物。所以《素问·阴阳应象大论》也说：“阴阳者，天地之道，万物之纲纪，变化之父母。”《素问》篇首名曰：“上古天真论。”张志聪注曰：“上古，谓有生之来。”此即“惟初太极”之谓也。又说：“天真，天乙始生之真元也。”“天”字的字形结构“从一大”（见《说文·一部》），也与“一”字的意义有关；“乙”字即“一”字，故“天乙”即“天一”，皆“一”之义也。“真”即“元”也，《九家易》曰：“元者，气之始也。”可知元气是混沌未分之气，能生成万物者也。李东垣说：“真气又名元气，乃先身生之精气也。”先身，即有身之先；先天，即有天之先。元气本源于先天，所以又叫天真。元、始、天、真，这四个字都是同义的，故《素问》开章明义即以这四字为卷首。[①]

在揭示词的本义的基础上，形训还可以探明词的引申义，从而整理出各词的词义系统。如“要”字。

①昔楚灵王好士细要。（《墨子·兼爱中》）

②是全要领以从先大夫于九京（即九泉）也。（《礼记·檀弓下》）

③使数人要于路。（《孟子·公孙丑下》）

④便要还家，设酒杀鸡作食。（陶渊明《桃花源记》）

⑤虽曰不要君，吾不信也。（《论语·宪问》）

⑥然后知秉要执本。（《汉书·艺文志》）

⑦骞从月支至大夏，竟不能得月支要领。（《汉书·张骞传》）

⑧故为情者要约而写真，为文者淫丽而烦滥。（《文心雕龙·情采》）

① 见宋子然《医经考证》，《中医药信息报》，1986～1987。

以上例句里的“要”字，各有不同的意义。而这些意义又是有联系的，其联系中心就是由“要”字的形体体现出来的本义。《说文·臼部》：“要，身中也。象人要自臼之形，从臼。”（按：“臼”像左右手相向）原来“要”即“腰”，“身腰”是其本义。例①“细要”就是“细腰”。例②“要领”就是“身腰和颈脖”，用的都是本义。“身中”引申为“中间”，用作动词即“中途拦截”，如例③。又引申为“迎住”、“邀请”，如例④。由“中途拦截”引申为“要挟”，如例⑤。“身中”是重要部位，引申为“重要的东西”、“要点”，如例⑥，“秉要”就是“抓住要点”。例⑦“要领”是用来比喻“主要的情况”。例⑧“要”用作形容词即“简要”。

再如“属”字。《说文·尾部》：“连也，从尾蜀声。”段注：“取尾之连于体也。”“属”的本义是“连”，物相连，常常是一个跟着一个，从这一点引申，便有“随从”义。《史记·项羽本纪》：“项王渡淮，骑能属者百余人耳。”“属”就是“随从”。物相连为“属”，字相连亦可为“属”，于是又可引申为“作文”。《汉书·贾谊传》：“年十八，以能诵诗书属文称于郡中。”“属文”就是“作文”。《史记·屈原列传》“属草稿”就是写草稿。连起来的东西自然可以成为一类，从而又有“亲属”、“类别”等引申义。

通过字形结构了解字的本义和引申义，还可进一步识别假借字。从整体上说，借音不借义的假借字占多数。首先可从字形上看句中各字的本义或引申义能否解通句意，无法解通的，就可能是假借字。如《吕氏春秋·任地篇》：“草諯大月，冬至后五旬七日菖始生。”“草諯”高诱无注，王念孙、俞樾、孙诒让、许维通等皆无说。从字形结构分析，諯字从言，与语言有关。《说文》释为：“数也。一曰相让也。”二义都无法讲通，故可肯定，它是个假借字，洪诚利用同音假借规律结合形训，认出原字是“黺”。从黄，本义是黄黑色。“草黺大月”，就是说到了孟冬十月，草就变成黄黑色而枯萎。

三、形训的局限和条件

第一，在历史长河中，字的形体经过甲、金、篆、隶、楷等几次大变化，由笔意改为笔势，再变为单纯的线条符号，图像感已微乎其微，形义关系已逐渐隔断。这样，字形已经失去表义的作用。就是许慎所用的小篆，有的字形结构也失去了造字当初的意义，因而解说也有不可靠的地方。如："宫"字，《说文·宫部》："宫，室也。从宀，躳省声。"许慎视为一个形声字。而在甲骨文里，"吕"表示的是一种圆穴和连环穴的形状，[①]"宫"字在甲骨文里作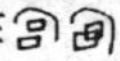，它正反映了上古人穴居野处的情况。《诗·大雅·緜》："陶復陶穴。"《毛传》："陶其土而复之，陶其土而穴之。""复"字在甲骨文里像是有两个出入口的穴。这点可以证明"宫"字中的"吕"不是声符，而是一种图像。所以，形训必须借助于古文字的资料和研究成果。

又如《说文·行部》："'行，人之步趋也。从彳亍。"按：行，甲骨文作，金文写作，像四通八达的大路，本义应是大道。许慎根据讹变了的小篆形体，训为人之步趋，这是它的引申义。

第二，汉字属于一种形意文字，一个字的本义往往就是它早先所记写的那个词的本义；但是，在汉字的长期发展过程中，由于词义的引申，文字的假借，字义和词义之间出现了复杂的情况，有时字的本义并不是词的本义。因此在确定词的本义时，字形分析只能作为参考，而不能作为唯一的依据。例如：

《说文·芉部》："粪，弃除也。从廾推芉弃采也。官溥说，似

---

① 参见郭宝钧《辉县发掘中的历史资料》，《新建设》1954年第三号。

米而非米者，矢字。”

这个字甲骨文像一手拿着扫帚，一手拿着箕畚，扫除秽土。这是字的本义。古代文献里的“粪”字正是这个用法。

①《左传·昭公三年》：“小人粪除先人之敝庐。”

②《荀子·强国篇》：“堂上不粪，则郊草不瞻旷芸。”

这两句里的“粪”字都作扫除秽土讲。现在这个意义已经不再使用，一般用它来表示粪便。

有些字最初的时候字义和词义是一致的，后来它被借用去表示另外的意义。

《说文·茻部》：“莫，日且冥也。从日在茻中。”

“日在茻中”是这个字的造字方法，用它来表示日将冥的意思。这个字的字义和用它表示傍晚的那个词的意义是一致的。后来“莫”字假借作代词用，不是字的本义了，而表示傍晚的意思则另造了一个“暮”字。

第三，形声字的义符只能提示其意义范畴，而不能指明其本义，因此，对占汉字总数百分之八十以上的形声字来说，形训方法有局限。如“眯，从目”、“褐，从衣”、“撩，从手”等，只能提示我们“眯”义与“目”有关，“褐”义与“衣”有关，“撩”义与“手”有关，字形本身并不能指明字的具体本义。当然形声字的义符能够帮助我们从形声字的诸多义项中辨别出哪个具体意义是本义。但这已经不是单凭字形分析来辨别本义了。

训诂实践表明，在运用形训的训诂方法时，应尽量采用时代较早的形体，充分利用地下出土的新材料，总结吸收古文字的研究成果，以求字形与字义的联系更直接一些；同时参考《说文解字》，并证以古代文献。如果单凭后来的字形，拘泥于《说文解字》，是不会得到正确解释的。

由此可见，形训不是在任何情况下都可以进行的，在运用字形来探求词义的具体实践中，必须符合以下几个条件。

第一，只有本义才直接与字形切合，近引申义与字形的关系只能见其端倪，而远引申义与字形的关系则是模糊不清的。但是，由于本义乃是引申义的源头，所以，根据字形来推求引申义或根据引申义来解释字形又是可以做到的。例如，《说文·一下·屮部》："屯，难也。象艸木之初生屯然而难。从屮贯一。一，地也，尾曲。《易》曰：'屯刚柔始交而难生'。"许慎的说解既详尽又具体地体现了形义的统一。

第二，只有本字才能直接反映本义。用借字的字形来解释词义，必然犯"望形生训"的毛病。例如，今天"冒昧"一词的"昧"字写"昧"。《说文·七上·日部》："昧，爽旦明也。从日未声。""冒昧"意思是不顾一切的举止，"昧"从"日"，很难解释"冒昧"之义。

第三，只有"笔意"才能与意义切合，"笔势"大部分已游离了字义。许慎在《说文解字叙》中提出"厥意可得而说"的问题，黄侃从"厥意"中得出"笔意"这个术语，是指能够体现原始造字意图的字形，与"笔意"相对的是"笔势"，是指经过演变，加以符号化，从而脱离了原始造字意图的字形。《说文解字》的小篆是比较晚的文字，这种文字已经过一番加工整理，许多已是"笔势"了。许慎常有依笔势来说字的地方，往往发生错误。可幸者《说文》所收之字来自古代文献，互相有联系，彼此成体系。佐之更早的金文、甲骨，则可由笔势推出笔意来，然后便可贯彻形义统一的原则。

以上三条，是运用形训的条件。但是，在古代文献中，完全具备这三个条件的用字是比较少的，即使在《说文》这部书里，也有相当一部分字并不符合或不完全符合这三个条件。要想运用形训，必须对形义关系变化发展的规律和形义脱节的各种表现做深入细致的探讨，在这个基础上，求得正确而有效的途径，将不适应的条件改变为适应的条件。①

第二节 声 训

一、声训的方式

声训，又称“音训”，又称因声求义，就是用音同或音近的字来解释字（词）义。王念孙说：“诂训之旨，本于声音。”②王引之说：“诂训之旨，存乎声音。”③从语言萌芽的最初阶段来说，声音和意义之间没有必然的关系。但是，人类语言的语音和语义之间的关系，是约定俗成的，是为社会所制约的，这正如荀子所说的：“名无固宜，约之以命。约定俗成谓之宜，异于约谓之不宜。”④当语音与语义的关系一经约定俗成之后，两者之间就发生了密切的联系，所以戴震已经认识到“故训声音，相为表里”。⑤清代训诂家都主张由声音以通训诂，他们超脱了字形的束缚，从语言的声音与意义的联系上认识古今语的演变、同源词的孳乳以及古代用字的通假现象。

---

① 以上三个条件参见陆宗达、王宁的《训诂方法论》，中国社会科学出版社，1983 年。

② 见王念孙《广雅疏证·自序》。

③ 见王引之《经义述闻·自序》。

④ 见《荀子·正名》。

⑤ 见戴震《段玉裁〈六书音韵表〉序》。

声训远在先秦时期就已萌芽。如《周易·说卦》："乾，健也。坤，顺也。震，动也。坎，陷也。离，丽也。兑，说也。"《孟子·滕文公上》："庠者，养也。校者，教也。序者，射也。"秦汉间的《尔雅》和汉代的《说文》、《方言》、《释名》等训诂专著，以及群书的注释，多数都含有这种训诂方式。尤其是刘熙的《释名》，几乎全用声训。之后有北宋王圣美的"右文说"。直到清代，由于音韵学和训诂学都有了很大进步，声训才得到了空前的发展，学者们才明确提出因声求义的主张。

古代的声训，归纳起来有三种方式。

（1）利用形声字

①《论语·颜渊》："政者，正也。"

②《释名·释水》："山夹水曰涧。涧，间也。言在两山之间也。"

③《荀子·王制篇》："君者，善群者也。"

④《说文·土部》："土，地之吐生万物者也。"

⑤《释名·释言语》："纪，记也，记识之也。"

⑥《说文·虫部》："蝯，善援，禺属。"

上举"政、正"，"涧、间"等，是用声旁字训释形声字。"君、群"，"土、吐"等，是用形声字训释声旁字；"纪、记"，"蝯、援"等是用同声旁的形声字来训释。

（2）利用音同、音近字

①《周易·彖传》："需，须也。""晋，进也。""离，丽也。"

②《说文·衣部》："衣，依也。"

③《尔雅·释言》："樊，藩也。"

④《释名·释天》："星，散也，列位布散也。"

⑤《说文·心部》："愐，勉也。"

⑥《方言》卷一："怛，痛也。"

⑦《周易·说卦》："坤，顺也。"

⑧《说文·日部》："日，实也，光明盛实也。"

上举"需、须"，"晋、进"，"离、丽"，"衣、依"，"樊、藩"等为同音相训；"星、散"，"愐、勉"，"怛、痛"等为同声相训；"坤、顺"，"日、实"等为同韵相训。

（3）利用同形字

①《周易·序卦》："蒙者蒙也，物之稚也。"

②《孟子·滕文公上》："彻者，彻也。"

③《礼记·哀公问》："大昏既至，冕而亲迎，亲之也；亲之也者，亲人也。"

同形字为训，被训字和训字之间有声调和词性的不同，两者在词义上都存在着必然的联系。如，蒙为童蒙，名词，童蒙是源于蒙昧，所以说"蒙者蒙也"。其他，前一"彻"字是周代赋税名称，后一"彻"字是"彻取"的意思。"亲"字则有"亲自"和"亲爱"两种意思。

二、声训的作用

声训的作用主要有两个：一是寻求本字；二是推求语源。其目的都是为了准确训释古代文献里的词义。

（1）寻求本字

本字是对借字而言的。古人在用字时不写本字而用一个音同或者音近的字来替代，这个借字与它所记录的词的词义毫无联系，只是声音相同或相近而已。因此，训诂家就应该破除借字，寻求本字。而寻求本字的途径只能从声音入手。清代著名训诂学家王引之说过："许氏《说文》论六书假借曰：'本无其字，依声托事，令长是也。'盖无本字而后假借他字，此谓造作文字之始也。至于经典古字声近而通，则有不限于无字之假借者。往往本字见存而古本则不用本字而用同声之字，学者改本字读之，则怡然理顺，依借字解之，则以文害辞。"[①]这是指出了利用声训寻求本字的重要性和必要性。

下面略举几个利用声训寻求本字的例子。

萧统《文选序》："若夫椎轮为大辂之始，大辂宁有椎轮之质；增冰为积水所成，积水曾微增冰之凛。何哉？盖踵其事而增华，变其本而加厉。"

其中"变本加厉"的"厉"字被今人理解为"更甚"或"厉害"，是错误的。通读这段文字，知道"增华"与"加厉"对文，即大辂"更加华饰"、增冰"更加寒冷"，"厉"字当是"冽"（寒冷）之借字。厉、冽二字古声同，故同音替代。如《括地志》云："昔神农生于厉乡，所谓列山氏也。"《周礼·秋官·司隶》："守王宫与野舍之厉禁。"郑玄注："厉，遮例也。"《庄子·齐物论》："厉风济，则众窍为虚。"向秀注："厉，烈也。"是厉、冽古有通假例。王力《古代汉语》下册文选注云："这里等于说更加寒冷。"原意是译出来了，只是没有破假借，求本字。[②]

又如欧阳修《醉翁亭记》："苍颜白发，颓然乎其间者，太守醉也。"（一本无"然"字。）历来注家把"颓然"一词理解为颓丧、

① 见《经义述闻》卷三十《通说下》"经文假借"条。

② 见宋子然《古语辨证三则》，《中国语文通讯》，1979年第5期。

颓倒之意。如《古代散文选》解释为："颓然，原意是精神不振的样子。"《中国历代散文选》（刘盼遂、郭预衡主编）解释为："颓然，醉倒的样子。"《古代汉语》（王力主编）解释为"颓，倒"等等，诸注不确。"颓然"当是安适、和顺的样子。旧《辞海》"颓"有"顺也"一解，举《礼记·檀弓上》中"颓乎其顺也"为例，按颓，本作颓，《说文·秃部》"穨"字下段注云："今俗字作颓。"《六书故》云："颓，首秃也，亦作穨。""颓"字又通"隤"，《尔雅·释诂》："虺颓，病也。"《诗经·周南·卷耳》："虺隤。"《毛传》云："虺隤，病也。"《中华大字典》"隤"字下按云："经传于隤、穨二字，均多以颓为之。"颓然即隤然。隤然，是安然、和顺的意思。《易·系辞》："夫乾，确然示人易矣；夫坤，陨然示人简矣。"虞翻注云："隤，安也。"《经典释文》："马、韩云'柔貌'，孟作'退'，陆、董、姚作'妥'。"《后汉书·黄宪传》："以为宪隤然其处顺。"李贤注云："隤然，柔顺貌。"《礼记·檀弓上》："孔子曰：拜而后稽颡，颓乎其顺也。"孔颖达疏云："颓然，不逆之意。"隤然又作退然。《礼记·檀弓上》："文子其中，退然如不胜衣。"郑玄注云："退，柔和貌。""颓然"一词，古多用以描写酒后的安适情态。如《世说新语·任诞3》："（刘伶）隗然已醉矣。"（隗通隤）《晋书·郭文列传》："于是朝士咸共观之，文颓然踑踞，傍若无人。"柳宗元《始得西山宴游记》："引觞满酌，颓然就醉，不知日之入。"又如《新唐书·长孙顺德传》："削籍为民岁余，帝阅功臣图，见其像，怜之，遣宇文士及视顺德，顺德方颓然醉。遂召为泽州刺史，复爵邑。"再如孔平仲诗《兄长寄五诗依韵和寄》云："忆昔西寻山下园，芙蓉香里醉颓然。"

再如，《楚辞·涉江》："乘舲船余上沅兮，齐吴榜以击汰。"朱熹《楚辞集注》说："吴，谓吴国。榜，櫂也。盖效吴人所为之櫂，如云'越舲'、'蜀艇'也。"宋人张载曾有"吴榜越船不能无水而浮"之说，即朱熹所本。其实张、朱以吴为国名，正是"望形生训”。首先，“榜”训“櫂”不妥。唐代李舟《切韵》“榜”读“北孟切”，训“进船也”。可见“榜”是进船的动作，是动词。而“櫂”是“船桨”（见《说文》木部新附字，训“所以进船也”），是进船的工具，是名词。“榜”与“櫂”词性不同，以“吴人所为之櫂”解释“吴榜”显然是不通的。实际上，“吴”是“芣”之声借。《说文·六上·木部》：“芣，两刃臿也。从木。丫，象形。宋魏曰芣也。”重文作“釫”，从于。其实应是于声。《方言》：“宋魏之间谓之铧。”“芣”即“铧”。唐代玄应《一切经音义》又说：“芣，古文奇字作俣。”宋代陈彭年《广韵》“铻”、“铧”、“釫”、“划”同音，均读“户化切”（今音 huá）。四字古音同在“匣”纽，“模”韵。“铻”、“铧”、“釫”、“芣”四字是异体字，训“两刃臿”者，“臿”字又作“插”。《战国策·齐策》：“立则杖插。”又作“锸”，《新序·刺奢篇》：“魏王将起中天台，许绾自负橾锸入。”“橾”、“锸”都是铲土的工具。《尔雅·释器》“庣谓之疀”下郭璞注：“皆古锹锸字。”郭璞《方言注》又说：“臬字亦作鍪。”所以“铻”本是两刃的锹锸，原为犁地的工具。古代犁地的工具，也用来划船。犁地是破土而进，划船是破浪而前，其用虽殊，而取义则同。那么，称犁地的工具叫“铻”，因而称进船的工具也叫“铻”，又引申称进船的动作也叫“铻”（“划”即“铻”的后出俗字）。由此得证《楚辞》“齐吴榜以击汰”的“吴”就是“铻”，也就是“芣”，即划船的工具，相当于今天的船桨。“吴榜”就是“以桨进船”（从语法说，“吴（铻）”是名词，作动词“榜”的状语，表示工具）。可见拘于“吴”的字形而贸然生训，义未能尽通。通过声音，由“吴”找到本字“铻”、“铧”、“釫”、“芣”，才达到形义统一，避免了望形生训的毛病。[①]

① 参见陆宗达、王宁《训诂方法论》第 74～76 页，中国社会科学出版社，1983 年。

从以上论述可以看出，利用声训可以说明通假，寻求本字，防止望文生义，还可以纠正某些注释和解说上的失误。

（2）推求语源

语源是就根词和赖以产生的派生词之间的关系而说的。由同一根词派生出来，因而音义皆近、音近义同或义近音同的词，叫做同源词。所谓推求语源，主要是从同源词中广泛系联派生词，即确定同源派生词之间的渊源关系。

运用因声求义的方法系联同源词，首先是指文字上同声符的。

例如：并、併、骿、骈、饼几个字。《说文·从部》："并，相从也。"按：并古字，像将二人连在一起，表兼并之义。《广雅·释言》："並，兼也。"《汉书·艺文志》："凡二十五篇并为苍颉篇。"师古曰："幎，合也。"《礼记·玉藻》："并纽约用组。"疏："並，并也。"

《说文·人部》："併，并也。"段注："此举形声包会意。"併与并义无大差别。《荀子·王制》："无兼並之心。"注："並，读为併。"

《说文·骨部》："骿，骿胁也。"《国语·晋语四》："闻其骿胁，欲观其状。"注："骿，并也。"

《说文·马部》："骈，驾二马也。"段注："併马谓之俪驾，亦谓之骈。併、骈皆从并。谓并二马也。"

《说文·食部》："饼，面餈也。"《释名·释饮食》："饼，并也，溲面使合并也。"

可见，并、併、骿、骈、饼有共同的语源义，是一组同源词。

其次，因为汉语的同源词并不总是用同样的谐声偏旁表示，这就需要我们打破字形的束缚，辗转系联其他音同、音近的字，以确定它们的语源义。例如：

《说文·穴部》："空，窍也。"段玉裁注："今俗语所谓孔也。"孔之言空。《老子》第二十一章："孔德之容。"王弼注："孔，空也。”缓言之曰“窟窿”。宋祁《宋景文公笔记》(上)《释俗》:“孙炎作反切语……谓孔曰窟笼。”斧受柯处有孔，故称銎。《说文·金部》:“銎，斤斧穿也。”物体内空处曰腔。《说文新附·肉部》:“腔，内空也。”声转为康。康本为乐器名。李孝定《甲骨文集释》:“乐器多中空，故引申有空虚之义。”孳乳之，米之皮为糠，水虚处为漮。又转为窠。《说文·穴部》:“窠，空也。”《广雅·释宫》:“窠，巢也。”王念孙疏证:“凡言窠者，皆空中之义。”鸟巢为窠，也取其中空可置身之义。字又作窾。《广雅·释诂三》:“窾，空也。”《庄子·养生主》:“批大郤，导大窾。”或亦作款。《汉书·司马迁传》:“实不中其声者谓之款。”服虔注云:“款，空也。”又为科。《史记·张仪列传》:“虎贲之士，跿跔科头。”裴骃集解:“科头，谓不著兜鍪入敌。”以上这些词都同源，都有中空义。

探求名物的来源是声训的一种特殊作用。下面以“螟”、“蝮”、“猰貐”三物为例，来看由声训探物名之功用。

“螟”。《尔雅·释虫》:“食苗心螟。”《春秋·隐公五年》“螟”，孔颖达《正义》引《周礼·舍人》说:“食苗心者名螟，言冥冥然难知也。”李巡也说:“食禾心为螟，言其冥冥难知也。”冥当幽暗讲，幽暗则难明。螟是一种小青虫，长仅半寸，与禾同色，藏在苗心中，很难找到。所以，“螟”由“冥”的幽暗难明之义而得名，字也由“冥”得声。

‘蝮蜪”。《说文·十三上·虫部》:“蝝，復陶也。刘歆说蝮蚍蜉子。董仲舒说蝗子也。”《尔雅·释虫》也说:“蝝，蝮蜪。”郭注:“蝗子未有翅者。”《论衡·论死篇》说:“蝉之未蜕为復育。”《广雅》作“蝮蛸”。“育”与“陶”古同音。“蝮蛸”就是“蝮蜪”，也就是“复陶”。为什么蝗子和蝉之未蜕都叫“復陶”呢?历来讲名物的人都没有说清楚。黄侃在《尔雅音训》里指出:《左传·襄公三十年》:“使为君復陶。”注:“復陶，主衣服之官。”《昭公十二年》:“秦復陶。”《释文》:“雨衣也。”此与虫名异而取义则同。

又《论衡·论死篇》:“蝉之未脱为復育。”育古音与胄通，则復陶、復育亦声转义近也。復育,《广雅》作蝮蛸。[①]

“猰貐”。《说文·九下·豸部》:“貐，猰貐。似貙，虎爪，食人。”“貙”，又名“貙豻”。《汉书·司马相如传》:“鳗蜒，貙豻。”《尔雅·释兽》:“貙似狸。”郭璞注:“今貙虎也。大如狗，文如狸。”又说:“今山民呼貙虎之大者为貙豻。”“猰貐”似貙豻，也是虎属。它的特点是行走快。所以说“迅走”。《说文·二上·走部》:“趚，超特也。”“超特”与“迅走”义通。“猰”与“趚”同源。“猰貐”是因走得快而得名。“猰貐”声变为“委虒”。“猰”与“委”之音“歌”、“曷”对转。这种动物也是虎属，《广韵》说它能行水中。“委虒”之浮游于水也很迅速，所以与“猰貐”同因“迅走”而得名。与两兽同义而名的又有“委输”。《汉书·食货志》:“武帝置平準都，受天下委输。”《汉书·王尊传》:“护送军粮委输而羌人反，绝转道。”颜师古注:“绝转运之道。”可见“委输”是运转粮食的车，引申为转运之事，也就是今天的运输。《九章算术》有“均输”之法。其中一题说:“今有程传委输，空车日行七十里，重车日行五十里。今载太仓粟输上林，五日三返，问太仓去上林几何。”古代行军，三十里为一舍，也就是日行三十里为标准速度。题中所设委输的速度都多于三十里。委输是运粮，自然比行军快。可知“委输”也因行走迅速而得名。“猰貐”、“委虒”、“委输”实在是一语之转。“委输”有车运（即陆运）与水运两途，正像“猰貐”行于山而“委虒”游于水，其迅速之义相通。[②]

有些联绵词也可用声训的方法探究其语源。如“玲珑”一词，言人的聪明能干，它是“离娄”一词的声转。它的同源词有“离

① 见《尔雅音训》，第258页，上海古籍出版社，1983年。

② 以上三物之训解，参见陆宗达、王宁《训诂方法论》第90～93页，中国社会科学出版社，1983年。

娄”、“丽娄”、“丽廔”、“喽啰”等，（阐说见前第三章第二节）。再如，“伛偻”、“痀瘘”、“曲偻”、“踽偻”、“偶旅”、“构篓’、“姑篓”、“岣嵝”等联绵词，虽然字形各异，但都音义相近，表示中间高而四面低下的样子，它们是同源词。

由以上分析可以看出：推求语源，往往能突出词义的特点，有助于对词义的理解；还有助于探讨词义引申和语音变化的规律。同源词的研究，是汉语史研究的一个重要部分，它使我们对于汉语词汇形成的历史有了更新的认识。

三、声训应注意的问题

因声求义，其基本原理是科学的，但是在具体运用这一训诂方法时，还应当注意以下两点。

一是所谓音同或音近，是指的古音相同或相近；如果以今天的读音来进行声训，当然是不可靠的。如“贤”与“咸”、“甲”与“贾”今音相同，读“xiǎn”、“jiǎ”，但是，古音却不同韵，“贤”属真部，“咸”属侵部，“甲”属叶部，“贾”属鱼部。反之，古代是同源的字，现代汉语读音又相距较远，如“冷”与“凉”。所谓古音相近，指的是声韵皆相近，如果只有韵部相同，而声母相差很远，或者只有声母相同，而韵部相差很远，都不能构成通假或同源的条件。

二是要有文献语言为佐证。仅仅根据“同音”、“音近”来推证通假和推求语源是不够的，还应该联系当时的语言实际，即有文献语言资料为佐证。例如王念孙论证《汉书·叙传》中：“应天顺民，五星同晷”的晷字是“轨”的借字，他说：

五星光不及地，则不得有景，师古说非也，晷即轨字。轨，道也。五星同道，谓高帝元年五星聚东井也。《淮南子·本经篇》："五星循轨而不失其行。"高注云："轨，道也。"(《广雅》、《周语》注并同)是其证。轨、晷声相同，故字相通。《说文》："氿(音轨)，水厓枯土也。"引《尔雅》"水醮曰氿。今《尔雅》作'厬'。'氿'之通作'厬'，犹'轨'之通作'晷'矣。《太平御览》天部五引此证作：'五星同轨。'"①

王氏在同音的前提下，结合上下文意，证之以有关文献资料，所以得出的结论是令人信服的。

又如《诗经·邶风·静女》"爱而不见，搔首踟蹰"中的"爱"字，历来传统的说法以"爱"训"隐"，"爱而不见"是说那位姑娘躲藏起来，看不到她，只有搔首踟蹰。现代有人反对这个讲法，以为"爱"就是"喜爱"之"爱"，不必迂曲解释。但从文献语言的训诂材料考察，可以清楚地看出，"爱"训"隐"是证据确凿的。首先，《静女》诗中《毛传》虽未出"爱，隐也"的训诂，但"爱"训"隐"，《诗经》不只这一处，《大雅·烝民》："爱莫助之。"《毛传》："爱，隐也。"其次，从文献的异文考察，可以看出，"爱"字或作"僾"、"薆"。而"僾"、"薆"都有"隐"义。《说文·八上·人部》："僾，仿佛也。从人爱声。诗曰'僾而不见'。"("仿佛"即"隐约")《方言》："掩、翳，薆也。"郭璞注："谓蔽薆也。《诗》曰：'薆而不见，音'爱'。"不但"僾"、"薆"有"隐"义，与之相通的"暧"、"箯"都有"隐"义。《说文·五上·竹部》："箯，蔽不见也。"《玉篇》："暧，隐也。"再从古代语言材料看，《离骚》："众薆然而蔽之。"张衡《南都赋》："晻暧蓊蔚。"《思玄赋》："缤连翩兮纷晴暧。"其中的"薆"、"暧"都作"隐微"、"隐约"讲。这样可证明"爱"确实是"僾"、"薆"或"暧"、"箯"的借字。

---

① 《读书杂志·汉书十五》"同晷"条。

第三节　义　　训

义训，又称直陈词义，是不借助字形和字音而用一个词或者一串词来直接说明某词的含义的方法。其特点是简明而准确。义训在训诂方法中占很大的比重。

义训的方式很多，略述如下。

一、从同义、反义、多义的角度来分

（1）同义相训

同义相训是用同义词解释词义，是义训中常见的一种方式。其中又分同训、互训和递训。一个词用另一个同义词来解释，或是把若干个同义词类聚在一起，再用一个通用的词加以解释，这就是同义相训。如：

①《说文·言部》："讯，问也。"又："诘，问也。"

②《尔雅·释诂》："如、适、之、嫁、徂、逝，往也。"又《释训》："穆穆、肃肃，敬也。"

用同义词互相训释，叫互训。如：

①《尔雅·释诂》："遐，远也。"又："远，遐也。"

②《尔雅·释宫》："宫谓之室，室谓之宫。"

③《说文·走部》："走，趋也。"又："趋，走也。"

几个同义词展转相训，叫递训。如：

①《尔雅·释言》:“煽，炽也。”“炽，盛也。”

②《尔雅·释鱼》:“蝾螈，蜥蜴；蜥蜴，蝘蜓；蝘蜓，守宫也。”

③《说文·手部》:“掉，摇也。”“摇，动也。”

④《说文·口部》:“咙，喉也。”“喉，咽也。”“咽，嗌也。”

同义相训的方式虽然具有简捷明了的长处，但是由于彼此意义完全相同的同义词是不存在的，因而也就揭示不出被释词的词义特点；其次，从实用方面来说，若是对同义词的意义不熟悉，词义仍然无法理解。因此，同义相训有一定的局限性。

（2）反义相训

反义相训这是用某词的反义词来解释该词的意义。如：

《尔雅·释诂》:“治、肆、古，故也。”又:“肆、故，今也。”郭璞注:“肆既为故，又为今，今亦为故，故亦为今。此义相反而兼通者。”

《广雅·释诂二》中“贷”训“借”,《释诂三》中又训“与”。《释言》中“陶”训“喜”，又训“忧”。“毓”训“长”，又训“稚”。反义相训作为一种语义训释的手段，由《尔雅》开创，并由郭璞阐明。词义的分化可能是构成反训的一个重要原因。一个词具有某一个概括的意义，这个意义可以从两个彼此对立的方面去运用，久而久之分成一组对立的意义，后世只通行其中一种。例如“祥”表示的意思是吉凶的征兆，凡是好的兆头用“祥”就表示吉祥的征兆，坏的兆头用“祥”就表示凶恶的征兆。后来，“祥”表示吉庆的更多，于是就专门用来表示好的意思了。又如“臭”在古代指气味，不论香味臭味都叫“臭”。后来在语言表达上意思逐渐明确，专门固定到恶臭的概念上去了。

词义的发展由一个方面向它的对立方面演变，是构成反义相训的又一原因。

“乱”的繁体是“亂”。《说文·乙部》：“亂，治也，从乙。乙治之也。”杨树达在《积微居小学述林·释𤔔》中说：“当从爪从又，爪又皆谓手也。𤔔从爪从又者，人以一手持丝，又一手持互以收之，则有条不紊，故字训治、训理也。”“乱”的本义是治理。从字形看它是清理乱丝，于是从行为对象的方面引申出紊乱的意思。

（3）歧训

歧训即为避免训释词产生歧义而再加一个训释，使词义更明确。如《尔雅·释言》：“祺，祥也；祺，吉也。”因为“祥”兼有吉、凶二义，为了明确这里取吉祥、福善一义，又用“吉”字作释。《荀子·性恶》：“人之性恶，其善者伪也。”杨注：“伪，为也，矫也。”“为”是个多义词，为了明确这里取其“人为、造作”一义，故又用“矫”字作释。

二、从词义的广狭来分

（1）以大名（共名）释小名（别名）

①《说文·艸部》：“蒚，艸也。”“葵，菜也。”
②《说文·木部》：“李，果也。”“橙，橘属。”

（2）以小名释大名，以狭义释广义

①《左传·成公三年》：“齐侯朝于晋，将授玉。”孔疏：“玉，谓所执之圭也。”

②《论语·子路》：“善人为邦百年，亦可以胜残去杀矣。”皇

疏："为者治也。"又《述而》："亦为之不厌，诲人不倦。"皇疏："为犹学也。"

三、从表达方式来分

（1）义界

义界是用下定义的方式来表述词义的内容和特点。由于它是用若干个词语来说明某一个词的含义，因而比前几种义训表述得更清楚明确。如：

①《尔雅·释亲》："男子，先生为兄，后生为弟。男子谓女子先生为姊，后生为妹。父之姊妹为姑。"

②《尔雅·释宫》："宫中之门谓之闱，其小者谓之闺，小闺谓之阁，巷门谓之闳。"

③《说文·口部》："口，人所以言食也。"

④《说文·赤部》："赧，面惭而赤也。"

（2）描写

描写即对词所表示的事物的形状、性能等加以描述。如：

①《尔雅·释鸟》："二足而羽谓之禽，四足而毛谓之兽。"

②《说文·牛部》："犀，南徼外牛，一角在鼻，一角在顶，似豕。"

③《说文·水部》："漏，以铜受水，刻节，昼夜百节。"

④《释名·释姿容》："揽，敛也，敛置手中也。"

这种方法不能用来解释抽象的概念。

（3）譬况

譬况是用熟知的事物去比方类似的不熟知的事物。如：

①《周礼·春官·典瑞》："珍圭以征守。"杜子春注："以征守者，以征召守国诸侯，若今时征郡守以竹使符也。"

②《尔雅·释兽》："兕，似牛。犀，似豕。"

③《说文·糸部》："红，帛赤白色。"段玉裁注："按：此今人所谓粉红、桃红也。"

④《释名·释天》："日月亏曰食，稍稍侵亏，如虫食草木叶也。"

（4）比较

比较即通过对比来释明意义相近或相关的词。如：

①《诗经·小雅·无羊》："何蓑何笠。"《毛传》："蓑，所以备雨；笠，所以御暑。"

②《汉书·韩信传》："樵苏后爨。"颜注："樵，取薪也；苏，取草也。"

③《尔雅·释器》："金谓之镂，木谓之刻，骨谓之切，象谓之磋，玉谓之琢，石谓之磨。"

（5）举例

举例即举其一，以见其他。如：

①《尔雅·释地》："东方之美者，有医无闾之珣玗琪焉；东南之美者，有会稽之竹箭焉；南方之美者，有梁山之犀象焉；西南之美者，有华山之金石焉；西方之美者，有霍山之多珠玉焉……"

②《说文·玉部》："璠，屿璠。鲁之宝玉。从玉，番声。孔子曰：美哉屿璠！远而望之，奂若也。近而视之，瑟若也。一则

理胜，二则手胜。”

（6）由反知正

由反知正是用反义词加上否定词来阐明词义。如：

《说文》：“拙，不巧也。”“暂，不久也。”“假，非真也。”“悒，不安也。”“少，不多也。”“旱，不雨也。”

王力先生曾在《理想的字典》中说：“此类以形容词为多。有些形容词，若用转注（指互训）法，往往苦无适当的同义词；若用描写法，又很难于措词。恰巧有意义相反的一个字，就拿来加上一个否定词，作为注释，既省事，又明白。”

（7）增字足意

增字足意是把被释词放在释词的地位，另外增加一个或几个词以完足词义的训释。如：

①《诗经·邶风·静女》：“静女其姝。”《毛传》：“静，贞静也。”

②《诗经·大雅·瞻卬》：“此宜无罪，汝反收之。”《毛传》：“收，拘收也。”

③《诗经·郑风·有女同车》：“有女同行。”《毛传》：“行，行道也。”

这三例的被释词都有多种义项，所以分别加字组成复合词来解释被释的单纯词，以确定被释词的词性和意义，如“行”用“行道”作释，说明“行（háng）”是名词，当“道路”讲，而不是动词“行（xíng）”。

①《说文》："宽，屋宽大也。""维，车盖维也。""绠，汲井绠也。"

②《诗经·豳风·七月》："取彼斧斨，以伐远扬。"《毛传》："远，枝远也；扬，条扬也。"

这两例则是在被释词外加上指明事物性质或用途的词语，使词义完足。如例②就是说明"远"是"远枝"的省略，"扬"是"扬条"的省略。

前面为了叙述的方便，我们把训诂方法分作形训、声训和义训三大类，每类之中又分为若干种。应该指出，在实际运用时，这些训诂方法常常是交互使用或同时并举的，常常结合在一起，不能任意分割。形训、声训、义训三者之间没有轻重之分。因为，从汉语来说，音义同源，离开语音，就不能深刻地理解语义；离开语义，也无法透彻地理解语音。从汉字来说，形、音、义三者应当结成一体。因此，我们研究训诂，对形训、声训和义训应当一视同仁，不必强分轻重。但是应该指出，在训诂实践中应以义训为基础，因为一方面形训、声训都囿于"形"和"声"，不可能在训诂领域中普遍运用；另一方面形训和声训始终不能离开词义，都要靠它在解说中起联系作用，所以说义训具有通用性的特点。

第五章 训诂的体式和术语

第一节 训诂的体式

训诂的基本体式有两种，即随文释义的注疏和通释语义的专著。两者都是在西汉初年出现的。两者有着明显的区别：随文释义的注疏，有具体的训释对象，即针对某一古籍所进行的系统的训诂工作；通释语义的专著，并无具体的训释对象，即训诂工作不限于某一古籍。但这两种训诂体式都搜集和保存了故训。严肃认真的注疏对词语的训释往往是训诂专书的依据。

一、随文释义的注疏

1. 注疏的名称

注疏的名称很多，除了“训”、“诂”之外，常用的还有一些，现就常见的解释如下。

（1）传

《说文·人部》：“传，遽也。从人，专声。”又：“遽，传也。”《尔雅·释言》：“驲，遽，传也。”由此达彼者叫做传，因而喻称文献训释曰传。西汉初年，就已出现了解释经书的“传”，经书指儒家的易、书、诗、礼、乐、春秋等著作。如《春秋》有《左氏传》、《公羊传》和《谷梁传》，《诗》有《韩诗外传》和《毛诗故训传》。从《艺文志》看，西汉时“诂” （故）与“传”有区别，“诂”以解释词义为主，“传”以交待史实为主。后世传、注、诂等不再有分别，如宋人朱熹的《诗集传》和《楚辞集注》，在体例上就没有什么不同。

传有内传、外传、大传、小传、集传、补传之分。西汉时，齐人辕固生、燕人韩生解说《诗经》，才创立内传、外传的名目。《四库全书总目提要》说："其书杂引古书古语，证以诗词，与经义不相比附，故曰外传。"那么，内传就是与经义相比附的注解了。前者如《韩诗外传》，后者如《毛诗故训传》。"大传"这个名称，从汉代的张生和欧阳生的《尚书大传》开始。"大传"是"撰其大义"的意思。"小传"和"大传"相对，大概是"不贤识小"的意思，是一种谦词。如宋刘敞有《七经小传》。"集传"与"集注"相同，"补传"与"补注"相同。

（2）解

《说文·角部》："解，判也。从刀判牛角。""判，分也。从刀，半声。"解的本义是剖析、分析。训诂就是分析语义，所以也叫做"解"。如《管子》有《牧民解》、《形势解》。汉人注书常以解、诂连言，亦作"解故"，如大小夏侯的《书解故》、贾逵的《春秋左氏解诂》；也有与注或说连言的，如伏黯的《齐诗解说》。后世又有集解，如杜预的《春秋经传集解》，兼释经和传；范宁的《春秋谷梁传集解》，撰集各家解说。

（3）笺

《说文·竹部》："笺，表识书也，从竹戋声。"注书叫笺，从汉代的郑玄开始，郑玄《六艺论》："注《诗》宗毛为主，毛义若隐略，则更表明；如有不同，即下己意，使可识别也。"可见"笺"有补充、订正的意思。《毛诗正义》又云："郑于诸经皆谓之注，此言笺者，吕忱《字林》云：'笺者表也，识也。'郑以毛学审备，遵畅厥旨，所以表明毛意，记识其事，故特称为笺。"从《毛诗·郑笺》来看，前说更切合实际。如：

《诗经·周颂·昊天有成命》："于缉熙，单厥心，肆其靖之。"《毛传》："缉，明；熙，广；单，厚；肆，固；靖，和也。"《郑笺》曰："广当为光，固当为故，字之误也。于，美乎此成王之德也，既光明矣，又能厚其心矣。为之不解倦，故于其功终能和安之，谓夙夜自勤，至于天下太平。"

郑玄在这里不仅补充《毛传》的不足，而且订正了《毛传》的失误。指出"广"当为"光"，"固"当为"故"。可能到后来，注书称"笺"就是一种谦辞了。所谓"笺证"、"笺注"，只是"注解"的意思，不一定限于对别人的注的补充和订正。

（4）注

《说文·水部》："注，灌也。"由灌注义引申，注书也叫注。贾公彦《仪礼·士冠礼》疏云："注者，注义于经下，若水之注物。"注字又写作"註"，即注的异体字。孔颖达《春秋左传正义》："毛君、孔安国、马融、王肃之徒，其所注书，皆称为传，郑玄则谓之为注。"可见，训释称注，是从东汉郑玄开始的。至于《隋书·经籍志》所载马融、王肃所作注释也都称"注"，不过是郑玄以后"注"字已成训释的通称，而称传的越来越少，于是马融、王肃所作，本称传的，也改称注了。

"注"也可以是对古书训诂的通称，如《十三经注疏》的"注"，是训诂中最通行的名称。

（5）校

《文选·长杨赋》："校武票禽。"注引贾逵《国语注》曰："校，考也。"考核古书叫做校。这有两种情况：一是考辨学术源流，如正考父校《商颂》；一是校改文字脱误，如子夏读"三豕涉河"，以为"三豕"当作"己亥"。刘向父子校群书，则兼而有之。训诂家注解古书，也往往要校对文字，改正脱误，如郑玄的《毛诗笺》、《三礼注》等。后来有些人把校和注区分开来，于是另有校注、校诠等名，后世以“校”为名的作品，多属校勘学的范畴；作为训诂家注释词语的作品少有以“校”为名的，一般用“考异”（朱熹《昌黎先生集考异》）、“辨证”（南宋彭叔夏《文苑英华辨证》）、“考正”（戴震《毛郑诗考正》）、“札记”（卢文昭《钟山札记》）、“杂志”（王念孙《读书杂志》）、“校笺”（周祖谟《方言校笺》）、“匡补”（项楚《王梵志诗校辑匡补》）等。这些书都侧重于字词的辨析，其纠讹定谬，创获甚多。

（6）义疏

义疏是疏通其义的意思。可省称为“义”或“疏”。如六朝皇侃的《论语义疏》，其自序曰：“侃今之讲，选通何集。”（“何集”指何晏的《集解》）。

义疏又叫义注，即注解其义的意思；又叫义章，即彰明（表明）其义；又叫义赞，即阐发其义；（《唐书·儒学传》：“孔颖达与颜师古……受诏撰《五经》义训凡百余篇，号《义赞》，诏改为正义云。”）又叫义证，即证明其义；又叫义略，即义理的大略。其他如“章疏”、“注疏”、“讲义”、“正义”等等，都是根据经注节次而疏通其义。“讲义”，原义是讲习用的义疏。“正义”，意思是解释经传而得义之正者。“疏”可以叫做“正义”，如孔颖达的《五经正义》；但“正义”有时不一定是疏，如张守节的《史记正义》。

（7）音义

辨音的书叫做“音”，释义的书叫做“义”，合起来叫做“音义”。“音义”本以辨音释义为本，但也有往往从事校勘的，如陆德明的《周易音义》、《尚书音义》、《毛诗音义》等，合称为《经典释文》，可见“释文”就是“音义”的别名。

这一类书又称为音训、音诂、音注、音释、音解、音证、音隐，还有称为注音的，音义也有省称音的。由此推测，凡以音为名的书，不一定只是辨音，也有兼释其义的。

（8）章句

“章句”就是离章辨句的意思。《后汉书·桓谭传》注：“章句谓离章辨句，委曲枝派也。”这可能是章句最早的含义。沈钦韩《汉书疏证》：“章句者，经师指括其文，敷畅其义，以相教授。”章句是汉代流行的一种注解形式，它的特点是不以解释词义为主，而是重在分析和串讲句意、章意、篇意。至于章句与故传的区别，刘师培在《国学发微》中指出：“故传二体，乃疏通经文之字句者也，章句之体，乃分析经文之章句者也。”赵岐《孟子章句》是章句体的代表，除解释字词外，还在各章末尾总括一下章旨。如：

《有为神农之言者》赵岐注：“害神农务本，教于凡民，许行蔽道，同之君臣。陈相信师，降于幽谷。不理万情，谓之敦朴。是以孟子博陈尧舜上下之教以匡之也。”

这种既解释字词，又串讲文章大意的解说方法，在《毛传》、《郑笺》里也有，不过一般来说，传注串讲文章比较简明，而章句则多烦琐，所以“通人恶烦，羞学章句”。（《文心雕龙·论说篇》）

2．注疏的类别

（1）注和疏

从训诂的对象来说，注和疏应分属两类。

专门解释古书正文的叫“注”。毛亨、孔安国、马融、郑玄等汉代训诂家，对先秦的经书都曾作过传注。既解释古书的正文，又解释前人传注的一般叫“疏”。像孔颖达、贾公彦等训诂家为十三经所作的《正义》和《疏》；又如《庄子》，郭象作注，成玄英作疏。

下面举《诗经·魏风·硕鼠》中的一个例子，来说明注和疏之间的区别和关系（注疏一般都是用双行小字排在正文之下。现改为横排，正文和注疏照原样不加标点）。

硕鼠硕鼠无食我黍三岁贯汝莫我肯顾

贯事也笺云硕大也大鼠大鼠者斥其君也女无复食我黍疾其税敛之多也我事女三岁矣曾
无教令恩德来顾眷我又疾其不修政也古者三年大比民或于是徙〇贯古乱反徐音官复扶

又反税始锐
反比毗志反 **逝将去汝适彼乐土** 笺云逝往也往矣将去女与之诀别之辞
乐土有德之国〇乐音洛注下同土如字

他古反沈徒古
反诀古穴反 **乐土乐土爰得我所** 笺云爰
曰　也 [疏] 硕鼠至得我所〇正
义曰国人疾其君重

敛畏人比之硕鼠言硕鼠硕鼠无食我黍犹言国君国君无重敛我财君非直重敛于我又不修
其政我三载以来事汝矣曾无于我之处肯以教令恩德眷顾我也君既如是与之诀别言往矣

将去汝之彼乐土有德之国我所以之彼乐土者以此乐土若往则曰得我所宜故也言往将去
汝者谓我往之他国将去汝国也〇传贯事〇正义曰释诂文〇笺硕大至是徙〇正义曰硕大

释诂文释兽于鼠属有鼫鼠……陆机疏云今河东有大鼠能人立交前两脚于颈上跳舞善鸣
食人禾苗人逐则走人树空中亦有五技或谓之雀鼠……按此经作硕鼠训之为大不作鼫鼠

之字其义或如
陆言也……

正文之下，前面没有“笺云”的注是《毛传》（如“贯事也”），“笺云”之后的注是《郑笺》，圆圈之后“贯古乱反……”是唐陆德明《经典释文》对正文和注文的注音。[疏]字以下才是孔颖达的疏，疏的原文很长，这里只引了一小部分。疏一般是先疏正文，再疏注文。先举出所疏经文或注文开头和结尾的两三个字，用圆圈隔开，然后再疏解。有时是直解正文，如“国人疾其君重敛畏人，比之硕鼠……”；有时是疏证和发挥《毛传》、《郑笺》，这里是首先说明《毛传》和《郑笺》的来源，如《毛传》：“贯事也。”正义曰：“《释诂》文。”又如《郑笺》：“硕大也。”正义曰：“《释诂》文。”（《释诂》指《尔雅·释诂》，孔颖达认为《毛传》和《郑笺》这里都是根据《尔雅·释诂》来注解正文的。）接着就考证名物，如“《释兽》于鼠属有鼫鼠……”。可见疏的内容是很丰富的。

古代的传注，是和经文分开的，并不像后来那样合成一文。孔颖达说：“汉初为传训者，皆与经别行，三传之文不与经连……及马融为《周礼》之注，乃云‘欲省学者两读，故具载本文’。然则后汉以来始就经为注。”（《毛诗正义》卷一）章太炎却认为：“以传比厕经下，萌芽于郑王二师。”看来传注附列经文之下的格式，西汉就已出现，也许是在郑玄、王肃以后才开始盛行的。这种传注和经文合一的格式几经变化。最初，大概只把注和经合成一书，经仍是经，传仍是传，尚未搀合在一起。后来，又有把传注分别附在各篇或各章之后，经传已经搀合一处，但还没有句句相附。再往后，才句句相附，传注一律放在相应的各句之后，但还没有附在句中，如郑玄的《毛诗笺》、《礼记注》。更后，渐渐把注解附在句中本字之下，如裴松之的《三国志注》、李善的《文选注》。

义疏和经注原来也是分行的，南北宋之间才开始合刻在一起（参见阮元《周易注疏校勘记》）。有人说，经注疏合刻始于南宋绍熙二年，即公元1191年，经注合刻以后，有两种不同的办法。一种是经注相连，经用大字，注用小字。起初都是单行，后来为避免经注混淆，便把注文改为双行，来注于经文之下。另一种是经注不相连，注文提行，低一两格。

自从传注附经的办法通行以后，有些书有注，有音义，又有疏，如《五经正义》，就把注、疏、音义（即陆德明的《经典释文》）都拆散附列各句之下。经文用单行大字；注用双行小字，紧接经文；音义又紧接注文，中间加一圆圈，以示区别；疏也用双行小字，列在注文和音义之后，中间标个“疏”字。

（2）他注和自注

从传注的作者来说，有他人所注和作者自注两类。两者皆由来已久。

他注起源于先秦，盛行于两汉。至于自注，章学诚说：“太史

《自叙》之作，其自注之权舆乎。明述作之本旨，见去取之从来，已似恐后人不知其所云，而特笔以标之，所谓‘不离古文’及‘考信六艺’云云者，皆百三十篇之宗旨。或殿卷末，或冠篇端，未尝不反复自明也。班固《年表》十篇，与《地理》、《艺文》二志皆自注，则又大纲、细目之规矩也……宋范冲修《神宗实录》，别为《考异》五卷，以发明其义，是知后无可代之人，而自为之解，当与《通鉴举要》、《考异》之属同为近代之良法也。”（《文史通义·史注篇》）据章氏所说，自注可分为三类：一是自明宗旨，如《史记》的《五帝本纪》和《伯夷列传》两处；二是区分纲目，如《汉书》的十表和《地理志》、《艺文志》；三是举要考异，如范冲修的《神宗实录·考异》和《通鉴举要》、《考异》。

已有自注的书，如果后人再加注解，那么其自注便称为本注或原注。

自注又名子注。据近代学者陈寅恪考证：“其大字正文，母也；其夹注小字，子也。盖取别本之义同文异者，列入小注中，与大字正文互相配拟，即所谓以子从母，事类相对者也。六朝诂经之著作有子注之名，当与此有关。”又说：“唐刘知几《史通》卷五《补注篇》犹有‘定彼榛楛，列为子注’之语，可知子注之得名由于以子从母，即以子注母。”（《支敏度学说考》）

所谓注中注，也是自注的一种。例如郦道元《水经注·河水》中的一段：

昆仑墟在西北……河水出其东北陬。

《山海经》曰：“昆仑墟在西北，河水出其东北隅。”《尔雅曰》：“河出昆仑墟，色白。所渠并千七百一川，色黄。”（《物理论》曰：“河色黄者，众川之流，盖浊之也。”）“百里一小曲，千里一曲一直矣。”汉大司马史张仲功议曰：“河水浊，清澄一石水，六斗泥，而民竟引河溉田，令河不通利。至三月，桃花水至，则河决，以其嗌不泄也。禁民勿复引河。”是黄河兼浊河之名矣。

“昆仑墟在西北……河水出其东北陬”是《水经》原文。“《山海经》曰”以下是郦道元的注，这是他注；小括号里的“《物理论》曰”等字，即是注中夹注。

（3）集注和补注

这是从注解之间的关系来说的。集注，又称“集解”。它有两种：一是兼解经和注的，如杜预的《春秋经传集解》；一是采集各家解说，再加上自己的注解，以为一书的，如何晏的《论语集解》。这后一种集解、集注，焦循的《孟子正义》认为始于郑玄的《周礼注》。但是，《公羊传》引子沈子、子司马子、子女子、子北宫子、高子、鲁子之言，毛亨《毛诗故训传》引仲梁子、高子、孟仲子之言，都是称引师说以解经，已经为集解、集注开辟了道路，可见集解、集注的由来是远在郑前了。读“集解”之类的著作，首先要细读它的序，明白集的是哪几家，“某曰”的“某”指的是哪个人。

补注也可分为两类：一是补原文的阙略，这是刘知几《史通·补注篇》所谓的补注。一是补旧注的遗漏，这是通常所说的补注。后一种补注，可以追溯到西汉，秦恭增师法至百万言，大概就是补其师说的阙略。宋代宋咸有《易补注》，洪兴祖有《楚辞补注》。清代以来，这种补注就很多了。

二、通释语义的专著

在随文注疏的基础上，训诂家们将古书中词语的种种解释加以归纳罗列，编纂出了通释语义的专著。随文释义的注疏是对具体语言环境中的词义进行解释，通释语义的专书是汇集了某一词语的常用的、基本的或全部的意义，并给予准确的、简明的辞典式的解释。通释语义的专著数量很多，内容和形式多种多样。按其内容来分，大致可以分为单解语义、音义兼注和形音义合解三大类。每类之中，又可以分为若干小类。

（1）单解语义的专著

单解语义的专著又可分为五类：①总释群书语义的，如《尔雅》、《释名》、《广雅》、《经籍纂诂》、《文始》、《读书杂志》、《经义述闻》等。②只释一书语义的，如《毛诗传义类》、《说雅》、《选雅》等。③解释部分词语的，如《通俗文》、《恒言录》、《通俗编》解释俚言、俗语；《埤雅》、《尔雅翼》、《毛诗草木鸟兽虫鱼疏》解释名物；《骈雅》、《叠雅》、《别雅》、《辞通》解释联绵字和通假字；《果裸转语记》、《释大》通过对“果裸”一词和有“大”义的字的解释，阐发音义通转的道理；《语助》、《虚字说》、《助字辨略》、《经传释词》等是解释虚词的著作。④解释方言的，如《方言》、《续方言》、《新方言》、《蜀方言》、《吴下方言考》等。⑤解释少数民族语言或外国语言的，如《羌尔雅》、《番尔雅》、《佛尔雅》等。

（2）音义兼释的专著

音义兼释的专著大致也可分为两类：一是单释一书的音义；一是解释群书的音义。前者已归入注疏类，这里只谈后者。后者代表著作如《经典释文》，它对《周易》、《古文尚书》、《毛诗》等十四种经典释义和注音；《群经音辨》，汇集群经中一字义异、音同字异的情况；《玄应音义》（原名《一切经音义》）、《慧琳音义》（原名也叫《一切经音义》）和《华严音义》，是解释汉译佛经的音义的。

（3）形音义合解的专著

形、音、义合解的专著大致也可分为两类：一是每解一字，都说形、说音、说义，如《说文解字》、《字林》、《玉篇》、《类篇》、《字汇》、《正字通》等；一是书中包含着说形、说音、说义三部分，但并不是逐字解其形、音、义，如《匡谬正俗》等。

通释语义的专书中的重要著作的详细情况，见《训诂的要籍》章。

第二节 训诂的术语

训诂学和其他科学一样，有自己的术语，要很好地利用历代的训诂资料，就必须正确地理解这些术语的含义和用法。下面分类略加介绍。

一、也，者

用“也”字是表明某词的释义已经说完，用“者”字是提示被释的词语。被释的字词和用以解释的字词是义同或义近的关系。其格式是：“甲，乙也。”“甲者，乙也。”例如：

①《周易·彖上传》：“师，众也。”

②《孝经·庶人章》正义：“庶者，众也。”

③《诗经·周南·卷耳》：“嗟我怀人，寘彼周行。”《毛传》：“怀，思；寘，置；行，列也。”

④《周礼·天官大宰》：“掌建邦之六典。”郑玄注：“典，常也，经也，法也。”

⑤《说文·口部》：“园，所以树果也。”

其中例③接连解释几个词，只在最后一个解释才用“也”。例④是在某词用一义仍不足以说尽时，再继续解释。例⑤是从某词所表示的事物的功能上来解释该词。

二、曰、为、谓之

这几个术语相当于现代汉语的“叫做”或“称作”。不仅用来释义，还用于辨析同义词或近义词。被释词总是放在它们后面。其格式是“乙曰甲”、“乙为甲”、“乙谓之甲”。例如：

①《荀子·劝学篇》，“故不积跬步，无以至千里。”杨倞注：“半步曰跬。”

②《论语·先进》：“加之以师旅，因之以饥馑。”朱熹注：“谷不熟曰饥，菜不熟曰馑。”

③《左传·文公三年》：“执事不以衅鼓。”杜注：“以血涂鼓为衅鼓。”

④《离骚》：“各兴心而嫉妒。”王逸注：“害贤为嫉，害色为妒。”

⑤《诗经·邶风·谷风》：“习习谷风。”朱熹注：“东风谓之谷风。”

⑥《尔雅·释器》：“骨谓之切，象谓之磋，玉谓之琢，石谓之磨。”

⑦《礼记·中庸》：“天命之谓性，率性之谓道，修道之谓教。”

“谓之”又写作“之谓”，如例⑦。

三、谓

“谓”和“谓之”不同。用“谓”时，被释词都是放在它的前面，说明被释词专指或影射某一特定的事物。“谓”字相当于现代汉语的“是指”或“指的是”。其格式是“甲谓乙”。例如：

①《诗经·柏舟》："母也天只。"《毛传》："天谓父也。"

②《论语·为政》："道之以政，齐之以刑。"孔注："政谓法教。"

以上是以具体释抽象。

①《论语·子罕》："后生可畏。"何晏注："后生谓年少。"

②《楚辞·九章·桔颂》："受命不迁，生南国兮。"王逸注："南国，谓江南也。"

以上是以一般释特殊。"谓"有时也用于串讲句意，如：

《史记·陈涉世家》："今亡亦死，举大计亦死，等死，死国可乎？"司马贞注："谓经营图国，假使不成而败，犹愈为戍卒而死也。"

四、言

"言"的格式和"谓"相同，但"言"往往用来串讲文意。例如：

①《诗经·魏风·葛屦》传："其君俭啬褊急。"《孔疏》："俭啬言爱物，褊急言性躁。"

②《诗经·秦风·蒹葭》："溯洄从之，道阻且长。"《郑笺》："此言不以敬顺往求之，则不能得见。"

③《楚辞·九歌·国殇》："旌蔽日兮敌若云。"王逸注："言士兵竟路趋敌，旌旗蔽天，敌多人众，来若云也。"

五、貌

被释的词往往是表示某种性质或状态的形容词。“貌”字，略等于现代汉语的“……的样子”。其格式是：“甲，乙貌。”例如：

①《诗经·召南·甘棠》：“蔽芾甘棠。”朱熹注：“蔽芾，盛貌。”

②《论语·阳货》：“夫子莞尔而笑。”何晏注：“莞尔，小笑貌。”

六、犹

“犹”字略等于现代汉语的“等于说”、“相当于”。其格式是“甲犹乙也”。这又有四种情况。

（1）同义相训

①《诗经·邶风·式微》：“式微式微。”朱熹注：“微犹衰也。”

②《诗经·小雅·小明》：“政事愈感。”《郑笺》：“愈犹益也。”

（2）说明引申义

①《周礼·天官·序官》：“体国经野。”郑注：“体犹分也。”

②《左传·庄公十年》：“肉食者谋之，又何间焉。”杜预注：“间犹与也。”

“间”本来不表示“参与”，但是它有“空隙”、“缝隙”的意思，因而引申出了“参与”义。

（3）以本字释借字

①枚乘《七发》："淹沈之乐，浩唐之心。"李善注："唐犹荡也。"

②《文选·册魏公九锡文》："若赘旒然。"李善注引何体《公羊解故》："赘犹缀也。"

（4）以今语释古语

①《说文，㸚部》"尔"下云："丽尔，犹靡丽也。"段注："丽尔，古语；靡丽，汉人语。以今语释古语，故云'犹'。"

②司马迁《报任安书》："谁为为之？"李善注："谁为犹为谁也。"

"为谁"，今语常见句法。

七、之言、之为言

这两个术语总是用来表示"声训"。其格式是"甲之言乙也"、"甲之为言乙也"。例如：

①《周礼·天官·追师》："追师掌王后之首服，为副编次。"郑玄注："副之言覆，所以覆首为之饰，其遗象若今步摇矣。"

②《说文·囱部》："粟之为言续也。"

以上例子是以音同、言近的词来说明被释词的语源。如例①，追师负责管理王后的发饰，副、编、次都是当时发型的名称。副是以发编为假髻，上面戴首饰，覆盖头上，所以说"副之言覆也"。

这两个术语有时也用于说明通假，如：

《诗经·大雅·生民》："克禋克祀，以弗无子。"《郑笺》："弗之言祓也。"

八、读为、读曰，读若、读如

"读为"、"读曰"往往是用本字来说明通假字。其格式是"甲读为乙"、"甲读曰乙"。旧训诂家称为"破读"。例如：

①《荀子·天论》："老子有见于诎，无见于信。"杨倞注："信读为伸。"

②《汉书·贾谊传》："地制一定，宗室子孙莫虑不至，下无倍畔之心，上无诛伐之志，故天下咸知陛下之仁。"颜师古注："倍读曰背。"

"读若"、"读如"一般是用来注音，例如：

①《说文·人部》："倓，安也，从人，炎声，读若谈。"

②《吕氏春秋·慎大览》："（夏民）亲郼如夏。"高诱注："郼，读如衣。"

③《周礼·考工记·陶人》："庾实二觳。"郑注："庾，读如'请益与之庾'之'庾'。"

④《周礼·天官·大宰》："以九两系邦国之民……六曰主，以利得民。"郑玄注："郑司农云：'主谓卿大夫世世食采不强民税薄利之。'玄谓利读如'上思利民'之'利'，谓以政教利之。"

例③的"请益与之庾"出自《论语·雍也》，这是利用常见古籍里的语句来注音兼释义。例④“读如”起比拟作用，用人们熟悉的词来确定多音多义字的音义。

“读若”、“读如”有时也用来破通假字，例如：

①《礼记·中庸》：“治国其如示诸掌乎！”郑注：“示，读如‘宾诸河干’之‘宾’。”

②《礼记·儒行》：“虽危起居，竟信其志。”郑注：“信，读如屈伸之伸，假借字也。”

九、当为、当作

这两个述语都用于纠正误字。“当为（当作）”和“读为（读曰）”的区别在于：“凡言‘读为’者，不以为误；凡言‘当为’者，直斥其误。”（段玉裁：《周礼汉读考序》）其中因字形相似而致误者，称为“声之误”。

①《礼记·檀弓上》：“自败于臺鲐始也。”注：“臺当为壶，字之误也。”

②《周礼·夏官·训方氏》：“诵四方之传道。”注：“故书‘传’为‘傅’，杜子春云：‘傅当作传。’”

③《礼记·昏义》：“为后服资衰。”注：“资当为齐，声之误也。”

④《札记·缁衣》：“资冬祈寒。”注：“资当为至，齐鲁之语，声之误也。”

十、声

“声”常用来指明某词是象声词。其格式是：“甲，乙声。”例如：

①《诗经·小雅·伐木》:“伐木丁丁，鸟鸣嘤嘤。”《毛传》:“丁丁，伐木声也。”

②《诗经·周南·关雎》:“关关雎鸠，在河之洲。”《毛传》:“关关，和声也。”

十一、辞、词

“辞（词）”用来指明被释的词是虚词。例如：

①《诗经·周南·芣苡》:“采采芣苡，薄言采之。”《毛传》:“薄，辞也。”

②《楚辞·远游》:“音乐博衍无终极兮，焉乃逝以徘徊。”洪兴祖补注:“焉，辞也。”

③《说文·矢部》:“矣，语已词也。”

④《史记·项羽本纪》:“亚父受玉斗，置之地，拔剑撞而破之曰:‘唉！竖子不足与谋。’”司马贞索隐:“唉，叹恨发声之辞。”

汉语的虚词，非常丰富，其意义和用法又各有特点，单纯用一个“辞”（或“词”）去解释，无法表示出众多虚词的细微差别，失之笼统。因此前代学者在说明虚词时，还采用在“辞”的前面加修饰语的办法。如上面的例③、例④。

十二、属、别

“属（别）”用来说明某词所表示的事物的种类。“属”又叫做“丑”。例如：

①《说文·艸部》:“蓍，蒿属。”

②《说文·禾部》："稗，禾别也。"

③《尔雅·释草》："蘩之丑，秋为蒿。"郭璞注："丑，类也。春时各有种名，至秋老成，皆通呼为蒿。"

段玉裁说："凡言属者，以属见别也。言别者，以别见属也。重其同，则言属，秔为稻属是也。重其异，则言别，稗为禾别是也。"（《说文·禾部》"秔"字下注。）

十三、古声同，古字同

这两个述语是用来说明文字通假的。其格式是"古声甲乙同"、"古字甲乙同"。例如：

①《诗经·小雅·常棣》："常棣之花，鄂不韡韡。"《郑笺》："不当作柎……古声不柎同。"

②《论语·公冶长》："无所取材。"《集解》引郑玄注："古字材哉同耳。"

③《诗经·小雅·常棣》："烝也无戎。"《毛传》："烝，填也。"《郑笺》："古声填、寘，尘同。"

"古字某某同"，有时是指明异体字。例如：

《周礼·天官·外府》："赍赐予之财用。"郑注："郑司农云：'赍或为资。今礼家定赍作资。'玄谓赍资同耳，其字以'齐'、'次'为声，从'贝'变易，古字亦多或。"

十四、古曰、今曰，古谓、今谓

这两对术语不是用来说明古今字，而是用来说明古今异词，也就是古今异名同实。其格式是："古曰甲，今日乙。"例如：

①《周礼·外史》郑注："古曰名，今曰字。"
②《礼记·中庸》郑注："古者谓子孙曰帑。"

如果要说明是古今异字，则以"某某古今字"或"某，古某字"表示。例如：

《说文》"余"字下段注："'余、予'古今字。凡言古今字者，主谓同音，而古用彼，今用此异字。"

十五、或为、或作、一本作、本作

这些术语都是用来校勘文字的异同，指出他书或别本之异文。例如：

①《周礼·夏官·职方氏》："其泽薮曰弦蒲。"郑注引郑众说："弦或为汧，蒲或为浦。"
②《礼记·聘义》："温润而泽，仁也。"郑注："润或为濡。"
③《周易·乾·卦》王弼注："处终而能全其终。"释文："能全，一本作能令。"
④《礼记·曾子问》："命毋哭。"释文："毋，本作无。"

十六、今文，古文，故书

汉代有今文经和古文经的对立。所谓今文经，是指用当时通行的隶书写的经书；所谓古文经，是指用古代的蝌蚪文字写的《礼记》、《尚书》、《春秋》、《论语》、《孝经》等。汉代训诂家郑玄兼通古今文诸经，他为经作注时，能用今文本、古文本和故书本来校对，择善而从，并注明某字今文作某，古文为某，故书作某。例如：

①《仪礼·士相见礼》："毋改，众皆若是。"注："古文毋作无，今文众为终。"

②《礼记·射义》："扬觯而语。"郑注："今《礼》扬皆作腾。"

③《周礼·天官·小宰》："七事者，令百官府共其财用。"郑注："七事，故书为小事。"

"故书"二字专用于《周礼》，这是因为《周礼》只有古文本，没有今文本。不称古文，改称"故书"，犹云旧本。

十七、之

这是在释词之后增入"之"字。其格式为："甲，乙之也。"因为"之"是代词，所以含有表示被释词用为动词的意思。例如：

①《诗经·大雅·灵台》："经之营之。"《毛传》："经，度之也。"孔疏："经，度之，谓经理而量度之。"

②《诗经·周南·芣苡》："薄言有之。"《毛传》："有，藏之也。"

"经"与"度"本非同义，所以增"之"字作释。"有"不能直接训释为"藏"，而在《芣苡》中实有"藏"义，所以也加"之"字表明。

十八、乙

"乙"是校勘文字时的术语，不是"甲乙"的"乙"。用"乙"

字，表示将原文词序上下倒置，一般格式是“某某二字互乙”。例如：

《庄子·大宗师》：“吾犹守而告之参日，而后能外天下。”闻一多案：“当作‘告而守之参日’，下文曰‘守之七日’，‘守之九日’可证。《疏》（指成玄英疏）曰：‘今欲传告，犹自守之’，是成本正作‘告而守之’。今据乙正。”

十九、浑言、析言，散文、对文

“浑言”是笼统地说，“析言”是分析地说。它们常用来说明同义词解释之所以不同的原因。“浑言”，又称为“统言”、“通言”，还可以称为“散文”或“散言”；“析言”，也可以称作“对文”或“对言”。相对而言的文辞，称作“对文”；不相对而言的文辞，称作“散文”。“对言”就是相对地说，“散言”就是不相对地说。说“浑言”、“散文”，是异中求同；说“析言”、“对文”，是同中求异。二者旨在辨别外延相同而内涵有别的概念之间的差异。例如：

①《说文，走部》：“走，趋也。”段注：“《释名》曰：‘徐行曰步，疾行曰趋，疾趋曰走。’此析言之。许浑言不别也。”

②《说文·艸部》：“茅，菅也。”段注：“按统言则茅菅是一，析言则菅与茅殊。”

③《礼记·曲礼下》：“生曰父，曰母，曰妻；死曰考，曰妣，曰嫔。”孔颖达正义：“此生死异称，出《尔雅》文，言其别于生时耳。若通而言之，亦通也。”

④《诗大序》：“声成文谓之音。”正义：“此言‘声成文谓之音’，则声与音别……对文则别，散则可以通。”

⑤马瑞辰《毛诗传笺通释》：“‘出此三物’，传：‘民不相信，

则盟诅之。'瑞辰按，《毛传》通言'盟诅'者，'盟'与'诅'亦散言则通，对言则异也。"

二十、互言、互文、互辞

古代的文章中，常有前后参互见义，互相补充的地方，叫做"互文"，也称为"互辞"或"互言"。古代的经师一般都兼长文学，他们注经，往往要阐明这种修辞手段。例如：

①《礼记·祭统》："王后蚕于北郊，以共纯服……夫人蚕于北郊，以共冕服。"郑注："纯服，亦冕服也，互言之尔。纯以见增色，冕以着祭服。"

②王昌龄《出塞》："秦时明月汉时关，万里长征人未还。"沈德潜《唐诗别裁》："备胡筑城，起于秦汉。明月属秦，关属汉，互文也。"

③《诗经·小雅·甫田》："倬彼甫田，岁取十千……今适南亩，或耘或耔。"《郑笺》："于古言税法，今言治田，互辞。"

贾公彦在《仪礼注疏》中给"互文"下了这样一个定义："凡言互文者，各举一事，一事自周是互文。"互文见义，是古代书面语一种特有的表达手段。

第六章　训诂的源流

详细叙述训诂的源流，是训诂学史的任务。本章仅就训诂的起源和发展作一概略介绍。我国的训诂源流，大致可以分为五个时期：萌芽时期、兴盛时期、变革时期、衰落时期和鼎盛时期。

第一节　萌芽时期

训诂的起源，可以上溯到先秦时代。春秋战国是训诂的萌芽时期。

先秦典籍中已出现萌芽状态的训诂。这主要表现在古人行文过程中对词义加以解释，例如：

《周易·系辞上》："一阴一阳谓之道。""一阖一辟谓之变。"

《庄子·逍遥游》："是鸟也，海运则将徙于南冥。南冥者，天池也。"

《孟子·梁惠王下》："老而无妻曰鳏，老而无夫曰寡，老而无子曰独，幼而无父曰孤。"

《礼记·曲礼上》："修身践言谓之善行。"

《公羊传·隐公元年》："春者何？岁之始也。"

又《隐公二年》："妇人谓嫁曰归。"

又《昭公十七年》："孛者何？彗星也；大辰者何？大火也。"

《谷梁传·僖公十二年》："得雨曰雩，不得雨曰旱。"

又《襄公二十四年》："一谷不升谓之嗛，二谷不升谓之饥，三谷不升谓之馑，四谷不升谓之康，五谷不升谓之大侵。"

《老子》第三十八章："夫礼者，忠信之薄而乱之首。"

《庄子·让王篇》："无财谓之贫。"

《荀子·解蔽篇》："圣也者，尽伦者也；王也者，尽制者也。"

《韩非子·五蠹篇》："从者，合众弱以攻一强也；而衡者，事一强以攻众弱也。"

《左传》在叙述史实的过程中也夹有词义的解释，而且多用词义对比的办法，例如：

《左传·桓公二年》："嘉耦曰妃，怨耦曰仇。"

又《庄公三年》："凡师一宿为舍，再宿为信，过信为次。"

又《庄公二十九年》："凡师有钟鼓曰伐，无曰侵，轻曰袭。"

又《文公七年》："兵作于内乱，于外为寇。"

又《文公十五年》："凡胜国，曰灭之，获大城焉，曰入之。"

又《宣公十八年》："凡自内虐其君曰弑，自外曰戕。"

有人做过统计，在《周易》、《左传》等三十一部先秦典籍中，这种词义训诂资料共有 1562 条[①]，可见萌芽时期训诂的特色。在这些解释单个词义的训诂中，形训、声训、义训的训诂方法以及一些基本训诂术语已经出现。例如：

《左传·昭公元年》："于文皿虫为蛊。"

《韩非子·五蠹》："古者，苍颉之作书也，自环者谓之厶，背厶谓之公。"

---

① 见张新武《先秦文献正文中词义训诂辑录》。

（以上形训）

《管子·心术上》："义者，谓各处其宜也。"

《庄子·齐物论》："庸也者用也，用也者通也。"

（以上声训）

《尔雅·释天》："春猎为蒐，夏猎为苗，秋猎为称，冬猎为狩。"

《韩非子·解老》："凡失其所欲之路而妄行者之谓迷。"

（以上义训）

先秦典籍里还可以见到解释句意和全篇大意的训诂。例如《国语·周语下》记载春秋时人叔向聘于周，受到周王卿士单靖公的接待，单靖公在宴会时吟咏了《诗经·周颂·昊天有成命》这首诗，叔向解释道：

其诗曰："昊天有成命，二后受之。成王不敢康，夙夜基命宥密。于缉熙！单厥心。肆其靖之。是道成王之德也。成王能明文照，能定武烈者也。夫道成命者，而杨昊天，翼其上也。二后受之，让于德也。成王不敢康敬百姓也。夙夜，恭也。基，始也。命，信也。宥，宽也。密，宁也。缉，明也。熙，广也。亶，厚也。肆，固也。靖，和也。其始也，翼上德让，而敬百姓。其中也恭俭信宽，帅归于宁。其终也，广厚其心，以固和之。始于德让，中于信宽，终于固和，故曰成。"

在这里，叔向先以"是道成王之德也"点明了全诗的主题，继而解说了前三句句意，又给下面四句的十个词语逐一作了诠释，最后将全诗分为三段，说明了每一段的大意以及三段的关系。这一段材料可以说是启发了后代训诂中的传注体式。

《大戴礼记》的《夏小正》也有经有传。《大戴礼记》是汉朝戴德掇辑前代解释《礼》经的旧文而成。《夏小正》是其中的一篇，记录的是夏历的月令。摘录两段如下：

正月。启蛰。雁北乡。缇缟。传曰：雁北乡。先言雁而后言乡者，何也？见雁而后数其乡也。乡者何也，乡其居也。九月。遰鸿雁。先言遰而后言鸿雁，何也？见遰而后数之，则鸿雁也。缇缟，缟也者，莎随也，缇也者，其实也。先言缇而后言缟，何也？缇先见者也，何以谓之？小正以著名也。

二月。昆小虫抵蚳。传曰：昆小虫抵蚳。昆者，众也。由魂魂也。魂魂也者。动也。小虫动也。其先言动而后言虫者，何也？万物至是动而后著。抵犹推也。蚳，蚁卵也。为祭醢也。取之则必推之，推之不必取之，取必推而不言取。

这两段文字都是解释前边经文的。它们已经超出了词语意义的说明，而是注意到语句里词的先后顺序了。“雁北乡”，“雁”是主语，这句话主语在前，“鸿雁”、“遰”是谓语，“鸿雁”是动作的发出者。传文分析了它们结构的不同，表示了不同的意义。

先秦诸子的著作里面对语法现象已经有所论述。材料虽然零散，但却反映了当时学者们已经注意到这个问题。《墨经》里面有一些解释虚词的材料。

且，言且然也。

说曰：且，自前曰且，自后曰已。方然亦且。

这里说的“且”表示且然。言事之然所用之词。“说曰”以下是解释“且”的用法的，同时也涉及了“已”的用法。事情未成用“且”，事情已成用“已”。凡是两事平列，既是这个，又是那个，也用“且”。下面这两条也是讲虚词的。

始，当时也。

说曰：始，或有久，或无久。始当无久。

尽，莫不然也。

说曰：尽，俱也。

这些是我国解释虚词最早的材料。至于说到分析语法现象，《公羊传》和《谷梁传》里面有更多的材料。如僖公十六年《春秋经》：

春，王正月戊申朔，陨石于宋五。是月，六鹢退飞，过宋都。

《公羊传》："曷为先言陨而后言石、陨石记闻，闻其磌然，视之则石，察之则五。曷为先言六而后鹢？六鹢退飞，记见也。视之则六，察之则鹢，徐而察之则退飞。"

《谷梁传》："先陨而后石何也？陨而后石也。于宋四竟之内，曰宋，后数，散辞也。耳治也。六鹢退飞，过宋都，先数，聚辞也。目治也。"

这是从词在句子里的顺序进行分析的。古人认为，句子里面词的顺序和观察事物的过程一致。"陨石于宋五"是就听觉来说的，所以说是"耳治"。首先听到陨石发出的声音，然后才看到陨石，再看它们降到宋国境内，细一看，共有五块。"鹢退飞过宋都"是就视觉说的，所以说是"目治"。首先看到六只鸟，细看是鹢，再细看是退飞。

《谷梁传》在分析这段文字时还专门谈到数词的用法。"陨石于宋五"，数词"五"在名词的后面，所以说"后数"。名词和数词之间隔有别的词，所以说"散辞"。"六鹢退飞过宋都"，数词"六"放在名词前面，所以说"先数"，数词紧接着名词，所以说聚辞。

第二节 兴盛时期

两汉至唐代是训诂的兴盛时期。

西汉时，训诂工作已经有了很大的发展。推动训诂工作发展的原因大致有以下几方面：一是语言文字发生了较大的变化，一般人对古音古义已不能理解，由于隶书和“古文”的差异，文字上存在着种种复杂的情况；二是师说差异，即西汉经师对经书的解释各不相同，各家弟子恪守师说，与别家互不相通，势必为后来治经的学者留下比较研究的领域，从而推动训诂的发展；三是当时统治者出于政治的需要，“罢黜百家，独尊儒术”，尊儒学经，就得精通训诂，因此，训诂得以兴盛。

在西汉训诂的发展过程中，已经逐步确立了两种基本的训诂体式：即随文释义的注疏和通释语义的专著。西汉时，儒家经典和注释已出现不少，这在《汉书·艺文志》里已反映出了这种盛况，只是这些著作后世多已亡佚。除了儒家外，西汉人也给《老子》作了注释。东汉训诂的范围比西汉更广，数量也增多了。东汉人除了给经书作注以外，还给《国语》、《战国策》、《汉书》、《吕氏春秋》、《淮南子》、《楚辞》等古籍作注。两汉时期出现的通释语义的专著有《尔雅》、《方言》、《释名》和《说文解字》。（这四部训诂专书后面另有专章详细介绍。）

归纳起来，两汉训诂有以下特点：

（1）确定了随文注解和通释语义两种基本形式

两汉时期与先秦时期，训诂有一个突出的特点，是随文注解和通释语义这两种基本形式已经确立，这是训诂学发展史上的一个里程碑。训诂学的实践表明，在其萌芽阶段，常常只有一些随文的注解，它的任务只在解释一字一词在具体语言环境中的词义，即比较集中地解释词义的具体性和灵活性。因此，随文注释的大量出现，还只是训诂材料的积累，只有通释语义专著的出现，才是真正的训诂学的开始。在汉代，随文注解和通释语义这两种基本形式的确立，正是训诂学走向成熟的标志。

（2）开始由语文学领域进入语言学领域

在英语里，语文学叫做 philology，语言学叫做 linguistics。前者指对文字或书面语言的研究，特别着重在文献资料的考证和故训的寻求；后者则指对语言本身的研究。有人认为中国在“五四”以前所作的语言研究大致是属于语文学范围的。这个论断似乎值得商榷。如《尔雅》这部书之所以叫做《尔雅》，就是要使方言接近标准语，使语言逐渐规范化。由此可见，昔人作《尔雅》并不专为解经，主要目的还在促进语言的规范化。这样，训诂学从《尔雅》问世以后，就有由语文学领域转向语言学领域的趋势了。又如汉末训诂学专著中还有服虔的《通俗文》一书，也是训诂学由语文学领域进入语言学领域的一个标识。《通俗文》也省称为《通俗》。这“通俗”是通向俗语的意思，是想沟通“古今异言”和“方俗殊语”。至于扬雄的《方言》，向来被视为训诂专著，其实它也是我国方言学的奠基之作。它以汉代人民口头话语言为研究对象，是一部地地道道的语言学著作。

（3）把形音义三者结合起来进行研究

汉字直到现在，还是一种表意文字，字的形、音、义三者密切结合在一起。可是说解文字的人，从周秦直到东汉，很少有明白这个道理的。他们或者只就形索义，或者只因声求义，不能把形、音、义结合起来进行解释。只有“五经无双”的许慎才懂得结合形、音，诠释字义的妙处。于是作《说文解字》，采集一万零五百一十六字，每一个字都既释其义，又解其形，并注其音。于是字的形、音、义就密切结合起来，因而能够做到“隐括有条例，剖析穷根源”。

（4）经今文学与经古文学之争对训诂的影响极大

汉代经学中今文学派与古文学派的斗争，对训诂影响极大，这两个学派都重师承、讲家法，成为汉代训诂的又一特色。魏晋南北朝时期，训诂进一步发展，出现了大量有关经、史、子、集四部重要著作的训诂专著以及佛经的音义，标志着这一时期训诂学逐渐摆脱经学附庸的地位，扩大了自己的领域。汉末，开始出现一种兼释经注的训诂新形式，如郑玄的《毛诗笺》，以《毛传》为主，既注经文，又申明毛意，是后世义疏的滥觞。郑玄字康成，北海高密（今山东省高密）人，是马融弟子中最突出的一个，《后汉书》有传。曾入太学学今文《易》和公羊学，后从东郡张恭祖学《周官》、《礼记》、《左氏春秋》、《韩诗》、《古文尚书》。最后受业于马融。郑玄博通古文、今文、谶纬之学，并且遍注群经。他采取今文经学的长处，包括谶纬，融入所注的古文经中。今天保存下来的有《毛诗笺》、《仪礼注》、《周礼注》和《礼记注》。由于他能通今文经学，所以他批评今文经学能够切中要害。郑玄注经能够兼采众说，不拘一家，取舍之间符合语言实际，对于训诂学的发展有不小的推动作用。魏晋以后，清谈之风和佛教讲经盛行，一些儒生讲解经书，其记录或讲稿称为“义疏”和“讲疏”。如皇侃的《论语义疏》。《隋书·经籍志》里所载甚多。喜欢发挥义理成为这个时期训诂的又一个特点，这个特点集中地表现在各种“疏”里，它对经义和前注解说详尽，但流于烦琐，是这类“疏”的特点。

唐代训诂十分发达，由于唐代各级学校都采用经书作为教本，所以促进了经学的发展。因此，唐代训诂家在注“经”上比前代更具规模，取得的成绩巨大。如唐太宗敕命孔颖达等撰《五经正义》，诏令颜师古考定《周易》、《尚书》、《诗经》、《礼记》、《左传》等经文，整理了经书文字中的异文，在指定的注本上专宗一说，这种注解的方式是对南北朝“义疏”或“讲疏”的发展，即称为“正义”或“疏”。这种“正义”或“疏”既解释经书正文，又解释注文，只是坚持“疏不破注”的原则，对前人的注解哪怕是错误的注解也加以衍说回护，是不足称是的。

下面就《毛诗正义》举一个例，以见唐人注疏体例的一斑，《陈风·衡门》（引文中的标点是引者所加）。

衡门之下，可以栖迟衡门，横木为门，言浅陋也，栖迟，游息也。笺云：贤者不以衡门之浅陋则不游息于其下，人君不可以国小则不兴治致政化。**泌之洋洋，可以乐饥。**泌，泉水也。洋洋，广大也，乐饥，可以乐道记饥。笺云：饥者，不足于食也，泌水之流洋洋然，饥者见之，可饮以乐饥，以喻人君慤愿，任用贤臣，则政教成，亦犹是也。〇泌，悲位反。洋，音羊。乐，本又作㾇，毛音洛，郑力召反，沈云：旧皆作乐字，晚诗本有作疒下乐，以形声音之，殊非其义，𤺊字当从疒下尞。案《说文》云：㾇，治也，𤻲或疒字也。则毛止作乐，郑本作㾇，下注放此，慤苦角反。（疏）：“衡门”至“乐饥”〇毛以为虽浅陋衡门之下犹可以栖迟游息，以兴虽地狭小国之中犹可以兴治致政，然贤者不以衡门之浅陋则不游息于其下，以喻人君不可以国小则不兴治致政，君何以不兴治政乎？观泌水之流洋洋广大，君可以乐道忘饥，何则？泌者泉水，涓流不已，乃至广大，况人君宁不进德，积小成大，乐道忘饥乎？此是诱掖之辞。〇郑以下二句言泌水之流广大洋洋然，饥者可饮之以㾇饥，以兴有大德贤者，人君可任之以成德教，诱君以任贤臣，余同。〇传“衡门”至“游息”〇正义曰：《考工记·玉人》注云：“衡，古文横，假借字也。”然则衡横义同，故知衡门横木为门，门之深者有阿塾堂字，此唯横木为之，言其浅也。《释诂》云：“栖迟，息也。”舍人曰：“栖迟，行步之息也。”〇传“泌泉”至“忘饥”〇正义曰：邶国有毖彼泉水，知泌为泉水。王肃云：“洋洋泌水，可以乐道忘饥；巍巍南面，可以乐治忘乱。”孙毓难肃云：“既巍巍矣，又安得乱？此言临水叹逝，可以乐道忘饥，是感激立志慷慨之喻，犹孔子曰：“发愤忘食，不知老之将至云尔。”案：此传云泌者泉水，又云洋洋广大，则不可以逝川喻年老，故今为别解。案：今定本作乐饥，观此传亦作乐，则毛读与郑异。〇笺“饥者”至“犹是”〇正义曰：以经言“泌之洋洋，可以㾇饥”则是以水治饥，不宜视水为义。且下章劝君用贤，故易传以为喻，任用贤臣则政教成也。饮水可以㾇渴耳，而去㾇饥

者，饥久则为渴，得水则
亦小，故言饥以为韵。

魏晋南北朝至隋唐时期，训诂的特点可简要归纳如下。

①扩大了训诂的范围。这个时期，除了注释儒家经典外，史部、子部、集部的重要著作，以至于佛家经典，也都有了注释，而且涌现出了许多训诂新著。②出现了义疏和集解。义疏萌芽于汉末，到魏晋以来大量出现，到唐代，得到了更大的发展。集解也是这个时期出现的一种新的注释体式。③重视少数民族语言和外国语言的研究，从《隋书·经籍志·小学类》中可以发现魏晋南北朝时期已经有不少研究少数民族语言和外国语言的书籍。到唐代，由于佛经的翻译，更产生了一些有价值的训诂专著。

这个时期的重要作者及著作有：

汉初·毛亨《毛诗故训传》。

东汉·贾逵、马融、郑玄注《尚书》、《周易》、《毛诗》、《周官》等。

东汉·何休《春秋公羊传解诂》。

东汉·赵岐《孟子章句》。

东汉·高诱《战国策注》、《吕氏春秋注》、《淮南子注》。

东汉·王逸《楚辞章句》。

魏·张揖《广雅》三卷（仿效并增广《尔雅》之巨作）。

魏·王弼、韩康伯《周易注》。

魏·何晏《论语集解》。

吴·韦昭《国语注》。

晋·杜预《春秋经传集解》。

晋·范宁《谷梁传集解》。

晋·郭璞《尔雅注》、《方言注》、《山海经注》。

宋·裴松之《三国志》注。

梁·顾野王《玉篇》。

梁·刘孝标《世说新语注》。

北魏·郦道元《水经注》。

北齐·颜之推《颜氏家训》。

唐·陆德明《经典释文》三十卷。

唐·孔颖达等《五经正义》。

唐·贾公彦《周礼疏》、《仪礼疏》。

《史记》三家注（宋·裴骃《史记集解》、唐·张守节《史记正义》、司马贞《史记索隐》）。

唐·颜师古《汉书注》、《匡谬正俗》。

唐·杨倞《荀子注》。

唐·成玄英《庄子疏》。

唐·李善《文选注》。

唐·玄应《一切经音义》二十五卷。

唐·慧琳《一切经音义》一百卷。

第三节 变革时期

宋代是训诂的变革时期。

这个时期的训诂领域中，气象较为冷落；同时在冷落之中，又蕴含着一些创新的因素。所以我们称这个时期的训诂处于变革时期。主要特点有两方面：一方面是当时的训诂不依循汉唐时代的“朴学”的学风，往往脱离语言实际，按照自己的哲学社会思想和伦理道德观念来解释经书，这种空衍义理，不重考据的风气是受宋代理学家们的影响而形成的。以北宋程颐和南宋朱熹为代表的程、朱学派，就是这种理学的传播者和发展者。所谓程、朱理学，是一种在道家、佛家思想影响下产生的儒家新学派。其内容主要讲正心诚意，致知格物的心性之“理”，它是一种客观唯心主义的思想体系，是适应当时政治需要的一种封建统治思想。其实，理学家也并非不搞训诂。大理学家张载、程颐、朱熹等都撰写过儒家经典的注释。不过，他们的注释，常常大谈义理，这是与汉人注释不同的地方。另一方面，宋代庆历（公元1041～1048年）以后，学术界思想比较开放，能对古代经书及传注大胆怀疑，因而摆脱旧注，创发新义，于创新之中发展了训诂学。如欧阳修、刘敞等人发扬了孟子的“尽信书不如无书”的精神，提倡“疑古”创新，使训诂学界出现了一些新风气。在这方面，首先要提到的是欧阳修的同时代人刘敞（字原父）撰《七经小传》和《春秋权衡》，摆脱传统束缚，开宋儒批评汉儒的先声。欧阳修撰《诗本义》，指陈汉人注疏的流弊，打破了《尔雅》是周公所作或孔子及其门徒所作的传统说法。王安石提出：“天变不足畏，祖宗不足法，人言不足恤。”他所著《字说》，就是这种疑古思想的实践，可惜这部《字说》已经散佚。至于程、朱等人，更是敢于疑古，例如，晋代梅赜伪造《古文尚书经传》（即所谓伪孔传），一直被人认为是真经传，曾立于学宫。朱熹则一再声明其中孔安国传注部分为“安国伪书”。到清代初年，阎若璩继续考证，终于使朱熹提出的这个疑案成了定案。凡此等等，不一而足。当然，这些怀疑，不一定全对。但他们用这种疑古的精神来作注时，就不像汉唐人那样唯恐其说稍违于经，而是大胆创发新义。与此同时，宋代训诂学者们还取得了新的成果，如①南宋初吴棫的《毛诗补音》、《韵补》、《楚辞释音》等书，开创了古音学研究的道路。②王圣美创立的“右文说”，认为字义寓于声符之中，给清代训诂学者以很大影响。③南宋王若虚的《滹南遗老集》，开始用语法观点去批评前人在造句、句读和训诂等方面的错误。④在注疏中开始采用彝器铭文作为佐证，为近代研究方法之先导。宋代在辞书编写上出现了韵书字书并行的双轨制。如宋真宗景德四年（公元 1007 年）命陈彭年、丘雍等人校定《切韵》，第二年，即大中祥符元年，另行改写，定名为《大宋重修广韵》。大中祥符四年成书，这是一部韵书。与此同时，陈彭年等人又重修唐人孙强的增字减注本《玉篇》，改名为《大广益会玉篇》，于大中祥符六年编成，这是一部字书，它与《广韵》相配。宋仁宗景祐四年（公元 1037 年），宋祁等人认为《广韵》基本上沿用旧注，变动不大，取材也不匀称，建议重编一部韵书。仁宗皇帝命丁度、宋祁等人重修，经过了三十年，到英宗治平四年（公元 1067 年）才由司马光领衔编成，称为《集韵》。宋仁宗宝元二年（公元 1039 年）决定新编一部字书，这就是治平三年（公元 1066 年）编成的《类篇》。这些辞书在编排和取材上不仅继承了汉代辞书的优点，而且也吸收了汉以后辞书的成果，对唐宋俗语也留心采录。读唐宋著作遇到某些难解词语，有些可以在这些辞书里查到。

这一时期的重要作者及著作还有：

徐铉校定《说文解字》，世称大徐本。

南唐·徐锴《说文解字系传》四十卷。

朱熹《诗集传》、《四书集注》、《楚辞集注》。

洪兴祖《楚辞补注》。

鲍彪《战国策校注》。

邢昺《尔雅注疏》、《论语疏》、《孝经疏》。

陆佃《埤雅》、《尔雅新义》。

罗愿《尔雅翼》。

郑樵《尔雅注》。

（释）行均《龙龛手鉴》。

第四节 衰落时期

元代崇尚武功而贬抑儒学，世有“九儒十丐”之称；明代学风空疏，士人游谈无根，向壁虚造，积习难返。所以元、明两代的训诂学呈现出衰落的趋势。也有个别学者能够在训诂理论上提出一些科学的见解。如元朝戴侗在《六书故·六书通释》中，就曾指出训诂与音韵的重要关系；明朝方以智在《通雅》中指出：“欲通古义，先通古音。”“因声求义，得义而得声。”此外，宋代传注一般还用文言，到元、明时代则有所谓“直解”，全用白话译释经书，这些书的学术价值虽然不高，但值得注意。

至于训诂专书，明代有朱谋㙔的《骈雅》、方以智的《通雅》和黄生的《字诂》、《义府》。《骈雅》搜集古书中的双音词语，依《尔雅》体式分章解释，自《释诂》、《释训》以至虫鱼鸟兽，凡二十篇。可以说它是一种分类联绵字典。它引证详博，颇具条理，虽然间有错误，但总算是一部好书。《通雅》取材于先秦诸子、史书、方志、小说，考证古音古义，兼及方言俗语，分门别类加以训释。而且引证都注明出处，体例极为谨严，可供研究古代汉语、探讨语源者参考，也是一部好书。《字诂》、《义府》根据谐声偏旁说明字义，被章炳麟誉为“其言精确，或出近世诸师上”。[①]

此外，明代还出现了两部新型的字典，即梅膺祚的《字汇》、张自烈的《正字通》。《字汇》和《正字通》都是按部首编排的字典。《字汇》首先依据楷体，打破《说文》部首的体系，并把《说文》的540部减为214部；按地支分属于十二集，每部里的字按笔画数排列。这样，检字就方便得多了。全书共收三万三千多字。

---

① 见《章太炎文录·说林下》。

每个字下面先注音，后释义，再举例证。注音先列反切，后加直音，释义较为通俗易懂。后出的《正字通》就是以《字汇》为蓝本加以增订而成。后来清代《康熙字典》又是以明人的这两部书（主要是《正字通》）为依据而编纂的。

这一时期的著作及作者主要有：

元·戴侗《六书故》。

元·卢以纬《语助》。

元·胡三省《资治通鉴音注》、《资治通鉴释文辨误》。

明·朱谋玮《骈雅》。

明·方以智《通雅》。

明·黄扶孟《字诂》、《义府》。

明·梅膺祚《字汇》。

明·张自烈《正字通》。

第五节　鼎盛时期

清代以至近代，是训诂的鼎盛时期。

这个时期训诂学发展到了新的高峰，取得了前所未有的成绩。清代训诂发展的具体原因和内容大约有以下几方面。

（1）由于学术思想的发展，科学的进步，使清代学者们也具备了比较科学的研究方法，他们能够采用因声求义和综合比较的手法，对古书古注进行了专门和全面的研究。

清代学者对于经书用功最勤。他们不满意旧的十三经注疏，不少学者都在编写新疏方面下工夫。从阎若璩到孙诒让，编写新疏的有几十家。《十三经》里面除了《礼记》外，都有了新疏。有的还不只一种。这些新疏对旧注采取了比较科学的态度。旧注正确的就采用，并且从多方面论证其正确性；旧注不妥的就改造甚至摈弃。

另外，这一时期的学者还对经书的各方面进行了专门的研究，写了不少著作。清朝阮元编的《清经解）和王先谦编的《续清经解》，收录这方面的著作达四百种。

为了经世治用，清代学者也研究史书。他们的视野很广，除了正史，也涉及到其他史书。史书的研究中考订史实占重要的地位，但是疏解文字的也不少。根据近人研究，这方面的著作不下数百种，除了补表、补志外，多为札记形式，还有一部分是稿本，总结性的著作不多。清末王先谦编的《汉书补注》和《后汉书集解》收录前代和当代学人的解说较多，具有总结的性质。今天看来，也很不理想。

诸子的研究在清代也很发达。出现的著作也不少，子书的注释为学者所关注。因为要了解诸子的思想，首先要读他们的著作。在这方面带总结性的著作有王先谦的《庄子集解》、《荀子集解》、王先慎的《韩非子集解》、孙诒让的《墨子閒诂》等。

集部书的注释在清代也蔚为大观。总集方面《楚辞》和《文选》都有许多专著出现。别集的注本数量也很大。

（2）有朴素的历史主义观点作指导，在训诂工作中注意到了语言有古今之别，对汉字形、音、义的观察，都能从古今的不同角度去看问题。以段玉裁《说文解字注》为例：

《说文·目部》："瞻，临视也。"段玉裁注："《释诂》、《毛传》皆曰：'瞻，视也。'许别之云临视。今人谓仰视曰瞻。此古今义不同也。"

又《人部》："仅，材能也。"段玉裁注："材，今俗用之才字也……材能言仅能也……唐人文字仅多训庶几之几。如杜诗'山城仅百层'，韩文'初守睢阳时，士卒仅万人'，又'家累仅三十口'。柳文'自古贤人才士被谤议不能自明者仅以百数'，元微之文'封章谏草，繁委箱笥，仅逾百轴'。此等皆李涪所谓以仅为近远者，于多见少，于仅之本义未隔也。令人文字皆训仅为但。”

段玉裁论证“仅”在唐人作品里表示庶几的几，举了杜甫《泊岳阳城下》，韩愈《张中丞传后叙》、《与李翱书》、柳宗元《寄许京兆孟容书》、元稹《郡务稍简，因得整比旧诗，并连缀焚削封章，繁委箧笥，仅逾百轴，偶成自叹，因寄乐天》等作为例证，令人信服。虽然仅表示庶几之几，唐以前就有，但是段玉裁的论断和观察细微，却得到了后世学者的称道。

（3）不墨守故训，有求实精神，学者们既反对宋儒的“望文虚道而违古义”，又不像汉人那样“墨守成训而鲜会通”，所以他们十分重视考据工作，同时在丰富的语言材料的基础之上又敢于发表自己的新解。例如：

《逸周书序》：“周室既宁，四方会同，各以其职来献，欲垂法厥后，作王会。”

有一种本子“后”作“世”。王念孙认为作“世”是古本。因为有人不了解“世”的古义，就把它改成了“后”字。王念孙说：

作“世”者古本，作“后”者，浅人不晓世字之义而改之也。今按：《晋语》：“非德不及世。”韦（昭）注曰：“世，嗣也。”《秦策》：“泽可以遗世。”高注曰：“世，后世也。”是古谓后世为世。故曰“垂法厥世”。《玉海》百五十二及补注本并作世，而不云“一作后”。则今本作“后”者，必元以后人改之也。[①]

（4）由于古音学、文字学和语法学在这个时期取得了显著的成绩和突破，自然为训诂学的发展和独立创造了良好的条件。戴

① 王念孙《读书杂志·逸周书第四》“厥后”条。

震的学生段玉裁在古音学方面有很深的造诣。他为《说文》作注，运用古音学的成果解决了不少古书疑难问题，在沟通音义关系上作出了重要的贡献，又进一步提出了“声义同源”说，并在《广雅疏证序》中说：“小学有形、有音、有义，三者互相求，举一可以得其二……圣人之制字，有义而后有音，有音而后有形。学者之考字，因形以得其音，因音以得其义。治经莫重于得义，得义莫重于得音。”

戴震的另一个学生王念孙，他在训诂学上取得的重大成就之一就是以古音求古义。王念孙在《广雅疏证序》中说：“就古音以求古义，引申触类，不限形体。”王引之在《经义述闻》“经文假借”条中说：“考之文义，参之古音。”读“借字”为“本字”。这个理论标志着训诂学发展的新阶段，即不受字形局限，把语音和词义直接联系起来研究。王氏父子在具体应用这个理论的时候，方法也比较谨严，因此作出的解释大都能避免主观臆断的毛病，符合古书语言的实际。王氏父子通晓古音，又能正确认识音义之间的关系，所以在阐释词和词、词义和词义的各种联系时，能够“引申触类”，展转沟通，对古汉语同源词和词族的研究作出了贡献。

由于有了语法观念，清代学者在训诂工作中能够从语法的角度去分析句子里词的意义。因而有不少超越前人的创见。到了清代，语法专著逐渐多起来，除了袁仁林的《虚词说》、刘淇的《助字辨略》、王引之的《经传释词》以外，还有张文炳的《虚字注释》、谢鼎卿的《虚字阐义》等，数量也在不断增加。西学东渐以后，马建忠著《马氏文通》，引进了西方的语法学。于是汉语语法才摆脱了训诂，而蔚成大国。

清代训诂的特点约有以下几点：①清代训诂学者重视证据，反对臆说。凡有论说，必有证据。而且强调证据的时代性，孤例单证者不能作出结论。②善于利用古音学的研究成果以解决训诂上的问题。清代学者戴震、段玉裁、王念孙、王引之等，注重研究音义关系，利用古音学的成果，解决了历来许多聚讼纷纭的疑难，特别是在解释假借、解释连语、探索词源方面都取得了可喜的成就。③确立了历史变化的观念，能注意语言各方面的古今异同，区别古形与今形、古音与今音、古义与今义，这是前代学者所不具备的眼光。④从语法的角度来分析作品中的语言，在清代取得了突出的成就，如刘淇的《助字辨略》、王引之的《经传释词》、俞樾的《古书疑义举例》、王念孙的《读书杂志》等，都能从汉语的词性和句法结构上去讨论训诂问题，提出了不少卓越的创见。⑤清代训诂数量（随文释义的注疏和训诂专著）大大超越前代，训诂体式也更加完备。

清代以至民国，训诂学在乾嘉时代的基础上又有创新发展，涌现出一批卓越的训诂大师如章太炎、黄侃、刘师培、沈兼士、杨树达等。

这一时期著名的训诂家及其著作有：

惠栋《周易述》、《后汉书补注》。

阎若璩《古文尚书疏证》。

陈奂《诗毛氏传疏》。

马瑞辰《毛诗传笺通释》。

孙诒让《周礼正义》、《墨子閒诂》、《札迻》。

洪亮吉《春秋左传诂》。

刘宝楠《论语正义》。

焦循《孟子正义》。

王先谦《汉书补注》、《荀子集解》、《释名疏证补》。

郭庆藩《庄子集释》。

王先慎《韩非子集解》。

沈钦韩《汉书疏证》。

邵晋涵《尔雅正义》。

郝懿行《尔雅义疏》、《山海经笺疏》。
王念孙《广雅疏证》、《读书杂志》。
王引之《经传释词》、《经义述闻》。
戴震《戴震集》、《方言疏证》。
钱大昕《十驾斋养新录》、《潜研堂文集》、《恒言录》。
阮元《经籍纂诂》、《研经室蒗集》。
段玉裁《说文解字注》、《经韵楼集》。
朱骏声《说文通训定声》。
桂馥《说文解字义证》。
王筠《说文释例》。
俞樾《群经平议)、《诸子平议》、《古书疑义举例》。
马建忠《马氏文通》。
刘淇《助字辨略》。
章炳麟《文始》、《国故论衡》、《新方言》、《小学答问》。
刘师培《刘申叔全书》。
黄侃《黄侃论学杂著》、《训诂学讲词》。
杨树达《积微居小学金石论丛》、《词诠》。
沈兼士《段砚斋杂文》。

第七章　训诂的要籍

在前面的叙述中，我们把训诂的体式分为随文释义的注疏和通释语义的专书两类。下面我们就从这两种体式中略举一些训诂要籍加以介绍。

第一节　《毛传》

《毛传》的全名是《毛诗故诂训传》，是现存最早和最完整的一部传注，是汉初解释《诗经》的一个学派。汉初说诗者有四家，即《鲁诗》、《齐诗》、《韩诗》和《毛诗》。后来三家佚亡，只有《毛诗》流传下来。《毛诗》的源流与作者，说法不尽一致，《汉书·儒林传》和郑玄的《诗谱》都只说了“毛公”，没有提到名字。三国时陆玑《毛诗草木虫鱼鸟兽疏》论述得比较详细，他说：“孔子删《诗》，授卜商，商为之序。以授鲁人曾申，申授魏人李克，克授鲁人孟仲子，仲子授根牟子，根牟子授赵人荀卿，荀卿授鲁国毛亨，毛亨作《训诂传》，以授赵国毛苌。时人谓亨为大毛公，苌为小毛公。”《经典释文·序录》引徐整云：“子夏授高行子，高行子授薛仓子，薛仓子授帛妙子，帛妙子授河间人大毛公，毛公为《诗故训传》于家，以授赵人小毛公，小毛公为河间献王博士，以不在汉朝，故不列于学。”两家之说虽然系统分明，实际上多有虚构的成分，并不完全可靠。不过，《毛诗故训传》本于战国时师说，至迟写定于汉初，这是可以肯定的。

《毛传》的训诂内容主要包括以下几个方面。

一、解释题意

诗序是解释题意的。诗序有大序和小序。在第一篇《关雎》之前的是大序，每篇诗之前的是小序。诗序的作者至今尚无定论。小序的内容虽然有时有些附会的成分，但是对于我们今天理解诗意还是有参考价值的。如：

《豳风·七月》序："七月，陈王业也。周公遭变，故陈后稷先公风化之所由，致王业之艰难也。"

二、离经析句

每篇诗之后有章数和句数的介绍。

如："《关雎》三章，一章四句，二章八句。""《东山》四章，章十二句。"

三、说明章旨

如《豳风·东山》序："一章言其完也，二章言其思也，三章言其室家之望女也，四章乐男女之得及时也。"

四、解释词义

这是《毛传》的主要内容。例如：

《周南·汝坟》首章："遵彼汝坟，伐其条枚。"《毛传》："遵，循也；汝，水名也；坟，大防也。枝曰条，干曰枚。"

这里面有以同义词为释，有以类名为释，还有属中求别辨析同义词。

《郑风·有女同车》:“有女同行。” 《毛传》:“行，行道也。”

这是用复合词释单纯词，以确定被释词的词性和意义，说明“行(háng)”是名词，当“道路”讲，而不是动词“行（xíng)”。

①《邶风·匏有苦叶》:“雝雝鸣雁”。《毛传》:“雝雝，雁声和也。”

②《小雅·裳裳者华》:“裳裳者华，芸其黄矣。”《毛传》:“芸，黄盛也。”

“雝雝”本训“声和”，“芸”本训“盛”，这里分别解为“雁声和”和“黄盛”，是联系上下文为释。

《小雅·大田》:“以其骍黑。”《毛传》:“黑，羊、豕也。”

“黑”，本无“羊”、“豕”义，“黑，羊、豕也”是解释词在特定语言环境中的用法。

①《邶风·谷风》:“有洸有溃。”《毛传》:“洸洸，武也；溃溃，怒也。”

②《大雅·文王》:“有周不显。”《毛传》:“有周，周也。”

例①是解释词义兼释词性，说明这类“有”字式相当于重言，都是形容词。例②是解释词义兼释构词法，说明这类“有”字只是名词前的词头，无实义。

①《豳风·七月》："八月断壶。"《毛传》："壶，瓠也。"

②《周南·兔罝》："赳赳武夫，公侯干城。"《毛传》："干，扞也。"

例①是以本字解释假借字。例②是以同源词作释。《兔》首章的"干城"和二章的"好仇"、三章的"腹心"都是并列结构的名词性词组或复合词，"干"义为"盾，盾牌"。"干，扞也"是说明"干"得名于"扞"（扞卫、扞蔽）。

《毛传》中解释词义共三千九百余条，其中有好些用语和方式在先秦文献里面已经出现过，是《毛传》把它们继承下来，并使之定型。同时，《毛传》对训诂的用语和方式又有发展。这些对后来的训诂影响很大。

五、解释句意

《毛传》不仅释词，还诠释句意。如：

《邶风·雄雉》："雄雉于飞，泄泄其羽。"《毛传》："雄雉见雌雉飞而鼓其翼泄泄然。"

这是在串讲句义。

《大雅·公刘》："执豕于牢，酌之用匏。"《毛传》："酌之用匏，俭以质也。"

这是说明诗句所含的言外之意。

六、说明表现手法

《毛传》将诗的表现手法归纳为：赋、比、兴三种，其中"兴"

这种手法用得最多，《毛传》总是把它特别地标明出来。如：

《周南·关雎》："关关雎鸠，在河之州。"《毛传》："兴也。"

七、记述典章制度

《毛传》有时还介绍当时的一些典章制度。如：

《周南·葛覃》二章："为絺为绤。"《毛传》："古者王后织玄紞，公侯夫人纮綖，卿之内子大带，大夫命妇成祭服，士妻朝服，庶士以下各衣其夫。"

又三章："言告师氏。"《毛传》："古者女师教以妇德、妇言、妇容、妇功。祖庙未毁，教于公宫三月，祖庙既毁，教于宗室。"

八、引证故事、史实

《鄘风·载驰》序："卫懿公为狄人所灭，国人分散，露于漕邑。"《毛传》："懿公死，国人分散，宋桓公迎卫之遗民渡河，处之于漕邑，而立戴公焉。戴公与许穆夫人俱公子顽烝于宣姜所生也。"

《毛传》总结了前代解说《诗经》的故训，对《诗经》作了全面的解释，它的长处和特点是明显的，值得充分肯定。但是，今天来看《毛传》，不难发现，它的训诂也不是尽善尽美。由于时代的局限，又囿于古文经学一家之言，《毛传》有些解释并不很妥当。汉代以来，就有不少学者在这方面作了不少订正工作，成就更是可观。

《毛传》和三家诗不同。虽说三家诗属于今文经学，但是在训诂方面，确实有些地方胜过了《毛传》。例如：

《齐风·还》："子之还兮，遭我乎猺之间兮。"《毛传》："还，便捷之貌。"

《毛传》把"还"解释成敏速，不如《韩诗》稳妥。《韩诗》作"嫙"，[1]解释为"好貌"，和第二章、第三章都相应。第二章"子之茂兮"，"茂"是美好。第三章"子之昌兮"，"昌"是茂盛。都和好貌有关。《说文·女部》："嫙，好也。"《广雅·释诂一》："旋，好也"。都是以《韩诗》作依据。[2]

《毛传》有些解释显得牵强，如《诗经》里多次出现的"王事靡盬"这句话，其解释不能令人满意。如《唐风·鸨羽》："王事靡盬，不能蓺稷黍。"《毛传》："盬，不攻致也。"《小雅·四牡》："王事靡盬，我心伤悲。"《毛传》："盬，不坚固也。"实际上，根据清人王引之的考释，《诗经》中的"盬"即是"苦"的假借字，《尔雅》："苦，息也。"意即王事无休无止。[3]

《毛传》中望文生训、增字强释的现象也时或有之。如《邶风·终风》："终风且暴，顾我则笑。"《毛传》："终日风为终风。"这是望文生训，"终"字应当"既"字讲。又如《魏风·硕鼠》："乐国乐国，爰得我直。"毛传："直，得其直道。"这是增字强释，因为"道"字是注释硬加上去的。

第二节 《郑笺》

《毛诗笺》，东汉郑玄撰，通称《郑笺》。郑玄在其《六艺论》

① 参见《经典释文》卷五。

② 参见王念孙《广雅疏证》卷一下。

③ 参见王引之《经义述闻》卷五。

里说："注《诗》，宗毛为主。毛义若隐略，则更表明；如有不同，即下己意，使可识别也。"《郑笺》的主要内容有如下几个方面：

一、注解《诗序》

《诗序》此前无注，郑玄给其中一部分加了注释。例如：

①《陈风·衡门》序："衡门，诱僖公也，愿而无立志，故作是诗以诱掖其君也。"《郑笺》："诱，进也，掖，扶持也。"

②《桧风·素冠》序："素冠，刺不能三年也。"《郑笺》："丧礼：子为父，父卒为母，皆三年。时人恩薄礼废，不能行也。"

例①注释词义，例②注释礼制。

二、申述《毛传》

①《周南·关雎》：窈窕淑女，钟鼓乐之。"《毛传》："德盛者宜有钟鼓之乐。"《郑笺》："琴瑟在堂，钟鼓在庭。"

②《小雅·十月之交》："高岸为谷，深谷为陵。"《毛传》："言易位也。"《郑笺》："易位者，君子居下，小人处上之谓也。"

③《大雅·瞻卬》："天何以刺？何神不富？"《毛传》："刺，责。富，福。"《郑笺》："天何以责王，见变异乎？神何以不福王，而有灾害也？"

三、补正《毛传》

《周南·汉广》："翘翘错薪，言刈其楚。"《毛传》："翘翘，薪貌。错，杂也。"《郑笺》："楚，杂薪之中尤翘翘者。"

这是补注《毛传》未注的词。

《豳风·七月》："七月在野，八月在宇，九月在户，十月蟋蟀入我床下。"《郑笺》："自'七月在野'至'十月入我床下'皆谓蟋蟀也。"

这是补注《毛传》未注意到的语法现象，说明"七月在野"、"八月在宇"、"九月在户"三个分句的主语都是探下而省。

《周南·关雎》："求之不得，寤寐思服。"《毛传》："服，思之也。"《郑笺》："服，事也。"

这是提出与《毛传》不同的说法。

《毛传》和《郑笺》，由于作者时代近古，学有师承，他们所作的解释一般来说可靠程度较高。大致来说，关于词义的注释大部分是可信的，关于诗旨的阐述则存在着不少的误解和曲说。

第三节 《尔雅》

一、《尔雅》的取名和成书

"尔雅"二字最早见于《大戴礼记·小辨篇》中孔子之言："尔雅以观于古，足以辨言矣。"张揖上《广雅》引此语，以为即今之《尔雅》。"尔雅"的意思是接近雅正，合乎规范。作为书名，可能也是这个意思。如刘熙《释名·释典艺》："尔，昵也；昵，近也。雅，义也；义，正也。五方之言不同，皆以近正为主也。"由此"尔雅"一名就训为"近正"，即接近雅言的意思。雅言，犹如今天的官话。"接近雅言"包含两个方面：一是沟通各地方言；二是沟通古今异语。正如郭璞《尔雅》注所说："所以释古今之异言，通方俗之殊语。"

黄侃论《尔雅》之名义曰："上古疆域未恢，事业未繁，故其时语言亦少，其后幅员既长，谣俗亦杂，故多变易之言。变易者，意同而语异也。事为踵起，象数滋生，故多孳乳之言。孳乳者，语相因而义稍变也。时王就一世之所宜，标京邑以为四方言语之枢极。故《周礼·大行人》：'王之所以抚邦国诸侯者，七岁属象胥，谕言语，协辞命；九岁属瞽史，谕书名，听声音，正于王朝，达于诸侯之国。'此谓雅言。然而五方水土，未可强同，先古遗言，不能悉废；综而集之，释以正义，比物连类，使相附近；此谓尔雅。凡《六艺》，皆掌在王官，四术所以教士，必以雅为主。然则《尔雅》之附《孝经》，义见于此矣。雅之训正，谊属后起，其实即夏之借字。《荀子·荣辱篇》：'越人安越，楚人安楚，君子安雅。'《儒效篇》则云：'居楚而楚，居越而越，居夏而夏。'二文大同，独雅、夏错见，明雅即夏之假借也。明乎此者，一可知《尔雅》为诸夏之公言，二可知《尔雅》皆经典之常语，三可知《尔雅》为训诂之正义。"①

关于《尔雅》的作者和成书年代，过去有几种说法。张揖说是西周初年周公所著，郑玄说是东周时孔子门人所作，欧阳修说是秦汉之间学诗者纂集说诗博士解诂而成。考察《尔雅》所收集的材料，早至西周，晚至汉代，并非一人一时所作，而是经过一段比较长的时间，由很多人杂采几代资料逐步完善的。当今多数学者认为，《尔雅》成书当在西汉初年。

二、《尔雅》的体例和内容

《尔雅》汇编先秦义训材料，是我国古代语言学第一部训诂专著，也是我国第一部分类词典。《尔雅》共有十九篇，它们分别是：

---

① 见《黄侃论学杂著》第362页，上海古籍出版社，1980年。

释诂、释言、释训、释亲、释宫、释器、释乐、释天、释地、释丘、释山、释水、释草、释木、释虫、释鱼、释鸟、释兽、释畜。前三篇所释，是表达一般意义的词语，采用“同义类聚”的编排法，无异于“同义词词典”；后十六篇所释为各种名物，即专科词语，无异于“百科词典”。这种词汇分类法为后来很多训诂书所模仿。下面略举几个例子。

初、哉、首、基、肇、祖、元、胎、俶、落、权舆，始也。谑浪笑敖，戏谑也。（以上《释诂》）

还、复，返也。

厥，其也。（以上《释言》）

明明、斤斤，察也。子子、孙孙，引无极也。鬼之言为归也。（以上《释训》）

后十六篇皆释名物，包括社会现象和自然界事物。

《释亲》解释亲属名称，定其名分。其中又分为宗族、母党、妻党、婚姻四类。例如：

父为考，母为妣，父之考为王父，父之妣为王母。（宗族）

母之考为外王父，母之妣为外王母。（母党）

妻之父为外舅，妻之母为外姑。（妻党）

妇称夫之父曰舅，称夫之母曰姑。姑舅在则曰君舅君姑，没则曰先舅先姑。谓夫之庶母为少姑。（婚姻）

《释宫》解释宫室及道路、桥梁的名称。例如：

宫谓之室，室谓之宫。

牖户之间谓之扆，其内谓之家，东西墙谓之序。

路、旅，途也。路、场、猷、行，道也。

《释器》解释各种器物的名称，其中包括笾豆、鼎鼐、服饰、车马等。例如：

木豆谓之豆，竹豆谓之笾，瓦豆谓之登。

衣梳谓之祝，黼领谓之襮，缘谓之纯，袭谓之衱。

《释乐》解释音乐和乐器的名称。例如：

宫谓之重，商谓之敏，角谓之经，徵谓之迭，羽谓之柳。

大瑟谓之洒，大琴谓之离。

《释天》解释有关天文的名称，它包括的范围很广，分为四时、祥、灾、岁阳、岁名、月阳、月名、风雨、星名、祭名、讲武、旌旗十二类。例如：

穹苍，苍天也。春为苍天，夏为昊天，秋为旻天，冬为上天。（四时）

旄首曰旌，有铃曰旂。（旌旗）

《释地》解释有关地理的名称，分为九州、十薮、八陵、九府、五方、野、四极七类。例如：

邑外谓之郊，郊外谓之牧，牧外谓之野，野外谓之林，林外谓之坰。（野）

九夷、八狄、七戎、六蛮，谓之四海。（四极）

《释丘》解释自然形成的高地的名称，并说明其得名的原因，分为丘与崖岸两类。例如：

绝高为之京；非人为之丘。（丘）

坟，大防。为崖。（崖岸）

《释山》解释有关山岳的名称，并说明山的形状。例如：

河南，华；河西，岳；河东，岱；河北，恒；江南，衡。

石戴土谓之崔嵬，土戴石为砠。

《释水》解释有关水流的名称，分为水泉、水中、河曲、九河四类。例如：

水草交为湄。（水泉）

河出昆仑虚，色白。所渠并千七百一川，色黄。百里一小曲，千里一曲一直。（河曲）

《释草》解释草本植物的名称，其中包括一部分木本植物。例如：

椴，木堇。榇，木堇。

荷，芙蕖；其茎，茄；其叶，蕸；其本，蔤；其华，菡萏；其实，莲；其根，藕；其中，的；的中，薏。

《释木》解释木本植物的名称。例如：

杜，甘棠。

柽，河柳；旄，泽柳；杨，蒲柳。

《释虫》解释昆虫的名称。例如：

蜉蝣，渠略。
蟠，鼠负。

《释鱼》解释鱼类动物的名称，其中包括爬行动物。例如：

科斗，活东。
蝾螈，蜥蜴；蜥蜴，守宫也。

《释鸟》解释鸟类动物的名称。例如：

舒雁，鹅；舒凫，鹜。
蝙蝠，服翼。

《释兽》解释动物的名称。分为寓属、鼠属、齸属、须属四类。例如：

羆，如熊，黄白文。（寓属）
豹文鼮鼠。（鼠属）

《释畜》解释牲畜的名称，分为马属、牛属、羊属、豕属、狗属、鸡属六类（今本豕属误入兽类）。例如：

驳，如马，倨牙食虎豹。（马属）其子，犊。（牛属）

三、《尔雅》的释义方法

《尔雅》训释词语的方式可以分为三大类。

1. 汇集具有相同、相近意义的或者具有某种相关性的一组词，用一个比较普通的词来解释，如《释诂》里多有；也常用一词对一词的方式来解释，如《释言》里多有。对非名物词的解释一般都采用这种办法。

其中又包括以下几种形式：

（1）同字异训

怿、悦、愉，乐也。悦、怿、愉，服也。(《释诂》)

（2）异字同训

䎹，明也。茅，明也。(《释言》)

（3）同字异训义通

幠、庞，大也。幠、庞，有也。(《释训》)

郝懿行《尔雅义疏》云："幠、庞既训大又训有者，有、大义近。"《周易·杂卦》云："大、有，众也。有与大皆丰厚之意，故其义相成矣。"

（4）异字同训义异

育、孟、耆、艾、正、伯，长也。(《释诂》)

六个被释词中，"育"是长养的长，"孟"、"耆"、"艾"是年长、长老的长，"正"、"伯"是官长、首长的长。

（5）相反为训

落，始也。落，死。(《释训》)

（6）同音为训

锡，赐也。竝，併也。(《释言》)

（7）因下字而叓训其同声之字

潛，曾也。增，益也。(《释言》)

（8）因下字而转训

煽，炽也。炽，盛也。(《释言》)

2. 以共名释别名，以俗语（口语）释文言（书语）。《释草》以下七篇关于名物词的训释往往采用这种方式。例如：

大版谓之业，绳之谓之缩之。(《释器》)
蚬，缢女。(《释虫》)

3. 用语句说明词义。常适用于以下两种情况：一是某些古词、书面语或方言，找不到恰当的今词、口语或共通语来作释。如：

日出而风为暴，风而雨土为霾，阴而风为曀。(《释天》)
狒狒，如人被发迅走食人。(《释兽》)

另一种情况是某些最基本的词，不便用别的单词来对释，如：

女子之夫为婿。(《释亲》)

谓我舅者吾谓之甥也。(《释亲》)

四、《尔雅》的注疏

早在东汉时,《尔雅》就有臣舍人、樊光、李巡、孙炎的注本,但它们都已亡佚,只能从其他古籍的征引里可以见到一些片断,清代学者对此有辑录。现存完整的《尔雅》注本以晋代郭璞的《尔雅注》为最早。如:

①《释诂》:"初、哉、首、基、肇、祖、元、胎、俶、落、权舆,始也。"郭注:"《尚书》曰:'三月哉生魄。'《诗》曰:'令终有俶。'又曰:'访予落止。'又曰:'胡不承权舆。'胚胎未成,亦物之始也。其余皆义之常行者耳……"

②《释言》:"膺、身,亲也。"郭注:"谓躬亲。"

③《释草》:"葴,寒浆。"郭注:"今酸浆草,江东呼曰苦葴,音针。"

以上例子可以看出郭注的内容包括:提供训释材料的依据、出处,如例①;说明训释词所用的是多义词的哪个义项,如例②;"膺、身"训"亲","亲"是"躬亲",即是"亲自"、"自己"的意思;提供今名称呼的地域,如"葴";提供音读,如"葴音针"。

继《尔雅》郭注之后,有宋人邢昺的《尔雅注疏》。邢疏体例谨严,多能引证,有较高的参考价值。清代有邵晋涵的《尔雅正义》,它以郭注为本,兼采众说,为纠正邢氏注疏而作,其所援引,或证于群籍,或求于声韵,但因当时声韵训诂之学尚未盛极,所以宋翔说这本书"犹未至于旁皇周浃,穷深极远"。其后有郝懿行《尔雅义疏》。郝疏问世较晚,汲取了以前诸家的长处,流传最广。郝疏的特点是以声音贯串训诂和据目验考释名物。如《释诂》中

“徯，待也”条说今语“等”即古语“待”的声转；“尘，久也”条说“尘”是“陈”的假音；《释器》“一染谓之縓”条说“縓”之所以有“七绢切”一读，乃是由于同义词“茜（綪）”的影响；在《释虫》“蟠，鼠负”条郝疏描述道：“鼠妇长半寸许，色如蚯蚓，背有横文，腹下多足，生水瓨底或墙根湿处。”

五、《尔雅》的价值和缺陷

《尔雅》的价值，首先在于它为我国训诂学奠定了很好的基础。我国的训诂学萌芽于春秋战国时期，《尔雅》之前的训诂，都是些文献正文里的简单解释或随文释义的注疏，直到《尔雅》才第一次把“古今之异言”和“方俗之殊语”以及各种名物加以全面、系统地研究和整理，汇成粗具条理的汉语分类词典，使训诂学有了坚实的基础，其历史性的突破，功绩不容埋没。

其次，《尔雅》由于成书很早，距上古文献时间很近，保存的上古词义和名物资料极为可靠，因而可以用来稽古证今，寻找词义变化的线索。例如对于《离骚》“摄提贞于孟陬兮”一句的理解，得益于《尔雅·释天》“太岁在寅曰‘摄提格’”、“正月为陬”，原来此句是说屈原生于甲寅年的正月。

《尔雅》主要有两个缺陷。一是分类上不尽科学。如《释宫》涉及道路、桥梁；《释器》包括衣服、食物；《释天》把讲武、旌旗与四时、祥、灾等并列；《释草》将某些木本植物归入草类；《释鱼》里混入爬行动物等。又如形容写貌之词一般都收入《释训》，但“皇皇、藐藐、穆穆、美也”和“关关、噰噰，音声和也”两条却收入《释诂》，“朔，北方也”以下三十多条，并非形容写貌之词，又收入《释训》。后者也证明书非成于一时一人，因而体例不一。其二是在释义上往往使用多义词，意义不够明确，尤其是被解释的一组词中，有的词义本不相同，却硬把它们合在一起，用同一个词去解释，更容易使人误解。例如《释诂》："台、朕、赉、畀、卜、阳，予也。""予"有"赐予"和"我"两个意义，而"台""朕""阳"是"我"的意思，"赉"、"畀"、"卜"是"赐予"的意思，这本是两组意义既不相同又毫无联系的词，却把它们放在一起，并且用一个多义词"予"来解释，这样它们的意思就很不明确。

《尔雅》对后世训诂书的编纂影响很大，模仿它的著作历代都有，通称"群雅"，如：《小尔雅》、《广雅》、《埤雅》、《尔雅翼》、《骈雅》、《通雅》、《别雅》、《比雅》、《拾雅》、《叠雅》、《支雅》、《说雅》、《选雅》、《毛诗传义类》等。

第四节 《方言》

一、《方言》的全称和作者

《方言》是我国第一部比较方言词汇的著作，其全称为《輶轩使者绝代语释别国方言》，由此可知此书内容包括"绝代语释"（"绝代"是"远代"的意思）和"别国方言"两个方面，郭璞《方言序》也说此书"考九服之逸言，标六代之绝语"（"九服"指地域而言）。

《方言》旧题汉扬雄撰。扬雄，字子云，西汉末年蜀郡成都人。自东汉末以来学者们多认为这部书的作者是扬雄。但是自南宋洪迈以来也有一些学者认为《方言》不是扬雄的著作，他们的理由是：班固在《汉书》的《艺文志》和《扬雄传》里一一列举扬雄的著作，没有提到《方言》；王充在《论衡》里多次称赞扬雄的著作，也没有提到《方言》；特别是许慎在《说文》里引用方言解释字义的地方多跟今本《方言》相合，却没有按他征引群书和"通人说"的惯例提及这一书名或者扬雄的名字。对此清代戴震曾予以反驳。据刘歆《与扬雄书》："属闻子云独采集先代绝言、异国殊语，以为十五卷。"可见扬雄确有《方言》之作。东汉灵帝献帝之际，应劭在《风俗通义·序》里详载扬雄之作《方言》的事情："周秦常以岁八月，遣辖轩之使，求异代方言，还奏籍之，藏于秘室。及嬴氏之亡，遗脱漏弃，无见之者。蜀人严君平有千余言，林闾翁孺才有梗概之法。扬雄好之，天下孝廉卫卒交会，周章质问，以次注续，二十七年尔乃治正，凡九千字。"又应劭注《汉书》，也引扬雄《方言》一条。应劭的说法应当是有根据的。刘歆欲借观雄书而未得，故著《七略》时不载。《艺文志》本依《七略》而作，所以也没有著录。

二、《方言》的体例和内容

《方言》在内容和体例上都受《尔雅》的直接影响。不仅分类略照《尔雅》，而且在体例上也相似，都是每条先列举一些同义词，然后用一个常用词来解释。但是，《方言》比起《尔雅》来有所改进，《尔雅》罗列同义词，没有说明其间的区别，而《方言》有时对同义词在意义上的差别进行了辨析，还注明了词的地理分布情况。例如：

《方言》所载词语可以分为以下五类：

1. 通语，或称凡语，指没有地域限制的西汉比较通行的普通语词。如：

胶、谲，诈也。凉州西南之间曰胶，自关而东西或曰谲，或曰胶。诈，通语也。（卷三）

嫁、逝，往也……往，凡语也。（卷一）

2. 某地与某地之间通语，指通行区域较广的方言词。如：

覆结谓之帻巾……皆赵魏之间通语也。（卷四）

蛒蚗……西楚与秦通语也。（卷十一）

3. 某地语，或称某某之间语，指个别地区的方言词，其范围比上一类较狭。如：

叨、惏，残也。陈、楚曰惏。（卷二）

㨉、梗、爽，猛也。晋魏之间曰㨉，韩赵之间曰梗，齐晋曰爽。（卷二）

4. 转语，或称语之转，指因时代或地域不同而发生声韵差异的方言词。如：

煤，火也，楚转语也。（卷十）

蝙蝓者，侏儒语之转也。（卷十一）

5. 古今语，或称古雅之别语，指残留在当时汉语中用处有局限性的古词或古代不同的方言词。如：

敦，丰……大也……燕之北鄙，齐楚之郊或曰京，或曰将。皆古今语也。（卷一）

假、络、怀、摧、詹、戾，至也……皆古雅之别语也。（卷一）

三、《方言》的价值

《方言》一书学术价值很高，主要表现在以下几方面。

1.《方言》对同义词的辨析，有助于对古汉语的词义认识和研究。如："搜、略，求也……就室曰搜，于道曰略。"（卷二）

2.《方言》中保留下来的秦汉方言，有助于印证古代作品中的一些词义。如汉乐府《陇西行》："好妇出迎客，颜色正敷愉。"《方言》卷十二："忲愉，悦也。""忲愉"即"敷愉"，可知这是汉代的口语词，义为"和悦貌"。

3. 书中收录不少名物词，有助于了解古代有关名物。如汉乐府《陌上桑》："脱帽著绡头。"《方言》卷四："络头、帞头，纱缋……幧头也……自河以北赵魏之间曰幧头。""幧头"即"绡头"。《方言》的记述足供参证。

4. 书中记有不少方言同源词，有助于研究古汉语的"声转"等问题。如《方言》卷十："煤，火也，犹齐言焜也。""火"、"煤"、"焜"同属微部，"火"、"煤"为晓母字，"焜"从"尾"声，明母字，说明上古音部分明母字和晓母字相通。

5. 拿本书所记方言跟现代汉语比较，可以看出古今语的联系，有助于汉语词汇史的探讨。如卷一："党（懂）、晓、哲，知也。"卷十："拌，弃也。楚凡挥弃物谓之拌。"

四、《方言》的注疏

第一个为《方言》作注的，是晋代的郭璞。郭璞常联系晋代方言和扬雄所记方言相比较。在词义上，或者证明古今语义相近，或者说明语同而义不同和义同而语不同。在地域上，或者指明某些古语依然在某地保存，或者指出某些古语不在当地保存，而转到别处遗留；而有的地方方言已进一步发展成为一般通用语了。

清代注解《方言》的，有戴震的《方言疏证》、钱绎的《方言笺疏》、王念孙的《方言疏证补》。当代学者周祖谟著有《方言校笺》。

《方言》之后沿袭《方言》体例来编辑的著作不少，大体可分为两类：一类是专从古书里面去寻找方言词汇来续补扬雄的《方言》，如戴震的《续方言稿》、杭世骏的《续方言》、程际盛的《续方言补》、徐乃昌的《续方言又补》、程先甲的《广续方言》、张慎仪的《续方言新校补》等；另一类书是考证常言俗语的来源，可以说是从唐宋以来笔记体著作里发展出来的，如唐朝颜师古的《匡谬正俗》、宋朝王应麟的《困学记闻》、明朝陶宗仪的《辍耕录》等笔记体著作都是零星记录了一些所谓“俗语有所本者”。

第五节 《释名》

一、《释名》的作者和性质

《释名》的作者刘熙，字成国，史书上没有他的传记。《后汉书·文苑传》说刘珍撰《释名》，而《三国志·吴书·韦曜传》则云：“（曜）见刘熙所作《释名》。”两说不同，据考证，刘熙大约是汉末或三国初时人，时代比刘珍稍晚。东汉末年避乱到交州，在那里聚徒讲学，颇有声望。

《释名》共八卷二十七篇，在编排上继承《尔雅》的分类法，即按意义归类。篇名如下：释天、释地、释山、释水、释丘、释道、释州国、释形体、释姿容、释长幼、释亲属、释言语、释饮食、释采帛、释首饰、释衣服、释宫室、释床帐、释书契、释典艺、释器用、释乐器、释兵、释车、释船、释疾病、释丧制。收词范围比《尔雅》广，分类也更细、更合理。

刘熙在自序中说：“夫名之于实，各有义类。百姓日称而不知其所以之意。故撰天地、阴阳、四时、邦国、都鄙、车服、丧记、下及民庶应用之器，论叙指归，谓之《释名》，凡二十七篇。”著《释名》是为了推求事物得名之由来，所以《释名》是一部具有“语源学”性质的训诂专书。《释名》所收名词，除采自典籍以外，还大量采自日常口语。其训诂方法便是以声训贯彻全篇。

《释名》声训可分为以下两类：

1．以同音字为训

水，小波曰沦。沦，伦也，水文相次有伦理也。《释水》

亭，停也，亦人所停集也。《释宫室》

2．以近音字为训

（1）以双声字为训

公，广也，可广施也。《释言语》

契，刻也，刻识其数也。《释书契》

（2）以叠韵字为训

山，产也，产生物也。《释山》

礼，体也，得其事体也。《释典艺》

第二类还包括几种情况：声母、韵母相同，只是声调有异；双声兼叠韵，介音不同；双声兼对转或旁转；准双声兼叠韵；准双声兼对转、旁转。

二、《释名》的价值和缺点

《释名》的价值体现为：

1．书中广泛运用声训，保存东汉末年以前的语音资料；提供了许多探求语源的线索，对后世“右文说”和“音近义通”论的成立有很大的影响。如：

观，观也，于上观望也。《释宫室》

父之弟曰仲父，仲，中也；位在中也；仲父之弟曰叔父，叔，少也。《释亲属》

房，旁也，室之两旁也。《释宫室》

以上音训，都是同义引申造词的结果，其音义结合的启发性十分明显。

再如以“彻”训“达”，可见，“彻、达”古音同部；以“腐”训“鲍”、以“偪”训“幅”，可见古无轻唇音。

2. 书中收录名物制度词较多，有助于了解汉代名物制度。如《释首饰》：“绡头，绡，钞也，钞发使上从也。”我们就能理解汉乐府《陌上桑》“脱帽著绡头”的“绡头”是什么了。

3. 书中的训诂可凭以印证经典传注的解说。如《诗经·大雅抑》：“相在尔室，尚不愧于屋漏。” 《毛传》：“西北隅谓之屋漏。”西北隅为什么叫屋漏呢？在《释名·释宫室》里也有解说：“西北隅曰屋漏。礼：每有亲死者，辄彻屋之西北隅，薪以爨灶煮沐供诸丧用。时若值雨则漏，遂以名之也。”

《释名》也存在着严重的缺点，主要有：

1. 单纯采用声训的方法，没有严格的准则，解释语源近乎猜谜。如：

袖，由也，手所由出入也；亦言受也，以受手也。《释衣服》

剑，检也，所以防检非常也；又敛也，以其在身拱时敛在臂内也。《释兵》

姊，积也，犹日始出积时多而明也。《释亲属》

妹，昧也；犹日始入历时少而尚昧也。《释亲属》

探索语源，声训并不是唯一的方法，因为语义的形成和演变不仅和语音有关，还涉及社会的其他许多方面，诸如历史、政治、经济、文化、宗教，以及人们的风俗习惯等。如果单凭语音这条线索，常会陷入主观臆断的泥坑。

2．对复音词的完整性缺少认识，往往割裂为训，穿凿附会。如：

震……又曰辟历。辟，析也，所历皆破析也。《释天》

匍匐，小儿时也。匍，犹捕也，藉索可执取之言也；匐，伏也，伏地行也。《释姿容》

“辟历”是叠韵联绵词，“匍匐”是双声联绵词，是不能拆开来各为其义的。

三、《释名》的疏校

直至清代，《释名》才有注本，它们分别是毕沅的《释名疏证》，顾震福的《释名校补》，成蓉镜的《释名补证》，王先谦的《释名疏证补》。

《释名》之后，运用因声求义的方法来解释词语和探求语源的书，主要有：

明黄扶孟的《字诂》、《义府》，联系谐声偏旁说明字义。

清戴震的《转语》，根据字音的声纽来推阐词语通转。书已失传，仅存一序，收在《戴东原集》卷四。

清程瑶田的《果裸转语记》，借分析“果裸”一词的演变，来阐发音义通转的道理和事物命名的规律。

清王念孙的《广雅疏证》、《读书杂志》和《释大》。《广雅疏证》，在疏证《广雅》语词时，“就古音以求古义，引伸触类，不限形体”。《读书杂志》对古籍从文字、声韵、训诂、校勘诸方面进行考释。其子王引之继承父亲的训诂精神，“由大人之说，触类推之”，写出《经义述闻》这部训诂著作。王念孙的《释大》，取《尔雅·释诂》“弘、廓、宏、溥”以下字之有大义者，依所隶字母，汇而释之。此书对声义相通的道理研究得更深入、更有条理，只可惜原稿大半遗失。

章炳麟的《文始》，按照字的声韵，分析“初文”、“准初文”的变易（音义相同或音近义同，只是字形不同）和孳乳（音义转变，仍有迹可寻）的条理。

第六节 《说文解字》

一、《说文解字》的作者和体例

《说文解字》简称《说文》。作者许慎，字叔重，时誉“五经无双许叔重”。其子许冲在《上说文解字书》里说：“慎博问通人，考之于（贾）逵，作《说文解字》。六艺群书之诂皆训其意，而天地鬼神、山川草木、鸟兽蚰蟲、杂物奇怪、王制礼仪、世间人事，莫不毕载。”

许慎认为，独体为文，合体为字。《说文解字》就是说解文字。全书连同序目共十五篇，按字形结构把文字分为五百四十部，收小篆九千三百五十三个，古籀异体重文一千一百六十三个。五百四十个部首的排列是“始一终亥”，即从“一”部到“亥”部。部首的前后次序，大约是“据形系联”，即把形体相近、相关的排在一起。例如：“页、百、面、首”，“又、左、支”等。每部中，意义相近的字又排列在一起，如“巾”部：“�、幔、帱、�、帷、帐、幕。”“刀”部：“副、剖、判、�、刳、列。”每一部首内的字，还基本上做到以类相从。如“木”部，大致是先列木名，其次列举树木的各个部分。如“本、柢、根、末、果、杈、枝、条、枚”等，其次再列木制名。

《说文解字》每个字头的字体都是小篆。如果这个字在古文或籀文中有不同的写法，或者是另有“或体”、“俗体”，作者都要列出加以说明。这些单独举出的字，统称“重文”。《说文》对每个字，先释字义，然后释字的形体结构，有时也指出字的读音，有时还征引经传、群书、方言、通人之说为佐证。

《说文解字》的局限性也是明显存在的。由于当时所见材料的限制和许慎语言文字观的某些缺欠，加之他所学的古文师说未能兼收并包，所以，《说文解字》所收之字和其中少部分形、音、义的解释，就难免有失误和遗漏之处。

许慎时代还没有反切，所以《说文》一书，本身没有反切，谐声字从声符可知读音梗概，当许慎认为某些字应注明读音时，则用直音、注为读若某。今本《说文解字》的反切，乃是徐铉据孙愐《唐韵》加注于每字之下的。

二、《说文解字》在训诂学上的主要贡献

《说文解字》是我国对文字进行系统研究的第一部专著，它在我国文字学史上的划时代意义自不待言，这里仅谈谈它在训诂学上的主要贡献。

1. 奠定了“六书”的基本理论，提出了以形索义的训诂方法。《说文解字》问世前，远在先秦就有了“六书”概念，但仅有名目而无内容。是许慎第一次对六书每一类的特点作了解说，并举了例字。这种解说和例析奠定了汉字形体学的基本理论，即六书说。

2. 首创了汉字的部首分类法。《说文解字》严格按照六书体系，把篆文的形体构造加以分析和归类，从中概括出五百四十个偏旁作为部首。这种按形体分部首来分类的原则，有助于了解字

义，是文字学原则的部首，至今仍被使用，只是明清以后的字典辞书通用的是检字法原则的部首，它从检字的方便出发，不少字的归部与《说文解字》有差异。

3．确立了分析汉字的本义的原则。《说文解字》全文特别注重文字形体结构的分析，力求找出与字形结构相贴切的词的本来意义，这无异于向后人提示一种分析词义并建立词义系统的有效方法，即由本义推知引申义的方法。

三、有关《说文解字》的研究

南唐徐锴著有《说文解字系传》，北宋时期其兄徐铉奉诏校订《说文解字》，并加以增补注释。徐铉校订《说文解字》，不仅纠正了当时的某些臆说，恢复了许书的原旨，而且新补了十九字于正文中，又以经典相承及时俗通用而为《说文解字》所不载者四百零二字附于正文后，世称“大徐本”。

研究《说文解字》的鼎盛时期是清代乾嘉时期。著名的有“说文四大家”，一是段玉裁的《说文解字注》，是最重要的一部《说文解字》注本。段注考定二徐本的是非，结合声韵训诂并引据古籍来注解原书的说解，阐明字义及其引申变化，重视后起的词义，对同义词的辨析非常精确。二是桂馥的《说文解字义证》，征引群书印证《说文解字》，搜集的材料很丰富，对研究训诂很有用处。三是王筠的《说文句读》，采用段玉裁和桂馥两家的注，删繁举要，便于初学，书中也时有王氏自己的精当见解。其《说文释例》，目的在于阐明许书体例，在段注随文说明许书体例的基础上，进一步有所补充发挥并使之系统化。四是朱骏声的《说文通训定声》，内容包含三个部分：“说文”，是以许书为基础而加以补充并举例，说明字形与字义、字音的关系，而以字形为主；“通训”，是专讲转注和假借，即字的引申义和假借义；“定声”，是把文字按古韵分类，即以上古韵文的用韵来证明古音。从训诂角度来看，朱书的最大贡献在于突破了许氏专讲本义的框子而从形、音、义三方面来综合研究词义。

后世模仿《说文解字》而作字书的，有晋吕忱的《字林》，是为补《说文解字》的漏略而作的。模仿《说文解字》，也分五百四十部，收字一万二千八百二十四；而且参照章句文学，辨别古籀和奇特疑难的字。陈顾野王的《玉篇》和《说文解字》一样都用部首统帅所收文字，但《玉篇》所收全是楷字，是我国第一部专收楷书汉字的字典。其部首与《说文解字》同者五百二十九，不同者十三，部首的次序和安排是“以义类聚”。《玉篇》释义重在应用。流传至今的是宋代陈彭年等奉诏重修的《大广益会玉篇》，原本《玉篇》只剩零星残卷。宋司马光的《类篇》分部五百四十四，收字较多，体例谨严，其所依据也较可信，只是释义稍嫌简略，分部过于烦琐。明梅膺祚的《字汇》，除收古书中的常用字外，还有许多俗字，释义通俗易懂，尤其是将《说文》五百四十部简化为二百一十四部，第一次使用笔画顺序检字法，有利于查检、训诂。明张自烈的《正字通》，照《说文》体例，以《字汇》为蓝本，增订而成，征引繁芜，常有穿凿附会之说。

清张玉书等奉诏编写的《康熙字典》，依据《字汇》、《正字通》加以增订而成，收字较全，但音切、释义杂糅罗列，漫无标准，疏漏和错误甚多。此书流行很广，影响较大。

通释语义的专书，除以上几部巨著而外，其他还应提示注意的专书如：

唐朝陆德明始撰于陈而成书于隋灭陈以前的《经典释文》，全书共三十卷，为十四种经典释义和注音，是研究古汉语的重要资料。

唐和尚玄应《一切经音义》，是注释每一部汉文佛典中出现的某些字、词的音义的词典性质的著作。比《经典释文》解释更详，征引更博，音义并重，更侧重于义。

唐和尚彗琳的《一切经音义》，是继玄应之后更大规模地给佛典作音释的著作。

清代著名学者阮元主持编纂了一部规模巨大的古汉语训诂资料汇编《经籍纂诂》，是可供训诂工作者从多方面加以利用的工具书。

关于古汉语虚词的研究，元代卢以纬著《语助》，阐释虚词一百多个，是研究虚字最早的专著。

清代有刘淇的《助字辨略》，这是我国第一部大规模地讲解古汉语虚词的专著，时代包括周秦到唐宋，门类遍及经史子集。书中对虚词所作的解释大部分都是正确的。其缺点是对“助字”的分类缺乏科学性。

清代王引之撰《经传释词》，这是一部专门研究经传中的虚词的书，取材范围限于先秦、西汉的文籍。著者精于声韵训诂之学，所作考释大多论证绵密，断制谨严，富有创见。

第八章　旧训诂的弊病

我国训诂起源很早，两千多年来，成就巨大，不仅是今人通晓古籍的有效工具，也为我国训诂学提供了极为丰富的重要的材料。但是，古代的训诂，由于材料和历史的局限，存在着一些弊病，下面我们举要谈谈，“非以訾毁前人，实以嘉惠后学”，旨在更好地利用古代训诂。

一、穿凿附会

所谓穿凿附会，就是把彼此无关的事理任意牵合强加比附。穿凿附会往往是由于客观条件的限制，对真理不能揭示，或者是由于主观的原因，在阐释词义或句意时灌注了说者自己的观点所造成的。许慎曾在他的《说文解字·叙》里批评过当时的“俗儒鄙夫”在解说字形字义时的穿凿附会之说，这些人不懂“六书”，说什么“马头人为长”（段注：谓马上加人，便是“长”字会意）、“人持十为斗”（段注：今所见汉隶字“斗”字作什，与升字、什字相混，正所谓人持十也）、“虫者屈中也”（段注：虫字本象形字，所谓随体诘诎，隶字只令笔画有横直可书，本非从中而屈其下也）。秦汉以降，直至清代，训诂界的穿凿附会之说是人所难免的。下面略举例说明。

如：“为”字，甲骨文、金文是以手牵象令其服役之形，许慎在《说文解字》里根据小篆字形，说解为“母猴”，显然是凿空之谈。而段玉裁在注解时竟也为许说寻证，说引《左传》中的“公为”（字公叔务人），在《礼记·檀公》中作“公叔禺人”为例，根据古人名和字的意义相对应的原理，认为“为”字与“禺”字相对，“禺”在《说文》里的解释是“母猴属也”，所以“名为字禺”，证明“为”就是“母猴”，许慎说：“为”字“下腹为母猴形”，段注说：“上既从爪矣，其下又全像母猴头目身足之形也。”训诂宗师们尚且不免穿凿，其他人则又何说！

又如，跳蚤的“蚤”字借用作早晚的“早”字，本来纯粹因为同音，并无义理上的牵连，有人却说由于古人清早驱逐跳蚤的生活习惯而使“早”与“蚤”同源。这恐怕仅是一种主观想象。又如，《论语·阳货》：“时其亡也而往拜之。”有人认为“时”是“伺”的借字，当“窥伺”讲。这在意义上虽勉强可通，但是“时”、“伺”通借的先例实属罕见。其实“时”是“待”的同源通用字。[1]

又如《小雅·湛露》：“湛湛露斯，匪阳不晞。”传：“兴也。”笺：“兴者，露之在物湛湛然，使物柯叶低垂，喻诸侯受燕爵，其义有似醉之貌；诸侯旅酬之则犹然，唯天子赐爵，则貌变肃敬承命，有似露见日而晞也。”这明明是以诗附礼。黄焯说：“诗但言露匪阳不晞，初无柯叶低垂之文，郑何从而得此义，此衍说也……此诗特以草木兴诸侯，以露之在草木兴天子燕诸侯。首章言匪阳不晞，意当谓露必待阳而晞，饮必至醉而归耳。笺义过事深求，反近粘滞。诗人立意未必如此也。”[2]

至于宋代人说《诗经》，更容易附会己意。如《小雅·大田》篇是两周的农事诗之一，这首诗里所反映的农事过程，为历代学者所重视，其中“雨我公田，遂及我私”两句，在郭沫若的《中国史稿》中引以说明奴隶主贵族利用公田压榨奴隶；范文澜《中国通史简编》以此推证西周属于封建生产关系。《大田》诗共四章，

① 见陆宗达、王宁《古汉语词义答问》“时、伺同源说”，甘肃人民出版社，1986年。

② 引自周大璞《训诂学初稿》，武汉大学出版社，2007年。

首章写选种，第二章写除草，第三章写秋收，诗云：

有渰萋萋，兴雨祁祁。雨我公田，遂及我私。彼有不获穉，此有不敛穧。彼有遗秉，此有滞穗，伊寡妇之利。

诗意是秋收之时，大雨将至，农夫心中喊到："雨啊，先落在公田上，再落在我私田上。"原因是什么呢？后两句说得很清楚，也很合理：那公田上有晚种未熟的庄稼尚可受雨，我这私田上正有已经割下还来不及收敛的禾把子！这样解诗，即合全诗大意，也合词义训诂。如《说文·禾部》："穉，幼禾也。"穧，获刈也。"段注："后种曰穉。""此有不敛穧，谓已刈而遗于田未敛者也。上文不获穉，谓幼禾留于田未刈者也。"然而，对于"雨我公田，遂及我私"两句，历代说诗者多存歧义，恐怕皆因附会所致。如范文澜说这两句"意思是希望时雨先下公田，后下私田，以便耘完公田，归耘私田"。此段明言收获，何耕耘之有？宋代朱熹在这两句上更是大做文章，说这是周初"农夫先公后私"的表现，是周初盛世的赞颂诗。"上下之情所以相赖而相报如此，非盛德其孰能之？"[①]后代解说者多承袭朱说。

又如宋代洪迈以阴阳五行之说解释《禹贡》为文次第，难免穿凿附会。他在《容斋随笔》卷一说："《禹贡》叙治水，以冀、兖、青、徐、扬、荆、豫、梁、雍为次。考地理言之，豫居九州中，与兖、徐接境，何为自徐之扬，顾以豫为后乎？盖禹顺五行而治之耳。冀为帝都，既在所先，而地居北方，实于五行为水。水生木，木，东方也，故次之以兖、青、徐。木生火，火，南方也，故次之以扬、荆。火生土，土，中央也，故次之以豫。土生金，金，西方也，故终于梁、雍。"这不过是洪迈的臆测。《孟

---

① 见朱熹《诗集传》和《孟子集注·滕文公上》。

子·滕文公上》说，当时“洪水横流，氾滥于天下”、“禹疏九河，瀹济漯，而注诸海，决汝汉，排淮泗，而注之江。”按照孟子的叙述，夏禹显然不是按阴阳五行一个个治的。就惯理言，治水如救火，哪能那么刻板呢？

古人在利用声训来探究事物得名的原因时，也常常失之附会，这在前面已有述及。

二、烦琐寡要

烦琐的经说，早在西汉就已出现。司马谈在《论六家要旨》时说：“儒家博而寡要。”在儒家思想控制下的训诂，自然也受到这种贪多逞博的影响，今文经学派尤其突出。如《汉书·儒林传》说汉元帝时“一经说至百余万言”。《汉书·艺文志》颜注也说，秦恭说《尚书》的“尧典”二字用十余万言，说：“曰若稽古”四字用了三万言。当然，汉代的训诂也有文字很精练的，如毛亨的《毛诗故训传》，郑玄的《毛诗笺》、《三礼注》等。汉以后南北朝人的义疏、唐人的正义、清人的说解，仍有一部分摆脱不了烦琐的毛病，有的甚至有增无减。例如：

《庄子·养生主》：“吾生也有涯，而知也无涯。”郭象注：“夫举重携轻而神气自若，此力之所限也。而尚名好胜者，虽复绝膂，犹未足以慊其愿，此知之无涯也。故知之为名，生于失当而灭于冥极。冥极者，任其至分而无毫铢之加，是故虽负万钧，苟当其所能，则忽然不知重之在身，虽应万机，泯然不觉事之在己，此养身之主也。”

看了这段注文，本来很好懂的一句话，反倒会使人糊涂起来。

再如皇侃的《论语义疏》也不无烦琐之嫌，下面摘录《论语·微子篇》的义疏为例：

云子路从而后者，孔子与子路同行，孔子先发，子路在后随之，未得相及，故云从而后也。云遇丈人以杖荷篠者，遇者，不期而会之也。丈人者，长宿之称也。荷，担揭也。篠，竹器名。子路在孔子后，未及孔子而与此丈人相遇。见此丈人以杖担一器箩麓之属，故云以杖荷篠也。

云子路问云云者，子路既见在后，故借问丈人见夫子不乎？云丈人云云者，四体，手足也。勤，勤劳也。五谷，黍稷之属也。分，播种也。孰，谁也。子路既借问丈人，丈人故答子路也。言当今乱世，汝不勤劳四体以播五谷，而周游远走，问谁为汝之夫子而向我索之乎？袁氏曰：其人已委曲识孔子，故讥之，四体不勤，不能如禹稷躬植五谷，谁为夫子而索耶？云植其杖而芸者，植，竖也。芸，除草也。丈人答子路竟，至草田而竖其所荷篠之杖，当挂篠于杖头而竖之竟，而芸除田中秽草也。一通云，杖以为力，以一手芸草，故云植其杖而芸也。云子路拱而立者，拱，沓手也。子路未知所以答，故沓手而倚立以观丈人之芸也。云止子路宿者，子路住倚当久，已至日暮，故丈人留止子路，使停住就己宿也。云杀鸡为黍而食之者，子路停宿，故丈人家杀鸡为臛，作黍饭而食子路也。云见其二子焉者，丈人知子路是贤，故又以丈人二儿见于子路也。

云明日子路行者，至明日之旦，子路得行，逐孔子也。

云以告者，行及孔子而具以昨丈人所言及鸡黍见子之事告孔子道之也。云子曰隐者也者，孔子闻子路告丈人之事，故云丈人是隐处之士也。云使子路反见之者，孔子既曰丈人是隐者，而又使子路反还丈人家，须与丈人相见以己事说之也。其事在下文。云至则行矣者，子路反至丈人家，而丈人已复出行，不在也。云子路曰不仕无义者，丈人既不在，而子路留此语以与丈人之二子，令其父还述之也。此以下之言悉是孔子使子路语丈人之言也。言人不生则已，既生便有在生之义：父母之恩，君臣之义，人若仁则职于义，故云不仕无义也。云长幼云云者，既有长幼之恩，又有君臣之义，汝知见汝二子，是识长幼之节不可废阙，而如何废于君臣之义而不仕乎？云欲洁云云者，大伦，谓君臣之道理也。又言汝不仕浊世，乃是欲自清洁汝身耳，如为乱君臣之大伦，何也？云君子云云者，又言君子所以仕者，非贪荣禄富贵，政是欲行大义故也。云道之云云者，为行义，故仕耳。浊世不用我道，而我亦反自知之也。①

再看刘宝楠《论语正义》对“曰”字的解释：

《论语·学而》：“子曰，学而时习之。”刘宝楠正义：曰者，《皇疏》引《说文》云：“开口吐舌谓之为曰。”《邢疏》引《说文》云：“曰，词也，从口乙声，亦象口气出也。”所引《说文》各异。段氏玉裁校定作从口乙，象口气出也。又引《孝经释文》云：“从乙在口上，乙象气，人将发语，口上有气，故曰字缺上也。”

解释一个“曰”字，竟用了八十五个字。

清人《康熙字典》，田部开头的“田、由、甲”三字，其释文就多到三千五百字左右；“佛”字下叙述佛教源流，“钱”字下叙述钱币的沿革和论钱的专著，简直成了论文。

三、望文生训

所谓望文生训，就是只就某字的字面加以解说，其实跟原文的意义毫不吻合。望文生训的实质，是把文字和语言混为一谈，

---

① 见皇侃《论语义疏》卷九。

没有注意作为语言内在因素的语音。

因不明假借而望文生训的例子，如《汉书·游侠传》："解为人静悍。"颜师古曰："性沉静而勇悍。"按：颜师古训"静"为"沉静"，犯了望文生训的错误。究其原因，乃是不明"静"是"精"的借字。静、精声近而字通，故静悍即是精悍。《史记》作精悍，《艺文类聚》人部十七，《太平御览》人事部百七十三引《汉书》亦作精悍，这些足以证明静悍当读为精悍[①]。

又《礼记·礼运》："选贤与能。"《正义》曰："此明不世诸侯也，国不传世，唯选贤与能也。黜四凶举十六相之类是也。"按：《正义》以"与"为连词之"与"，乃望文生训。这个"与"字当读为"举"，"选贤与能"即"选贤举能"，《大戴礼记·王言篇》作"选贤举能"，就是明证。与、举古通用。《楚辞·九章·涉江》"与前世而皆然兮"，即举前世而皆然也。《战国策·楚策·庄辛说楚襄王》："于是乃以执珪而授之为阳陵君，与淮北之地也。"即举淮北之地。《楚辞·七谏·初放》："举世皆然兮。"举，一本作与。《墨子·天志》："天下之君子，与谓之不祥。"即举谓之不祥。这些都是与、举通用的证据。[②]

昧于古义，也会产生望文生训。俞樾的《古书疑义举例》有"不达古语而误解例"，这里选录两条：

"艸蔡"，古语也。《说文·丰部》："丰，艸蔡也。象艸生之散乱也。"亦或作"草窃"。窃与蔡一声之转。"艸蔡"之为"草窃"，亦犹《庄子》"窃窃"之或为"察察"也。《尚书·微子篇》："好草窃奸宄。""草窃"即"艸蔡"，其本义为艸乱。引申之，则凡散乱者皆得言之，故与奸宄连文。"好草窃"，即好乱也。《枚传》训

① 见《读书杂志·汉书第十四》"静悍"条。

② 参看王引之《经义述闻》卷十五《礼记中》"选贤与能"条。

为“草野窃盗”，不达古语矣。

“旅距”，古语也。《后汉书·马援传》：“黠羌欲旅距。”李贤注曰：“旅距，不从之貌。”亦或作“据旅”。据与距声近。《说文·酉部》：醵或作酟。”是其证也。“旅距”、“据旅”，语有倒顺耳。凡双声叠韵之字，往往如此。《大戴礼记·曾子制言篇》：“行无据旅。”言其行之无所违也。卢注训为“守直道无所私”，未达古语。

古汉语中同一个字表示虚、实两类词的情况很普通，这常常使人们把虚词当做实词来理解，王引之《经义述闻》卷三二“语词误解以实义”条说：“经典之文，字各有义，而字之为语词者，则无义之可言，但以足句耳。语词而以实义解之，则扞格难通。”兹录两例：

谓，奈也。《召南·行露》曰：“岂不夙夜，谓行多露。”言岂不欲夙夜而行，奈道中多露何哉！而解者以“以为”二字代谓“谓”字，则失之矣。

作，始也。《皋陶谟》曰：“烝民乃粒，万邦作乂。”作与乃对文，言烝民乃粒，万邦始治也。《禹贡》曰：“莱夷作牧。”言莱夷水退，始放牧也。而解者训“作”为“为”，则失之矣。

再如，联绵词无定字，即一个联绵词只包括一个词素，不能拆开来解释。一个联绵词也可以有多种多样的写法，这些不同的写法，只不过是用不同的词形表示相同的音节或表示这一联绵词的声音在其发展过程中略有变化而已，所以不能从词形上去寻求联绵词的意义。但是古代训诂家误解联绵词，望文生训的例子不少。例如：

狼狈 从唐人段成式的《酉阳杂俎》（卷十六），苏鹗的《苏氏演义》（卷上）直至旧《辞海》（合订本），都把它拆开来，把狼和狈说成是两种动物，说狈的前腿很短，走路时常把前腿搭在狼身上，否则便不能走路云云。这是不正确的。狼狈是联绵词，可写作刺癶，《说文·癶部》："癶，足刺癶也。"亦作蹎䟺，慧琳《一切经音义》卷五十八《僧祇律》第三十四卷"狼狈"条下云："狼狈犹蹎䟺也。"亦作赖䟺，《龙龛手鉴》足部："赖䟺，行不正也。"

龙钟　这是一个叠韵联绵词，其义为疲弊貌。对此，前人亦多误解。如明人胡震亨在《唐音癸签》卷二十四《诂笺九》下所批评的："老杜诗：'何太龙钟极，于今出处妨。'薛苍舒注：'龙钟，竹名，谓其年老如竹之枝叶摇曳不自矜持。'说既可笑。唐人李济翁《资暇录》云：'钟即涔蹄，足所践处。龙致雨上下，所践之钟，固淋漓溅淀矣。'尤穿凿难通。"按：胡氏所批评的两种说法，都是误解联绵词的典型例证。

蒙冲　《赤壁之战》："蒙冲斗舰乃以千数。"现行中学课本注："蒙冲，一种蒙盖着生牛皮的小型战船，行动迅速，用来袭击敌船。"这一解释显然是将"蒙冲"分字为训的，"蒙"被释为"蒙盖"；"冲"被释为"袭击"（可能是由"冲击"引出的意义）。至于"生牛皮"、"小型战船"之类，大约是以理推测而得出的结论。然而这一解释虽能在本句讲通，却不能适用于类似的语言场合。如：《后汉书·文苑·祢衡传》："黄祖在蒙冲船上，大会宾客。"能用以"大会宾客"，其船必不小。《三国志·董袭传》："建安十三年，权讨黄祖。祖横两蒙冲挟守沔口，以栟闾大绁，系石为矴，上有千人，以弩交射，飞矢雨下。袭将敢死百人，人被两铠，乘大舸船，突入蒙冲里，袭身以刀断两绁，蒙冲乃横流，大兵遂进。"以两蒙冲而"上有千人"，以两蒙冲而足以"挟守沔口"，因两蒙冲"横流"而"大兵遂进"，皆足以说明蒙冲是很大的船。《三国志·贺齐传》："蒙冲斗舰之属，望之若山。"既然"望之若山"，当然不小。可见，"蒙冲"乃大船而非小船。课本所述历史背景与上列各例相同，语言当无差异，故课文中的“蒙冲”也是大船。注释谓为“小型战船”，明显失误[①]。

贪墨 “贪墨”一词，1979年出版的《现代汉语词典》释作“贪污”，旧《辞源》等辞书解作“官吏之好财贿者”。前一解释已是现代汉语词义，有些现代法律专书便直以“贪墨”作“贪污”的同义词用。后一解释虽较接近“贪墨”的原意，但也略嫌狭窄些。要想深究“贪墨”在古代文献中的确切含义，避免望文生训须从它的原始出处说起。下面是陆宗达、王宁对这个词的训释。

“贪墨”一词，始见《左传·昭公十四年》，其文如下：

晋邢侯与雍子争鄐田，久而无成，士景伯如楚，叔鱼摄理。韩宣子命断旧狱，罪在雍子。雍子纳其女于叔鱼，叔鱼蔽罪邢侯。邢侯怒，杀叔鱼与雍子于朝。宣子问其罪于叔向。叔向曰：“三人同罪，施生戮死可也。雍子自知其罪而赂以买直，鲋也鬻狱，邢侯专杀，其罪一也。己恶而掠美为昏，贪以败官为墨，杀人不忌为贼。夏书曰：‘昏、墨、贼，杀。’皋陶之刑也，请从之。”乃施邢侯，而尸雍子与叔鱼于市。

“贪以败官为墨”，即是“贪墨”一词的最早出处。

释“贪墨”为“贪污”，恐怕是根据杜预注。杜预《左传·昭公十四年》注说：“墨，不洁之称。”以“墨”为“墨黑”之字，后人以“贪污”释“贪墨”本于此。不过，杜预这个注没有注出“墨”的确切含义，犯了望文生训的毛病。

《左传》“贪墨”一词习惯写作“贪冒”。如：

《成公十二年》：“及其乱也，诸侯贪冒，侵欲不忌。”

---

① 参见周复纲《训诂学基础教程》第259页，学苑出版社，1989年。

《昭公三十一年》:“若窃义叛君，以徼大利而元名，贪冒之民，将寘力焉。”

《哀公十一年》:“若不度于礼而贪冒无厌，虽以田赋，将又不足。”

这三个地方的“贪冒”都与“贪墨”同义。也有“冒”字单用的。如：

《文公十八年》:“贪于饮食，冒于货贿。”杜预注：“冒亦贪也。”

《成公十六年》:“侵官，冒也。”

《襄公四年》:“冒于原兽。”杜预注：“冒，贪也。”

在这些地方，“冒”都是“贪”的同义词，所以“贪”与“冒”又可连用。从声音看，“冒”、“墨”双声，“冒”上古在“萧”韵，“墨”上古在“德”韵，似乎距离较远。但《左传》:“诸侯贪冒。”《经典释文》:“冒，莫报反，又亡北反。”而“侵官，冒也”的“冒”，《经典释文》中徐仙民亦音“莫北切”。所以钱大昕在《十驾斋养新录》里便据此直说“冒”可读“墨”音。“墨”并非“墨黑”、“不洁”之义，而是“冒”的借字。

《说文·七下·三部》:“冒，冢而前也。”《八下·见部》:“䁳，突前也。”二字是异部重文，意思是不看时机、不择手段而进取，也就是今天的“冒昧”(《说文·页部》颫，昧前也，读若昧。”此“冒昧”的“昧”正字)、“冒进”、“冒然”的“冒”，引申为非其应有、时而攫取，也就是今天“冒领”、“冒认”的“冒”。以利言之，不应得而取之谓“冒”，以权言之，侵夺别人的职务或滥用自己的职权也叫“冒”，所以《左传》说：“侵官，冒也。”《贾子·道术》说：“厚人自薄谓之让，反让为冒。”这都能证明“贪”与“冒”，正是一对同义词。《左传》独在“贪以败官为墨”一句中写“墨”，因《夏书》逸文如此。

“冒”或“冢”又可组成联绵词“冒没”：

《国语》：“戎狄冒没轻儳。”

“冒没”就是侵掠财物，与“贪墨”之义相通。汉代以后，由“冒”的意思又产生了另一个双音词“干没”：

《史记·酷吏列传》：“张汤始为小吏，干没，与长安富贾田甲之属私交。”

《三国志·魏志·傅嘏传》：“诸葛恪扬声欲向青徐。嘏言：‘恪岂倾根竭本，寄命洪流，以徼干没乎？”

徐广注《史记》以为“干没”是随势浮沉。如淳则说：“得利为干，失利为没。”这两种解释都不得要领。裴松之注《三国志》说：“干没，有所徼射不顾干燥与沉没而为之也。”依裴松之的说法，“干没”就是“贪冒”，也就是“贪墨”。徐、如、裴均以“干没”为反义词相结合，虽未尽然，但“干没”是“贪冒”的发展，可以后世诸多用法为证：

《晋书·潘岳传》：“尔当足知，而干没不已乎？”

《北史·甄深传》：“世俗贪竞，干没成风。”

《颜氏家训》：“陆机犯顺履之险，潘岳以干没取危。”

可见汉魏六朝的“干没”均与“贪墨”同义。这个意义一直用至唐代以后：

《五代史·李嵩传》：“李屿仆与葛延遇，为屿商贾，干没其赍。”

这里直以“干没”为吞侵他人财物之称了。

“贪墨”、“贪冒”、“冒没”、“干没”实出一源，不可望形生义，蔽于写法不同而失其发展线索。[①]

四、随意破字

善于运用古音通假的原理，明假借求本字，对于理解古书，解除疑惑，确实是有用的。“破字”，就是用本字改读古书中的假借字。但是也有学者解释古书，研究词义，滥用通转，随意破字，往往只是主观臆断，并无丝毫根据，这就产生了随意破字的弊病。就是王引之，在研究《尔雅》时，也“好以意破字。如改‘坎、律，铨也’之‘坎’为‘次’，‘振，古也’之‘振’为‘自’，皆嫌专辄。”[②]按《尔雅·释言》：“坎、律，铨也。”郭璞注：“《易》坎卦主法。法、律皆所以铨量轻重。”邢昺《尔雅注疏》引樊光说：“坎，水也。水性平，律亦平，铨亦平。”又《诗经·周颂·载芟》：“振古如兹。”郑玄笺：“振，亦古也。”可见“坎”有“铨”义，“振”有“古”义，都不必改字。

对于俞樾的《群经平议》，黄氏也有类似的评价，指出其中有关《尔雅》部分有许多条“皆前人所未道”，但也批评他“随意破字之病较高邮王氏为多”，“‘革中辨谓之拳’，谓‘辨’为‘辫’字之误。‘大箎谓之沂’，谓‘沂’当为‘齗’之误……‘狗四尺为獒’，谓‘獒’当作‘豪’。此诸条皆无显证，辄以己意疑经。清儒固往往有此病，治《尔雅》者，尤不能免。”黄氏这些批评不

① 见陆宗达、王宁《古汉语词义答问》“释贪墨”，甘肃人民出版社，1986年。

② 见黄侃《尔雅略说》。

仅专指王引之、俞樾，也泛指乾嘉以后的训诂学家。

又如：

《列子·汤问》："越之东有辄木之国，其长子生，则鲜而食之，谓之宜弟。"

清人卢文弨说："鲜与析一声之转。"汪中也说："鲜，析也，声之转。"并曰："斯、鲜古音义并同也。"这两人对音的分析都是对的。但是仅凭语言有联系，就把"鲜"看做"析"或"斯"的借字，故而把"鲜"译为"解剥"，不仅理由不甚充分，于文意也有欠妥之处。杨伯峻指出："其实鲜字自可通，不必改字。"这就是说，"鲜而食之"句应按本字去理解，即"生食"。《文选·蜀都赋》："割芳鲜。"刘注："鲜，生杀者也，一曰生肉也。""鲜"作"生"、"生肉"、"生杀"讲，在先秦两汉，直到魏晋是普通的。卢、汪二人之所以产生失误，是他们忽略了民族的历史渊源，又没有注意本是记异闻的语言环境，以为肉必是熟食，则"鲜"就显得讲不通了。于是就从声音入手，找它的所谓"本字"，犯了轻言假借、随意破字的毛病。

再如《庄子·列御寇》："槁项黄馘者。"俞樾在《诸子平议》里说："馘者俘馘也，非所施于此。馘疑'㖪'之假字。《说文·疒部》：'㖪，头痛也。'黄㖪，谓头痛而色黄。"在俞氏以前，陆德明《经典释文》引司马彪曰："黄馘，谓面黄熟也。"这已经说得很明白了，而俞樾却硬求本字作了牵强的解释。

五、增字强释

所谓"增字"，指的是在解释古书正文时增加一些词语。古书文简字赅，说解者适当增加一些必要的词语，以完足原书的意思，这本来是训诂工作者应做的事，前人称此举为"增字足意"。所谓

“增字强释”者，是增字之后，意思上与原文不符；增字者是为了迁就己见，不惜违背原意而妄乱增字。所以王引之说：“经典之文，自有本训，得其本训，则文义适相符合，不烦言而已解，失其本训而强为之说，则阢陧不安，乃于文句之间增字以足之，多方迁就而后得申其说，此强经以就我，而究非经之本义也。”①

下面选录几条王引之列举的例证，这也是旧训诂的弊病之一。

《诗经·魏风·硕鼠》：“适彼乐国，爰得我直。”《毛传》训直为“直道”。王引之说：“诗言直，不言直道。此诗是国人刺其君之重敛，使民不得其所，非谓不得其直道也。直当读为職，職，亦所也。哀公十六年《左传》：‘克则为卿，不克则烹，固其所也。’《史记·伍子胥传》作‘固其職也’，是職与所同义。故得所亦谓之得職。《汉书·赵广汉传》：‘小民得職。’颜注曰：‘得職，各得其常所也。’職、直古字通。《左传·宣公十五年》：‘羊舌職。’《说苑·善说篇》作‘羊舌殖’。《禹贡》：‘厥土赤埴坟。’《释文》：‘埴，郑作戠。’”

诗中言“直”，未言“直道”。这是因不明通假，而增字强释。

《诗经·邶风》：“终风且暴。”终，犹既也；言既风且暴也。而解者曰：“终日风为终风。”（《毛传》）则于“终”下增“日”字矣。

《礼记·郊特牲》：“为人臣者无外交，不敢贰君也。”贰，并也；言不敢比并于君也。而解者曰：“不敢贰心于他君。”（正义）则于“贰”下增“于他”字矣。

---

① 见《经义述闻》卷三十二。

俞樾《群经平议》也有类似评论。例如：

《诗经·郑风·将仲子》："将仲子兮，无逾我里。"《毛传》："里，居也。二十五家为里。"孔颖达《正义》："谓勿逾越我里居之垣墙。"俞按："二十五家之里不可逾越，故《正义》加'垣墙'字以成其义，然非经旨也。《文选·幽通赋》：'里上仁之所庐。'曹大家注曰：'里、庐皆居处名也。'是里为居处之名，与庐同义。《汉书·食货志》云：'在野曰庐，在邑曰里'，是其义也。无逾我里，犹云无逾我庐。传以居释庐，其义已足。又申之曰：二十五家为里，则转失之。"

《左传·隐公元年》："不如早为之所。"杜预注："使得其所宜。"俞按："杜未解所字之义，故增'宜'字以足成之。《尚书·无逸篇》'君子所其无逸'，《诗·殷武篇》'有截其所'，郑注、郑笺并曰：'所扰处也。'然则'早为之所'，犹云早为之处矣。《国语·晋语》'蚤处之'，与此传文异而义同。"①

现行中学课本注中，也有增字强释的例子。例如：

《五人墓碑记》："而又有剪发杜门，佯狂不知所之者。"

课本注"剪发杜门"为"剪发为僧，闭门不出"。注释在"剪发"后增添"为僧"二字以释"剪发"；在"闭门"后增添"不出"二字以释"杜门"，皆有可议。将剪发释作"为僧"之举，并无所据。且"为僧"当用"落发"、"除发"、"剃发"才行。"剪发"是不能"为僧"的。实际上，"剪发"毁容不过是为了"装疯"。用这个办法来逃避阉党的迫害，并非是为了"为僧"。至于"闭门"后增"不

① 见《群经平议》卷二十五。

出”二字，则意不完备。“杜门”之意，或为“不出”，或为“谢客”，注释但举其一，于义未足。所以增字为训，不可违离原意。

六、不解语法

古代的训诂，虽然也包含有阐述语法现象的内容，但是都比较粗疏且零散。一般限于某些语序的说明和某些虚词的解释。这说明古代的训诂家只有语法意识，并没有语法系统。不能自觉地运用语法观点去分析句子的结构，这样就很难准确地解释词和词组的意义，因而导致注疏上的失误。而且，古今语法也有不同，不懂得古代汉语的语法，用后代的语法去读古书，也会产生误解。例如：

《论语·卫灵公》：“由，知德者鲜矣。”集解引王肃说：“君子固穷，而子路愠见，故谓之少于知德者也。”皇侃疏云：“呼子路语之云：夫知德之人难得，故为少也。”陈澧《东塾读书记》卷二：“皇疏最精确……王肃说非是……皇疏解知德为知德之人，文义最明。若如王肃说，则‘者’字何所指乎？”

按《论语》原文，“由”在呼位，“知德者”是主语，“鲜”是谓语。依王肃说，“由”成了主语，“知德”成了“鲜”的补语，前面可加“于”字作介词，后面的“者”字删去。（即将原文改作“由鲜于知德矣”或“由鲜知德矣”。）正是由于对这句话的语法结构没有弄清楚，导致了误解。又如：

《离骚》：“赍菉葹以盈室兮，判独离而不服。”王逸注云：“赍，蒺藜菜也。菉，王刍也。葹，枲耳也……三者皆恶草，以喻谗佞盈满于侧者也。”

一

后世注家大抵承袭王注而无异辞。但是清代学者段玉裁、胡文英、姜皋、胡绍焕以及今人姜亮夫、高亨等，却发现王逸注未为确当。转而训资为积，资菉葹就是聚积菉资以盈室[①]。王逸的注解是因为不明《离骚》语法通例而误。按照《离骚》语法通例，处在“资”字地位上的只能是动词，不能是名词，这是一种“动名+以+动名（或动形）”式的句子。诸如：“纫秋兰以为佩”、“背绳墨以追曲”、“伏清白以死直”、“制芰蓉以为衣”、“揽茹惠以掩涕”等，第一个词都是动词。再如：

《论语·述而》：“加我数年，五十以学易，可以无大过矣。”

何晏在其《论语集解》中说：“孔子年五十而知天命。以知命之年，读至命之书，故可以无大过。”何晏将这里的“五十”二字与“五十而知天命”（《为政》）中的“五十”视为同一个数词，照此推论，孔子非到五十岁不能读《易经》，显然不合逻辑。孔子在《述而》篇中的“五十”是五和十相并列的两个数词，意思是五年、十年，与上句“数年”相应。俞樾在其《续论语骈枝》里说：“当以‘加我数年’为一句.，‘五十’为一句，‘以学易’为一句。‘五’、‘十’二字承‘加我数年”而言，盖不取必所假者几何年，故著二字，言五或十也。使足其文，曰：‘假我数年，五年，十年，以学易，可以无大矣。’则文义便自了然。因上句已有年字，故五、十下不更出年字。”这是因为没有区分词与词组所造成的误解。

① 段说见《说文·艸部》资菉下注语，胡文英说见《屈骚指掌》，姜皋说见梁章钜《文选旁征》引姜氏语，胡绍煐说见《文选笺证》，姜亮夫说见《屈原赋校注》，高亨说见《楚辞选》。

把虚词误认为实词，也属于不解语法的弊病。这个问题我们已经在第二章第三节中涉及过，王引之《经义述闻·通说下》列有“语词误解以实义”一条，证说甚详，可作进一步的参考。反之，误把实词当做虚词，也是一种不解语法的现象，例如：

《诗经·小雅·十月之交》：“择有车马，以居徂向。”《郑笺》云：“又择民之富有车马者以往居于向也。”孔疏亦云：“我王又择民之富有车马者，令往居于向邑。”而王引之《经传释词》云：“居，语助，言择有车马以徂向也。”今案王氏所云不确，此居有实义，不当为语助。上文云：“皇父孔圣，作都于向。”此“向”为新成之都邑，择民之富有车马者，往向邑定居。王所云盖实以虚训，此为通人之失。

《荀子·劝学篇》：“谄谀者亲，谏诤者疏，修正为笑，至忠为贼，虽欲无灭亡，得乎哉？”杨倞注云：“亡，通作恶。”按杨倞注，则“亡”当属下读：“虽欲无灭，亡得乎哉？”杨树达云：“按‘亡’字当如字，属上读，杨注误。[①]今案：杨倞注非，杨树达所云是。“灭亡”连文属辞在先秦典籍中屡见。如《谷梁传·襄公六年》：“莒人灭缯，非灭也，非立异姓以莅祭祀，灭亡之道也。”又：《公羊传·僖公十四年》：“天下诸侯相灭亡者，桓公不能救，则桓公耻之。”杨倞注不辨此“灭亡”为同义并列复词，误以疑问代词释之，使句读、词义理解皆误。

拆骈为单也属于不解语法之病。骈，指双音节的联绵词。有的解者不知联绵词不能分拆训解的特点，常犯望文生训的错误，这在前面“望文生训”小节中已经谈过，在后面“论证同音替代的问题”中也要接触这个问题，常见的例子如“狼狈”、“彳亍”、“踌躇”、“犹豫”这些联绵词，其书写形式有的多达十数种，面目

① 参见刘淇《助字辨略》第48页所引，中华书局，1954年。

变幻，识别困难，故拆骈为单、望文生训的现象在历代训诂资料中屡见不鲜，即使博雅通人，也偶有所失。我们现在掌握了这方面的理论，可以帮助我们在从事训诂工作和阅读古书时，准确理解词义，少犯常识性的错误。

第九章　训诂学与其他学科的关系

训诂学是一门既有综合性又具实用性的科学。训诂学作为语文学的一个部门，它跟语文学的其他各个部门如文字学、校勘学等都有密切的联系，跟语言学的各个分科如词汇学、音韵学、语法学、修辞学以及其他一些人文科学等都有密切的联系，它需要综合运用这些学科的理论、方法和成果来达到自己的研究目的。同时，训诂学因其解释古代文献语言的实用功能，故与一切涉及古书阅读、古籍整理的自然科学也存在着密切的联系。下面选择介绍训诂学与文字学、训诂学与音韵学、训诂学与语法学的关系。

第一节　训诂学与文字学

钱大昕说："有文字而后有训诂。"[①] 训诂家都强调"读书必先识字"，并且强调"形训"，认为以形求义是训诂学的一个重要方法。陆宗达说："在训诂学中，首先提出的课题是文字字形与词义的关系问题。无论是哪一个民族，要想研究本民族古代的语言，都必须通过古代的文字。因为口语必随时间而消逝，只有文字能超越时间和空间的限制而保留语言的部分面貌。不过，拼音文字所记录的是词的声音，通过声音才可考到词义。而汉字是表意文

① 见《经籍籑诂·序》。

字，字形直接以它所记录的词的意义为依据。因此，字形便成为考义的重要因素。”① 段玉裁说：“形在而声在焉，形声在而义在焉。”② 又说：“义出于形，有形以范之，而字义有一定。”③ 训诂既然是训释故言，而故言是有赖于文字的记载而流传至今的，所以不识文字，就无法认识故言。

然而，汉字在演变过程中，字体结构出现种种矛盾现象，如训诂家所谓的“声同义同而字异”之例，就是同一个词用不同的字去记录它，如《说文》云：“憺，安也”，又云：“倓，安也。”《广雅》云：“倓、憺，安也。”因詹、炎二声相通，是音同义同而字异。其他如繁简字、异体字、古今字，以及纷纭交错其中的通假字，都需要训诂工作者去加以识别整理。还有重文、或体、累增字、分别文等，都与训诂有关。例如籀文“盤”字，篆文作“槃”，古文作“鎜”，而甲文只作“般”，“般”像击盘之状，《诗经》云“考盤在涧”是也。后又于“般”下增加“皿”、“木”、“金”而为名词。由此可见，“般”与“盘”为累增字，“槃”与“鎜”为或体，“幋”、“鞶”“磐”为分别文。明白字形则明白训诂。另外，字体的历史变迁也与训诂有关，从最古的字形常常能看出字的本义，而后来讹变了的形体则往往看不出来，所以训诂与古文字学关系甚大。许慎的《说文解字》虽曾收录了一些古文字资料，但数量毕竟不多。宋代以后，出土的器物较多，有许多人去研究“款识文字”。到了清代末年，款识学盛行一时。吴大澂根据这些材料作《说文古籀补》。殷墟甲骨卜辞的发现，这更是古文字的宝藏。孙诒让根据这样的新材料来阐明汉字构成，力图使古文字的研究拨

① 见陆宗达、王宁《训诂方法论》第21页，中国社会科学出版社，1983年。

② 见《说文·言部》段注。

③ 见《说文解字叙》“假借”下段注。“詈”下段注。

开猜谜射覆的迷雾，走向科学的道路。近代古文字学的发达，为训诂学开辟了新的途径。例如《说文》：“民，众萌也。从古文之象。”文民，段玉裁说：“盖象盟生繁无之形。”按民字金文作（盂鼎），（克鼎）、（陈喜壶、齐器。见《文物》1961 年第 2 期）、（何尊、成王时器）。唐兰说：“民字从目，此铭中初见。”（见《文物》1976 年第 1 期）。都是象刺目之形。刺目是古代奴隶主对奴隶的一种酷刑。民字的本义是奴隶。所以《贾子·大政》说：“民之为言萌也，萌之为言盲也。”

汉代以后文字的研究，对训诂工作也是很重要的。隶书、草书、楷书，都有人做过搜集工作。楷书的问题最多：别字的问题、经生书的问题、唐以后的简体字、刻板流行以后的印刷体，都是近代文字学的研究对象。西陲所出的木简，敦煌所出的古写本经籍文书，近来发现的马王堆汉墓帛书等，也都是很重要的资料。训诂学应该重视这些资料，并有鉴别地吸收近代文字学的研究成果。例如：

《庄子·逍遥游》：“而后乃今将图南。”刘师培说：“上文两言徙南，此蒙彼言，图疑徙讹。《古文尚书》图作圗，或省作㐁，与徙形近而误。”按《逍遥游》：“海运则将徙于南冥。”《文选·谢灵运游赤石诗注》引此句徙字正作图。可为刘说确证。又按：“徙”与“徒”形相近，故“徒”、“图”二字也有混用致讹的情况，如《维摩诘经讲经》（斯三八七二）：“只徒来问疾，意要话其因。”项楚《补校》说：“徒字为图字音讹。”① 又《王梵志诗》“吾富有钱时”（〇〇二）：“从财不顾人，且看来时道。”张锡厚校记云：“从，原文作徒，据大正藏本改。”项楚云：“原文，‘徒’应作‘图’，音同而讹，敦煌卷子习见，如《父母恩重经讲经文》：‘不然与本教经纪，愧在徒儿立得身。’（《敦煌变文集》六八六页）‘徒’亦

① 见项楚《敦煌文学丛考》308、463 页，上海古籍出版社，1991 年。

应作‘图’。此诗前云‘吾富有钱时，妇儿看我好’；‘邂逅暂时贫，看吾即貌哨。’态度随贫富不同而改变，即是‘图财不顾人，也。’”①从上面二例看来，项楚是把“图”、“徒”二字当做同音致误来看待的；如果“图”与“徒”字可以形近而讹，则“徒”与“图”字也应该视作形讹才对；张锡厚校记将“徒”改为“从”，也是属于形近而讹。②

《庄子·养生主》：“砉然响然，奏刀騞然。”章炳麟说：“砉、騞二字，《说文》所无，无以下笔。据崔（譔）音砉为画，则字当作砉，从石圭声。然字从马，无由明其本义。”③自来解《庄子》的人，对砉騞二字字形都未作出解说。《辞海》1979年版也只释为“皮骨相离声”。吴承仕说：“砉为画之形讹。释可洪《藏经音义》随函卷二十三，出‘畫瓶’字，注云：‘上音话，正作画’”。此俗书形近致讹之证。使砉非误形，则《三苍》、《广雅》、《字林》、《韵集》之流，不应阙而不载。声大于砉者，古人于大物辄冠‘马’字，如马兰、马蓼、马蜩、马蚿等是。”④

汉字以形体为主，讹变是免不了的。我们应该准确地掌握汉字结构的基本规律，详审其讹变之由，仔细进行注音释义，这对训诂工作是很有用的。

第二节　训诂学与音韵学

顾炎武说：“考文自知音始。”⑤戴震说：“故训声音，相为表

---

① 见项楚《敦煌文学丛考》308、463页，上海古籍出版社，1991年。

② 见项楚《敦煌文学丛考》308、463页，上海古籍出版社，1991年。

③ 见章炳麟《庄子解故》。

④ 见吴承仕《经籍旧音辩证》。

⑤ 见顾炎武《答李子德书》。

里。”[①] 段玉裁说：“治经莫重于得义，得义莫切于得音。”[②] 王念孙说：“训诂之旨，本于声音。故有声同字异，声近义同，虽或类聚群分，实亦同条共贯。”[③] 自顾炎武以来，清代训诂学家都主张由声音以通训诂。他们超脱了字形的束缚，从语言的声音与意义的联系上认识古今语的演变、同源词的孳乳以及古代用字的通假现象，取得了很好的成果。章炳麟在乾嘉诸人研究的基础上，突破字形，探讨语音通转与词义演变的关系，从而探索语源问题，比乾嘉诸人大大前进了一步。章炳麟所著《文始》一书，为汉语语源学开辟了新的途径。

训诂工作利用音韵学的成果，取得了许多新的进展。主要有三个方面：第一，从音变规律通“古今异言”；第二，论证同音替代的问题；第三，探索语源。分别简述如下。

一、从音变规律通“古今异言”

语言史的事实清楚地显示出：语言在时间和空间的运动过程中都起着变化。四千多年来，汉语的历史发展中，语音和词汇的变化很多，语法的变化很少、很慢。

从书面的文字形式去看，古今汉语好像是两种语法结构，其实，这是语音和词汇变化的结果。语音虽然在变化，可是，汉语的语音特点、语音系统和语音格局却永远保持着。词汇虽然在发展，可是汉语的许多基本词汇和结构特点却永远保持着。排除书面的文字形式给我们造成的错觉，从语音演变规律着眼，才能够正确认识古今汉语的继承和发展。这对于训诂工作来说，是十分必要的。

---

① 见戴震《段玉裁〈六书单韵表〉序》。

② 见段玉裁《广雅疏证序》。

③ 见王念孙《广雅疏证·自序》。

例如："兄之子"，"之"这个结构助词，现代写作"的"。"之"变成"的"，这是音变的结果。我们知道，"之"字古音在舌头，经过颚化作用，在念书的时候变成[tai]了，在口语里仍然保存着舌头的念法，唐宋时就拿同音的"底"字去代表它，宋末元初又把它写成"的"了。

又如：指示代词或指示形容词，古代用"之"，《庄子·逍遥游》："之人也，之德也。"就是说："这样的人呀，这样的品德呀。"六朝时说"阿堵"，《世说新语·巧艺13》："顾长康画人，或数年不点目睛。人问其故。顾曰：'传神写照，正在阿堵中。'"后来又写作"阿底"、"兀底"、"兀的"。《西厢记》第四本第四折："兀的前面是草桥。"唐、宋、元的俗文学里写作"遮"、"者"、"只"、"这"等字。"阿堵"、"阿底"、"兀底"、"兀的"的"堵"、"底"、"的"和"之"字是同一个词，同是指示代词或指示形容词。"堵"、"底"、"的"保存了原样，"遮"、"者"、"只"、"这"经过颚化作用罢了。

语气词"也"，现代写作"呀"。《广韵·马韵》："也，羊者切。""呀"字在《中原音韵》十三家麻，赵荫棠标作 ia。[①] 上面说过："之人也"就是"这样的人呀"。《史记·刺客列传》："愿先生勿泄也。"又《史记·孙子列传》："寡人非此二姬，食不甘味，愿勿斩也。"这样的"也"字，元曲中还在沿用。《三英战吕布》："参谋，你放心也！"《智勇定齐》："孩儿也！你是庄户人家女儿。"《水浒传》："阿也！怎么道理教师傅坏钞。"这些"也"字不明明就是"呀"字吗？"也"字音变成[iɛ]，已经是元代以后的事了。《中原音韵》把"也"字列十四车遮，周德清还说："爷有衙，也有雅，夜有亚。"

从上面所举的例证来看，虚词的古今变换，从音变规律可以作确切的解释。现代口语所使用的虚词往往和古代不同，它们是

① 见赵荫棠《中原音韵研究》，商务印书馆，1936年。

音变的结果，但它们的语法功能却是一样的，它们的应用原则也是一样的。章炳麟说：

“古人自称曰我、曰吾、曰卬、曰言。我、吾、卬、言，初造字时实不相关，言语转变，遂皆成我义。低卬之卬，言语之言，岂为自称而造？因各地读音转变而借耳。又古人对人称尔、称女、称戎、称若、称而。《说文》尔作尒。既造尔为对人之称，其余皆因读音转变而草生之字。女即借男女之女，戎即借戎狄之戎，若即借择菜之若，而即借须髯之而。而无弹舌音，女戎若而皆入泥母。以今音准之，尔音未变，戎读为奴为侬，而读为奈，皆入泥母。今苏、泸、江、浙一带或称奈，或称你，或称奴，或称侬，则古今音无甚异也……阴阳对转乃言语转变之枢纽。言与我、吾与卬，亦阴阳对转也。”①

训诂学家和注释家常依靠异文来考察音变规律，考明词义。比如《尚书·尧典》：“辨秩东作。”《史记·五帝本纪》作“便程东作”。可知“秩”与“程”曾因音近而通用过。但“秩”在“屑”韵，“程”在“青”韵。仅从韵部看，“青”与“屑”确有很密切的关系。“呈”从“壬”声，在“青”部，而从“呈”声之字，有“戜”、“戴”、“鐵”都属“屑”韵。（《说文·二上·走部》“𧽘”下曰：“读若《诗》‘威仪秩秩’。”也可见“失”与“壬”声相通。）又“屮”字，《说文·一下·屮部》：“屮读若徹。”本在“屑”韵，而从“屮”得声之字有“蚩”、“鞿”，《说文》二字都“读若骋”，“骋”在“青”韵，又可证明“屑”、“青”二部关系密切。章太炎先生曾在论及“屮”与“壬”二字都指植物的茎挺，是同源字时，说到“屮”在“至”（即“屑”）韵，“壬”在“清”（即“青”）韵，

① 引自章炳麟《小学略说》。

"至"与"清"有次对转的关系。他的《成均图》也可以看出"至"与"清"的这种关系。有人批评他"转得太宽"。其实，太炎先生的《成均图》只不过表现了训诂音变实际存在的轨迹。从上面一系列情况来看，他的说法绝非都是主观臆断，而是对各种复杂的语音变化的现实情况的描写。通过"秩"、"程"异文，明确了"屑"与"青"可以相通这条音变规律，就可以用来解决训诂问题了。《史记·陈涉世家》："尉果笞广。尉剑挺，广起，夺而杀尉。"一般都训"挺"为"拔"。根据《说文·十二上·手部》："挺，拔也。"这又是一种望形而生训的错误：一则"尉剑拔"不合语法，正常词序应说"尉拔剑"；二则，也不符合当时的情况——尉正在"笞广"，并无杀广之意，何需于笞广之间拔剑呢？那么，"挺"应如何解释呢？其实，"挺"是"跌"的借字。《说文·二下·足部》："跌，踢也。"《汉书·王式传》："阳醉逷地。"颜师古说："逷，失据而倒也。"所以，徐广注《陈涉世家》"尉剑挺"这句时说："挺犹脱也。""挺"训"脱"，字应是"跌"。"跌"假借"挺"，正反映了"屑"与"青"两部的关系。[①]

利用汉语音韵学的研究成果，从语音演变规律以"通古今异言"，这对训诂工作来说，是十分必要的。

二、论证同音替代的问题

同音替代，就是在用字时不写本字而用一个音同或者音近的字来替代。这就是通假现象。通假现象在古代典籍中是常见的、普通的现象，在文学语言里又有一定的约定俗成的源远流长的影响。它是训诂工作中一个必须正确对待的问题。

现在我们举例说明古音通假的原则在训诂学上的运用。

---

① 说见陆宗达、王宁《训诂方法论》第110～112页，中国社会科学出版社，1983年。

《庄子·逍遥游》:“风之积也不厚，则其负大翼也无力。故九万里则风斯在下矣，而后乃今培风。”《释文》:“培，重也。”王念孙说:“培之言冯也，冯，乘也。（见《周官·冯相氏》注）风在鹏下，故言负；鹏在风上，故言冯。必九万里而后在风之上，在风之上而后能冯风，故曰而后乃今培风。若训培为重，则与上文了不相涉矣。冯与培声相近，故义亦相通。《汉书·周緤传》:‘更封緤为鄘城侯。’颜师古曰:‘鄘，吕忱音陪。而《楚汉春秋》作冯城侯。陪冯声相近。’是其证也。”[①]冯字古音在蒸部，培字古音在之部，蒸部与之部对转。

《荀子·劝学》:“强自取柱，柔自取束。”杨倞注:“凡物强则以为柱而任劳，柔则见束而约急，皆其自取也。”王引之不同意杨倞的解释。他说:“柱与束相对为文，则柱非谓屋柱之柱也。柱当读为祝。《谷梁传·哀公十三年》:‘吴夷狄之国也，祝发文身。’注:‘祝，断也。’《山海经·南山经》:‘招摇之山有草焉，其名曰祝馀。’祝馀或作柱馀，是祝与柱通。此言物强则自取断折，所谓太刚则折也。《大戴礼记》作‘强自取折’是其明证。”祝字古音在沃部，柱字古音在侯部，沃部与侯部古音密切相通。

《荀子·法行》:“瑕适并见，情也。”杨倞注:“适，玉之美泽调适之处也。”王念孙说:“适读为滴，经传通以适为谪。谪，亦瑕也。《老子》曰‘善言无瑕谪’，是也。《管子·水地》:‘瑕适皆见，精也。’精与情同。尹知章曰:‘瑕适，玉病也。’《说苑》曰:‘玉有瑕，必见之于外。’此言瑕适，而《说苑》但言瑕，是适即瑕也。杨读适为调适之适，失之。”[②] 按马王堆汉墓帛书《老子》甲、乙本“善言者无瑕谪”皆作瑕适，可为王说确证。章诗同在

---

① 见《读书杂志·徐篇上》，庄子“培风”条。

② 见《读书杂志·荀子第八》“瑕适并见情也”条。

《荀子简注》中说“瑕，玉上有斑点。适，美好。”[①]仍袭用杨说，这是值得商榷的。

以上是一般词语的通假现象。除一般词语外，古代的人名也出现了不同的书写形式。例如：曹刿，《左传·庄公十年》作曹刿。《吕氏春秋·贵信》作曹翙。《战国策·燕策》、《史记·鲁世家》、《刺客列传》作曹沫，《史记·鲁仲连列传》索隐作曹昧。刿、翙、沫、昧，皆当以古音求之，不能以字形为说。

古代联绵词也有不同的书写形式。例如：《说文》：“峙㠥，不前也。”《诗经·邶风·静女》“搔首踟蹰，则作踟蹰；《文选·思玄赋》注引韩诗作踌躇；《说文系传》引诗作踌躅；《易·垢》作蹢躅；《释文》又本作蹲躅；亦作蹢躅；《礼记·三年问》“踯躅焉，踟蹰焉”则作踯躅；《释文》踟蹰作踶蹰；《广雅·释训》：“蹢蝺，跢跦也。”则作跢跦；《易纬是类谋》；“物瑞騠䮷”，郑注云：“騠䮷犹踟蹰也。”或又谓之彳亍。

王引之说：“大氐双声迭韵之字，其义即存乎声，求诸其声则得，求诸其文则惑也。”[②]上面举的峙㠥，踟蹰、踌躇、踌躅、蹢躅、踯躅、踶躅、跢跦、騠䮷、彳亍诸词，字形不同，古声实相通，这些都应当求诸其声，不可执著书写形式。

“犹豫”本是双声联绵词。唐以前对这个词就有许多望文生训的解释。王引之说：“犹豫，双声字也。字或作犹与，转之则曰夷犹，曰容与。《楚辞·九歌》：‘君不行兮夷犹。’王注曰：‘夷犹，犹犹豫也。’《九章》曰：‘然容与而狐疑。’容与亦犹豫也。《离骚》曰：‘心犹豫而狐疑兮。’《史记·李斯传》曰：‘狐疑犹豫，后必有悔。’狐疑、犹豫皆双声字。后人误读狐疑二字，以为狐性多疑故曰狐疑。又因《离骚》狐疑、犹豫相对为文，而谓犹是兽名，

① 见章诗同《荀子简注》第330页，上海人民出版社，1974年。

② 见《经义述闻·通说上》。

犬随人行，每豫在前，待人不得，又来迎候，故曰犹豫。或又谓犹是兽名，每闻人声，即豫上树，久之复下（须臾又上，如此非一），故（不决者称）曰犹豫。或又以豫字从象，而谓犹豫俱是多疑之兽。以上诸说，俱见于《颜氏家训》、《礼记正义》及两《汉书》注、《文选》注、《史记索隐》等书。夫双声之字本因声以见义，不求诸声而求诸字，固宜其说之多凿也。”①

关于同音替代即古音通假的问题，《说文解字》里早就提出了。《说文》里常常提到某读若某，就是指出古代文献里的通假现象。段玉裁注《说文》谓“凡言‘读若’者皆拟其音也；凡传注言‘读为’者皆易其字也。字书但言其本字本音，故有‘读若’无‘读为’也”。② 段氏这个说法值得商榷。《说文》里的“读若”，不仅拟其音，实际上是在指明通假现象。钱大昕说：“许氏所云读若者，皆古书假借之例。假其音，并假其义，音同而义亦随之，非后世譬况为音者可同日而语也。近世尊信《说文》者，欲取经典正文悉改而从许氏之体，是又未喻许君通假之例矣。”③例如：

勼读若鸠，聚也。鸠，鹘，鸠也，鸟名。《书》：“方鸠僝功。”鸠，借字，本当作勼。《书》传云：“鸠，聚也。”与《说文》字义合，而今本作鸠，不作勼。

敷读若杜，敷，闭也。杜，甘棠也。《周礼》：“犯令陵政，则杜之。”《汉书·王陵传》：“杜门不出。”杜，借字，本当作敷。《周礼》郑注：“杜之者，杜塞使不得与邻国交通。”《汉书》颜师古注：“杜，塞也。”皆与《说文》敷字义合，而今本作杜，不作敷。

㡝读若楚，㡝，伤酢也。楚，丛木，一名荆也。《后汉书·王允传》：“不欲使更楚辱。”《文选·陆士衡诗》：“慷慨含辛楚。”

---

① 见《经义述闻·通说上》。

② 见《说文》示部禜下段注。

③ 见《潜研堂文集》卷三、《古同音假借说》。

楚，借字，本当作𣃆。《后汉书》注云："楚，苦痛。"《文选》注云："楚，犹痛也。"皆与𣃆字义合，而今本作楚，不作𣃆。

𢻱读若豤，𢻱，有所治也。豤，啮也。《国语·周语》："豤田若艺。"《广雅·释诂》："豤，治也。"与《说文》𢻱字义合，而今本作豤（后出字作垦）不作𢻱。

文字是历史地演化着的，文字也有它的社会性。上面举的"𠣞"、"𣪘"、"𣃆"、"𢻱"等字被借字"鸠"、"杜"、"楚"、"豤（垦）"等字取代后，这些借字就约定俗成地习用了。没有必要"取经典正文悉改而从许氏之本"。但是，辨识本字和借字，对于探索一个词的语源义，仍是十分必要的。

三、探索语源

从汉代开始人们就做了不少的探索语源的工作。他们从一个词的语音与语义的关系上追溯它得名的由来，探索它的语源义。《说文》和《毛诗诂训传》里已经出现了许多用声音推求语源的例子。刘熙著《释名》企图因声求义，是汉语语言学史上筚路蓝缕的一位语源学家。

清代训诂学家凭借古音学的成果，研究语源问题、研究同源词里各个词之间的派生关系，取得了新的进展。章炳麟的《文始》，以语言为枢纽，"比其声韵，讨其类物"，为汉语语源学开辟了新的途径，指出了训诂学发展的一个重要的历史方向。当然，"《文始》不能无疵"。[①] "惜比次异同的音的变换条件不严。"[②]草创之难容有未密，讨论修饰，就希望"后出转精"了。

语言的语音、词汇和语法的发展，一般都是通过一个个具体

---

① 引自王力《新训诂学》。

② 见严学窘《论汉语同族词内部屈折的变换模式》载《中国语文》1979年第2期。

的词的历史发展反映出来的。研究词义发展的规律更需要以词源的研究作为基础。

词源的探索，也就是近代语义学所说的词的“内部形式”的探索。词的内部形式又叫词的词源结构。在现代汉语里，最常用的构词法是词的复合法。例如：“料理”、“调度”、“希望”、“营养”、“奇数”、“偶数”，这些词的内部形式是显而易见的。这些词的语义学的内部形式的分析和构词法用得最多。例如：“葚”、“椹”、“黮”、“黕”、“黵”、“黲”、“點”、“玷”、“黷”等单音词，“果裸”、“苦蒌”、“科斗”、“壶卢”、“活东”、“颗冻”、“款冬”等复音词，它们都是单纯词，它们内部形式的分析就不是构词法的词素分析所能胜任的了。如果把词的内容形式这个语义学的概念跟构词法的词素分析混为一谈，或者认为单纯词没有内部形式，或者竟以构词法的词素分析法去分析单纯词，这样的看法和做法都是错误的。

探索单音节词的语源是比较困难的。《说文·艸部》里作了一些探索。例如《说文》：“莍茮椒实，裹如求者。”认为“求”就是“莍”的得名之由来，就是“莍”的语源。《毛传》里也作了一些探索。例如《诗经·召南·行露》：“何以速我狱。”《毛传》：“狱，确也。”认为“确”就是“狱”的得名之由来，就是“狱”的语源。陆宗达曾举此两例作为推求语源的例子。[①] 杨树达曾举邕声的字有“蔽塞”义。《说文·川部》：“邕，邑四方有水自邕成池也。从川、从邑。”从邕声的字有：齆、雝等，皆有“蔽塞”义。[②] 刘师培作《正名隅论》详证古韵同部之字，义多相近。[③] 他们或从形声字的声符，或从古韵部以探索语源。清代阮元作《释门》[④] 更

① 见陆宗达《训诂简论》第112页，北京出版社，1980年。

② 见《积微居小学金石论丛》卷一。

③ 见《左盦外集》卷六。

④ 见《揅经室集》卷一。

是综合古声、古韵的演变以上溯语源的。

由语义学构词法派生的新词跟原词一起构成一个词族。训诂学把这个原词叫做“语根”。新词跟语根的关系，有的比较明显，如“葚”、“椹”、“黮”等字，它们的内部形式是“黑色”。《说文·艸部》：“葚，桑实也。”《诗经·卫风·氓》：“毋食桑葚。”《释文》：“本又作椹。”又作黮，如《诗经·鲁颂·泮水》：“食我桑黮。”《说文·黑部》：“黮，桑葚之黑也。”《广雅·释器》：“黮，黑也。”《说文·黑部》：“黕，滓垢也。”《广韵》上声感韵：“黕，黑也。”《说文·黑部》：“黵，大污也。”《广韵》上声取韵：“黵，大污垢黑。”《说文·黑部》：“黪，浅青黑也。”《广雅·释器》：“黪，黑也。”《说文·黑部》：“黇，小黑也。”《说文·黑部》：“黬，虽皙而黑也。”春秋时人曾黇和奚容箴都字皙。箴为黑，皙为白，是所谓以“对文”命字。黬是箴的后起加形旁字。《说文·老部》：耇，老人面如黇处。”《诗经·大雅·抑》：“白圭之玷，尚可磨也。”玷即玉的黑斑。

有些新词跟语根的关系不太明显，我们可以以语音为枢纽，结合语义以探索语源。例如：

《论语·述而》：“文莫，吾犹人也。”何晏《集解》：“莫，无也。无文者，犹俗言不文也。文不吾犹人者，凡言文皆不胜于人。”这是望文生训。杨慎《丹铅录》引晋奕肇《论语驳》曰：“燕齐谓勉强为文莫。”勉强即勤勉之意。《说文》：“勿，州里所建旗，所以趣名，故遽称勿勿。”王羲之《杂贴》：“吾顷至勿勿。”勿勿正是急遽义。由急遽义引申为勤勉。《大戴礼记》：“君子终身守此勿勿也。”语转而为“虙虙，为“黾勉”，为“闵勉”，为“敏勉”，为“蠠没”（《尔雅》：“蠠没，勉也。”），为“密勿”（《毛诗》“黾勉同心”《文选注》引《韩诗》作“密勿同心”），为“侔莫”（《方言》：“侔莫，强也”），为“文莫”。阮元引刘端临说：“文莫吾犹人也，犹曰黾勉吾犹人也。后人不解，读‘文’句，误矣。”[①]

又如“果裸”，黄侃说：“音之拟物形者，如果，木实也。象果形，在木之上。此以音状其长圆也。从声以来，则有瓜，蓏也，象形……瓜之音衍长之，则曰瓜蓏；在果亦曰果裸，声变为苦蒌。虫有果蠃，鸟亦有果蠃，其形大氐似也。苦蒌一变为壶卢，今俗物形长圆者，目为壶卢形，犹古义也，壶卢之字曰瓠。由苦蒌而稍变之，曰科斗，曰活东，曰颗冻，曰款冬，所属不同，而形皆有似者……俗语有胍肫，大腹之貌，有骨朵，或以目花之未舒，或以目器之圆者，北人今犹呼科斗为虾蟆骨朵也。此类肖形之音，但据形而更不分辨其所属。《荀子》云：‘物有同状而异所者，予之一名。’即此理也。”[②]

第三节　训诂学与语法学

语义和语法的关系是很密切的，语言诸要素的分析，应当把各要素看做一个有机的、互相制约的结构网络，不能孤立地进行某一要素的分析。古人说的“详训诂，明句读”，是在训诂实践中总结出的好经验。所以，训诂工作除了与文字、音韵发生联系而外，还离不开语法学的帮助。下面仅就词性、词序和构词法三方面，来介绍语法问题与训诂的关系。

一、词性影响词义

训诂实践证明，释词必须审准词性。如果将虚词误解为实词，就会误解文意。远在汉代学者的传注中就有“某，辞也”之例，如《毛传》云：“薄，辞也。”（“芣苡”）“载，辞也。”（“载驰”）

① 见《揅经室集》卷一。

② 见黄侃《声韵略说·论字音之起源》。

辞即词，后来专指虚词，但汉人对语法尚缺乏明显的认识，所以王引之批评说：

自汉以来，说经者宗尚雅训，凡实义所在既明著矣，而语词之例则略而不究；或即以实义释之，遂使其文扞格，而意亦不明。如由，用也；猷，道也。而又为词“之”、“于”，若皆以“用”与“道”释之，则《尚书》之“别求闻由古先哲王”，《大诰》“猷尔多邦”，皆文义不安矣。凡此者其为古之语词，较然甚箸，揆之本文而协，验之他卷而通，虽旧说所无，可以心知其意者也。[①]

王氏父子在认识古虚词上贡献甚大，创新颇多，这里略举几例，以见语法与训诂的关系。

1. 来，语词。《谷风》篇：“不念昔者，伊予来塈。”引之案：伊，惟也；来，犹是也。皆语词也……凡诗中“来”字，如此篇之“伊予来塈”，及《四牡》之“将毋来谂”、《采芑》之“荆蛮来威”、《桑柔》之“反予来赫”、《江汉》之“淮夷来求”、“淮夷来铺”、“王国来极”，皆是语词。解者皆训为往来之来，遂致诘屈为病，说见《释词》。[②]

来，句中语助也。《庄子·大宗师》篇：“子桑户死，孟子反，子琴张相和而歌曰：‘嗟来桑户乎，嗟来桑户乎！’”嗟来犹嗟乎也。[③]

来，句末语助也。《孟子·离娄》篇曰：“盍归乎来！”《庄子·人间世》篇曰：“尝以语我来。”又曰：“子其有以语我来。”

① 见《经传释词·序》。

② 见《经义述闻》卷五。

③ 见《经传释词》卷七。

“来”字皆语助。[①]

2. 率，词也。《汤誓》“夏王率遏众力，率割夏邑，有众率怠弗协”之类是也。字通作“乱”。乱者，率之借字也……《雒诰》曰：“乱为四辅”，率为四辅也。又曰：“乱为四方新辟”，率为四方新辟也。今文《尚书·立政》曰：“乱谋勔用丕训德。”率谋勔用丕训德也。下文“率惟谋从容德”，文义正相合也。“乱”与“率”同，皆语词而无意义。[②]

3. 为，语助词。《汉书》：“臣愚以为非冠带之国，《禹》、《贡》所及，春秋所治，皆可且无以为。”师古曰：“为，犹用也。”引之曰：“皆可且无以用”殊为不词。今案：“无以”者，无用也。“为”，语助耳。《论语》曰：“何以文为？”、“何以伐为？”言何用文、何用伐也。又曰：“虽多亦奚以为？”言虽多何用也。“为”字皆是语助。[③]

段玉裁也很重视词性问题，他在注解《说文》时发现，汉人训诂中凡是用“所以”二字的，则表示所解释的词是名词。如：

《说文·聿部》：“聿，所以书也。”段玉裁注：“以，用也。聿者，所用书之物也。凡言‘所以’者视此。”

从这种语法观点出发，段玉裁校订了《说文》里一些名词说解的“所以”多被后人删去。如：

《说文·革部》：“靷，引轴也。”段玉裁注：“‘所以’、‘者’

① 见《经传释词》卷七。

② 见《经传释词》卷四。

③ 见《读书杂志·汉书第十一》“无以为”条。

字，依杨注荀卿补。凡许书‘所以’字，浅人往往删之。”《说文·木部》：“梳，理发也。”段注：“‘所以’二字今补。器曰梳，用之理发因亦曰梳。凡字之体用同称如此。”

马瑞辰在《毛诗传笺通释》里运用句型对比来确定词性。如：

《诗经·小雅·采薇》：“我戍未定，靡使归聘。”郑玄笺：“我方守于北狄，未得止息，无所使归问，言所以忧。”马瑞辰则认为：“此承上‘我戍未定’言之，言其家无所使人来问，非谓无所使人归问。归当读为倁。《方言》：‘倁，使也。’《玉篇》亦云：倁，使也。笺云：‘无所使归问’者，知归为倁之省借。以使释归，犹云靡所使问。与《桑柔》诗‘靡所止疑’，‘靡所定处’句法正同。”①

又《采绿》：“之子于钓，言纶之绳。”郑玄笺：“纶，钓缴也。”马瑞辰认为：“纶为绳名，亦为纠绳之称。《说文》：‘纶，青丝绶也。’《文选·西都赋》李注、《急就篇》颜注引《说文》并作纶。纠，青丝绳也。《说文》又云：纠，三合绳也。钓缗谓之纶，纠绳亦谓之纶。‘之’犹其也。言纶之绳犹云言纠其绳。正与‘言韔其弓’句法相类。”②

二、词序影响词义

汉语的语法结构中，词在句里的顺序占重要地位。如古汉语中宾语的位置问题，有些与现代汉语有不同的地方，如果弄不清楚，则训诂失误。如《孟子》：“晋国，天下莫强焉。”是“天下莫强于晋国”的倒文。《诗经·小雅》：“无不尔或承。”是“无或不承尔”的倒文。《书·酒诰》：“人无于水监，当于民监。”是“人

① 见《毛诗传笺通释》卷十七。

② 见《毛诗传笺通释》卷二十三。

无监于水，当监于民”的倒文。《汉书·郑吉传》颜师古注：“中西域者，言最处诸国之中。”意思是“处诸国之最中”。《左传·襄公三十年》：“无不祥大焉。”意思是“不祥莫大焉”。这种情况，俞樾《古书疑义举例》和刘师培的《古书疑义举例补》言之甚详。

三、构词影响词义

不明上古的某些特殊构词法，则易误解词义。如有一种同义并列结构，值得训诂家注意。例如：

《诗经·小雅·鸿雁》：“维此哲人，谓我劬劳。维彼愚人，谓我宣骄。”《毛传》：“宣，示也。”王引之认为“宣骄”是同义并列词组。他说：“‘宣骄’与‘劬劳’相对为文。劬亦劳也；宣亦骄也……宣骄犹言骄奢，非谓宣示其骄也。笺曰：‘谓我役作众民为骄奢。’于义为长。”[①]

《左传·文公十八年》：“天下之民谓之饕餮。”杜预注：“贪财为饕，贪食为餮也。”王引之引王念孙的话说：“传曰‘贪于饮食，冒于货贿，侵欲崇侈，不可盈厌，聚敛积实，不知纪极。天下之民，谓之饕餮。’是贪财贪食总谓之饕餮。饕餮一声之转。不得分贪财为饕，贪食为餮。《吕氏春秋·先识篇》曰：‘周鼎著饕餮，有首无身，食人未咽，害及其身。’盖饕餮本贪食之名，故其字从食。因谓贪得无厌者为饕餮耳。”[②]

《史记·张仪列传》：“已而见之，坐之堂下，赐仆妾之食，因而数让之曰……”司马贞《索隐》：“谓数设词而让之。让亦责也。数音朔。”王念孙不赞同这个解释。他说：“小司马读数为频数之数，非也。秦初不见仪，至是始一见，即责以数语而谢去之。未

① 见《经义述闻》卷六。

② 见《经义述闻》卷十七。

尝数数责之也。数读如‘数之以王命，之数。高注《秦策》曰：‘数，让也。’《广雅》曰：‘数、让，责也。’数让连文，犹诛让连文。古人自有复语耳。”①

王念孙把同义并列结构称为“复语”。王引之《经义述闻》总结了这方面的现象，提出“经传平列二字上下同义”的规律。他说：

古人训诂，不避重复。往往有平列二字，上下同义者，解者分为二义，反失其指。②

俞樾《古书疑义举例》继承了这个说法，并且有所发挥。

还有一种复词偏义的情况，即并列的两个词素中有一个词素提供意义，另一个词素仅为陪衬。如：

①鼓之以雷霆，润之以风雨（《易·系辞》）

②信建大将之旗鼓。（《史记·淮阴侯列传》）

③大夫不得造车马。（《礼记·玉藻》）

④歌呼呜呜快耳目者，真秦之声也。（《史记·李斯列传》）

以上“风雨”、“旗鼓”、“车马”、“耳目”这些复词，只有其中的“雨”、“旗”、“车”、“耳”有意义，另一个词素是连类而及，只有陪衬作用。又如：

---

① 见《读书杂志·史记第四》“数让之”条。

② 见《经义述闻》卷三十二。

①多人不能无生得失，生得失则语泄。(《史记·刺客列传》)

②缓急无可使者。(《史记·仓公列传》)

③养老幼于东序。(《礼记·文王世子》)

④成此祸福端。(晋，欧阳建《临终》诗)

以上“得失”、“缓急”、“老幼”、“祸福”诸词只有“失”、“急”、“幼”、“祸”的意思，另一个词素只是陪衬，这是反义词并举。

另外有一种“大名冠小名”的结构方式，如：

《礼记·月令》：“(孟夏)行春令，则蝗虫为灾。”又“(仲冬)行春令，则蝗虫为败。”王引之认为：“蝗虫皆当为虫蝗。此言虫蝗，犹上言‘虫螟’，亦犹《礼》言‘草茅’，《传》言‘鸟乌’，《荀子》言‘禽犊’，今人言‘虫蚁’耳。《汉书·五行志》引《京房易传》曰：‘厥风微而湿，生虫蝗，害五谷。’《说文》曰：‘禽兽虫蝗之怪谓之𧃒。’是也。后人不知而改为蝗虫，谬矣。注及正义作‘蝗虫’，《释文》出‘则蝗’二字而无‘虫’字，皆是后人所改。自宋抚州本已然，而各本皆沿其误。”①

俞樾提出的“以大名冠小名例”，正是根据王引之这条立说的。

《荀子·正名篇》曰：“物也者，大共名也；鸟兽也者，大别名也。”是正名百物，有共名别名之殊。乃古人之文，则有举大名而合之于小名，使二字成文者。如《礼记》言“鱼鲔”，鱼其大名，“鲔”其小名也。《左传》言“鸟乌”，鸟其大名，乌其小名也。《孟子》言“草芥”，草其大名，芥其小名也。《荀子》言“禽犊”，禽

---

① 见《经义述闻》卷十四。

其大名，椟其小名也。皆其例也。[①]

《诗经》里的词头和叠字现象，也是训诂家们注意研究的现象。如《邶风·击鼓》“忧心有冲”，即“忧心冲冲”（依王筠《毛诗双声叠韵说》）。《豳风·七月》“昼尔于茅”，“于”字为名词“茅”的词头，这里的“茅”是名词用作动词。《大雅·文王》“无念尔祖”，“无”字是词头，等等。关于叠字，如《周南·卷耳》：“采采卷耳。”《芣苡》：“采采芣苡。”《曹风·蜉蝣》“采采衣服。”《秦风·蒹葭》“蒹葭采采。”“采采”一词，毛亨、郑玄、朱熹、陈奂都把这一叠词（重言）解释为动词，认为是“采而不已”。戴震在《诗经补注》里认为“采采”是形容词，是“众盛貌”。清代王筠在《毛诗重言》里即把重言分为“重言不取义者”和“兼取义者”两类，按照现代的术语来说，即“构词”重叠和“构形”重叠两类。那么《卷耳》等诗的“采采”则属于构词重叠，词素意义在新词里。戴震之前的训诂家们没有认识到这种语法特点，所以望文生训，出现了误解。

① 见《古书疑义举例》卷三。

【拓展阅读材料】

第十章　训诂学在人文科学中的应用

作为传统语言学的一个门类，训诂学除了与其相关学科文字学、音韵学、语法学、校勘学等关系至密而外，还因其应用功能与诸多人文学科有关。凡有较长发展历史的人文学科，它们在研究自己的历史、解读本学科的历史文献时，没有不借助训诂手段的。甚至可以这样说，能否充分而正确地利用训诂手段，关系着这门学科对自身历史的认识和学科性能的充分开发。下面我们以法学、舞蹈和军事三科为例，来看看训诂学在这些学科中的应用。

第一节　法学中的训诂

法学在中国历史中有着悠久的历史，它在历代政权中占有重要的地位。立法、司法以及刑法诸内容，在古代文献中随处可见。因此，训诂资料中有许多涉及法学的内容，法学研究中也不乏训诂知识的应用。

这里仅以清末法学家沈家本的《历代刑法考》中的材料为例，来看看训诂知识在法学中的应用。

《历代刑法考》是一部系统整理我国法制史数据的专书，这部书以训诂考据为手段，以法制研究为目的，集史学、法学、训诂于一书，实属晚清实学派考据的代表作。王宁认为：“这是一部法学与史学推动下成功的训诂实践，具有乾嘉时代正统派学者考据工作中不可能产生的诸多特色，它所采用的方法，对传统语言学的发展有着不容忽略的价值。在法制史研究之外，这部书应当作为晚清实学派的训诂代表作，受到传统语言学研究者的重视。”①

基于这等引介，我们专此选录数则如下。

醢 附脯

《离骚》：“不量凿而正柄兮，固前修以菹醢。”王逸注：“菹醢，龙逢、梅伯是也。”

按：桀杀关龙逢，他书不言。菹醢，唯见此注。王逸，汉人，当别有所本，故列于首。《庄子·胠箧篇》：“龙逢斩。”②

《礼记·明堂位》：“昔殷纣乱天下，脯鬼侯以飨诸侯。”郑注：“以人肉为荐羞，恶之甚也。”孔疏：“脯鬼侯者，《周本纪》作‘九侯’。‘九’与‘鬼’声相近。”

按：见《殷本纪》，作“醢九侯”，“脯”与“醢”不同，详下。

《殷本纪》：“九侯有好女，入之纣。九侯女不憙淫，纣怒，杀之，而醢九侯。鄂侯争之强，辨之疾，并脯鄂侯。”《集解》徐广曰：“一作‘鬼侯’。邺县有九侯城。”《正义》：“《括地志》云：相州滏阳县西南五十里为九侯城，亦名鬼侯城，盖殷时九侯城也。”《吕氏春秋·行论篇》：“昔者纣为无道，杀梅伯而醢之，杀鬼侯而脯之，以礼诸侯于庙。”高注：“肉酱为醢，肉熟曰脯。梅伯、鬼侯，皆纣之诸侯也。梅伯说鬼侯之女美，令纣取之，纣听妲己之谮，曰以为不好，故醢梅伯，脯鬼侯，以其脯燕诸侯于庙中。”又《过理篇》：“刑鬼侯之女而取其环，杀梅伯而遗文王其醢，不适也。”高注：“听妲己之谮，杀鬼侯之女以为脯，而取其所服之环也。”

---

① 引自王宁《训诂学原理》第 192 页，中国国际广播出版社，1996 年。

② 这里的“按”指沈家本的按语，凡编者的按语曰“宋按”。

《春秋繁露·王道》:“杀梅伯以为醢,刑鬼侯之女取其环。”《离骚》:“后辛之菹醢兮,殷宗用而不长。”

按:鬼侯之事,诸书皆言脯,独《史记》以为醢。梅伯之事,诸书相同,独《史记》不称梅伯。高诱又称以鬼侯之女为脯,而诸书皆不及,此并传闻之异辞。纣之暴虐,无所不至,故《书》云“纣之罪,浮于桀”也。

《礼记·檀弓》:“孔子哭子路于中庭,有入吊者,而夫子拜之。既哭,进使者而问故。使者曰:‘醢之矣。’”郑注:“醢之者,示欲啖食以怖众。”遂命覆醢。

按:此哀十五年事,《左传》但称结缨而死,不言醢,此传闻之异。然卫庄昏暴,不必无此事也。

《左传》:“庄十二年,宋人请猛获于卫。卫人归之。亦请南宫万于陈,以赂。陈人使妇人饮之酒,而以犀革裹之,比及宋,手足皆见。宋人皆醢之。”杜注:“醢,肉酱。并醢猛获,故言皆。”

按:二人弑君之贼,故宋人醢之,非常刑也。

“襄十九年,庄公即位,执公子牙于句渎之丘。以夙沙卫易己,卫奔高唐以叛。齐庆封围高唐,弗克。高唐人殖绰、工偻会夜缒纳师,醢卫于军。”

按:庄公恨卫,故醢之。

《汉书·刑法志》:“令曰:‘当三族者,皆先黥,劓,斩左右止,笞杀之,枭其首,菹其骨肉于市。’”颜师古曰:“菹谓醢也。”《黥布传》:“汉诛梁王彭越,盛其醢以遍赐诸侯。至淮南,淮南王方猎,见醢,因大恐。”颜师古曰:“反者被诛,皆以为醢,即《刑法志》所云‘菹其骨肉’是也。”《李陵答苏武书》:“韩彭菹醢。”

按:菹醢,秦法之极惨者也,汉承用之,并着于令。惠帝时虽已除之,而《吴王濞传》胶西王印之谒弓高侯曰“敢请菹醢之罪”,是其名尚在人心目间也。迨新垣平又有夷族之事,重法之难除也如此。始作俑者，可胜诛哉！

《晋书·刑法志》：“至于谋反大逆，临时捕之，或污潴，或枭菹，夷其三族，不在律令。”

按：晋时菹醢，不着律令，而其事出于临时，视汉已宽矣。

炮格　“格”作“烙”

《御览》六百四十七：《符子》曰：“桀观炮烙于瑶台，谓龙逢曰：‘乐乎？’龙逢曰：‘乐。’桀曰：‘观刑何无恻怛之心？’龙逢曰：‘天下苦之而君以为乐，臣君之股肱，何不悦乎？’桀曰：‘听子谏，谏得我改之，谏不得我刑之。’龙逢曰：‘臣观君冠危石也，臣观群履春冰也，未有冠石而不压，蹈（履）春冰而不陷。’桀笑曰：‘是日亡则与俱亡，子知我之亡而不自知亡乎？子就炮烙之刑，或观子。’龙逢趋而歌曰：‘造物劳我以生息，我（以）炮烙故涉薪，我乐而人不知。’赴火而死。”

按：炮格之法，纣所作也，此言桀有炮烙之刑。《韩非》、《淮南》又兼桀、纣言之，说见下。

《史记·殷本纪》：“百姓怨望而诸侯有畔者，于是纣乃重刑辟，有炮格之法。”《集解》：“《烈女传》曰，膏铜柱，下加之炭，令有罪者行焉，辄堕炭中，妲己笑，名曰炮格之刑。”《索隐》：“邹诞生云，格，一音阁。”又云：“见蚁布铜斗，足废而死，于是为铜格，炊炭其下，使罪人步其上。”与《烈女传》少异。

按：炮格，宋本如是，今本讹作“炮格”。段玉裁云：“炮烙本作炮格。”

《江邻几杂志》引陈和叔云《汉书》作“炮格”。今案《索隐》云云，又杨倞注《荀子·议兵篇》“音古责反”，观邹、杨所音，皆是“格”字无疑。郑康成注《周礼·牛人》云，互若今屠家县肉格意。纣所为亦相似。庋格、庋阁，两音皆可通。《吕氏春秋·过理篇》云“肉圃为格”，高氏注：“以铜为之，布火其下，以人置上，人烂堕火而死。”《烈女传》所说亦相类，是其为“格”显然。而但以燔灼为义，今诸书皆为后人改作“炮烙”矣。王氏念孙云：“《汉书》谓《谷永传》‘榜棰㬢于炮格’也。”师古曰：“膏涂铜柱，加之火上。”此正释“炮格”二字，而今本亦改为“炮烙”矣。

《韩非子·难势篇》：“桀、纣为高台深池以尽民力，为炮烙伤民性。”《淮南子·俶真训》：“逮至夏桀、殷纣，燔生人，辜谏者，为炮烙，铸金柱。铸金柱，然火其下，以人置其上，堕陊火中，而对之笑也。剖贤人之心，析才士之胫，醢鬼侯之女，菹梅伯之骸。”

按：此二书述炮烙事，并兼桀、纣二人言之，纣作炮烙见《殷本纪》，而《夏本纪》不载桀事。《竹书纪年》亦言纣作炮烙之刑，而桀无之。邹诞生言“纣见蚁布铜斗而为炮格”，《淮南子·齐俗训》云“炮烙生乎热斗”，高诱注：“庖人进羹于纣，热以为恶，以热斗杀之。赵国斗可以杀（人），故起炮烙。”可见前无此刑，纣始作之也。罗泌《路史》发挥云：“炮烙之事，考之书则纣之行，不闻其为桀也。大抵书传所记桀、纣之事多出模仿。如《世纪》等倒拽九牛，抚梁易柱，引钩申索，握铁流汤，倾宫瑶室，与夫璇台三里，金柱三千。车行酒，骑行炙，酒池糟丘，脯林肉圃，宫中九市，牛饮三千。丘鸣鬼哭，山走石泣，两日并出，以人食兽。六月猎西山，以百二十日为夜等事。纣为如是，而谓桀亦如是，是岂其俱然哉？”观于罗氏此说，则炮烙之事，可以类推矣。

《周本纪》：“西伯乃献洛西之地，以请纣去炮格之刑，纣许之。”

按：纣因天下怨畔而重刑辟，肆其暴虐，而终于灭亡。文王献地，请去炮烙之刑，而周室以兴。一兴一亡，肇于仁暴，后之议刑者，当知此意。

《辽史·刑法志》：“穆宗嗜酒好猎，不恤政事，五坊、掌兽、近侍、奉饍、掌酒人等，辄加炮烙、铁梳之刑。甚者至于无算。”

《穆宗纪》:“应历十五年三月，虞人沙剌迭侦鹅失期，加炮烙、铁梳之刑而死。”

按：穆宗凶暴，故用此等刑法，辽代本有烙法，此所谓炮烙者，亦即为常用之烙法，故至于无算而人不必遽死，与殷纣之炮格迥不同也。

又云:“拷讯之具有鞭烙法，凡烙三十者鞭三百，烙五十者鞭五百。”

《左传》:“昭二十七年，将师退，遂令攻郤氏，且爇之。子恶闻之，遂自杀也。国人弗爇。令曰:‘不爇郤氏，与之同罪。’或取一编菅焉，或取一秉杆焉，国人投之，遂弗爇也。令尹炮之。”杜注:“烧燔郤宛。”《正义》曰:“令尹炮之一句，是鄢将师令众之辞。”服虔云“民不肯爇也，鄢将师称令尹使女燔炮之。燔、炮、爇，皆是烧也。”

按：郤宛自杀，杜注云“烧燔郤宛”，似为烧其尸。然依《传》文，乃是烧郤宛之家，非烧郤宛。杜语微欠分晓。

宋按：沈氏考证“炮格”之刑的所始朝代，据《史记·殷本纪》、《夏本纪》以及《竹书纪年》等史书，得知此刑始兴于商纣；但是，又认为《韩非》、《淮南》二书述炮烙之事，并兼桀、纣二人言之。于是详加考辨，引例甚多。实则沈氏考证之结论不误，而《韩非》、《淮南》所记亦有可说。此训诂学中之“连类而及”，因纣而连及桀罢了，非实有桀事。

烹 《史记》、《汉书》皆作“亨”，古“烹”也

《左传》:“襄四年，羿犹不悛，将归自田，家众杀而亨之，以食其子。其子不忍食诸，死于穷门。”

按：此烹之见于夏时者，然是既杀而烹，与烹人之事少异。

《殷本纪》:“纣囚西伯羑里。”注:“《帝王世纪》云，囚文王，文王之长子曰伯邑考，质于殷，为纣御，纣烹为羹，赐文王，曰

‘圣人当不食其子羹’。文王食之。纣曰：‘谁谓西伯圣者？食其子羹尚不知也。’”

按：烹人子以食其父，纣之暴虐滋甚，非殷之常法也。

《史记·齐太公世家》：“哀公时，纪侯谮之周，周烹哀公。”《集解》徐广曰：“周夷王。”《周本纪》：“是为夷王。”《正义》：“《纪年》云，三年，致诸侯，烹齐哀公于鼎。”《韩子·十过篇》：“公曰：‘然则易牙何如？’管仲曰：‘不可。夫易牙为君主味，君之所未尝食唯人肉耳，易牙蒸其子首而进之，君所知也。人之情莫不爱其子，今蒸其子以为膳于君，其子弗爱，又安能爱君乎？’”

按：此非刑，乃烹人事，故附见于此。此事不近人情，恐是传闻之过。桓公，五霸之首，乌有食人之事？战国策士每多造设之词，以耸动时人之听，不尽可信。

《春秋》：“襄二十六年秋，宋公杀其世子痤。”《左传》：“寺人惠墙伊戾为太子内师而无宠。秋，楚客聘于晋，过宋。太子知之，请野烹之。公使往，伊戾请从之。至则用牲，加书征之，而骋告公曰：‘太子将为乱，既与楚客盟矣。’公囚太子，太子乃缢而死。公徐闻其无罪也，乃烹伊戾。”

《左传》：“哀十六年，白公奔山而缢，其徒微之，生拘石乞而问白公之死焉，封曰：‘余知其死所，而长者便余勿言。’曰：‘不言将烹。’乞曰：‘此事也克则为卿，不克则烹，固其所也。何害？’乃烹石乞。”

按：观石乞以烹为固其所，可见烹人之事春秋时常有之，不足异也，然而惨矣。

《吕氏春秋·上德篇》：“公子重耳之郑，郑文公不敬，被瞻谏曰：‘君不礼也，不如杀之。’郑君不听。晋既定，兴师攻郑，求被瞻，被瞻谓郑君曰：‘不若以臣与之。’郑君曰：‘此孤之过也。’被瞻曰：‘杀臣以免国，臣愿之。’被瞻入晋军，文公将烹之，被瞻据镬面呼曰：‘三军之士，皆听瞻也。自今以来，无有忠于其君。

忠于其君者，将烹。’文公谢焉，罢师归之于郑。”

按：《晋语》亦载此事，文少异。“被瞻”作“叔詹”，“据镬而呼”作“据鼎耳而疾号”。《左传》无此事。

《吕氏春秋·至忠篇》：“齐王病痏，注：齐王，湣王也。使人之宋迎文挚，文挚至，视王之疾，谓太子曰：‘王之疾必可已也。虽然，王是疾已，则必杀挚也。’太子曰：‘何故？’文挚对曰：‘非怒王则疾不可治。怒王则挚必死。’太子顿首疆请曰：‘苟已王之疾，臣与臣之母以死争之于王，王必幸臣与臣之母，愿先生之勿患也。’文挚曰：‘请以死为王。’与太子期而将往，不当者三，齐王固已怒矣。文挚至，不解屦登床，履王衣，问王之疾，王怒而不与言。文挚固出辞以重怒王，王叱而起，疾乃遂已。王大怒，大说，将生烹文挚。太子与王后急争之而不能得，果以鼎生烹文挚，爨之三日三夜，颜色不变。文挚曰：‘诚欲杀我，则胡不覆之，以绝阴阳之气。’王使覆之，文挚乃死。”

《汉书·刑法志》：“秦大辟有镬烹之刑”。师古注曰：“鼎大而无足曰镬，以鬻人也。”

按：烹事盛行于周及秦、汉之间，秦并设为常刑，秦法之惨，此其一端也。春秋之后，如齐威王烹阿大夫，及左右尝誉者皆并烹之，见《史记·齐敬仲完世家》。中山之君烹乐羊之子而遗之羹，见《韩非子·说林》。周苛见《汉书·高纪》。郦食其见本《传》。高祖欲烹蒯通见《通传》。侯景南奔，高澄命先剥景妻子面皮，以大铁镬盛油煎杀之，见《南史·景传》。石勒执刘寅，以镬汤煮之，见《晋中兴书》。《御览》六百四十五。董卓攻得李旻、张安，毕圭苑中，生烹之，二人临入鼎，相谓曰“不同日生乃同日烹”，同上。此外即罕见矣。

《释名》：“煮之于镬曰烹，若烹禽兽之为也。”

按：烹人之器，或言鼎，或言镬。主父偃曰：“丈夫生不五鼎食，死即五鼎烹耳”。《新序》言：“田单处中矣，佛肸以中牟叛，置鼎于庭。致士大夫曰：‘与我者受邑，不吾与者烹。’”并言鼎，文挚事亦言鼎，《释名》则言镬。《史记·蔺相如传》：“谓秦王曰，臣令人持璧归，知欺大王之罪当诛，请就汤镬。”亦言镬。郑叔詹事，一言鼎，一言镬，他书亦鼎、镬错亲。考《淮南·说山训》“尝一脔肉，知一镬之味”，高注：“有足曰鼎，无足曰镬。”颜师古亦谓“鼎大而无足曰镬”，然则鼎、镬乃有足无足之分，实一类。析言之，则鼎为鼎，镬为镬。浑言之，则镬亦得称鼎也。《唐书·魏元忠传》：“既诛贼谢天下，虽死鼎镬所甘心。”高适诗：“秦王转无道，谏者鼎镬亲。”皆鼎镬连言。

《晋书·南燕慕容超载记》：“超议复肉刑、九等之选，乃下书于境内曰：‘阳九数缠，永康多难。自北都倾陷，典章沦灭，律令法宪，靡有存者。所宜修定，尚书可召集公卿。至如不忠不孝若封嵩之辈，枭斩不足以痛之，宜致烹轘之法，亦可附之律条，纳以大辟之科。肉刑者，乃先圣之经，不刊之典，汉文易之，轻重乖度。今犯罪弥多，死者稍众。肉刑之于化也，济育既广，惩惨尤深，光寿、建兴中，二祖已议复之，未及而晏驾。其令博士已上参考旧事，依《吕刑》及汉、魏、晋律令，消息增损，议成燕律。五刑之属三千，而罪莫大于不孝。孔子曰：非圣人者无法，非孝者无亲，此大乱之道也。轘裂之刑，烹煮之戮，虽不在五品之例，然亦行之自古。渠弥之轘，着之《春秋》；哀公之烹，爰自中代。世宗都齐，亦愍刑罚失中，咨嗟寝食。王者之有刑纠，犹人之左右手焉。故孔子曰：刑罚不中，则人无所措手足。是以萧何定法令而受封，叔孙通以制仪为奉常。立功立事，古之所重。其明议损益，以成一代准式。周汉有贡士之条，魏立九品之迁，二者孰愈，亦可详闻。’群下议多不同，乃止。”

按：《通鉴》云“南燕主超增置烹轘之法”，然观《载记》所言，是当时实议而未成也。

《论衡·书虚篇》：“传书言：‘吴王夫差杀伍子胥，煮之于镬，乃以鸱夷橐投之于江。’”

《五代史·姚洪传》：“长兴中，遣洪将千人戍阆州。董璋反，执洪，璋曰：‘尔为健儿，我与汝厚，奈何负邪？’洪骂曰：‘老贼！尔昔为李七郎奴，扫马粪，得一脔残炙，感恩不已。今天子用尔为节度使，何苦反邪？吾能为国家死，不能从人奴以生！’璋怒，然镬于前，令壮士十人刲其肉而食，洪至死大骂。”

按：此非烹而甚于烹者。

《魏书·孝静记》：“武定八年，常侍侍讲荀济知帝意，乃与华山王大器、元瑾密谋，于宫内为山，而作地道向北城。至千秋门，门者觉地下响动，以告文襄。文襄勒兵入宫，曰：‘陛下何意反邪？臣父子功存社稷，何负陛下邪！’将杀诸妃嫔。帝正色曰：‘王自欲反，何关于我。我尚不惜身，何况妃嫔！’文襄下床叩头，大啼谢罪，于是酣饮，夜久乃出。居三日，幽帝于含章殿，大器、元瑾等皆见烹于市。”

《北齐书·后主纪》：“武平六年正月，烹妖贼郑子饶于都市。”

轘

《周礼·秋官·条狼氏》：“凡誓，执鞭以趋于前，且命之，誓仆右曰杀，誓驭曰车轘。”注：“誓者，谓出军及将祭祀时也。出军之誓，誓左右及驭，则《书》之《甘誓》备矣。车轘，谓车裂也。”

《左传》：“桓十八年而轘高渠弥。”杜注：“车裂曰轘。”《正义》曰：“《周礼·条狼氏》‘誓驭曰车轘’，然则周法有此刑。”“宣十一年，杀夏征舒，轘诸栗门。襄二十二年，轘观起于四竟。”杜注：“轘，车裂以徇。”

《淮南子·氾论训》：“昔者苌弘，周室之执数者也，天地之气，日月之行，风雨之变，律历之数，无所不通，然而不能自知车裂而死。”

按：《左传》云周人杀苌弘，不言车裂。《庄子·胠箧篇》“苌弘胣”，徐云：“勅纸反。”崔云：“胣，裂也”。《淮南子》曰：“苌弘铍裂而死。”司马云：“胣，剔也。”一曰：刳阳肠曰胣。《韩子·难言篇》：“苌弘分胣。”注：“磔，裂也。勅氏反。”据司马所引，则《淮南》本作“铍裂”，今本“车”字讹也。《淮南子·缪称训》：“吴起刻削而车裂。”高诱注：“吴起相楚，设贵臣相坐之法，卒车裂也。”

按：《史记·吴起传》：“及悼王死，宗室大臣作乱而攻吴起，吴起走之王尸而伏之。击起之徒因射吴起，并中悼王。悼王既葬，太子立，乃使令尹尽诛射吴起而并中王尸者。坐射起而夷宗死者七十余家。”据《传》文，起被射而死，死后肃王臧尽诛射起者，不应有车裂之事。高诱《吕氏春秋·执一篇》注亦有吴起车裂之语。考《战国策·秦策》、《韩非子·和氏》、《问田》诸篇，并有吴起支解之文，或起死后复被支解，至言车裂则非也。

《史记·商君传》：“秦发兵攻商君，杀之于郑黾池。秦惠王车裂商君以徇，曰：‘莫如商鞅反者！’遂灭商君之家。”

《苏秦传》：“其后齐大夫多与苏秦争宠者，而使人刺苏秦，不（死），殊而走。齐王使人求贼，不得。苏秦且死，乃谓齐王曰：‘臣即死，车裂臣以徇于市，曰“苏秦为燕作乱于齐”，如此则臣之贼必得矣。’于是如其言，而杀苏秦者果自出，齐王因而诛之。”

《始皇纪》：“长信侯毐作乱，败走。即令国中：有生得毐，赐钱百万；杀之，五十万。尽得毐等。卫尉竭、内史肆、佐戈竭、中大夫令齐等二十人皆枭首。车裂以徇，灭其宗。”《正义》：“《说苑》云，始皇取毐四支车裂之。”

《陈涉世家》：“宋留以军降秦。秦传留至咸阳，车裂留以徇。”

《始皇纪》赞：“吾读《秦纪》，至于子婴车裂赵高，未尝不健其决，怜其志。”

按：《纪》言子婴遂刺杀高于齐宫，三族高家，以徇咸阳。据赞语则是先刺而后车裂以徇也。《孔丛子》四："齐王行车裂之刑，群臣诤之，弗听。子高见齐王曰：'闻君行车裂之刑，无道之刑也，而君行之，臣窃以为下吏之过也。'王曰：'寡人尔民多犯法，为法之轻也。'子高曰：'然，此诚君之盛意也。夫人含五常之性，有喜怒哀乐，喜怒哀乐，无过其节，过则毁于义。民多犯法，以法重，无所措手足也。今天下悠悠，士无定处，有德则住，无德则去。欲规霸王之业与众大国为难，而行酷刑以惧远近，国内之民将叛，四方之士不至，此乃亡国之道。君之下吏，不具以闻，徒恐逆主意以为忧，不虑不谏之危亡。其所矜者小，所丧者大，故曰下吏之过也。臣观之，又非徒不诤而已也，必知此事之为不可，将有非议在后，则因曰君忿意实然。我谏诤，必有龙逢、比干之祸，是为虚自居于忠正之地，而暗推君主使同于桀、纣也。且夫（为）人臣见主然而不诤，以陷主于危亡，罪之大者也。人主疾，臣之弼，已而恶之，资臣以箕子、比干之忠，惑之大者也。'齐王曰：'谨闻命。'遂除车裂之法焉。"

《说文》："轘，车裂人也。"

《释名》："车裂曰轘。轘也者，散也，支体分散。"

按：轘，见《周礼》，当为周制。郑注谓军中之誓用之，是为军中特设徇示于众之刑，非常刑也。高渠弥、夏征舒并关军事，夏征舒、商鞅、赵高并先杀而后轘，嫪毐无枭首而后车裂，苏秦亦死后车裂，可以见此刑之制，实为既杀之后分裂其尸，以徇于众。《说苑》谓始皇取毐四支，分裂之。观起之事，亦谓分裂其尸以徇于四竟也。秦后，此事不多见。《吴书·孙奋传》："民间或谓皓死，讹言奋与上虞侯奉当有立者。奋母仲姬墓在豫章，豫章太守张俊疑其或然，扫除坟茔。皓闻之，车裂俊，夷三族。"《续汉书》："张角别党马元义为山阳所捕得，锁送京师，车裂于市。又姑臧民白兴以女为妻，复以妻为婢，仆杀于姑臧市。"崔鸿《前凉录》。池阳民妇唆其夫杀母，轘杀之。《前秦录》。左仆射封嵩言"慕容超非太后所生”，超五车裂之。《南燕录》。人有盗其母之钱而逃者，太后轘而杀之。《前秦录》。并见《御览》六百四十五。又乞伏干归为兄子公府所弑，炽盘讨之，公府走，追擒，并其四子轘之于谭郊。魏范阳卢溥聚众攻掠，生获轘溥及其子焕，轘之。见《魏书·道武纪》。至桓宽《盐铁论》云“李斯车裂于云阳之市”，然《史记》斯本《传》二世二年七月，“具斯五刑论，腰斩咸阳市”。非车裂也。

北齐死刑四等，重者轘之。隋《刑法志》。

周死刑五，五曰裂。同上。

隋高祖开皇元年，更定新律。蠲除前代鞭刑及枭首轘裂之法。诏颁之曰：“帝王作法，沿革不同，(所)(取)适于时，故有损益。夫绞以致毙，斩则殊(形)(刑)，除恶之体，于斯于极。枭首轘身，义无所取，不益惩肃之理，徒表安忍之怀。鞭之为用，残剥卢骨，彻骨侵肌，酷均脔切。虽云远古之式，事乖仁者之刑，枭轘及鞭，并令去也。”炀帝更立严刑。及杨玄感反，帝诛之，罪及九族。其尤重者，轘裂枭首之刑。或磔而射之，命公卿已下，脔噉其肉。同上。

按：六代时，北朝尚有轘裂之名，而南朝已无此法。隋文帝除之，而炀帝又用之。迨唐室受命，不用此刑，此后遂罕见矣。

戮尸　刲尸

《御览》六百四十七：“《韩子》：‘齐国好厚葬，布帛尽于衣衾，林木尽于棺椁。桓公患之，以告管仲，曰：‘布帛尽则无以为币，林木尽则无以为守备，如民之厚葬不休，奈何？’管仲对曰：‘凡民之有为也，非名名则利利。’于是乃下令曰：‘棺过度者戮其尸，罪当丧者。’夫戮死无名，罪当丧者无利，无名利，何故为之？’”

按：戮尸事始见于此，然与后来之戮尸其命意不同。

《左传》：“文十八年，齐懿公之为公子也，与邴歜之父争田，弗胜。及即位，乃掘而刖之。”注：“断其尸足。”

按：此是戮尸之意，但断足而非枭首。

《左传》："宣十年，郑子家卒。郑人讨幽公之乱，斫子家之棺而逐其族。"杜注："斫薄其棺，不使从卿礼。"

按：此但斫薄其棺，与戮尸无涉也。而后来言追戮者辄引此为故事，故列于此。

《左传》："襄二十八年，求崔杼之尸，将戮之，不得。既，崔氏之臣曰：'与我其拱璧，吾献其柩。'于是得之。十二月乙亥朔，齐人迁庄公，殡于大寝。以其棺尸崔杼于市。国人犹知之，皆曰：'崔子也。'"杜注："崔氏弑庄公，又葬不如礼，故以庄公棺着崔杼尸边，以彰其罪。"

《左传》："昭十四年，邢侯怒，杀叔鱼与雍子于朝。宣子问其罪于叔向。叔向曰：'三人同罪，施生戮死可也。'乃施邢侯而尸雍子与叔鱼于市。"

按：戮尸之文，此二事最为明着，古者杀人必陈尸于市三日。《周礼·秋官叙官·掌戮》注："戮犹辱也，既斩杀又辱之。"叔鱼事，《晋语》作"杀其生者而戮其死者"，韦昭注："陈尸为戮。"然则此二《传》亦陈尸之谓，《传》文明言尸于市，非必于既死之尸，犹枭其首也，与后来戮尸枭首之事微有不同。管仲之令亦陈尸以示辱耳，否则棺之过度乃当丧者之罪，但以示辱尚可。若必施以枭示之刑，死者何辜枉受此惨祸哉？必不然矣。

《史记·始皇本纪》："八年，王弟长安君成蟜为将军击赵，反，死屯留，军吏皆斩死，迁其民于临洮。将军壁死，卒屯留、蒲鶮反，戮其尸。"《索隐》："高诱云，屯留，上党之县名。谓成蟜为将军而反，秦兵击之，而蟜壁于屯留而死。屯留、薄鶮二邑之反卒虽死，犹戮其尸。"

《后汉·灵纪》："中平元年冬十月，皇甫嵩与黄巾贼战于广宗，获张角弟梁。角先死，乃戮其尸。"注："发棺断头，传送马市。"

按：此云“发棺断头”，与后来戮尸枭示之事相符。

《魏书·王凌传》：“朝议咸谓《春秋》之义，齐崔杼、郑归生皆加追戮，陈尸斫棺，载在方策。凌愚罪宜如旧典。乃发凌愚冢，剖棺，暴尸于所近市三日，烧其印绶、朝服，亲土埋之。”

按：王凌饮药死，令狐愚先一年病死，亦可已矣，朝臣谄司马懿，故有发冢剖棺之举，此孔子所谓鄙夫无所不至者也。《传》文言用崔杼归生故事，而但云暴尸于市而不言枭首，是尚与后来之戮尸者不同。

《晋书·王敦传》：“有司议曰：‘王敦滔天作逆，有无君之心，宜依崔杼、王凌故事，剖棺戮尸，以彰元恶。’于是发瘗出尸，焚其衣冠，跽而刑之。敦、充首同日悬于南桁，观者莫不称庆。”

按：此用杼、凌故事，彼但暴尸，此则枭示矣。后来戮尸之制当仿于此。

《辽史·穆宗纪》：“天禄十八年三月，杀鹘人胡特鲁、近侍化葛及监囚海里，仍锉海里之尸。十九年二月，杀前道末及益剌，剉其尸，弃之。”

按：剉尸之名始见于此。

磬

《礼记·文王世子》：“公族其有死罪则磬于甸人。”郑注：“县缢杀之曰磬。”《正义》曰：“磬谓磬尽也。”《左传》曰：“室如县磬。”杜预云：“磬，尽也。”皇氏云：“如县乐器之磬也。”

隋《刑法志》：“北齐死刑五，一磬、二绞。”

按：《左传》僖二十六年：“室如县罄”。《释文》：“罄亦作‘磬’，尽也。”《鲁语》作“磬”，韦昭注：“如县磬也。”疏引刘炫说亦云如磬在县。《说文》：“罄，器中空也。”《诗》：“罄无不宜，瓶之罄矣。”传并云：“罄，尽也”。古书磬、罄多互相假借。

《乐记·石声》“磬”，注：“磬，当为罄。”《淮南·览冥篇》：“磬龟无腹。”高诱注：“磬，空也。”此刑《礼记》作“磬”，《隋志》作“罄”，磬、罄通也。唯磬、绞并为绞颈之刑，而北齐分为二，不知其制如何。《左传》：“子西缢而县绝。”文十年。郑解磬曰县缢，《释名》“县绳曰缢 ”，是磬刑必县，如县磬然也。至绞刑如何，未有明文，疑如今绞刑，但以绳绞颈，气闭则毙，不必县也。

这是在考证磬罄通假。

弃市

《汉书·景纪》注：师古曰：“弃市，杀之于市也。谓之弃市者，取刑人于市，与众弃之也。”

按：《周礼·掌戮》郑注：“杀以刀刃，若今弃市也。”是汉之弃市乃斩首之刑。

《高纪》：“偶语者弃市。”《索隐》：“按《礼》云‘刑人于市，与众弃之’，故今律谓绞刑为弃市是也。”

按：此秦法也。秦法弃市为何等？刑书无明文，以汉法推之，当亦斩刑。魏、晋以下，弃市为绞刑。详绞下。

笞杀

《御览》六百四十九：《楚汉春秋》曰：“上败彭城，降人丁固追，上被而顾曰：‘丁公何相逼之甚？’乃回马而去。上即位，欲陈功。上曰：‘使项氏失天下是子也，为人臣，用两心，非忠也。’使下吏笞杀之。”

《后汉书·党锢传》：“熹平五年，永昌太守曹鸾上书大讼党人，言甚方切。帝省奏，大怒，即诏司隶、益州槛车收鸾，送槐里狱掠杀之。”《桥玄传》：“又为汉阳太守。时上邽令皇甫祯有臧罪，玄收考髡笞，死于冀市。”

《隋志》：“楚州行参军李君才上言，帝宠高颎过甚，上大怒，以马鞭笞杀之。帝常发怒，六月棒杀人。大理少卿赵绰固争曰：‘季夏之月，天地成长庶类，不可以此时诛杀。’帝报曰：‘六月虽曰生长，此时必有雷霆。天道既于炎阳之时，震其威怒，我则天而行，有何不可。’遂杀之。仁寿中，用法益峻，帝既喜怒不恒，不复依准科律。时杨素正被委任。素又禀性高下，公卿股慄，不敢措言。素于鸿胪少卿陈延不平，经蕃客馆，庭中有马屎，又庶仆毡上樗蒲。旋以白帝，帝大怒曰：‘主客令不洒扫庭内，掌固以私戏污败官毡，罪状何以加此。’皆于西市棒杀，而榜捶陈延，殆至于毙。”

《通典》：“上元二年六月，刑部奏，谨按五刑，笞、杖、徒、流、死是也。今准勅除削绞，死罪准有四刑。每有思虑，须降死刑。不免，还斩、绞。勅律互用，法理难容，又应决重杖之人，令式先无分析，京城知是蠹害，决杀者多死外州。见流岭南，决不至死。决有两种，法开二门，勅旨斩、绞刑宜依格律处分。实应元年九月，刑部大理奏准式制勅处分，与一顿杖者决四十，至与一顿及重杖者并决六十，无文至死者为准式处分。又制勅，或有令决痛杖一顿者，式文既不载杖数，请准至到兴一顿，决六十，并不至死。勅旨依。”

《唐志》：“剧贼高玉啖人数千，后擒获，会赦，代宗将贷其死，公卿议请为啖醢，帝不从，卒杖杀之。德宗性猜忌少恩，然用刑无大滥。刑部侍郎班宏言：‘谋反、大逆及叛、恶逆四者，十恶之大也，犯者宜如律。其余当斩、绞刑，决重杖一顿处死，以代极法。’故时死罪皆先决杖，其数或百或六十，于是悉罢之。”

按：斩、绞而死与重杖而死，均死也，不足以言仁，且斩、绞而死，其死也速，重杖而殆，其死迟，其所受之苦楚，转有甚于斩、绞者，未足为良法也。至宪宗元和八年，诏两京、关内、河东、河北、淮南、山南东西道死罪十恶、杀人、铸钱造印、若强盗持杖劫京兆界中及它盗赃逾三匹者，论如故，其余死罪，皆流天德五城。由是，犯死罪有不死者不少矣。《唐书》纪、传言杖杀者与他史之言笞杀者不同，故不备录。

考竟

《释名》:“狱死曰考竟。考竟者，考得其情，竟其命于狱中也。”

杜贵墀《汉律辑证》:“《顺帝纪》阳嘉三年春，‘诏以久旱，京师诸狱无轻重，皆且勿考竟’。《质帝纪》:‘其令中都官系囚罪非殊死考未竟者，一切任出，以须立秋。’《朱晖传》:‘再迁临淮大守，数年，坐法免。’注:《东观记》曰:‘坐考长吏囚死狱中。’《后汉书·韩棱传》:‘窦氏败，棱典案其事，深竟党异。’安帝诏自今年长吏被考竟未报，自非父母丧，无故辄去职者云云。据已上《纪》、《传》所述，非竟命于狱中，乃考实以竟其事耳。”

《魏志·贾逵传》:“为豫州刺史，到官数月，乃还；考竟其二千石以下阿纵不如法者，皆举奏免之。帝曰:‘逵真刺史矣。’”

按:《逵传》言考竟，言奏免，则考竟非竟命狱中甚明。杜说固是，然《释名》乃刘熙所撰，熙为汉末人，所言当是汉法。《汉书·王章传》:“上初纳受章言，后不忍退凤。章由是见疑，遂为凤所陷。果下廷尉狱，妻子皆收系。章小女年可十二，夜起号哭曰:‘平生狱上呼囚，数常九，今八而止。我君素刚，先死者必君。’明日问之，章果死。章为京兆二岁，死不以其罪，众庶冤纪之。”《元后传》:“上使尚书劾奏章:‘知野王前（以）王舅出补吏，而私荐之，欲令在朝阿附诸侯；又知张美人体御至尊，而妄称引羌胡杀子荡肠，非所宜言。’遂下章吏。廷尉致其大逆罪，以为‘比上夷狄，欲绝继嗣之端；背畔天子，私为定陶王’。”章死狱中，合二《传》观之，章非良死，所谓竟命狱中也。又《郑崇传》:“上怒，下崇狱，穷治，死狱中。”《后汉书·袁绍传》:“卓遣执金吾胡毋班喻绍，绍使河内太守王匡杀之。”注:“谢承《后汉书》:班遂死狱中。”此亦杀之于狱中者。又《御览》六百四十六:《后汉书》曰，丹阳方储明风角，为洛阳令，功曹是窦宪客。客为宪所风，夜杀人断头，着砭中，置廊门下，欲令储去官。储摩死者，近问谁所杀，有顷，曰死人言为功曹所杀。收功曹考竟。又曰向栩性卓诡不伦，张角起，栩不欲国家兴兵，但遣将河上北向读《孝经》，贼自灭。张让谗栩与角同心，收送黄门北寺狱考竟之。”范书作“杀之”。又曰：“董卓被诛，蔡邕在司徒，王允坐，殊不怿，言之而欢，有动色，允勃然叱之曰：‘董卓，国之大贼，几倾汉室，君为王臣，所宜同忿，而怀其私遇以忘大节，今天诛有罪而反相伤痛，岂不与为逆哉？’即收付廷尉考竟其罪，邕遂死狱中。”《魏志·文纪》注：“《魏略》曰，王将出征，霍性上疏谏，帝怒，遣刺奸就考竟杀之。”《司马芝传》：“特进曹洪乳母当，与临汾公主侍者共事无涧神系狱。卞太后遣黄门诣府传令，芝不通，辄勅洛阳狱考竟，而上疏曰云云，辄勅县考竟，擅行刑戮。”《华佗传》“遂考竟佗，佗临死”云云。《晋书》曰：“王豹上书白，劝告齐王冏与成都王颖如分陕之制，会长沙王乂至，冏案上见豹笺，谓冏曰：‘小子间离骨肉，何不铜驼下打杀！’冏既不能嘉豹之策，遂纳乂言，乃奏‘为臣不忠不孝不义，辄都街考竟，以明邪正’。豹将死，曰‘悬吾头大司马门，见兵之攻齐也’。众庶冤之。俄而冏败。”《三国典略》曰：“齐兖州刺史武城县公崔陵恃预旧恩，颇自矜，纵妾冯氏，假其威刑，恣情取纳，风正不立，为御史所劾，召收系廷尉考竟，遂死狱中。”观以上七则，并是竟命狱中之事，足为《释名》之佐证。《贾逵传》又云：“太祖征刘备，先遣逵至斜谷观形势。道逢水衡，载囚人数十车，逵以军事急，辄竟重者一人，皆放其余。”是直以竟为杀矣。《唐书·来俊臣传》：“诏于丽景门别置狱，勅俊臣等颛按事，百不一贷。王弘义戏谓丽景门为‘例竟’，谓人者例皆尽也。”亦与考竟之意相似。

《虞延传》：“今考实未竟，宜当尽法。”

按：玩此辞意，“竟”字亦当做竟命解。

《陈蕃传》：“时小黄门赵津、南阳大猾张泛等，奉事中官，乘势犯法，二郡太守刘瓆，成瑨考案其罪，虽经赦令，而并竟考杀之。宦官怨恚，有司承旨，遂奏瓆、瑨罪当弃市。皆死于狱中。曹节等矫诏诛武等，遂令收蕃，送黄门北寺狱，黄门从官蹴蹹踧蕃曰：‘死老魅！复能损我曹员数，夺我曹禀假不？’即日害之。”

按：刘瓆、成瑨、陈蕃皆死于狱中，亦所谓考竟者也。

宋按：《释名·释丧制》：“狱死曰考竟。考得其情，竟其命于狱也。”沈氏考证此二字，认为“考”是“考察”、“考实”的意思，“竟”可以是“竟命”，但不以为是“竟命于狱中”。沈氏考证客观，引证翔密，其说可信。由此观之，刘熙之“竟其命于狱”之说属增字强释，“竟命”则已，何必妄增“于狱”二字？今本《辞源》仍袭陈说，“考竟”条下释云：“拷问死于狱中。”

刵

《书·康诰》：“又曰劓刵人，无或劓刵人。”传：“刵，截耳，刑之轻者。”疏：“劓在五刑，为截鼻。而有刵者，《周官》五刑所无，而《吕刑》亦云劓刵。《易·噬嗑》上九云“何校灭耳”，郑玄以为“臣从君坐之刑，孔意然否？未明。要有刵而不在五刑之类”。王氏《尚书后案》：“郑曰：‘刵者臣从君坐之刑者。’僖二十八年《左传》，卫侯与元喧讼，针庄子为坐，卫侯不胜，刖针庄子。是周世有臣从君坐之刑，但彼用刖，而郑于此注以刵当之者，春秋之法不尽周初之制也。”段氏《古文尚书撰异》：“正义此条语意未明，云‘臣从君坐之刑’，疑是蒙上文举郑《周易》注也，或系之《尚书》郑注云。僖二十八年《左传》卫侯与元咺讼，针庄为坐，卫侯不胜，刖针庄子。此臣君坐之证。郑《尚书》注是‘刖’字，经文‘刵’当为‘刖’之误。《吕刑》‘刵、劓、斀、剠’，《说文》引作‘刖、劓、斀、黥’，亦当改‘刵’为‘刖’。窃谓此《说文》字误耳，不得据误改经。《尚书大传》曰：‘决关梁逾城郭而略盗者其刑膑。’郑注《周礼》、《孝经》皆用之刖，自有犯条，不得以臣从君坐之刑释刖也。臣从君坐，此必郑氏说《周易》语，今不得其详矣，不当证以左氏也。《康诰》、《吕刑》皆有刵，不得云古无刵刑。”

按：古者五刑无刵。《说文·刀部》：“刵，断耳也。”《耳部》：“聝，军战断耳也。《春秋传》以为俘聝。从耳或声。馘、聝或从首。”《大雅》“攸馘安安”，传：“馘，获也。不服者，杀而献其左耳。”《鲁颂》“左泮献馘”，笺：“馘，所格者之左耳。”僖二十二年《左传》“示之俘馘”，杜注：“馘，所截耳。”宣十二年《传》“右入垒折馘”，杜注：“折馘，断耳。”《王制》“出征执有罪，反释奠于学，以讯馘告”，注：“讯馘，所生获断耳者。”昭二十六年《传》“林雍羞为颜鸣下，苑何忌取其耳”，杜注：“不欲杀雍，但截其耳以辱之。”然则断耳乃军战所用，非常刑。《书》诫康叔以治殷民，自当用常刑，不当用军中之刑也。段氏所称或说疑“刵”为“刖”之误 ，不为无见，未可遽议其非。

《吕刑》：“爰始淫为劓、刵、椓、黥。详肉刑。”

按：劓刵，《说文·支部》“斀”下引作“刖劓”，郑康成本作“刵劓”，故其注“刵”在“劓”前，然疑郑本亦与许同。“刖”误为“刵”，并注断足，亦误为断耳矣。孔传本作“刵劓”，故注云截人耳鼻。耳在鼻前，知正文亦刵在劓前，不知何时正文误作“劓刵”，《释文》已如是，余说详肉刑。

贯耳

《左传》：“僖二十七年，子玉复治兵于蔿，终日而毕鞭七人，贯三人耳。”《正义》曰：“耳，助句也。”林注：“以矢贯其耳。”

按：林注是，此言子玉治兵之严也。贯耳即聅，乃军法。

《说文》：“聅，军法，以矢贯耳也。从耳矢。”《司马法》曰：“小罪聅，中罪刖，大罪刭。”耻列切。桂氏《义证》：“刖当为‘刵’，本书刵断耳也。”王氏《句读》说同。

按：刵为军法，桂、王之说是。

刖

《说文》作“跀”、“趴”。

《管子·侈靡篇》：“佶尧之时，其狱一踦腓，一踦屦，而当死。今周公断指满稽，断首满稽，断足满稽，而死民不服，非人性也，敝也。”房玄龄注：“诸侯犯罪者，令着一只屦以耻之，可以当死刑。今周公，谓时所用法也。稽，考也。罪满而断，则从而考之；首满其罪者，亦从而考之；应断足所罪满者，又从而考之。凡此，欲以为审慎也。罪定者死之，然人尚不服其罪，岂人性之然乎？时爽故也。”《说文》：“踦一足也。”去奇切。段《注》：“《管子》佶尧之时，一踦腓，一踦屦，而当死，谓一足剕，一足屦，当死罪也。引伸之，凡物单曰踦。”

按：如段说，则“腓”者“剕”之假借字也。《白虎通》、《周礼》疏并作“腓”，依旧注则未必如段说。断指、断首、断足，恐亦非谓刑名，古未闻有断指之刑也。房注“着一只屦以耻之”，是一足有屦，一足无屦。腓，胫腨也。一足不使着屦而并露（其）腓也。据五帝书象说，房注为是，段以为（剕）之假借字，恐未确。

《书·舜典》传：“五刑有剕。”群宫下。

《慎子》：“有虞之诛，以菲屦当刖。”

按：《慎子》与《白虎通》之说不同。详髌下。此又以刖为膑，有虞之刑果有髌、剕、刖之名乎？古书无可考矣。

《周礼·秋官·司刑》：“刖罪五百。”注：“刖，断足也。周改膑作刖。《书》传云，决关梁逾城郭而略盗者，其刑膑。”疏：“膑本亦苗民虐刑，咎繇改膑作腓，至周改腓作刖。《书》传云膑者，举本名也。”

《掌戮》：“刖者使守囿。”注：“断足驱卫禽兽，无急行。”

按：《左传》庄十九年：“楚鬻拳自刖，楚人以为大阍。”昭五年："若吾以韩起为阍。"杜注："刖足使守门。"并与《周礼》墨者守门不合，杜说未知别有所据，抑即鬻拳之事推之，疑楚法如是也。

《吕刑》："剕辟疑赦，其罚倍差，阅实其罪。"传："刖足曰剕刑。倍差谓倍之又半，为五百锾。"剕罚之属五百。疏："《释诂》云，剕，刖也。李巡云，断足曰刖。《说文》云，刖，绝也。是刖者断绝之名，故削足曰剕。"《诂》者言之讹。《尔雅·释言》："跸，刖也。"郭注："断足。"《释文》："'跸'本亦作'剕'，同。扶味反，又枝迷反。刖足曰剕。"

《说文》："跀，断足也。从足，月声。跖，跀或从兀。"段《注》："此与《刀部》'刖'异。刖，绝也。经传多以'刖'为'跀'。"《周礼·司刑》注云"周改髌作刖"。按唐、虞、夏刑用髌，去其膝头骨也。周用跀，断足也。凡于周言膑者，举本名也。《庄子》："鲁有兀者叔山，无趾，踵见仲尼。"崔撰云，无趾绝踵行。然则跀刑即汉之斩趾，无足指，故以足跟行也。无足指不能行，故别为跀足者之屦以助其行。左氏云踊贵屦贱是也。髌则足废不能行，跀则用废尚可行，故跀轻于髌也。跀一名"跸"，跸一作"剕"，郑《驳异义》云，皋陶改膑为剕。《吕刑》有剕，周改剕为"刖"，此恐误，与《司刑》注不合。跖亦形声。《庄子·养生主》注曰，介，偏刖之名。崔本作"兀"，又作"跖"，云断足也。《德充符》："申徒喜，兀者也。"李云："刖足曰兀。"桂氏《义证》、《一切经音义》二："刖，古文跀、跖二形。刖，断足也，周改髌为刖。"《广雅》："刖，危也，谓断足即危也。"刖，绝也。段《注》："凡绝皆称刖，故'劓'下云刖鼻也，刖足则为跀。"《周礼》"刖者使守囿"，此是假"刖"为"跀"。《困》九五"劓刖"，京房作"劓刽"。《说文》："刽、刖义同。"五氏《句读》："跀为断足之专名，刖则断绝之通名。"跸，跀也。从足非声。扶味切。

《白虎通·五刑篇》："腓辟之属五百。腓者，脱其髌也。"

按：此用《吕刑》，而字作“腓”，《御览》引作：“髌”。

《左传》昭三年：“晏子曰：‘国之诸市，履贱踊贵。’于是景公繁于刑，繁，多也。有鬻踊者。故对曰：‘踊贵履贱。’景公为是省于刑。”注：“踊，刖足者履。言刖多。”《释文》：“踊，音勇，刖足者之履也。”

《韩非子·和氏篇》：“楚人和氏得玉璞楚山中，奉而献诸厉王，厉王使玉人相之，玉人曰：‘石也。’王以和为诳，而刖其左足。及厉王薨，武王即位，和又奉其璞而献之武王，武王使玉人相之，又曰：‘石也。’王又以和为诳，而刖其右足。武王薨，文王即位，和乃抱其璞而哭于楚山之下，三日三夜，泪尽而继之以血。王闻之，使人问其故，曰：‘天下之刖者多矣，子奚哭之悲也？’和曰：‘吾非悲刖也，悲夫宝玉而题之以石，贞士而名之以诳，此吾所以悲也。’王乃使玉人理其璞而得宝焉，遂命曰‘和氏之璧’。”

按：古者之刖，初犯刖左足，复犯刖右足，此其证。汉法斩止即古者之刖，变右重于左。

《史记·孙子传》：“后百余岁有孙膑。孙膑尝与庞涓学兵法。庞涓既事魏，得为惠王将军，而自以为能不及孙膑，乃阴使召孙膑。膑至，庞涓恐其贤于己，疾之，则以法刑断其两足而黥之，欲隐勿见。”

按：孙膑史逸其名，其称孙膑者犹英布之称黥布，当时有此习也。此两足同时并刖而又加以黥，盖非常刑矣。

《说苑·杂言篇》：“卫国之法，窃驾君车罪刖。”

《汉志》：“当斩左止者，笞五百；当斩右止，已论命复有笞罪者，弃市。”详总考。注臣瓒曰：“文帝除肉刑，以钛左右止代刖。”

按：此文帝除肉刑，故斩左止者以笞代，斩右止者必再犯刖者，两足俱刖，其情重，故已论命复有笞罪者弃市也。臣瓒谓以钛左右止代刖，与《志》文不符，当别有说。

《宋书·明帝纪》：“泰始四年九月，诏凡窃执官仗，拒战逻司，或攻剽亭寺及害吏民者，依旧制。五人以下相逼夺者，特赐黥刖，投畀四远，仍用代杀，方古为优。”互详墨。

按：黥刖者，刖而黥之。自汉文除肉刑，至是复行之矣，然用以代杀，固尔时矜恤之刑也。

《唐志》：“太宗即位，诏长孙无忌、房玄龄等复定旧令，议绞刑之属五十，皆免而断右趾。既而又哀其断毁支体，谓侍臣曰：‘肉刑，前代除之久矣，今复断人趾，吾不忍。’王珪、萧瑀、陈叔达对曰：‘受刑者当死而获生，岂惮去一趾？去趾，所以使见者知惧。今以死刑为断趾，盖宽之也。’帝曰：‘公等更思之。’其后蜀王法曹参军裴弘献驳律令四十余事，乃诏房玄龄与弘献等重加删定。玄龄以谓‘古者五刑，刖居其一。及肉刑既废，今以笞、杖、徒、流、死为五刑，而又刖足，是六刑也’。于是除断趾法，为加役流三千里，居作二年。”

髌

《周礼·秋官·司刑》注：“《书》传：‘决关梁逾城郭而略盗者，其刑髌。夏刑髌辟三百，宫辟五百。’”《释文》：“髌，频忍反。徐：方忍反。刘：符人反。”疏：“髌亦苗民虐刑，咎繇改膑作腓，至周改腓作刖。《书》传云：‘髌者，举本名也。’”

《周本纪》：“膑辟膑罚。”《汉志》：“膑罚。”

按：二书所言，并据《吕刑》。盖今文《尚书》作“膑”，古文《尚书》作“剕”，马、班用今文。下条《尚书纬》亦用今文，故云“膑罚”也。

《御览》六百四十八：《尚书刑德放》曰：“膑者，脱去人之膑也。膑罚之属五百，象七宿精。七宿，昏中变而节气之精也。”《礼统》曰：“膑，刑法。金胜木，去其节目也。”

《公羊传》襄二十九疏：《元命苞》云：“膑辟之属五百。”

《白虎通·五刑篇》：“腓者，脱其膑也。”

《说文》:“髌，膝，端也。从骨，宾声。”毗忍发。段注:“膝，胫头节也。”《释骨》云:“髌膝之骨曰膝髌。”《大戴礼记》曰:“人生期而髌，髌不备则人不能行。”古者五刑，髌、宫、劓、墨、死。膑者，“髌”之俗，去膝头骨也。周改“髌”作“跀”，其字借作“刖”，断足也，汉之斩止是也。髌者废不能行，跀者尚可箸踊而行。踊，刖足者之屦。《庄子》:“兀者叔山无趾，踵见仲尼。”崔撰云:“无趾故以踵行，是则跀轻于髌也。”古文《尚书·吕刑》说“夏刑作剕”,《周礼·司刑》注引《尚书大传》皆作“髌”,《周礼》注云“周改膑作刖”，而《公羊》疏引郑《驳异义》云“皋陶改膑为剕”。《吕刑》有剕，周改剕为刖，与《周礼》注不合。《足部》云:“踄，跀也。”踄即剕字，许谓踄即跀矣，郑析踄、跀为二，不知其制何以分别？窃谓《周礼》注为长,《驳异义》则未定之论，许说亦非是也。“剕”唯见于《吕刑》，他经传无。言踄、言剕者，盖踄者髌之一名，故《周礼》说周制作“刖”。《吕刑》说夏制，则今文《尚书》作“膑”，古文《尚书》作“剕”，实一事也。周改髌为跀，即改踄为跀也。许释踄为刖，非。郑云“皋陶改髌为踄”，亦非也。髌作踄，如《禹贡》“蠙”作“玭”,《商书》“纣”作“受”，音转字异，非有他也。

按：剕，踄之或体。踄，跀也。跀与髌为二刑，段氏言之详矣。今文《尚书》作“髌”，古文《尚书》作“剕”，说者是混髌与剕为一，如《汉书·百官公卿表》颜注:“剕，去髌骨也。”此以剕为髌也。段氏此注，许、郑并讥。陈寿祺《五经异义疏证》谓郑于《周礼·司刑》注、《尚书大传》注皆云周改髌作刖者，原始言之。《驳异义》云:“周改刖为刖则审矣”，其意与段同。窃谓穆王训夏赎刑，其文曰“度作刑”，作者创作之，谓前此周之赎刑不及夏之详，故特师其法之意而重作之。其书皆告诫之辞，非叙述之辞，乃新法既定之后，颁行于国中，特作此篇，以训臣僚。所言五刑疑赦之法，必皆其新定之法，必参以周制，非追述夏制也。周之刖罪，见于《周官》，当为周初所定。春秋时诸侯之国犹皆用刖，其见于《左传》者，郑强鉏，庄十六楚鬻拳，庄十九自刖，齐鲍牵成十七、卫针庄子。僖二十八。可见周之刖未常废也，岂有穆王之时独不用哉？此以《吕刑》之文反复读之，而知“剕”之不可与“髌”混而为一也。许之训跸为跀者，以跸字从足也。《释名·释形体篇》：“足，续也。言续胫也。”足在胫以下，故跸字以断足训之。若胫以上之字，其见于许书者，如胫，胻也；腓，胫端；脚，胫也；股，髀也；胯，股也：皆从月（肉）骹。胫也；骭，骹也；髕，膝胫间骨；髌，膝端；髁，髀骨；髋，髀上；髀，股外：皆从骨。无从足者，唯髀之古文作“踝”。段氏谓从足者，足所恃以能行也。然其字非小篆，难以规许，此以许书反复推之，而知跸之当为跀，不得合髌、剕为一事也。郑氏《司刑》注先言周改膑刖，后言夏刑膑辟，其文本甚明白。其所言夏刑，当有所本，而非自《吕刑》推见之者。观其刑之序，大辟之下髌、宫、劓、墨与所引《书》传之髌、宫、劓、墨相合，而与《吕刑》之墨、劓、剕、宫之序不同，是夏时宫次于髌，周则剕次于宫。《吕刑》所谓世轻世重，正指此类，可见穆王监夏而非袭夏。宫次于髌，故髌三百而宫五百。剕次于宫，故剕五百而宫三百。髌不能行故重于宫，剕尚能行故轻于宫，轻重等差，确有定序。周初，刖罪次于杀罪，与夏之髌次于大辟者相同。《吕刑》宫次于大辟，与周初之制不同，此必为穆王所改定，并恐剕之名亦穆王所改，而非有所承也。此以郑注反复求之，而知剕、刖之当为一，髌剕之不可混为一也。然则许书与郑氏《周礼》注本相贯通，并无疑窦，独《公羊》疏引郑《驳异义》有皋陶改膑为剕，周改剕为刖之说，而其义遂不可通矣。自来说经者但言去髌、断足二制，别无他说，髌、剕、刖何以分别？段已言之，既云周改髌为刖，何以又云皋陶改髌为剕？其说牴牾，必有一误。《汉志》谓禹承尧舜之后，自以德衰而制肉刑，汤武顺而行之。然则唐虞之时，有象刑而无肉刑，又安有皋陶改髌之事，将何说以通之乎？则唯孔疏《书传》云膑者，举本名之说为得之矣。《今文》“髌”，本名也。《古文》“剕”，今名也。跀即剕也，今名为剕、为跀，而世俗犹相沿称为髌耳。《史记》言“庞涓召孙膑，膑至，以法刑断其两足而黥之”。夫曰断其两足，刖也，故《潜夫论》云“孙膑修能于楚，庞涓自魏诱以刖之”，而举世以膑称，此非今名沿用本名者乎？苗民之黥，三代为墨，而世俗之言墨者，仍以黥称，此其比也。段谓髌作“跸”者，音转字异。此即以段之《音韵表》言之，宾声在真、臻部，非声在脂、微部，不同部也。月声则与非声同在脂、微部，同部者得相通转，与异部之相通转大不同也。则以古音而论，跸、跀近而髌、跸远矣。声之远近，出于自然，不可过于纡曲，此段说之不足信者也。今得而论定之曰，唐虞无肉刑，夏有髌辟，周改髌为刖，穆王又名为剕，可以解众说之纠纷矣。

《尚书大传》：“决关梁逾城郭而略盗者，其刑髌。”陈寿祺校语云：“其刑髌，诸书引作‘膑’，唯《华严经》第七十三、《音义》卷下引《传》首三句作‘髌’。《音义》云字从‘骨’，今依改。”

按：髌，膑之或体，《说文》有髌无膑。

《公羊传》襄二十九年何休注：“古者肉刑，墨、劓、膑、宫与大辟而五。”

按：何氏亦用今文《尚书》，故作“膑”。

《白虎通·五刑篇》：“五帝书象者，犯膑者以墨蒙其膑处而画之。”

按：或据此谓五帝时已有髌刑，然《慎子》又云“有虞以菲屦当刖”。髌、刖之名，各书淆混不分，盖非一日矣。窃谓五帝书象，未必先有髌之名，迨后制肉刑以膑、宫等名当五帝之书象，后人不察，反以书象当肉刑矣。

劓

《易·睽》六三："其人天且劓。"疏："黥额为天，截鼻为劓。既处二四之间，皆不相得。其为人也，四从上刑之，故黥其额，二从下刑之，又截其鼻，故曰其人天且劓。"《释文》："劓，鱼器反，截鼻也。"王肃作"臲"，鱼一反。《集解》虞翻曰："其人谓四恶人也。黥额为天，割鼻为劓。《无妄》：干为天。震二之干五，以阴墨其天，干五之震二，毁艮割其鼻也。兑为刑人，故其人天且劓。"《说文》："臬刂，刖鼻也。从刀，臬声。"段《注》："臬，法也。形声包会意。"《易》曰："天且（臬刂）劓，臬刂或从鼻。"段《注》："刀鼻会意。"

按：《困》上六、《释文》"臲"，王肃"妍喆反"，《说文》作"臬刂"，是"臲"乃"臬刂"之或体。《一切经音义》十六引《说文》："劓，决鼻也。"

《困》九五："劓刖，困于赤绂。"注："以阳居阳，任其壮者也。不能以谦致物，物则不附，忿物不附，而用其壮猛，行其威刑，异方愈乖，遐迩愈叛，刑之欲以得，乃益所以失也，故曰'劓刖困赤绂'也。"疏："兑为西方之卦，赤绂南方之物，故曰'劓刖困于赤绂'。"《集解》虞翻曰："割鼻曰劓，断足曰刖。四动时，震为足，艮为鼻，离为兵，兑为刑，故鼻刖也。赤绂谓二，否干为朱，故赤。坤为绂，未变应五，故困于赤绂也。"崔憬曰："劓刖，刑之小者也，于困之时，不崇柔德，以刚遇刚，虽行其小刑而失其大柄，故言劓刖也。"《释文》："荀、王肃本'鼻刖'作'臲臬兀'，云不安貌。"陆同。郑云"劓刖"当为"倪仉"，京作"劓剑"。案《说文》："剑，断也"。

《书·舜典》注。详刖。

《周礼·司刑》注："夏劓千。"

《书·盘庚》："乃有不吉不迪，颠越不恭，暂遇奸宄，我乃劓殄灭之，无遗育，无俾易种于兹新邑。”蔡传：“乃有不善不道之人颠陨逾越不恭上命者，及暂时所遇为奸为宄掠行道者，我小则加以劓，大则殄灭之，无有遗育，毋使移其种于此新邑也。”

按：孔传训劓为割。孔疏五刑，截鼻为劓，故劓为割，不以为劓刑也。蔡传云“小则加以劓”，是直以为劓刑矣。

完耏 亦作“耐”。

《易·睽》六三：“见舆曳，其牛掣，其人天且劓，无初有终。”程传：“天，髡首本义。六三上九正应，而三居二阳之闲，后为二所曳，前为四年掣，而当睽之时，上九猜很方深，故又有髡劓之伤。然邪不胜正，终必得合，故其象占如此。”惠栋《辨证语类》：“天亦作而，鬒鬓也。”篆文“天”作“兲”，“而”作“丆”。注以为髡首之刑，从程傅也。愚案：汉令完而不髡曰耐。应劭曰：“轻罪不至于髡，完其耏鬓，故曰耏。古“耐”字从彡，发肤之意也。”耐音而，只作“而”。《考工记》曰“作其鳞之而”是也。明人姚旅《露书》谓：“袁坤仪读天为而，岂未考《语类》耶？《语类》之说本胡安定（瑗）。”《汉书·惠纪》：“民年七十以上若不满十岁有罪当刑者，皆完之。”注：“孟康曰，不加肉刑，髡剔也。”

按：孟康以完为髡，然髡者剔发，完者仅去须鬓，实不同也。

《汉志》：“诸当完者，完为城旦舂。”注：“臣瓒曰，文帝除肉刑，皆有以易之，故以完易髡，以笞代劓，以钛左右止代刖。今既曰完矣，不复云以完代完也。此当云髡者完也。”

按：《后汉书·孝明纪》髡钳城旦舂与完城旦舂分为二等，与此《志》同，魏亦分髡作、完作为二。《惠纪》注孟康以完为髡，误也。

又按：此《志》下文云“当黥者，髡钳为城旦舂”，是分完城旦舂、髡钳城旦舂为二，《明纪》可证。髡钳城旦舂为五岁刑，完城旦舂为四岁刑，《汉旧仪》所云“作五岁，完四岁”也。

《后汉书·光武纪》："耐罪亡命，吏以文除之。"注："耐，轻罪之名。"《前书音义》曰："一岁刑为罚作，二岁刑以上为耐。"《明纪》："完城旦舂。"注："完者，谓不加髡钳。"

魏完刑。详髡。

《隋志》：《梁律》："刑二岁已上为耐罪，言各随伎能而任使之也。北齐刑罪即耐罪也。"

《说文》："耏，罪不至髡也。从彡而，而亦声，耐或从寸，诸法度字从寸。"段《注》："《高帝纪》：'令郎中有罪耐以上，请之。'应劭曰：'轻罪不至于髡，完其耏鬓，故曰耏。古耏字从彡，发肤之意也。杜林以为法度之字皆从寸，后改如是。言耐罪以上，皆当先请也。耐音若能。'按：耐之罪轻于髡，髡者剔发也，不剔其发，仅去须鬓，是曰耐，亦曰完。谓之完者，言完其发也。《刑法志》曰：'当髡者，完为城旦舂。'王粲诗：'许历为完士，一言（犹）（独）败秦。'江遂曰：'汉令谓完而不髡曰耐。'然则应仲远言'完其耏鬓'，正谓去其鬓而完其髡耳。桂氏《义证》：《礼记》'故圣人以耐天下为一家'。郑：'耐古能字。古者犯罪，以髡其鬓，谓之耐罪，故字从寸。寸为法也，以不亏体，犹堪其事，故谓之耐。'"

宋按：郑玄《周礼注》云："耐，古能字。古者犯罪，以髡其鬓，谓之耐罪，故字从寸。寸为法也，以不亏体，犹堪其事，故谓之耐。""耐"字正篆作"耏"，《说文》释为"罪不至髡"，沈氏也指出："汉令完而不髡曰耐。"髡是剃发，耐是剃须鬓（不剃发），所以又叫"完"，也即郑玄说的"以不亏体，犹堪其事"。

杻

《说文》："杽，械也，从木手械。"段注："械当作'梏'字，从木手则为手械无疑也。杽，杻古今字。"《玉篇》："杻，敕九切；械也，杽同。"《广韵》："杻，敕九切，杻械，杽古文。"《广雅·释宫》："杽谓之梏。"王氏《疏证》："杽之言纽也。纽，束也。"《后汉书·蔡邕传》："抱钳彨，从幽乔。"彨与杅同。梏之言鞠也，急击之名也。《汉书·刑法志》："当鞠系者，颂系之。"颜师古注云："颂读曰容，谓宽容之，不桎梏是也。"

《隋书·经籍志》中的《梁律》："囚有械、彨、升械及钳，并立轻重大小之差，而为定制。"又《陈律》："立测者，着两械及彨，上垛。""北魏有彨，有高彨。详枷。""北齐流罪已上加彨、械。"

《唐书·刑法志》："彨、校、钳、锁，皆有长短广狭之制，量囚轻重用之。"《唐律疏议》二十九："狱官令：禁囚死罪枷、彨，妇人及流以下去彨，其杖罪散禁。"

按：彨本手械之名，其后凡械皆以彨名之。《唐志》但有彨名，该梏、拲、桎三者而言，盖其时梏、拲、桎之名已不行，此古今称名之异也。彨乃木名械之字，本作"杅"，彨行而杅废矣。

《明律》狱具图："彨长一尺八寸，厚一寸，以干木为之。男子犯死罪者用彨，犯流罪以下及妇人犯死罪者不用。"

械

《说文》："械，桎梏也，从木戒声。一曰械，器之总名。一曰持也。一曰有所盛曰器，无所盛曰械。"

按：赵注《孟子》曰："器，械之总名。"《礼记音义》引郭璞《三苍解诂》同。而许以桎梏居先者，《御览》六百四十四。引《风俗通》曰："械，戒所以警戒，使为善也，此从戒之义，故许先之也。一曰持也。"《文选·长笛赋》注引作"治"也。王筠曰："此句当在'桎梏也'句下，谓械一名治也。"《烈女传》臧孙母曰："吾子拘，有禾治矣。"《御览》引而说之曰："木治，梏也。"

徽 纆

《易·坎》："上六，系用徽纆，置于丛棘，三岁不得，凶。"王注："险陗之极不可升也，严法峻整难可犯也，宜其囚执，置于思过之地。三岁，险道之夷也，险终乃返，故三岁不得，自修三岁，乃可以求复，故曰三岁不得，凶也。”疏：“上六居此险陗之处，犯其峻整之威，所以被系，用其徽纆之绳，置于丛棘，谓囚执之处，以棘丛而禁之也。”《周易集解》：“虞翻曰：徽纆，黑索也。观巽为绳，艮为手，上变入坎，故系用徽纆，置置也。坎多心，故丛棘，狱外种九棘，故称丛棘。二变则五，体剥，剥伤坤杀，故置于丛棘也。不得，谓不得出狱。艮止坎狱乾为岁，五从乾来，三非其应，故曰三岁不得，凶矣。《九家易》曰：“坎为丛棘，又为法律，案《周礼》，王之外朝，左九棘，右九棘，面三槐，司寇公卿议狱于其下，害人者加明刑，任之以事，上罪三年而舍，中罪二年而舍，下罪一年而舍也。”案：坎于木，坚而多心，丛棘之象也。坎下巽矣。”巽为绳直，系用徽纆也。马融云“徽纆索也”。刘表云：“三股为徽，两股为纆，皆索名，以系缚其罪人矣。”程传：“上六以阴柔而居阴之极，其陷之深者也。以其陷之深，取牢狱为喻，如系缚之以徽纆；囚置于丛棘之中，阴柔而陷之深，其不能出矣。”邱氏浚曰：“坎为刑狱。荀《九家易》坎为丛棘。传曰：“丛棘如今之棘寺。蒙、坎二卦，圣人作《易》，皆取象于刑狱。是知圣人为治，不能以不用刑，此盖天地自然之理，本诸阴阳，合请爻象，非人为之私也。虽若不得已而为之，而为之亦自不容也。盖人生不能无欲，欲胜而理微，教之而不从，而不继之以刑，则人欲肆矣。圣人作《易》，以扶阳抑阴，而取象于刑狱，岂无意哉。”

《说文》：“徽，衺幅也。一曰三纠绳也。”段注：“三纠，谓三合而纠之也。丩部，纠，三合绳。一说纠本三股，三纠当为九股。”桂氏《义证》：“扬雄《解嘲》：‘徽以纠纆。’《梁书·王僧孺传》：‘既贻疵辱，方致徽绳。’《文选·西征赋》注：‘引大索也。’《玉篇》：‘徽，大索也。’《广雅》：‘徽，索也。’《汉书·扬雄传》：‘免放徽索。’《陈遵传》：‘观瓶之居，居井之眉，不得左右，牵于纆徽。’颜注：‘纆徽，井索也。’”王氏句读：“纠，三合绳也。三纠之即是大索矣。”“绳，索也。从糸黾声。”莫北切。段注：“从黑者，所谓黑索拘挛罪人，今字从墨。”王氏句读：“经典作墨，又省作墨。”《汉书·扬雄传》：“徽以纠墨。”颜注：“徽、纠、墨皆绳也。”

按：《谷梁》宣二年传注：“《易》曰继用徽纆。”疏：马融曰：“徽，索也。”陆德明云：“三纠绳曰徽，二纠绳曰纆。”《释文》：“三股曰徽，两股曰纆。”《五经文字》同。《史记·屈贾传》索隐：《通俗文》合绳曰纠。《一切经音义》十七。《仓颉解诂》：“绳三合曰纠。”并与许说相合。《文选·长笛赋》五臣注：《汉书音义》张晏曰：“二股谓之纠，三股谓之纆。”《鹏鸟赋》注：《字林》曰：“纠两合绳，纆三合绳。”孙楚征西官属送于陟阳诗注：“纠两股索，纆三股索。”与许异。至或曰三纠、二纠，或曰三合，或曰三股、两股，合与股尚无区别，纠则义不同矣。以索之义求之，纠为是，段、王二说可互证也。

缧绁

《论语》：“虽缧绁之中。”注：“缧，黑索。绁，挛也。所以拘罪人。”皇侃《义疏》：“古者用黑索以挛系罪人也。”校勘记云：“皇本、高丽本‘绁’作‘泄’，宋石经亦作‘绁’。”案：字本作“绁”，唐人避太宗讳，改作“绁”。《五经文字》云：“绁本文从世，缘庙讳偏旁，今经典并准式例变。”

按：《释文》引孔安国注，缧黑索，绁挛也。何注用孔说。

《说文》：“累，缀得理也，一曰大索，从糸畾声。”段注：“《论语》（作‘缧’），字之误。亦误作‘累’，如《孟子》系累其子弟是。亦作‘羸’，如《易·大壮》：‘羸其角，马云大索也。’郑、虞作‘累’。引申之，不以罪死曰‘累’，见扬雄《反离骚》注。按：累、絫二字大不同。累，大索也，其隶变不得作‘累’。絫，增也，引申之，延及也，其俗体作‘累’，古所不用。”桂氏《义证》：“一曰大索也者，萧该《汉书音义》引《字林》同。《急就篇》

颜注：‘絫，大索也。’《六韬》：‘环利小微缧，长二丈以上。’馥案：‘絫所以系囚，因谓絫为系。’僖二十三年《左传》：‘君之惠，不以絫臣衅鼓。’杜注：‘絫，囚系也。’”成　三年《传》：“两释絫囚。”杜注：“絫，系也。”襄二十五年《传》：“使其众男女别而絫，以待于朝。”杜注：“絫，自囚系以待命。又作‘累’，《孟子》系累其子弟。《战国策》系累吾民。《荀子·成相篇》箕子累。注云：累读为缧。书曰‘释箕子之囚。’通作‘垒’。《荀子·大略篇》不忧其系垒也。”王氏《句读》：“省作‘累’，俗加‘糸’作‘缧’。”

按：古者拘系罪人并以索，徽、纆、絫皆是其字，皆从糸。其用铁索，不详始于何时。观《西域》、《王莽二传》是汉时已用之矣。

钳釱

《汉书·刑法志》：“当黥者，髡钳为城旦舂。”《楚元王传》：“楚人将钳我于市。”颜注：“钳，以铁束颈也。”

《急就篇》：“鬼薪、白粲，钳，釱、髡。”颜注：“以铁鍺头曰钳，鍺足为釱。”《史记·平淮书》：“敢私铸铁器者，釱左趾。”集解：“《史记音义》曰：‘釱，音从计反。’韦昭曰：‘釱，以铁为之，着左趾以代刖也。’”

索隐：“按《三苍》云：‘釱，踏脚钳也。’《字林》：‘徒计反。’张斐《汉晋律序》云：‘状如跟衣，着足，足下重六斤，以代膑。’至魏武，改以代刖也。”

《说文》：“钳，（以）铁有所劫束也。”段注：“劫者，以力胁止也。束者，缚也。”“釱，铁钳也。”《御览》六百四十四引《说文》作“胫钳也”。

《汉书·陈万年传》：“或私解脱钳釱。”颜注：“钳在胫，釱在足。”《晋志》：“魏武帝定甲子科，犯釱左右趾者，易以木械。是时乏铁，故易以木焉。”《御览》六百四十四：《晋律》：“钳重二斤，翅长一尺五寸。”

按：翅，《玉篇》许劣切，无训释。《字典篇》：“海进也，又飞也，鸟丛飞也。”于本文难通。《说文句读》引作“翅”，未详所据何本。窃谓“翅”乃“翅”之讹。钳着于颈，共横出被于肩者，如鸟之翅也。

又按：钳以束头。自曹魏易以木械，而钳与钛遂不复用矣。后世之枷，即古之钳也。但铁、木及大小、长短之不同耳。

拶指

《庄子·天地篇》：“则是罪人交臂历指，而虎豹在于囊槛，亦可以为得矣。”《释文》：“司马云，交臂，反缚；历指，犹历楼貌。”

《说文》：“枥，枥撕，椑指也。”各家并云椑当作“柙”。段注：“柙指，如今之拶指，故与械、杽、桎、梏为类。《庄子》曰：“罪人交臂历指。”历指，谓以枥撕柙其指也。《尉缭子》曰：“束人之指而讯囚之情。”桂氏《义证》：“《一切经音义》十二《通俗文》：‘考囚具谓之枥撕。’《字林》：‘柙其指也。’《韵会》引《系传》谓以木柙十指而缚之也。《唐韵》：‘枥，郎击切。枥，先稽切。’”

《玉篇》：“（拶）（桚），子葛切，逼，桚也。”《类篇》：“（拶）桚，笮也。拶，逼也。姊末切。”《广韵》：“拶，逼（拶）姊末切。”《正字通》：“拶，宗滑切，赞人声，相排迫也。”又刑具。《庄子》：“‘罪人交臂历指。’注：即今背翦拶指也。俗读作‘斩’，本作‘揝’，俗作‘拶’。桚，旧注音綦，笞也。按指刑俗呼‘桚’，穿小木以绳系十指间束缚之。读若‘昝’，拶即桚之讹。”

按：《类篇》桚、拶并收。《玉篇》、《广韵》但收拶字。《类篇》、《广韵》在旁作“夎”，当以《玉篇》从“夎”为是。夎本作“㕙”。《说文》不流㕙也。至桚指，刑部久无此具，外省亦罕见，不知废于何时？

槛车

《释名》:“槛车，上施阑槛，以格猛兽，亦囚禁罪人之车也。”《说文》:“槛，栊也。”段注:“许云槛，栊也者，谓罪人及虎豹所居，假借为凡阑槛字。”《华严经音义》上三苍:“栊，所以淢禽兽也。”《汉书·张耳传》:“贯高独怒骂曰:‘谁令公等为之。今王实无谋，而并捕王公等，死，谁当白王不反者?’乃槛车与王诣长安。”颜注:“槛车，车而为槛形，谓以板四周之无所通见。”

按:车上施阑槛以防罪人之逸，《释名》说是，颜云以板四周之，与“槛”字之义不合。汉代官吏之有罪者，以槛车传送。《梁律》二千石已上非槛征者，并颂系之，见《隋志》。是六朝时犹沿此制。

综观以上诸条，可见沈家本的《历代刑法考》一书，其训诂考据，颇有特色，其中以实考名，以名证实的方法是值得借鉴发扬的;另外，作者审辨词义，注重分辨时代，具有历史发展的眼光;同时，该书为语言学科的词汇研究提供了不少新的材料。

第二节　舞蹈中的训诂

舞蹈是艺术门类中起源最早又与人类关系最密切的一门艺术。早在甲骨卜辞中就有“舞”字，它像一个双手攥物的人的舞蹈姿态。上古舞、巫二字同源，二事同类，《说文·工部》释“巫”曰“祝也，女能事无形，以舞降神者也。象人两褎舞形”。即巫在求神的时候必舞。《诗经》中的“颂”即“容”，就是表演，“容者”自然要“手之舞之，足之蹈之”，可以说是一种祭祀舞蹈。《周礼》“旱暵则舞雩”，《论语》“八佾舞于庭”，也谈到了不同用途的舞蹈活动。所以，要研究中国古典舞蹈，必须要扫除古典文献中的文字障碍，只有精通训诂，才能发掘中国古典舞蹈的真实内容与演进历史。

下面选择几则涉及舞蹈的史料，加以分析介绍。

舞

在中国目前可以识别的最早古文字——甲骨卜辞中，“舞”便是以一个双手攥物的人来标示的。甲骨卜辞中的“舞”字，其写法（应该是“锲法”）在细部颇有差异，但主要均呈“”形人体动态。通过上述分析我们可以认为，这个两腿微微向旁叉开、双手略略向侧抬起且手中攥物的人体动态是彼时最典型、最基本的舞蹈动态。否则，就无法解释初民们要通过文字来标示他们对于“舞”的观念时，何以要用这样一个人体动态。不过需要说明的是，这个“”形人体动态并不只是“舞”的专利，“巫”与“舞”这两个字的字源也可追溯于此。也就是说，“巫”、“无”与“舞”三字音形同源。庞朴认为：在华夏原始宗教发生期，“巫”是主体，“无”是对象，而“舞”则是沟通主体与对象的手段。[①]其实，《说文·工部》中对“巫”的解释已阐明了这一点。《说文》释“巫”为“祝也。女能事无形，以舞降神者也。象人两褎舞形”。在这里，“巫”指的是巫术仪式中“事无形”的神职人员；“无”即“无形”，指的是巫术仪式中巫企望与之交感的神灵；而“舞”作为巫的基本人体动态，正是其用以“事无形”的基本手段。“巫”、“无”与“舞”最初的“三位一体”，无疑给我们这样一个暗示：即在“”形人体动态中，所标示的是舞蹈的基本形态、舞蹈者的称谓和舞蹈者行为指向的合一。也就是说，如果从舞蹈者行为指向的角度来考索中国舞蹈的原始发生，那么它是一种巫术仪式；至少，在初民们的观念中是如此。

伏羲、女娲、阴康氏和葛天氏的纪功乐舞

伏羲、女娲是传说中的人类始祖，据《路史》所载：伏羲、

① 见庞朴《稂莠集·说“无”》，上海人民出版社，1987年。

女娲的纪功乐舞分别名为《荒乐》和《充乐》。《路史·后纪》云：伏羲时，“长离（即凤）徕翔，爰作《荒乐》，歌《网罟》，以镇天下之人，命曰《立基》”。

女娲的乐舞叫《充乐》。也是根据《路史·后纪》的记载，其文曰：“（女娲）作《充乐》，用五弦之瑟于泽丘，动阴声，极其数而为五十弦，以交天侑神。听之悲不能克，乃破为二十五弦，以抑其情，具二均声。乐成而天下幽微无不得其理。”

《路史》载：“阴康氏之始，水渎不疏，江不行其原，阴凝而易阏。人既郁于内，腠理滞着而多重月追，得所以利其关节者乃制为之舞，教人引舞以利道之，是谓《大舞》。”在《吕氏春秋·仲夏记·古乐》篇中也有类似的记载，说：“昔陶唐之始，阴多滞伏而沉积，水道壅塞，不行其原，民气郁阏而滞着，筋骨瑟缩不达，故作为舞以宣道之。”《吕氏春秋》与《路史》所记之事一致，而“陶唐”与“阴康”当为一人，其名字形相似，当是传写之误。

作为世俗化的神灵，其纪功乐舞内容比较丰富且又比较完备的要算葛天氏的纪功乐舞了。《吕氏春秋·仲夏记·古乐篇》载：“昔葛天氏之乐，三人操牛尾，投足以歌八阙：一曰载民，二曰玄鸟，三曰遂草木，四曰奋五谷，五曰敬天常，六曰建帝功，七曰依地德，八曰总鸟兽之极。”这种“投足以歌八阙”的“葛天氏之乐”又被《路史》称为《广乐》，《路史》载：“（葛天氏）其及乐也，八士捉扴，投足掺尾，叩角乱之；而歌八终，块拊瓦缶，武桑从之。是谓《广乐》。”说《广乐》内容丰富且又完备，在于其“歌八终”或“歌八阙”被详细地记录在册，赵沛霖在《兴的起源》[①]一书中对“葛天氏八阙乐歌”加以考证，认为这是秦民族的史诗和颂歌。据他研究，“葛天氏之乐”可以分成三部分。第一部分为“载民”、“玄鸟”和“总鸟兽之极”。这一部分是记叙有关祖先、

① 中国社会科学出版社，1987年。

祖先神和图腾的情况，大意是说伯益是秦民族的伟大始祖，是神鸟的后代，是一个半人半神式的部族领袖，他具有超人的本能——“总鸟兽之极”，因而能调驯鸟兽，成为畜牧业的开创者。第二部分为“遂草木”、“奋五谷”。这一部分大致是写秦民族业绩的开创、经营和艰苦奋斗的过程。饲养牲畜的需要，使人们迫切盼望草木葱郁繁茂；为了获得好的收成，人们更是充满了大无畏的奋斗精神。第三部分分为“敬天常”、“依地德”和“建帝功”。这一部分大致是说秦民族的天体崇拜、土地崇拜以及对少昊帝的歌颂。他们把民族业绩的开创和农牧经营的成功归之为天地的恩赐，归之为少昊帝的功绩。“葛天氏”是否即为“少昊帝”还有待于做进一步的研究。

云门

《周礼·春官》载：“（大司乐）以乐舞教国子，舞《云门大卷》。”注曰：“黄帝乐曰《云门大卷》。”《通鉴外纪》载：“黄帝命大容作承云之乐，是为《云门大卷》……中春之月，乙卯之辰，日在奎始奏之，命曰《咸池》。”《咸池》又称为《大咸》。也就是说，黄帝的纪功乐舞，有《承云》、《云门大卷》、《咸池》、《大咸》等称谓，但主要被称为《云门大卷》，常略为《云门》。

《庄子·天运》：“北门成问于黄帝曰：‘帝张《咸池》之乐于洞庭之野。吾始闻之惧，复闻之怠，卒闻之而惑。荡荡默默，乃不自得。’帝曰：‘汝殆其然哉！吾奏之以人，征之以天，行之以礼义，建之以大清。四时迭起，万物循生。一盛一衰，文武伦经。一清一浊，阴阳调和，流光其声。蛰虫始作，吾惊之以雷霆，其卒无尾，其始无首。一死一生，一偾一起，所常无穷，而一不可待。汝故惧也。吾又奏之以阴阳之和，烛之以日月之明。其声能短能长，能柔能刚，变化齐一，不主故常……是故鬼神守其幽，日月星辰行其纪。吾止之于有穷，流之于无止。子欲虑之而不能知也，望之而不能见也，逐之而不能及也……形充空虚，乃至委蛇。汝委蛇，故怠。吾又奏之以无怠之声，调之以自然之命。故若混逐丛生，林乐而无形，布挥而曳，幽昏而无声。动于无方，居于窈冥……行流散徙，不主常声……乐也者，始于惧，惧故崇；吾又次之以怠，怠故遁；卒之以惑，惑故愚；愚故道，道可载与之惧也。'”从这段对话中可以看出黄帝的乐舞的结构。

大章与九韶

唐尧的纪功乐舞称为《大章》。《吕氏春秋·仲夏记·古乐》篇载："帝尧立，乃命质为乐。质乃效山林溪谷之音以歌，乃以麋輅置缶而鼓之，乃拊石击石，以象上帝玉磬之音，以致舞百兽。瞽叟乃拌五弦之瑟，作以为十五弦之瑟，命之曰《大章》，以祭上帝。”此外，《周礼·春官·大司乐》中疏《大咸》曰："《咸池》，黄帝所作名也，尧增修而用之。若乐体依旧，不增训者，则改本名，名曰《大章》。”又《礼记·乐记》载："《大章》，章之也。”疏曰："尧乐谓之《大章》者，言尧德章明天下也。”对《大章》之命名的解释，大致如此。

虞舜的纪功乐舞称为《大韶》，《尚书·益稷》载："夔曰：'戛击鸣球，搏拊琴瑟以咏，祖考来格。虞宾在位，群后让德。下管鼗鼓，合止柷敔，笙镛以间，鸟兽跄跄。《箫韶》九成，凤凰来仪。'”大约是因为"《箫韶》九成"的缘故，《箫韶》又称为《九韶》，如《竹书纪年》所载："帝舜有虞氏，元年以末即帝位，作《九韶》之乐。”关于《韶》的得名，《礼记·乐记》载："韶，继也。”郑玄注曰："韶之言绍也，言舜能继绍尧之德。”

大夏、大濩与大武

大夏、大濩与大武分别指夏禹的《大夏》、商汤的《大濩》和周武王的《大武》。实际上，在"六代乐"中，被人谈论得最多的是虞舜的《大韶》和周武王的《大武》。史籍中多将《韶》视为文舞的代表，而把《武》视为武舞的代表。《论语·八佾》载：“子谓《韶》‘尽美矣，又尽善也’，谓《武》‘尽美矣，未尽善也’。”孔子将《韶》、《武》相提并论，说明这两个纪功舞蹈具有可比性。《武》是由周公旦创制的，主要是纪周武王伐纣克商之功。那么，《韶》作为虞舜的纪功乐舞，其所纪之功是否与之具有可比性呢？据史籍记载，虞舜最大的功绩便是“服有苗”。《韩非子·五蠹》载：“当舜之时，有苗不服，禹将伐之。舜曰：‘不可！上德不厚而行武，非道也。’乃修教三年，执干戚舞，有苗乃服。”又据《尚书·大禹谟》载：“三旬，苗民逆命……帝乃诞敷文德，舞干戚于两阶，七旬，有苗来格。”《淮南子·齐俗训》也说：“当舜之时，有苗不服。于是舜修政偃兵，执干戚而舞之。”由上述史料来推测，可知《韶》所纪乃虞舜“服有苗”之功，其内容主要是“修政偃兵”、“舞于两阶”的“干戚舞”。理由之一是“舜服有苗”和“武王伐纣”之功具有可比性。区别在于后者虽言“天命有兹”，但毕竟诉诸了武力；而前者自觉“诞敷文德”、“舞于两阶”而使“有苗来格”。“舜服有苗”乃是以上治下，是“舞干戚于两阶”，兵不血刃；“武王付纣”是以下犯上（尽管是以有道伐无道），是“夹振之而四伐”，生灵涂炭。所以，孔子才会称后者“未尽善”而前者“尽善”。理由之二是《韶》又称《箫韶》，《箫韶》本作《箾磬》。舞蹈史家已指出了“箾”是一种舞竿；其实，“箾”就是“干戚”的替用舞具，以显其“修正偃兵”之意。而该舞之所以称“磬”从字形上也可见其执兵（殳）而呼（声）之意。“磬”之执兵器呐喊以扬威与“武”之扛兵器（戈）行进以攻伐是有根本区别的。由“服有苗”的政治手段成为纪帝功的纪功乐舞，“磬”也就成了《韶》——其间的“声”变成了“音”，而“殳”也消失了。

《吕氏春秋·仲夏记·古乐》篇载：“禹立，勤劳天下，日夜不懈，通大川，决壅塞，凿龙门，降通漻水以道河，疏三江五湖，注之东海，以利黔首，于是命皋陶作《夏仑》九成以昭其功。”这便是《大夏》所纪之功。

皋陶作《夏仑》以纪“夏禹治水”之功，因其“九成”而又称为《九夏》。《九夏》或曰《夏仑》之“九成”，为“王夏、肆夏、昭夏、纳夏、章夏、齐夏、族夏、祴夏、骜夏”。《周礼》注曰：“王出入，奏《王夏》；尸出入，奏《肆夏》；牲出入，奏《昭夏》；四方宾来，奏《纳夏》；目有功，奏《章夏》；夫人出祭，奏《齐夏》；族人侍，奏《族夏》；客醉出入，奏《骜夏》。”据汉扬雄《法言·重黎》载：“昔者姒氏治水土，而巫步多禹。”李执注曰：“姒工禹也，治水土，涉山川，病足，故行跛也。禹自圣人，是以鬼神猛兽蜂虿蛇虺莫能螫耳，而俗巫多效禹步。”又据《尸子》载：“禹劳于治水，生偏枯之病，步不相过，人曰‘禹步’。”《帝王世纪》亦称：“世传禹病偏祐，足不相过，至今巫称‘禹步’是也。”也就是说，《夏》之“独足之象”乃是“足不相过”的“禹步”。“水道壅塞”会使人“筋骨瑟缩不达”，那么，“禹步”作为《大夏》的基本舞态，是怎样一种步态呢？晋人葛洪《抱朴子·仙药》篇记录了当时的“禹步”，指出：“禹步法：前举左，右过左，左就右；次举右，左过右，右就左；次举左，右过左，左就右。如此三步，当满二丈一尺，后有九迹。”同书《登涉》篇亦称：“正立，右足在前，左足在后，次覆盖右足，以左足从右足并，是一步也。次覆前右足，次前左足，以右足从左足并，是二步也。次复前右足，以左足从右足并，是三步也。”

《大濩》乃是纪商汤“以身为牲，祷于桑林”而天“油然作云，沛然下雨”之功。其实，从《大濩》之“濩”的命名就可以看出这一点。“濩”的初文是“以手持鸟之形”的“只”，尔后出现了对狩猎所获与耕稼所获的区分——“獲”与“穫”。商汤自祷于桑林而后甘霖普降，正是“濩”（获水）的意思。当然，也有学者（如阴法鲁）指出，“濩”是商汤扮本氏族图腾神玄鸟求雨之意，所以从“隹”从“水”。只是在《大濩》成为规范化的纪功乐舞后，“濩”

才又被写作“頀”。一般认为《诗经·商颂·那》乃是《大濩》的舞歌。

《大武》所分六段的乐歌仍保留在《诗经·周颂》之中。第一段是《周颂·我将》，第二段是《周颂·昊天有成命》，第三段是《周颂·赉》，第四段是《周颂·般》，第五段是《周颂·酌》，第六段是《周颂·桓》。它们都记载了周武王的伐纣克商之功。

万舞

《诗经》中有不少篇章涉及舞蹈，如《陈风·宛丘》的“坎其击鼓，宛丘之下。无冬无夏，值其鹭羽”；又如《小雅·甫田》的“琴瑟击鼓，以御田祖。以祈甘雨，以介我稷黍……”不过，直接出现“舞”字的篇章并不多见。据笔者翻拣，有“舞则选兮，射则贯兮”（《齐风·猗嗟》）。前两条涉及舞的结构，因而与鼓、与歌相对；后一条涉及舞的功能，因而指出其与“贯射”、“醉饮”的联系。但《诗经》中还有“屡舞”与“万舞”两个合称的“舞”，它们带有更为具体的文化内涵。我们在此只探讨“万舞”的文化内涵。

在《诗经》中，《鲁颂·閟宫》有“万舞洋洋，孝孙有庆”，《商颁·那》有“庸鼓有斁，万舞有奕”。最为值得重视的是《邶风·简兮》，其诗曰：“简兮简兮，方将万舞。日之方中，在前方处。硕人俣俣，公庭万舞。有力如虎，执辔如组。山有榛，隰有苓。云谁之思？西方美人。彼美人兮，西方之人兮。”考虑到“诗三百”中直言“舞”者尚寥寥可数，“万舞”的再三出现不能不说明它是当时一种重要的舞蹈文化现象。就《诗经》的记叙来看，我们对“万舞”的认识主要有这样三点：其一是关于“万舞”的功能。从“万舞”舞于“閟宫”（“閟宫”为主生殖的高禖庙）来看，“万舞”的功能与生殖崇拜、祖先崇拜有关。因而其最初可能是某一氏族的图腾舞蹈。其二是关于“万舞”的结构。“万舞”的舞蹈动态主要是“有力如虎，执辔如组”，说明了其或孔武有力、或拉手成围的动态特征。其三是关于“万舞”的发源地。从舞“万舞”者被称为“西方美人”，从其思念的故乡——山有榛（榛子）、隰有苓（甘草）来看，“万舞”的发源地当为今甘（肃）南、青（海）北一带，也即古氐羌族的居住地。

雩

陈梦家在《殷墟卜辞综述》①一书中指出：“巫之所事乃舞号以降神求雨。名其舞者曰‘巫’，名其动作曰‘舞’，名其求雨之祭祀行为曰‘雩’……吁嗟与号则舞时之歌。巫、舞、雩、吁都是同音的，都是从求雨之祭而分衍出来的。”这段话明确地告诉我们，“巫”的主要职能是“降神求雨”，而“舞”的功能指向亦与“巫”的职能相同。并且，这种通过“舞号”来“降神求雨”的巫术仪式被称为“雩”。

《周礼·春官》载：“司巫掌巫之政令。若国大旱，则帅巫而舞雩。”又载：“女巫掌岁祓除衅浴，旱暵则舞雩。”“雩”作为求雨之祭祀行为，通常在大旱之时举行，并且是由巫者起舞来进行。《说文》释“雩”为“夏祭乐于赤帝以祈甘雨也”。《尔雅·释训》亦曰：“舞，号雩也。”郭注云：“雩之祭，舞者吁嗟而请雨。”许多文献的记载都说明了“巫”、“舞”与“雩”的一致。

“雩”作为求雨之祭祀行为，是对这一行为之称谓的标准化的结果。根据陈梦家《殷墟卜辞综述》所载，甲骨卜辞中的求雨之祭均伴随舞蹈，其称谓主要有：①“舞”；②“霦”；③“䨱”；④“圵舞”；⑤“奏舞”。其实，在甲骨卜辞的种种求雨之祭中，那个“象人两褎舞形”的“舞”才是关键。“雩”与“舞”的关系，我们前已点明，而“霦”、“䨱”与“雩”其实是一字多写。陈梦家指出：“武丁卜辞的‘舞’，到了廪康卜辞加‘雨’的形符而成

① 中华书局，1988年。

‘無’，它是《说文》‘雩’字所从来。郭沫若释‘無’为‘雩’，是对的。但《说文》‘雩’已是形声字，卜辞将‘无’作‘無’，乃是‘舞’之象形。”这里实际上已经暗示着，“雩”的同义字“無”更直接地体现了“两袤舞形”以“降神求雨”。此外，“無”与“雩”之古韵分属唐部与铎部，其意相同，其音亦可对转。据《说文》，“翌”即“皇”，其异体作“翌”；而“雩”的异体作“翌”。将“皇”—“翌”—“雩”视为一体来看，可见其不仅声近义词，而且形亦有相近之点。《周礼·春官》言“女巫……旱暵而舞雩”，《周礼·地官》又言“教皇舞，帅而舞旱暵之事”，两段记载亦可说明“翌”与“雩”内涵的一致性。

八佾于庭

在舞队方面，周礼规定王用八佾舞队，诸侯用六佾舞队，大夫用四佾舞队，士用两佾舞队。“佾”为舞队的行列，其所用舞员之数，主要有两种不同的解释。班固《白虎通义·礼乐》载：“八佾者何谓也？佾者列也，以八人为行列，八八六十四人也。诸公六六为行，诸侯四四为行。”陈旸《乐山·乐舞》则持异议，说：“夫舞所以节八音，八音克谐而乐成焉。故舞必以八人为列，自天子达于士，降杀以两……服虔所谓天子八八，诸侯六八，大夫四八，士二八，不易之论也。然则舞行缀远者，岂其六佾欤？舞行缀短者，岂其四佾欤？杜预以为凡天子、诸侯、大夫、士之舞列递减二人，至士四人而止，岂复成乐舞邪？”不管对“肆”对“佾”之数作如何解释，通过一定的礼规来限制乐舞使用者本身也是乐舞服从于政治需要的体现。

我们指出过，中国古典舞的礼法意识在多种文化传统中争正统的结果，而正统的确立不可避免地带来了文化等级观。与“封土建邦”的政治措施相联系的“制礼作乐”的文化措施，由于诸侯割据政治局势的出现也就难免“礼坏乐崩”了。“礼坏乐崩”首先表现为诸侯、卿大夫在使用乐舞时的僭越行为。《论语·八佾》载:“孔子谓季氏八佾舞于庭，是可忍，孰不可忍?”便是一例。季氏是鲁国的大夫，按其礼规只能用四佾舞队，但他却在家庙中越礼用八佾舞队，故令孔子惊呼“是可忍，孰不可忍”。

第三节 军事中的训诂

在上古时代，“国之大事，在祀与戎”(《左传·成公十三年》)，即除了祭祀外，战争是国家的另外一件大事。因此，在上古文献中，关于战争的记载屡见不鲜。现在研究中国古代军事史的人，首先要研读诸如《尚书》、《左传》、《诗经》、《周礼》、《国策》之类的上古文献，然而不通训诂就不能读懂古书，所以训诂便成为研究古代军事史的津梁;换言之，此即训诂在军事研究中的应用。

我们这一节主要介绍我国上古军事中的训诂。在上古典籍及其注文中，记载军事方面的文字占有相当的比例，从这些文字记录之中，我们可以看到锋利精美的青铜兵器，穿甲贯胸的强弓劲弩，驰骋千里的马拉战车，其制作技艺和战斗性能，反映出古代冷兵器的极高水平;至于国家的军事制度、国防设施、军队的组织、指挥与保障体系，也已十分完备而合理，为中国古代军队的组织体制奠定了基础;还有大小规模的野战、城战和车战，反映了当时丰富的作战经验，以及从战争实践中总结出来的军事思想。

下面我们以西周和春秋战国时代有关军事编制、兵器、军事设施、个别战例和阵势的军事词语为例，来看军事研究中的训诂应用。

卒伍

西周军队的组织体系，是仿效人体机构而建立的。它最小的组成单位是五人组成的“伍”，据《逸周书·武顺》：五人为“伍”，是来源于人的一手（足）指（趾）数，五个手指构成一只手，就成为一个能握物操作的有机肢体。而当时的兵器有五兵（矢、殳、戈、酋矛、夷矛），恰好需五人各持其一，组成一个长短兵器互用的集体。因此，以五人为最小战斗单位，就像人的一只手（或足），是符合当时技术兵器战斗要求的。“左右手各握五，左右足各履五，曰四枝，元首曰末，五五二十五曰元卒。”人有两手、两足各履五，再加上头，又是五个部分，故合“伍”为一个组成单位，取名为“卒”，“一卒居前曰开，一卒居后曰敦，左右一卒曰间，四卒成卫，曰伯”。人在动作时，总是一足在前，一足在后，一手在左，一手在右，能从前后左右护住躯体，因此，合四“卒”为一个单位，名曰“伯”。“伍”和“卒”，合称“卒伍”，是西周军队的基层组织，史书常常以“卒伍”代表军队，来源于此。

《周礼》中记载周军组织体系为“五人为伍，五伍为两，四两为卒，五卒为旅，五旅为师，五师为军”（《周礼·地官司徒》）。又说：“凡制军，万有二千五百人为师，大国三军，次国二军，小国一军。军将皆命卿。二千有五百人为师，师帅皆中大夫；五百人为旅，旅帅皆下大夫；百人为卒，卒长皆上士；二十五人为两，两司马皆中士；五人为伍，伍皆有长。”（《周礼·夏官司马》）《周礼》所载的这个军队组织体系，经近世史家考证，认为不是西周军队的组织体系，而是春秋后期的军队组织体系，但这个组织体系的基础，即百人以下的卒伍制，史学界却都承认是西周的。

宋按：析言之，“卒”、“伍”各有其义；浑言之，则“卒伍”指代军队。以上从《周礼》等文献考证西周时代的军事组织情况。

师

从文献及西周铜器（金文）中，未发现有“军”字，而“𠂤”字作为军队编成单位，则出现很多。“宗周六𠂤”、“殷周八𠂤”，后又有“成周八𠂤”之名，这些“𠂤”字，均被释为“师”，因此断定，西周军队最高编成单位为“师”，师以下到百人的“卒”（伯）之间是如何编组的，因资料不足，尚无定论。若以武王伐纣的《牧誓》中所列举的“友邦冢君、御事、司徒、司马、司空、亚旅、师氏、千夫长、百夫长”等官职名称来判断，“师”以下应为千人编成的单位，再下为百人组成的单位，即《逸周书》所载的伯，《周礼》所记的卒。根据《尚书·泰誓》中“王乃大巡六师”的记载，周军牧野之战时是编成 6 个师的，而周军当时的兵力数额则是戎车 300 人乘，虎贲 3000 人，甲士 4.5 万人。把这个数额分编 6 个师，可以有两个方案。一个是平均分配，一个师戎车 50 乘，虎贲 500 人，甲士 7500 人，这样每辆戎车可配虎贲 10 人，甲士 150 人，这种编组方法，既不能保持卒伍的基础，与牧野战况也不相符合。第二个编组方案，是将戎车 300 乘与虎贲 3000 人编成一个师（每车虎贲 10 人，与古本《司马法》所载戎车一乘甲士 10 人相符，唯无步卒 20 人），成为战车突击部队，而 4.5 万甲士分编成 5 个师，每师 9000 人，师下分成 3 个单位（或名“正”或名“旅”），每单位 3000 人，再下分为 3 个“千”单位（千夫长所属），每个千人，千以下为 10 个百单位（“伯”、“两”），最下层为卒（25 人）、伍（5 人）。这个方案，只有“千夫长”指挥十个单位，其余为三、四、五单位。一级指挥官指挥的单位多了，是不适合的，但古文献既然有千夫长、百夫长的记载，而在两者之间又未见有一编制名称，因此，在百与千之间出现十个单位组成一个指挥建制，并不是不可能的。

车乘

关于车兵部队的编制体系，前人多据《左传》有关的注而加以推论。清末黄元同编辑的《周礼司马法考证》，从《左传》注中搜集出几条有关战车编制的材料，分成两种编制。一种是“车战，九乘为小偏，十五乘为大偏，二十九乘为参，八十一乘为专”。另一种是“二十五乘为偏，五十乘为两，百十二乘为伍”。黄氏据此与《逸周书·武顺》、《周礼·夏官司马·小司马》所载之两种编制相附会，推衍成为车兵的两种编组体系。第一种为“三三相参”（即三三制），依《逸周书》伍、卒、伯、佐、右、正、乡、辟制，以100人为1乘（相当于伯），3乘（300人）为佐，9乘（900人）为右（即小偏），27乘（2700人）为正（彼认为左传注引司马法中29乘为参，系27乘之误），80乘（8100人）为乡。第二种是“五五相伍起数”，为“五五制”，即25乘为偏，两偏50乘为“两”，5偏125乘为“伍”（《左传》注中120乘为伍，黄认为脱一“五”字）。近世学者虽咸谓《周礼》中之军制系春秋乃至战国制度，但周军既以师为最高编制单位，而又以牧野之战的戎车300乘、虎贲3000人作为胜利的荣誉象征，那么300戎车、3000甲士，这个数字，决不会分散于六师之中。考察牧野之战，可以推断其是集中于一师之内，在建立全国统治政权后，周军是否会在牧野之战的基础上，建成各有车300乘、甲士3000人的6个师呢？从当时国力看，这是完全可能的。按14师计，不过战车4200乘，甲士4.2万人。周宣王派兵伐楚，一次就出车3000（《诗经·采芑》）。从古文献记载的各种车兵编制数额看，1师车300乘，甲士3000人，也是可行的，师组成3个百车千甲士的“旅”或“专”，旅编成4个25乘的“偏”；“偏”编成5个5乘的“伍”，乘则按士10人、徒20编组，这样一个组织体系，也是适合当时兵器装备和战争特点的。这样，1师有兵车600乘（战车300辆、辎车300辆）、甲士3000人、徒兵6000人，连同各种指挥、保障机构，当在万人左右。

五兵、五盾、五车

西周军队的兵器装备，据《周礼·夏官司马·司兵》记载有“五兵、五盾”，《春官宗伯·车仆》有“五车”。五兵，历代注家说法不一，概言之，即矢、戈、殳、矛、戟。车兵，车上3甲士，装备有弓箭（矢）、戈、戟、短剑。根据战斗时“五兵五当，长以卫短，短以救长”的原则（《司马法·定爵》）。使一伍的5个兵，分别装备长短不同的兵器（前短后长）。

五盾，是手持的防护兵器。但盾分哪五种，历代注家都说不清，从《周礼正义》的注中看，大概是按兵种和等级区分的。如车兵盾狭而小，步兵狭而长，魁盾供帅用，还有羌盾（大盾）之类。虽盾有“以缝编版谓之木络，以犀皮作之曰犀盾，以木作之曰木盾”，故五盾也可能因制作材料不同而有区别。

五车，据《周礼·春官宗伯·车仆》所记，即戎路（“王在军中所乘之车”）、广车（“横陈之车”）、阙车（“补阙之车”）、苹车（“犹屏也，对敌自蔽隐之车”）、轻车（“驰敌致师之车”）。这五种车，根据历代学者考据疏证，轻车即攻车，也叫驰车，是车战的主战车。阙车实际上也是轻车，不过是用于机动补缺而已。戎路是供将帅用的指挥车，车上装备有旗、鼓等指挥工具。广车是大车，是防御用的守车。苹车可能也是一种守车，或兼作运载器物救护用。此外，还有“辇”，据注疏认为是装载兵器、粮秣、工具的辎重车。从兵车的种类上看，西周军队中车兵的分工比较细，可能建有新的专业兵。但从古文献中可以看到，西周的等级（阶段）制也在兵车的装饰和名称上表现出来，兵车重形式，有些区分，于实战并无大用。

金鼓旌旗

金鼓旌旗是军队指挥联络的基本通讯工具。《孙子兵法·军争》引《军政》曰:“言不相闻,故为金鼓;视不相见,故为旌旗。”《军政》一书,当为西周兵书,说明以金鼓旌旗为指挥通讯手段,已是西周乃至以前的事。《周礼·地官司徒》有“鼓人,掌握教六鼓四金之声音,以节声乐,以和军旅,以正田役”。“六鼓”:雷鼓、灵鼓、路鼓、鼖鼓、鼛鼓、錞鼓。前三种是祭神用的,后一种是和乐用的;鼛(gāo)是指挥“役事”用的;只有錞(chún)鼓是用于军队指挥的,这种鼓是一种大鼓。(郑玄注谓:长八尺。)“四金”是:金錞、金镯、金铙、金铎。四金的用途分别是:“以金錞和鼓,以金镯节鼓,以金铙止鼓,以金铎通鼓。”即用金錞(像个碓头样子的金属乐器,上大下小)和鼓作乐;用金镯(像小钟的金属乐器)节制行军时的鼓声;用金铙(像铃而有柄无舌,柄半在上,半在下,执柄摇动)发令止鼓退军;用金铎(大铃)发令使军鼓齐鸣,命令进军。在《周礼·鼓人》中还规定有:“凡军旅,夜鼓鼜。军动则鼓其众。”注疏云:“鼜”是军队夜间警戒守备击的鼓。《司马法》规定有:黄昏击鼓四通,夜半击鼓三通,拂晓击鼓五通,军队行动、战斗时击鼓以鼓动士气。今本《司马法》中有“七鼓”之分,是按兵种和战斗动作规定出不同的击鼓声,即“鼓旌旗,鼓车,鼓马,鼓徒,鼓兵,鼓首,鼓足”,用以指挥军队的进攻行动。《左传·庄公十年》中齐鲁长勺之战,有“齐人三鼓”、“一鼓作气,再而衰,三而竭”,当是西周时用击鼓指挥军队进攻的继承。“鼓之则进”、“金之则止”,虽是战国时人尉缭的《勒卒令》中所载,但其起源当在西周以前。从《周礼·夏官司马》“大司马之职”中看到:“中春,教振旅,司马以旗致民,平列陈,如战三陈,辨鼓、铎、镯、铙之用……以教坐、作、进、退、疾、徐、疏、数之节,遂以搜田。”从这段记载和注疏中可知,西周在春搜即春季打猎时训练军队的程序和作战一样，先由大司马在规定的地方竖立起大旗，让应征的士卒在旗下如同战阵一样列队，然后使士卒学习识别金、鼓的不同的音响代表的不同号令，即学会随不同的音响坐下、起立、前进、后退、快走、慢走、疏开、靠拢等动作。在训练中，从周王到伍长，使用不同的金、鼓音响器材，“王执路鼓，诸侯执贲鼓，军将执镈鼓。师帅执提，旅帅执鼙，卒长执铙，两司马执铎，公司马（伍长）执镯”。这里与“鼓人”中的区分不完全一致，注疏者认为是“在军兼用也”。又引《司马法》之规定说：“十人之长执钲，百人之师执铎，千人之师执鼙，万人之主执大鼓。”记载虽有不一致，但用金鼓传达号令则是相同的。

旗，是周国指挥和联络的主要工具之一。《周礼·春官宗伯》属下有“司常”官吏，是专管旗的。旗，分为“九旗”，各有不同名称和识别的标志，分别用于不同官吏：①常（“太常”），画有日、月，属于国王专用（“王建大常”）；②旗（“大旗”），画有交龙，属于诸侯专用的（“诸侯建旗”）；③旜，不画物象，用一种颜色的帛制成（“通帛为旜”），属于孤卿用的（“孤卿建旜”）；④物，用不同颜色的帛制成的（“杂帛为物”），属于大夫、士用的（“大夫、士建物”）；⑤旗，画有熊虎（“熊虎为旗”），属于将帅和都行政长官用的（“帅都建旗”）；⑥旟，画有鸟隼（“鸟隼为旟”），属于州里地方官用的（“州里为旟”）；⑦旐，画有龟（“龟蛇为旐”），属于县、鄙官吏用的（“县、鄙建旐”）；⑧旞，装饰有全只鸟的五彩羽（全羽为“旞”），属于道车（国王平时的国内所乘之车）用的；⑨旌，旗杆上装有不同鸟的杂色羽毛（“析羽为旌”），属游车（王在国外游行所乘车）载用的。

辎车

从《周礼》及其疏中，从《六韬》的有关章节中，大体可以知道，西周军队中设有专门的后勤机构。《六韬·龙韬王翼》所列“将有股肱羽七十二人”中：有管理粮秣供应的“通粮”四人；管会计的“法算”二人；负责医药治疗的“方士”二人；至于兵器、工程器材有“简练兵器”的“兵法”九人及管理筑城工程的“股肱”四人，可以兼管。这样当时军队作战行动的后勤诸方面，差不多都有分工管理了。至于部队携行的物资器材，按战车配有辎重车。据《周礼·地官司徒·乡师》之职所载：“大军旅，会同，正治其徒役，与其輂辇。”郑玄注：“輂，驾马；辇，人挽行，所以载任器也……”《司马法》曰：“夏后氏谓辇曰余车，殷曰胡奴车，周曰辎辇。”可见，在征发兵役时，就同时征发有马拉和人挽的辎车，从《诗经·小雅·无将大车》中，亦可证明西周时有人拉的大车。另征发有牛车（《孙子兵法·作战篇》有“丘牛大车”语），《周礼·地官司徒》在“牛人”职责中，规定有“凡会同军旅行役，共其兵车之牛与其牵徬，以载公任器”。即以牛车随军载运“辎重”。除牛车外，还有一种马拉的“革车”，也负有随军供应的任务。上引《周礼》中的“輂”，郑玄注是马拉的“辇”类车子，《孙子兵法·作战篇》中说的“革车千乘”，古人注释中也认为是装载辎重的重车。

宣王南征楚国

对玁狁战争结束后，周宣王便把用兵的重点转向了南方和东方。他派征戎回来的元老方叔率师南征楚国。这次征战规模很大，周师出动兵车 3000 乘，大概把宗周的军队主力全部用上了。《诗经·小雅·采芑》：“旗旐央央，……伐鼓渊渊，振旅阗阗，……戎车啴啴，如霆如雷。”意即旌旗招展，鼓声冬冬，兵车隆隆，浩浩荡荡，惊天动地，势如雷霆，大军直奔南方。战斗的情况史无可据。作战的结果是楚国被打败了。“执讯获丑”，捉到一些俘虏。周的南方暂时安定下来。周宣王又把用兵的重点转向了东方。东方以徐国为首的淮河下游诸夷族小邦，对周王朝早已是屡服屡叛。宣王压服淮夷，派遣召虎率师前往征伐。召虎指挥军队打了胜仗，回来后受到周王的赏赐褒彰。但这次征战，并未完全解决问题，后来，以徐国为首的淮夷各小邦，联合起来造反，周宣王调集大军，举行东征。

这次东征，《诗经·大雅·常武》有记述。诗中说，周王在太祖庙中命令卿士南仲和大师皇父："整我六师，以修我戎；既敬既戒，惠此南国。"整顿好王的六师，保持高度的戒备，去征战徐淮，以施恩惠于南国，并告诫一同前往征伐的尹氏和程伯休父，要告诫师旅，保持好行军行列，沿着淮河岸去"省此徐土"，巡视遍徐国的领土，不要中途停止，不要骚扰士、农、商各业。这是描述周王颁发出师训令。其实所谓"省此徐土"不过是美化惩罚行动的巧饰之词。不扰民之类的话，也只是装潢门面而已。下面接着就说了，这次出兵征战的目的是为了"王舒保祚"，即保护住周王的福祚。诗歌中描写了周军的进军行动和威势，"进厥虎臣，阚如虓（音嚣）虎"，进军的将士，一个个像猛虎一样，像虎啸一样地号叫着，"如飞如翰"，像鸷隼一样飞鸣着。"如江如汉，如山之苞，如川之流，绵绵翼翼，不测不克，濯征徐国"，军队像江河洪水一样，滔滔不绝，势不可挡，像山一样不可动摇，浩浩荡荡的大军，"铺敦淮渍，仍执丑虏。截彼淮浦，王师之所"，铺天盖地地踏遍了淮河两岸，捉到不少俘虏，"濯征徐国"，把徐国大大地洗劫一番。这首诗把一个凭借大军的威势对一个小国进行的一场大扫荡，描写得淋漓尽致。经过这样一番洗劫，"王犹允塞"，"徐方既同"，徐国被征服了。"天子之功"，天子的功德无量。

鱼丽之陈

《左传·恒公·五年》："祭仲足为左拒，原繁、高渠弥以中军奉公为鱼丽之陈，先偏后伍，伍承弥缝，战于繻葛。"指周、郑两军除针对周三军按左、右拒和中军展开外，在战斗队形方面还创造了鱼丽阵，“先偏后伍，伍承弥缝”，即梯次排列战斗队形。关于“先偏后伍”，杜注引《司马法》:“车战二十五乘为偏，以车居前，以伍次之，承偏之隙而弥缝阙漏也。五人为伍。此盖鱼丽阵法。”江永引《周礼·夏官司马》云“凡军旅会同，合其车之卒伍而比期乘”，注为“车亦有卒伍”。又引《司马法》云“二十五乘为偏，百二十五乘为伍”，谓此“先偏后伍”盖以二十五乘居前，以百二十五乘承其后而弥缝之，若鱼之相丽而进。近世学者认为“五人为伍”之“伍”，恐非此处之“伍”；而《司马法》亦非春秋战法，故杜注不可信，至江永之说，亦难合于实战。今人高锐则认为:“先偏后伍，伍承弥缝”[①]，可能是以二十五乘编成的“偏”为战斗单位，在展开成一列横队时，留置一伍（五乘）于横队之后，作为预备队，亦即《周礼》五车中之阙车，用于弥补横队之缝隙。会战开始前，郑庄公命令左、右拒：见帅旗挥动，就按计划击鼓进击。依令，郑军左、右拒分向周军右、左两军发动了猛烈的突击。编为周军左、右军的蔡、卫、陈三国军队，遭受郑军冲击后，纷纷奔逃。周桓王亲率的中军也陷入混乱，郑军乘势合力攻击周中军，“王卒大败”。郑之祝聃以箭射中周王肩膀。郑军要追击，郑庄公以不敢凌辱天子为由，停止战斗。当夜，还派大夫祭仲足去慰问受伤的周王。

繻葛之战，是春秋前期最大的一次战车会战。由于史料缺乏，双方军队的装备、编制、数额均不可考，但从有关春秋前期战争的古文献记载看来，没有比这次规模更大的作战；特别是像这次双方使用战车列阵会战，其他战例是没有的。这次会战在战术上也有所创新。但会战的成果，却因政治原因而缩小了。郑军完全

① 《中国上古军事史》第 143 页，军事出版社，1995 年。

有可能在追击中全歼周军。但郑庄公当时还不敢承当灭周的魁首。周王室虽已衰，但周的政治和宗族势力，还有根深蒂固的影响。周天子这个旗号，还有一定的号召力。而周礼在奴隶主贵族阶段乃至整个社会意识中的影响，更不能低估，郑军如果把周王及其军队全部歼灭，将会导致诸侯群起而攻之，郑国是吃不消的。郑庄公看到了这一点，所以在打败周师后，便立即结束战斗。这从军事上看，是放弃可能扩大战果的胜利；但从政治上看，却有利于郑国后面的斗争和发展。从此可见政治对军事的制约作用。

戟

西周时，戟尚少用于战斗。春秋时，戟已成为常用兵器之一。春秋前期鲁隐公十一年（前712年），郑国在伐许前授兵时，即有子都“拔棘（戟）逐颍考叔”的事发生。鲁庄公四年（公元前690年）楚伐隋，“授师孑焉”，杜预注：孑即戟。则楚已用戟装备军队了。

春秋中期，《左传》中记有一些用戟史实。鲁宣公二年（公元前607年），郑伐宋之战，“郑人入井，（宋狂狡）倒戟而出之”。这是宋军用戟的记载。同年，“晋灵公饮赵盾酒，伏甲将攻之，赵盾斗且出，灵辄倒戟以御公徒而免之”。又，公元前55年，晋栾盈之乱时，范鞅与栾乐斗，栾乐车倾覆，范鞅手下士卒“或以戟钩之，断肘而死”。这两例，证明晋军装备有戟。又《晏子春秋·内篇杂上》记有齐崔杼杀庄公后，劫持齐将军大夫盟时，“有敢不盟者，戟钩其颈，剑乘其心”。说明齐国也用戟作兵器之一。但从出土文物中看到，戟在春秋时还不是形制完备的兵器，仍然是戈与矛分别制作，分装在木（竹）柲（杆）上。矛装在柲头上，戈装在矛头下方。有的一柲上联装二、三枝戈，这大概是因为戈、矛联铸工艺复杂，当时技术上尚未解决的缘故。

铍

《左传·襄公十七年》:“贼六人以铍杀诸卢门，合左师之后。”《左传·昭公二十七年》:“夏四月，光伏甲于堀室而享王。王使甲坐于道，及其门。门阶户席，皆王亲也，夹之以铍，羞者献体改服于门外。”注引《说文·金部》“铍，一曰剑而刀装者”，段注:“实剑用刀鞘裹之。”从出土实物证明，铍确是一种类似短剑的尖锋、直刃、扁茎的刺杀兵器。《说文·金部》“鍒”字云:“鍒，铍有镡也。”镡即剑鼻。段玉裁说:“可知铍有的有鼻，有的无鼻。”《管子·问篇》“衣夹铍”注云:“铍，两刃铍也。”《文选·吴都赋》:“羽族以觜距为刀铍。”五臣注:“铍，两刃小刀也。”可见“彼”似剑，大小如匕首。到战国时装上长柄，便成了类似矛的兵器了。

第十一章　训诂学在自然科学中的应用

我国是人类文明四大发源地之一。早在新石器时期，我国的先民们就发明了丸镞并学会了驯养猪犬、种植禾黍、构筑土木、彩绘陶器、缫丝织麻、采药治病、酿酒髹漆等。传说夏禹铸九鼎，标志着我国进入青铜器时代。其后，铁工具的出现使农垦、水利、手工业得以迅速发展。数学、天文、医药、农学、建筑、冶炼等自然学科的日臻精密完备，使我国在古代就形成了一个独立于万国之表的科技体系。这个体系奠基于春秋战国，形成于秦汉，发展于六朝隋唐，昌盛于宋辽金元。春秋战国以至于秦汉时代的诸子百家，即使是道家、五行家、谶纬家，都涉及自然科学，并留下了丰富而宝贵的遗产。在浩瀚的古代典籍中，要整理和发掘我国古代的科技遗产，就需要训诂知识；换言之，在古代自然科学的有关文献中，也蕴藏着不少训诂资料。

下面我们选择古代中医学、货币和饮食三方面的数据，来看训诂知识在其中的应用。

第一节　中医与训诂

中医学历史悠久，医药古籍卷帙浩繁。文以载道，言以存义，不通文字、音韵、训诂，也无由知医理。远古文化，源于巫医，自古医、文不分，许多文学家和学者都精通医理，不少医家也深明小学，著有文集。如春秋时代的秦国名医医和，在为晋侯治病时，还训释了“蛊”字：“于文，皿虫为蛊；谷之飞亦为蛊；在《周易》，女惑男、风落山谓之蛊。皆同物也。”从字形、实物和哲理三种角度解释“蛊”字，并且总结说“皆同物”。又如《吕氏春秋·季春经》、《淮南子·精神训》等书都载有养生与医学的道理。汉末名医华佗也“兼通数经”，唐代医学家孙思邈“通百家言”，元代名医朱丹溪著有《春秋经传考》三十二卷，明代伟大的医药学家李时珍的《本草纲目》中，每种草木下皆列有《释名》部分，其体例皆仿刘熙《释名》。医经文字训诂，也为一些医家和训诂学者所留意。如日本的丹波元简所著的《素问志》、《灵枢志》，在国内中医学界颇有影响，清代俞樾的《内经辨言》，是俞氏训诂成就中不可分割的一部分。清代训诂学者们在训诂工作中没有不涉及医经文字训诂的。20 世纪 30 年代余云岫的《方言病诂》、《尔雅病诂》、《广雅病诂》、《说文解字病诂》、《释名病诂》以及《十三经病诂》等，就是专门考释疏证古书中的病名和证候名的训诂著作，1953 年改名为《古代疾病名候疏义》，由人民卫生出版社出版。

中医最古老、最权威的经典《黄帝内经》(包括《素向》和《灵枢》)，全书模仿赋体，主客对话，通体有韵，且蕴藏了丰富的训诂资料，其中不少词语及其训解早已被语文词典所吸收。

中医讲阴阳五行，论相生相克，其朴素的辩证唯物主义哲理与古人的思想是一致的，所以在古代的训诂学著作中常常涉及阴阳五行的观点。如许慎《说文解字》：“五，五行也。从二，阴阳在天地间交午也。”“水，准也。北方之行。象众水并流，中有微阳之气也。”“火，焜也。南方之行，炎而上。”所谓“北方之行”、“南方之行”，说的是五行（金、木、水、火、土）与五方位（东、南、西、北、中）相配应。故不明五行，则不知此字之训诂。又如古代学者在研究音韵时，即以阴、阳来比喻清、浊。其他术语甚多，往往玄秘难懂。有的用钟、鼓、木、石之声比喻平声和仄声；以五行五脏来分配五音。如刘鉴《切韵指南》云："见等牙肝角木东，舌心征火喻南风。北方肾水羽唇下，西方商金肺齿中。喉案土宫脾戊己，西南兼管日来同。后进未明先哲意，轩辕格式为君明。"其中"喉案"一句中，"脾"字原作"牌"，笔者认为，根据五脏配五行，当作"脾"为是。罗常培曾在他的《汉语音韵学道论》中叹道："然自宋元而后，'等韵之书'蜂出。类别声母，定名分歧。或以宫、商、角、征、羽配合喉、牙、舌、齿、唇；或以五行、五方、五色、五脏比附字母。抵牾违异，瞀乱纠缠，此是彼非，孰能正之！"音韵学之难学，也与古人的比况术语和阴阳五行思想有关。反之，如果懂得阴阳五行及医理，更有益于古书之训诂。如《说文·火部》："炅，见也。从火日。"许慎只介绍了这几个字。段玉裁注："古迥切。按此篆义不可知。"按《素问》七十九云："炅主以病，皆死。"唐代王冰注："炅，热也。"《太素》十六卷（原缺，今据日本仁和寺影印手抄本对照）："炅至以病，皆死。"隋代杨上善注云："炅，音桂，儿也，此经热也。"看来"炅"字之义是"热"。杨上善注云"儿"也（疑即古"貌"字），意思不明，似与许慎的"见也"形近而误，不知孰是，待考。

可见训诂学在中医学中应用甚广，即中医学中训诂数据极多。下面就从"以训诂通医经"和"以医经证训诂"两种角度，来看训诂的应用价值。

一、以训诂通医经

历代医经中的文字字义有的晦涩难解，有的为注者误解。利用训诂方法和数据，可以辨正字义，有助于发明医道。例如：

腰痛侠脊而痛至头几几然。(《素问·刺腰痛论》)

这里“几几”的释义与读音在中医学界颇引人注目，而且争议至久。历代医家似皆从许慎《说文·九部》的音义：“九，鸟之短羽飞九也。象形，凡九之属皆从九。读若殊。”段注：“市朱切。”如上文张志聪注云：“几几，短羽之鸟，背强欲舒之象。”又如《伤寒论·辨太阳病脉证并治上》：“太阳病，项背强几几。”成无己注：“几几者，伸颈之貌也。动则伸颈，摇身而行。项背强者，则动如之。”又《金匮要略·痉湿暍病脉证》：“太阳病，其证备，身体强几几然。”现代的各种译注本如《黄帝内经素问译释》[①]注释《刺腰痛论》“几几然”云：“几音殊。几几然，是形容项背牵强不舒之象。”近人有持异议者，认为应读为案几之“几”，但又苦于缺乏证据。

宋按：以上医家释其“几几”音义皆误。医经中之“几几”非《说文》之“九九”也，“九”与“几”各为一字，“九”在《说文》三篇下，许慎云“鸟之短羽飞九九也”者；“几”在《说文》十四篇上，许慎说：“几，凥几也。”即几案之“几”，居履切，音jī。许慎的“飞九九”只有音，不知何义，段也未注，且历代书籍中尚未发现其他用例。医经中的“项背强几几”似不是“飞九九”一类，当是《诗经·豳风·狼跋》中的“赤舄九九”一类。如《狼跋》云：“公孙硕肤，赤舄几几。”毛传：“赤舄，人君之盛屦也。九九，絇貌。”郑笺未明注音义。《释文》：“絇，其俱反。”《说文·己部》“卺”字下引《豳风》此诗作“赤舄己己”。可见“几几”同“己己”。此读音可定。至于其义，毛传云“絇貌”，陈奂《诗毛氏传疏》云：“赤舄之絇，以金为饰，其状则几几然也。”并引《士冠礼注》云：“絇之言拘也，以为行戒，状如刀衣鼻在屦头。”胡承珙说：“《说文·己部》引诗作‘赤舄己己’，考‘己’象万物辟藏诎形，絇在屦头，如刀衣鼻自有诎形，故曰己己。”这是在解释

① 南京中医学院医经教研组编著，上海科技出版社，1959年。

“己己”的词义，有诎曲之义。《说文》“己”字云：“中宫也，象万物壁藏诎形也。”段注：“辟藏者，盘辟收敛，字像其诘诎之形也。”这可证《豳风》之“几几”同“己己”，具有“收敛”、“诘诎”之义。医经所谓病者头项强直，乃诘诎不伸之貌，故当云“几几然”，非《说文》三篇下之“九九”也。九、几二字形近，再加之医文隔膜，用例亦罕，故其混误深沉难辨。

大肠者，传道之官，变化出焉。小肠者，受盛之官，化物出焉。肾者，作强之官，伎巧出焉。三焦者，决渎之官，水道出焉。膀胱者，州都之官，津液藏焉，气化则能出矣。(《素问·灵兰秘典论》)

王冰注：“传道，谓传不洁之道。”按：王注误。道，通“导”。传道，即“传导”，转送运输之意。《韩诗外传》：“大肠者，转输之府也。”《三因方》卷八《内所因论》引“道”作“送”。张隐庵云：“大肠居小肠之下，小肠之受盛者，赖以传道。”唐容川《医经精义》云：“大肠所以能传道者，以其为肺之腑，肺气下达，故能传道。是以利大便，必须调肺气也。”可见“传道”是一个同义并列复词，王冰望文生训，误解了词语的结果，故与经义不符。

故阴阳四时者，万物之终始也，死生之本也，逆之则灾害生，从之则苛疾不起，是谓得道。道者，圣人行之，愚者佩之。(《素问·四气调神大论》)

王冰注：“圣人心合于道，故勤而行之；愚者性守于迷，故佩服而已。”按：王注误。“佩”乃“背”之借字。王注望文生训，有悖文理。丹波元简《素问志》引李治《古今黄主》云：“冰说非也。佩，背也。古字通用。果能佩服于道，是亦圣人之徒也，安得谓之愚哉。”《释名》:“佩，倍也，言其非一物有倍贰也。”《说文》:“倍，反也。”《左传·昭公二十六年》:“倍奸齐盟。”《孟子·滕文公》:“师死而遂倍之。”诸“倍”字并与“背”通。又吴昆云:“佩与悖同，古通用。愚者性守于迷，故与道违悖也。”“悖”亦作“誖”。《说文》:“誖，乱也。誖或从心。”《礼记·中庸》:“道并行而不相悖。”《荀子·性恶》:“夫子之让乎父，弟之让乎兄;子之代乎父，弟之代乎兄。此二行者，皆反于性而悖于人情者也。”以上“悖”，皆得训为“背”。“佩”在上古“之”韵，“背”在“职”韵，“悖”在“物”韵，三字古音相近，故常通用。王注因不明通假而致误。

天地者，万物之上下也;阴阳者，血气之男女也;左右者，阴阳之道路也;水火者，阴阳之征兆也;阴阳者，万物之能始也。(《素问·阴阳应象大论》)

王冰注:“谓能为变化生成之元始。”按:“能”读为“态”。本文“此阴阳更胜之变，病之形能也”，“是以圣人为无为之事，乐恬憺之能”;《五藏别论》“观其志意，与其病能”;《厥论》“顾闻六经脉之厥状病能也”;《方盛衰论》“循尺滑濇寒温之意，视其大小，合之病能”。诸“能”字皆读为“态”。孙诒让《札迻》以“能”为“胎”之借字。《尔雅·释诂》:“初、哉、首、基、肇、祖、元、胎、俶、落、权舆，始也。”邢昺疏:“胎者，人成形之始也。”故能始，即元始，二字为同义并列结构，与前面“道路”、“征兆”相对举，孙说为是。

帝曰:“今之世不必已，何也?”岐伯曰:“当今之世，必齐毒药攻其中，镵石、灸艾治其外也。”(《素问·汤液醪醴论》)

王冰注："言法殊于往古也。"张介宾注："齐毒药，以毒药为剂也。……今世道德已衰，疾病已甚，故非毒药不能攻其中，非针艾不能治其外。"张以"齐"为"剂"，并作为名词意动处理，似不妥。俞樾说："'齐'当读为'资'，资，用也，言必用毒药及镵石针艾以攻治其内外也。"按：俞说甚是。"资"有"利用"和"凭借"之义。《广雅》："资，取也。"《文选·颜延年〈皇太子释奠会作诗〉》李善注："资，犹借也。"《周礼·考工记》："或通四方之珍异以资之。"郑玄注："故书资作齐。杜子春云：'齐当为资。'"是资齐古字通，"齐毒药攻其中"即"借助毒药攻其中"之意。

凡痹之类，逢寒则虫，逢热则纵。(《素问·痹论》)

王冰注："虫，谓皮中如虫行。纵，谓纵缓不相就。"新校正云："按《甲乙经》虫作急。"张志聪从王注。张介宾云："虫，《甲乙经》作急，于义为得，盖逢寒筋挛，故急；逢热则筋弛，故纵也。"马莳、顾尚之、姚止庵、吴昆等从张说。唯孙诒让《札迻》则认为："虫"当为"痋"之借字。考《说文·疒部》："痋，动病也。"段注："痋即疼字。"《释名》曰："疼，旱气疼疼然烦也。按《诗》'旱既太甚，蕴隆虫虫（见《大雅·云汉》)'，刘成国作'疼疼'，今义疼训痛。"是虫，痋通之证。上文"寒气胜者为痛痹"，又云"痛者，寒气多也，有寒故痛也"。逢寒则虫，即逢寒则痛，正可互相发明。孙说为长。

蜗螺，肉（气味）甘，寒，无毒。（主治）烛馆，明目下水。(《本草纲目·介部》第四十六卷）。

刘衡如校点："烛馆，频湖疑讹误。玄应《一切经音义》卷二十第七卷'白睆条'云：'许慎注《淮南子》云：烛睆，目内白翳病也。'馆'乃'晥'之借字，非讹误。今本《淮南子·俶真》篇作'蜗晥'，误'烛'为'蜗'而'晥'字不误，《御览》卷九四一'螺条'引《淮南子》作'烛睨'，误，'晥'为'睨'而'烛'字不误。"晥，音管，睅的异体字。《说文》："睅，大目也，或从完。"

所以察其目者，五脏使五色循明，循明则声章。声章者，则言声与平生异也。(《灵枢·小针解》)

按："循明"似应作"修明"，即"清明"之意。"循"乃"修"之误。《韩诗外传》卷五："礼义修明，则君子怀之。"《素问·六节藏象》："五气入鼻，藏于心肺，上使五色修明，音声能彰。"王冰注："修明，修洁分明。"荀子《天论》："强本而节用，则天不能贫。养备而动时，则天不能病。修道而不贰，则天不能祸。"王念孙《读书杂志》："修当为循，字之误也。"可证循、修二字容易形近而讹。

余闻上古之人，春秋皆度百岁，而动作不衰；今时这人，年半百而动作皆衰者，时世异耶？人将失之耶？(《素问·上古天真论》)

按："将"是选择连词，犹"抑也"、"或也"，即今语"还是"。按其辞例，应在句首，故"人将失之耶"当作"将人失之耶"，下文"人年老而无子者，材力尽邪？将天数然也"。《素问·征四失论》："子年少智未及邪？将言以杂合耶？"是一样的句型。他如《楚辞·卜居》："吾宁悃悃款款朴以忠乎？将送往劳来斯无穷乎？宁诛锄草茅以力耕乎？将游大人以成名乎？宁正言不讳以危身乎？将从俗富贵以偷生乎？"《战国策·楚策》："先生老悖乎？将以为楚国妖祥乎？”《史记·孟尝君传》：“人生受命于天乎？将受命于户耶？”《汉书·成帝纪》：“意乃招贤选士之路郁滞而不通与？将举者未得其人也？”诸“将”字均在句首。“人将”，《千金·养性序》正作“将人”。胡澍《素问校义》曰：“当作‘将人失之耶’，与下文‘将天数然也’同一文法。”

观斯之故，或治热以热，治寒以寒，万举万全，孰知其意？思方智极，理尽辞穷。(《素问·至真要大论》)

上海中医学院《医古文》注：“思方智极，思路端正，智慧尽善。”释文以“方”为方正之“方”，非是。按：“方”通“旁”，有周遍、宽广之意。《诗经·商颂·玄鸟》：“方命厥后。”郑笺：“方通旁，徧也。”故《素问》的“思方智极”犹思广智极。此不识假借之误。

是以头痛巅疾，下虚上实，过在足少阴、巨阳，甚则入肾。徇蒙招尤，目冥耳聋，下实上虚，过在足少阳、厥阴，甚则入肝。(《素问·五藏生成》)

王冰注：“徇，疾也。蒙，不明也。言目暴疾而不明。招，谓掉也，摇掉不定也。尤，甚也。目疾不明，首掉尤甚，谓暴病也。”按：王注迂曲。考《内经辨言》：“徇者，眴之假字。蒙者，蒙之假字。《说文·目部》：‘旬，目摇也，或作眴蒙，童蒙也，一曰不明也。’是眴蒙并为目疾，于义甚显。”眴蒙，视物昏花不清。杨上善《太素》注云：“侚蒙，谓眩冒也。”尤，通“摇”。丹彼云简按《本事方》“招尤”作“招摇”。滑寿注：“招摇，谓头振掉而不定也。”王注未明通假，又割裂复词，故以致误。

二、以医经证训诂

历代的训诂专著，对有些字词未曾收录，或者虽收有字头而未详其音义，有时候可在医经中发现资料而补证之。如前面所举的“炅”字，许慎在《说文·火部》中只介绍了“见也，从火日”五个字（且“见”字还是误字）；段玉裁说：“此篆义不可知。”但我们从隋代杨上善《太素》的注文中可发现它的音义。下面举几个例子，以说明医经文字对字书词典的补证作用。

水饮内稸，中满不食，皮瘰肉苛，筋脉不利。（《素问·五常政大论》）

“瘰”字罕见于字书。始见于《集韵·删韵》：“瘰，五还切，痹也。或作癏。”又《龙龛手鉴·疒部》：“癖（俗），瘰，正音群，痹也。癏，五还反，痹也。玉篇又同上音。”这个字音义已具，而乏书证。《汉语大字典·疒部》引《集韵》和《龙龛手鉴》的音义后，补了一条书证是《本草纲目·果部·吴茱萸》：“主治遍身痹刺痛。”按，此书证落后，应补《素问》为例。又《素问·风论》：“卫气有所凝而不行，故其肉有不仁也。”王冰注：“不仁，谓瘰而不知寒热痛痒。”可见，“瘰”就是“不仁”，就是“痹”，故不知寒热痛痒。词义在唐代已很明确。只是训诂专著收录此词时，书证应取《素问》为是。

吐利止，而身痛不休者，当消息和解其外。（《伤寒论·辨霍乱病脉证并治》）

《伤寒论》是汉末著名医学家张仲景所著的一部中医经典著

作，这里的“消息”一词的词义是“斟酌”，这是现有的字书词典中所未建立的一个义项，该书注者方有执曰：“消息，犹斟酌也。”吐而不止，且身痛不休，就只有斟酌调和饮食而解散于外。《金匮要略·疟病脉证并治》也说：“疟脉……数者，风发也，以饮食消息止之。”意即在饮食上斟酌而止之。词义甚明，而不见收于训诂数据之中，且张仲景其人不仅为我国最著名的医学家，著述不少，流传久远，还相传曾任长沙太守，其所用词却为字书所不载，岂不惑哉？

厥阴终者，中热、嗌干、善溺、心烦，甚则舌卷、卵上缩而终矣。(《素问·诊要经终论》)

卵，中医古借中指男子之睾丸。又如《难经·二十四难》：“足厥阴气绝，即筋缩，引卵与舌卷。”“引卵”即“卵上缩”，意思相同，皆指睾丸无疑。此字在医经中屡屡见之，而训诂字书未载。如《说文·卵部》：“凡物无乳者卵生。”仅此而已，段注也未补出“睾丸”意。《康熙字典》也漏收此义项。后《中华大字典》建此义项，引《难经》此条文字作书证；《汉语大字典》建此义项，以《素问》上文作为书证。此医经以补训诂书籍之例。

故毒药不能治其内，针石不能治其外，故可移精祝由而已。(《素问·移精变气论》)

“毒药”，在古代医经中泛指药物，非谓能危害生命的药物。如《周礼·医师》云：“医师掌医之政令，聚毒药以共医事。”这里的“毒药”显然指一切治病用的药物。“毒”在《说文》“屮”部，“药”在《说文》“艸”部，二者为同类之物，二字为同义并列之词。如《说文·艸部》云：“毒，厚也，害人之草，往往而生。”按许慎的“害人之草”云云，非定指其有毒，害人之草亦治人之病，无病而谁食此草？段玉裁注云：“毒兼善恶辞，犹祥兼吉凶，臭兼香臭也。”可见释“毒”为恶辞是错误的。他例如《素问·异法方宜论》：“其病生于内，其治宜毒药，故毒药者，亦从西方来。”王冰注：“能改其病，则谓之毒药。”张介宾注：“毒药者，总括药饵而言。凡能除病者皆可称为毒药。”医家皆如是说，而训诂家却误解此词，如郑玄注《医师》云：“毒药，药之辛苦者。药之物，恒多毒。”又《辞源》“毒药”条下也承袭郑说，云：“药物的一种。毒物的一种。”不知毒、药同义，“毒”乃美恶同辞之字，故释义不周。

黄帝避席遵循而却曰：“余闻之，得其人弗教，是谓重失，得而失，天将厌之。”（《灵枢·阴阳二十五人》）

按，此“遵循”即“逡巡”，词义是“退却”。如守山阁校本此条注云：“遵循盖即逡巡，以声近通用。”联绵词“逡巡”词形变幻也很多，如作“逡循”、“蹲循”、“遵循”、“巡遁”、“逊遁”、“孙遁”、“遵道”、“斟惎”等诸多形式，皆属同一个联绵字，词义是“退却”。训诂专著之诸形中，未见作“遵循”形式的，故可据医经以补充之。

秋刺冬分，病不已，令人洒洒时寒。（《素问·诊要经终论》）

按，“洒洒（xiǎnxiǎn）”一词仅见于医经，王冰注此云：“洒洒，寒貌。”今《辞源》收列此词，释义和书证皆取于此。又例如《刺疟论》云：“肾疟者，令人洒洒然，刺足太阳少阴。”《灵枢·经脉》云：“是动则病，洒洒振寒，善伸数欠，颜黑。”“洒洒”声转为“洒淅”，《辞源》引例于《资治通鉴》和《新唐书》，释义为“寒栗不安貌”，大致不差。又“洒洒”又作“洒然”，如《素问·风论》：“腠理开则洒然寒。”王冰注：“洒然，寒貌。”《庄子·庚桑楚》：“庚桑子之始来，吾洒然异之。”《史记·范雎传》：“莫不洒然变色易容者。”《辞通》将“洒然”释为“惊貌”，实则也应训为“寒栗貌”为确。

温覆令壹时许，遍身漐漐，微似有汗者，益佳。(《伤寒论·辨太阳病脉证并治法上》)

“漐”作为单字，未见收于《说文》，虽然《伤寒论》著者张仲景为汉末人。《广韵·缉韵》和《集韵·缉韵》收了此字，直立切，训为“汗出貌”。无书证。盖例证仅源于医经的重言词“漐漐”中。《伤寒论》该篇还云：“手足漐漐汗出。”《脉经》卷六亦云：“漐漐有汗。”可见“漐”为汗出貌无疑。《集韵·缉韵》有重言词“漐”直立切，训为“小雨”，不知文出何处，似当即“漐漐”。《辞源》未收录此重言词。

(男子)三八，肾气劲强，筋骨劲强，故真牙生而长极。(《素问·上古天真论》)

“平均”一词，在语文词典里指“齐一”。如《辞源》：“平均，齐一。《荀子·王霸》：‘出若入若，天下莫不平均，莫不治辨。’《诗经·曹风·鸤鸠》：‘其子七兮。’汉毛亨传：鸤鸠之养其子，朝从上下，暮从下上，平均如一。”与今义同，即指无轻重多少之区别，按《素问》的“平均”意为充满，“肾气平均”即肾气充满的意思，此义乃古字书所未列。如《素问》张介宾注云：“平均，充满之谓。”是其证。

黄帝曰："夫自古通天者，生之本，本于阴阳。天地之间，六合之内，其气九州九窍、五藏、十二节，皆通乎天气。"(《素问·生气通天论》)

注家对"九窍"有歧议。王冰注："六合谓四方上下也。九州岛谓冀、兖、青、徐、扬、荆、豫、梁、雍也。外布九州而内应九窍，故云九州九窍也。"新校正云："按郑康成云：'九窍者，谓阳窍七，阴窍二也。'"俞樾《内经辨言》："今按'九窍'二字实为衍文，九州即九窍也。《尔雅·释畜》：'白州驠。'郭璞注：'州，窍。'《北山经》：'伦山有兽如麋，其川在尾上。'郭注曰：'川，窍也。川即州字之误。'是古谓窍为州。此云九州，不必更言九窍。'九窍'二字，疑即古注之误入正文者。"《素问·六节藏象论》："其气九州九窍，皆通乎天气。"王冰注："然地列九州，人施九窍，精神往复，气与参同，故曰九州九窍也。"《灵枢·邪客》："地有九州，人有九窍；天有风雨，人有喜怒；天有雷电，人有音声。"《楚辞·九辨》序："九者，阳之数，道之纲纪也。故天有九星，以正机衡；地有九州，以成万邦；人有九窍，以通精明。"上例皆九州、九窍并举，不必视为衍文。"九州"下当有逗号。天地之间，六合之内，其气九州，指整个自然界而言；九窍、五藏、十二节，指整个人体而言。意在说明天人的密切关系。"六合"王注不误。《淮南子·时则训》谓"孟春与孟秋为合，仲春与仲秋为合，季春与季秋为合，孟夏与孟冬为合，仲夏与仲冬为合，季夏与季冬为合"为六合，则六合指时间，与此文不洽。

伤寒发热无汗，呕不能食，而反汗濈濈然者，是转属阳明也。(《伤寒论·辨阳明病脉证并治法》)

按，"汗濈濈然"是汗出不止之貌，重言词"濈濈"在这里有连绵不绝之意。如程郊倩注云："濈濈，连绵之意，俗云汗一身不了又一身也。"又如同篇云："伤寒转系阳明者，其人濈濈然微汗出也。"沈明宗曰："濈濈者，微微自汗不干之貌也。"诸医家所释"濈濈"词义相同。重言"濈濈"又作"濈濈然"，如《伤寒论·辨脉法》："脉浮而解者，濈然汗出也。"成无已注："濈，汗出和也。"该注释"戢"为"和"，本于《说文》："戢，和也。"段玉裁注："《小雅》：'尔羊来思，其角戢戢。'传曰：'聚其角而息，戢戢然也。'按毛意言角之多。盖言聚而和也，如辑之训聚，兼训和。"可知"聚"、"和"义通，因其聚和，故"戢戢然"多也。唯医经"戢戢"用例却多，注为联绵之意，是由"聚"、"和"义引申而出。

下面再择录编者医经训诂札记数则，以为例证。

乘侮

《素问·五运行大论》："气有余，则制己所胜而侮所不胜；其不及，则己所不胜，侮而乘之，己所胜，轻而侮之。"其中的"侮"字多按"欺侮"解释，此乃望文生训所致。侮，是午的假借字。《说文·午部》："午，牾也。五月阴气牾逆阳，冒地而出也。"午，即逆的意思。《淮南子·天文训》说："午，仵也，阴气从下上，与阳相仵逆也。"《左传·隐公·元年》"庄公寤生"，寤与牾、午同，"寤生"即逆生的意思。五行之说，讲的就是生克顺逆，如顺之则"金克木"，反之则"木侮金"，"侮"即逆也、反也，决无欺侮之意可言。

督脉

《素问·骨空论》："督脉者，起于少腹以下骨中央。"按，"督脉"者何谓？督，中也，二字古音相近，音义相通。中、督古属"端"母字，中、督的韵部为"侵"、"觉"旁对转，即韵母相近。段玉裁说："人身督脉在一身之中。"督，又作裻，《说文》："一曰背逢。”《史记·赵世家》“王梦衣偏裻之衣”，正义说：“裻，衣背缝也。”段玉裁还说：“衣之中缝亦曰督缝。”可见中、督既同音，也同义，人身之督脉，就是人身之中脉。现行中医教材认为“督脉”是“总督之脉”，释“督”为“总督”，欠妥。

观

《素问·上古天真论篇第一》：“其次有圣人者，行不欲离于世……举不欲观于俗。”历来对“观”字的注释不确切。如张介宾注云：“观，效尤之谓。”南京中医学院医经教研组的《黄帝内经素问译释》沿袭此说，便注解为“观摩”。王冰注云：“圣人举事行止，虽常在世俗之间，然其见为，则与时俗有异尔。”故程士德《汇粹》本随之注释为：“意谓举动不欲与世俗同流。”按以上两说均与文义扞格。原文旨在说明圣人处天地之和，从八风之理，与世俗同欲，不标新立异，行为举止不超离世俗，这样恬愉自得，“亦可以百岁”。所以，观者，显也，显异也。《说文·见部》：“观，谛视也。”段玉裁注云：“《谷梁传》曰：‘常事曰视，非常曰观。’凡以我谛视物曰观，使人得以谛视我亦曰观。”故“观”字也具有“显示”之义。又如《汉书·严安传》“以观俗天下”，颜师古注云：“观，显也。”是其证。“举不欲观于俗”者，即“举不欲显于俗”也。圣人顺应天地之和，不求显达于世，故“外不劳形于事，内无思想之患”，方能保身长寿。

天癸

《素问·上古天真论》说：“（女子）二七而天癸至，任脉通，太冲脉盛，月事以时下，故有子。”马玄台注云：“天癸者，阴精也。盖肾属水，癸亦属水，由先天之气畜极而生，故谓阴精为天癸也。”历代诸医学家直将“天癸”解释为“精血”，张介宾不同意此说，他认为天癸是“天一之阴气”。又说是“元阴”、“元精”，如《景岳全书·阴阳篇》中说：“元阴者，即无形之水，以长以立，天癸是也。强弱系之，故亦曰元精。”薛雪认为“天癸者，非精非血，乃天一之真”。

按以上诸说，虽貌似分歧，实各有所指。“天癸”一词，其本字本义并非如上述医家所解。“天”字的含义是“从一大”，与“一”字有联系，“元”字的含义是“从一兀声”，也与“一”字有联系。笔者在考证“元气”条中已分析了“一”、“元”、“天”、“始”、“真”都具有同一个意思，即原始的、有生之先的、最初的意思（见第五章第一节）。这是一个抽象的概念。《素问》第一篇叫“上古天真”，就是先探讨宇宙和生命的起源的意思。“一”字又可以写作“乙”，故“天一”又叫“天乙”。张介宾说“天一之阴气”，薛雪说“天一之真”，其义并无出入。至于“癸”字，《说文解字》指出是一个象形字，“象水从四方流入地中之形”，小篆字形是。因此，“癸”字的含义就是水。“天癸”就是元始之水，在生命之先就存在的一种水。《素问》用“天癸”二字来比喻女子的月经和男子的精液，意在说明女子二七和男子二八时“天癸”至，就具备了生殖能力，好似生命的本源一样。因此，“天癸”一词本来是一个比喻之词，就虚而言之，曰“阴精”、“元精”、“天一之阴气”、“天一之真”；就实而言之，曰“精血”，“即由肾气生成的具有促进性机能作用的一种物质”。（程士德《素问注释汇粹》语）言虚言实，各有所指，分歧所生，盖因“天癸”二字本属比喻。

冬脉沉以搏

《素问·玉机真藏论篇》：“冬脉如营，何如而营？”岐伯曰：“冬脉者肾也，北方水也，万物之所以合藏也，故其气来沉以搏，故曰营。”古代医籍以及现代出版的中医书籍中，搏、抟二字常常因为形近而互误，其解说之词也有彼此混淆的。上文的搏字原作抟，如近年日本公之于世的《黄帝内经太素》仁和寺珍藏本（公元 1166～1168 年由丹波赖基重抄本）即作抟。然而日本丹波元简（1755～1810 年）的《素问识·卷三》却说：“抟作搏，诸本作搏。

高本作抟，云抟聚也，误。”此丹波未审也。后世皆作“搏”，认为冬脉沉如石，搏击于手。营，营垒，有屯聚义，《难经》“营”字作“石”，高世栻云：“营状石也，深藏之义。”故张隐庵《素问集解》云：“沉而搏者，沉而有石也。”此皆依其脉理的猜训之词。宋代林亿的《新校正》就曾认为“搏”字不通，他说：“《甲乙经》搏字为濡，当从《甲乙经》为濡。何以言之？脉沉而濡，濡古软字，乃冬脉之平调脉。若沉而搏击于手，则冬脉之太过脉也。故言当从《甲乙经》濡字。”按，“软”字之说仍嫌牵强，径可以“抟”字为是。抟者，聚也，冬脉沉如石，所以有聚集义（而非搏击义），又“抟”与“营”字古迭 韵之字（元、耕），在文字中正合韵脚处，如《诗经》云“云于尔辅”，“云”字即读作“员”。故以音、义辨之，搏字当为抟字之形误。而《庄子》的“抟扶摇而上”，似亦有不通处，其“抟”字反可能是“搏”字之误，搏击于扶摇之上，于义为安；焉有抟聚于风上之理？

遗遗

《灵枢·阴阳二十五人》：“大角之人，比于左角少阳，少阳之上遗遗然。”马莳注云：“如有所遗失然，行之不骤而驯也。”按，遗，古读以追切，音畏（wèi），遗遗与唯唯、委委音同义通，如《诗经·齐风·敝笱》：“敝笱在梁，其鱼唯唯。”郑笺：“唯唯，行相随顺之貌。”而《韩诗外传》四写作“遗遗”，云：“敝笱在梁，其鱼遗遗。”又如《诗经·墉风·君子偕老》：“委委佗佗，如山如河。”毛传：“委委者，行可委曲踪迹也。”《乐雅·释训》：“委委佗佗，美也。”《韩诗》：“委委佗佗，德之美貌。”故委委乃形容德之柔顺，与遗遗意思可通。张景岳注云：“遗遗，柔退貌。”张隐庵注云：“遗遗，谦之下态。”皆与委委、唯唯音义相符，可见它们是同音假借，重言词义是柔顺不争之貌。马氏以“遗失”之意说之，是不明声借原理，以至望文生训。

顾

《素问·刺腰痛篇》：“少阳令人腰痛，如以针刺其皮中，循循然不可以俯仰，不可以顾。”顾字从“页”，与头有关。《说文·页部》：“顾，还视也。”段玉裁注：“还视者，返而视也。”所以，“顾”字的本义是“回头看”。又如《楚辞·离骚》：“瞻前而后顾兮。”《哀郢》：“过夏首而西浮兮，顾龙门而不见。”都是用的本义。《素问》中的“顾”也是用的本义，指患者既不可以前后俯仰，又不可以扭头后看。程士德主编的《素问注释汇粹》注为“左右顾盼”，是不准确的，这是忽略了词义的时代性。《后汉书·华佗传》：“古之仙者为道引之事，熊经鸱顾。”这里的“顾”也指“回头看”。意为：像熊一样地攀吊，像鹞鹰一样地转头 。现行《医古文》教材注为“左右顾盼”，也属概略含糊之词。因之，凡单言“顾”，即指回顾、反顾；“顾盼”连言，则“顾”字已引申为后代的“看”了。

第二节　货币中的训诂

中国货币的产生据说已有四千年的历史。在货币产生之前，相传在神农和唐尧时代尚属于实物交换时期，即：“日中为市，致天下之民，聚天下之货，交易而退，各得其所。”（《易·系辞下》）或者是：“以所有易所无，以所工易所拙。”（《淮南子·齐俗训》）大约在殷商时代，卜辞中就出现了很多关于“贝”的记录，这便是我国最早的货贝。其后“钱”、“布”、“刀”的出现，即形成了我国最早货币的四大系统。货币是表现和衡量其他一切商品价值的尺度，是商品流通的手段，也是社会经济情况的反映。先秦两汉典籍中记录这方面的文字不少，因此我们选择货币史料来看训诂知识的应用。

钱剑夫的《秦汉货币史稿》[1]在记叙我国上古货币的兴起与发展方面穷原竟委，资料翔实；在论证物价与货币资本、货币政策、货币思想方面也颇有见地；尤其是作者精于文字训诂，书中处处引经据典，俨乎一部训诂考据之著。所以我们在这一节里，选录了该书的部分材料以证说货币中的训诂应用。所选材料经过了编者整理，小标题为编者所加，文中时有编者按语。

最早四大货币：贝、钱、布、刀

先说“贝”。《说文·贝部》：“古者，货贝而宝龟。周而有泉。至秦，废贝行钱。”“贝”为什么会成为最初的货币？除去上面所说的基本原因以外，论者以为也是田器的一种演进。《淮南子·氾论训》：“古者，剡耜而耕，摩蜃而耨。”高诱注：“剡，利也；蜃，大蛤。摩令利，用之耨苗也。”蜃为蚌类，亦为贝属。郑玄《周礼·天官·鳖人》注亦云：“蜃，大蛤。”孙诒让则云：“《国语》韦昭注：‘小曰蛤，大曰蜃。’皆介物，蚌类也。”见《周礼正义》卷八。古人最初用以交换的，自然是“蜃”。以后农业逐步发展，耕种技术和耕种工具都有进步，“摩蜃而耨”的方式便退出历史舞台，交换手段随之繁兴，以贝既最小而又便于携带，又有天生的自然单位，所以就成了可供商品交换的货币。卜辞和金文中都有“蜃”字，其形不一，但皆像“贝”形，实即“摩蜃而耨”的“耨”字。“贝”可单用，尤当连串，故贝的计算单位为“朋”，即指连串起来的贝。《诗经·小雅·菁菁者莪》：“即见君子，锡我百朋。”郑玄笺：“古者货贝，五贝为朋。”王国维《说珏贝》以为“五贝不能分为二系，盖缘古者五贝一系，二系一朋。后失其传，遂误为‘五贝一朋’耳”。[2]大抵后来的“串”或“贯”就是从这种方式演变而来，《说文·心部》所收“患”字之古文，其上“串”字正作串贝之形。

---

① 湖北人民出版社，1986年。

② 见《观堂集林》卷三。

其《毌部》更谓“毌，穿物持之也，从一横贯，象宝货之形”。又曰：“贯，钱贝之贯，从毌、贝。”只是字的结构不同而已。此外，还有“骨贝”和“铜贝”都是一种摹仿，铜贝更是冶炼技术已经发达后的产物。

钱、布初亦为田器。《诗经·周颂·臣工》：“命我众人，庤乃钱镈，奄观铚艾。”毛传：“庤，具；钱，铫；镈，耨，铚，获也。”《说文·金部》亦云：“钱，铫也，古田器。”“镈，一曰田器。”且皆引《臣工》为书证。钱即今“铲”，段玉裁《说文》“铫”字注以为“铫”即今“锹”。徐光启《农政全书》卷二十二《农器》则谓“非锹属也。兹度其制，似锹非锹，殆与‘铲’同”。《纂文》：“锄不如耨，耨不如铲。”所引《纂文》则见《齐民要术·耕田篇》。而《管子·禁藏》、《海王》二篇皆有“铫”字，尹注云：“大锄谓之铫。”则仍以徐说为长。镈即今“锄”《释名·释器用》：“镈亦锄，田器也。镈，迫也；迫地去草也。”《广雅·释器》亦云：“镈，鉏也。”鉏、锄古今字。而“钱”或作“泉”，“镈”或作“布”者，乃是同音假借字。古人每以“泉”为“钱”的本字，又谓“布”为“宣布”、“泉”为“水流”或“流布”。段玉裁《说文》“贝”字注云：“变泉言钱者，周曰‘泉’，秦曰‘钱’，在周、秦为古今字也。”皆未审其本源“刀”亦初为镰刀，所以金文中的“刀”字仍多像镰刀之形。《左传·襄公三十一年》：“今吾子受以之政，犹未能操刀而使割也，其伤实多。”此即以“刀”为割草之具。实物更是如此。在石器时代的石刀、石斧初亦为生产工具，亦为一证。因此，贝、钱、刀、布最初都是田器。仿形而制为货币，实起于农业生产发达社会交换的需要，所以虽然已成货币仍存原来的型制。这就是中国货币起源的一个极大的关键。

黄金货币

黄金用为货币，从春秋时代起即已萌芽。如：

《国语·齐语》：“制重罪，赎以犀甲一戟；轻罪，赎以鞼盾一戟；小罪，赎以金分。”

《国语·晋语》：（公卒，秦穆使公子絷吊夷吾于梁，夷吾私于絷曰）黄金四十镒，白玉之珩六双，不敢当公子，请纳之左右。”又《国语·越语》：“赵王勾践栖于会稽之上，（使大夫种行成于吴曰）愿以金玉子女，赂君之辱。……若以越国之罪，为不可赦也，将焚宗庙、系妻孥，沈金玉于江。”

这些史料虽仅见于《国语》，但是，《晋语》明言“黄金四十镒”，倘非已用于货币，则难有这样的计算单位。至于《越语》所说的“金玉”，自然也是货币。这是因为，此时的制度已是“珠玉为上币，黄金为中币，刀布为下币”，所以“金玉”连称。

至于战国时代，黄金用为货币就更加普遍。大约起初只行于游说、离间并及贿赂；次则用为馈遗、酬谢并及旅资；再次则为褒赐、上寿、赠嫁的用途。于是，凡诸贡赋也有用黄金的。《战国策·西周策》：“温囿之利，岁八十金；周君得温囿，其以事王者，岁百二十金。是上党无患，而赢十金。”这就是关于温囿贡赋的计算。因而凡属购买百物，量它的价值，也常以黄金为标准。所以《墨子·亲士篇》说：“是故江河之水，非一源也；千金之裘，非一狐之白也。”《管子·地数篇》也说：“以巨桥之粟二什倍而衡黄金百万。”《轻重甲篇》：“故粟重，黄金轻；黄金重而粟轻。两者不衡立。”都充分说明黄金在战国时代已为比较通行的称量货币。

先秦实物货币

自先秦以至后世，实物货币约为布、帛、绢、缣四种。古无木棉，但有麻布和葛布。《诗经·卫风·氓》：“氓之蚩蚩，抱布贸丝；匪来贸丝，来即我谋。”毛传：“布，币也。”郑玄笺：“币者，所以贸买物也。季春始蚕，孟夏卖丝。”则毛、郑之义，皆以此“布”即为“货币”之布，而不是以物易物。《尔雅·释言》：“贸，买也。”《说文·贝部》：“贸，易财也。”皆买卖交易之义。《书·皋陶谟》："懋迁有无化居。"孙星衍疏："懋迁者，贸易迁徙。"又云："懋、楙、茂，俱贸假音字。"郑众《周礼·地官·载师》注："里布者，布叁印书，广二寸、长二尺以为币，贸买物。《诗经》云'抱布贸丝'，抱此布也。或曰，泉也。《春秋传》曰：'买之百两一布。'"则在春秋战国时代，"布"既为"刀布"之"布"，亦为"布帛"之"布"。前者为金属货币，后者为实物货币。"帛"则为缣素的总名，也就是现在所说的"绸"。《说文·帛部》："帛，缯也。"《系部》："缯，帛也。"两字互训。徐灏笺："泉者，缣素之总名。"古制，平民衣布，老者衣帛，所以"布泉"亦并用为聘赠的资财和贽觌的礼品，初即名"币"。《说文·巾部》："币，帛也。"《周礼·天官·太宰》"六曰币帛之式以九贡致邦国之用，四曰币贡、六曰货贡"，郑玄注："式，谓用财之节度。币帛，所以劳赠宾客者。"其为财贿，曰币曰货，两者是有区别的。后来都用为商品交换的工具，所以"货币"连称，本义也就完全湮灭。

至于绢缣，也是缯帛之属，只是粗细色彩有所不同。《管子·乘马篇》："黄金一镒，百乘一宿之尽也，无金则用其绢。季绢三十三，制当一邑。无绢则用其布，经暴布百两当一镒。"就是战国时代原是杂用布、帛、绢、缣作为货币的一个明证。

秦代统一币制，除黄金为上币外，专门行钱；但"布、帛"仍然作为货币，只是旧史记录未详。两汉则更兼行实物货币，并且用途极广，东汉的数额尤巨。实物货币由兴起到黄金、钱币兼行，乃至大量使用，都和整个社会经济具有密切关系。

子母相权

相传春秋末期，周景王"铸大钱"，出现"子母相权"的理论。《逸周书·大匡解》："币租轻，乃作母以行其子，易资贵贱，以均游旅，使无滞。"《史记·循吏列传》："（叔孙敖为楚相）庄王以为币轻，更小以为大，百姓不便，皆去其业。市令言之相曰：'市乱，民莫安其处次，行不定。'相曰：'如此，几何顷乎？'市令曰：

‘三月顷。’相曰：‘罢，吾今令复之矣。’后五日，朝，相言之王曰：‘前日更币以为轻，今市令来言曰，市乱，民莫安其处次，行之不定。臣请遂令复如故，王许之。下令三日而市复如故。’”根据这两段记录，所谓子母相权，都是指的钱币的轻重。钱币轻重和物价高低涨落是有密切关系的，《管子》一书中就曾说：“币重而万物轻，币轻而万物重。”又说：“故粟重，黄金轻；黄金轻而粟重，两者不衡立。”那么，物价上涨就行重钱（大钱），物价下跌就行轻钱（小钱），原是当时普遍施行的一种货币政策，也是一种货币思想。因而所谓子母相权，就是根据物价的高低涨落，用或轻或重的钱币来予以调剂，也就是按照实际需要让重轻（大小）钱币交互兼行，既不是主币和辅币的关系，也不是只行一种货币。《汉书·食货志下》引此，应劭注：“母，重也；其大倍，则为母也。子，轻也；其轻少半，故为子也。民患币之轻而物贵，为重币以平之，权时而行，以废其轻，故曰母权子，犹言重权轻也。民皆得者，本末有无，皆得其利也。”又注：“民患币重，则多作轻钱而行之，亦不废去重者。言重者行其贵，轻者行其贱也。”恰巧相反，周景王和楚庄王都是只想推行一种重量的货币，也就是“大钱”。遇到物价下跌时人民所能掌握蓄积的钱币就要减少，甚至无法流通，所以单穆公说“今天废轻而作重，民失其业”，以至财匮；楚国的百姓也因为“不便”而“皆去其业”，于是乎“市乱，民莫安其处次”。这既是货币的价值论也是货币的数量论。

汉初币制

汉王朝建立之后，政府却认为“秦钱重，难用，更令民铸荚钱”[①]。这里，有两个问题应该首先明确：第一，所谓“秦钱重”的“重”是什么意思；第二，所谓“荚钱”到底是一种什么样的货币。

---

① 见《汉书·食货志》。

先谈第一个问题。秦半两钱重十二铢，这是法定的钱币重量。根据近年湖北江陵凤凰山西汉墓出土的文帝十三年的天平衡杆，上面有“为市阳户人婴家称钱衡”的字样，足证秦汉时代虽然方孔圆钱已为通用货币，还是要称它的重量是否合于标准。这一方面说明当时对于货币管理的严格；另一方面也说明在某些地方还是要称量货币，或者还保存这种习惯。此外，还有一个更大的问题，即当时虽以“半两钱”为通行货币，却是没有“辅币”的。这样，倘若是“不值一钱”的商品就难于交换，而且多带也很不方便。如果带上几十、几百枚半两钱就太重了，即令是搁在褡裢里或扛在肩上都不胜负荷。所以说“秦钱重，难用”。这重就有两个方面：一是每枚重十二铢难于零星购买；一是分量太重，不易携带。这在《史记·平准书》里还有一段较为完整的记录：

汉兴，接秦之弊，丈夫从军旅，老弱转粮饷，作业剧而财匮。自天子不能具钧驷，而将相或乘牛车，齐民无盖藏。于是，为秦钱重，难用；更令民铸钱。

这个“于是”是紧接上文的，意即这些极度困窘的情况照汉人的认识都是“秦钱重”的结果。在物价飞涨、物资极度贫乏的日子里，即令是“减重”的秦钱也难适应“币重则万物轻”的经济规律，所谓“钱重”，就是这个道理。

再谈第二个问题。什么叫做“荚钱”？实际上就是“三铢钱”，也就是只有秦半两钱四分之一重的、既轻且薄的“轻钱”，其文仍为“半两”。因其形状有如“榆荚”，故称荚钱。《史记集解》、《食货志》作“铸榆荚钱”。《索隐》：“顾氏案《古今注》云：‘秦半两钱径二寸，重十二铢；荚钱重三铢。’《钱谱》云：‘文为汉兴也。’”《御览》卷九五六引崔寔《四民月令》：“二月榆荚成者，收干以为酱。”《本草纲目·木部》卷三五：“（榆）未生叶时，枝条间先生榆荚，形状似钱而小，色白成串，俗呼榆钱，后方生叶。”故所谓“荚钱”，实即既轻且薄之钱，而其文仍为“半两”，重则三铢。近年山东临沂银雀山汉墓山土的荚钱，穿孔甚大，一般都在 1～1.1 厘米，重 1.8～2.1 克；最小的仅 0.9 厘米，重 0.4 克。文字比较狭长突起，不失小篆气韵。有人说，这种“荚钱”实起于秦末赵高篡位时期，根据就是《史记·六国表》：“（始皇三十七年）复行钱。”因而“有的秦半两直径不过二厘米，重量不过二克（大抵相当于三铢的重量），这就是最初的‘荚钱’”。但是，赵高以减重的方式另铸荚钱，原来的半两钱又未废止，即不得言“复行钱”。那么，此说倘能成立，则“复行钱”应为“行荚钱”或“初行荚钱”之误。不过，另一个证据倒是有道理的，即《史记·萧相国世家》：“高祖以吏繇（徭）咸阳，吏皆送奉钱三，何独以五。”《集解》：“李奇曰：‘或三百，或五百也。’”《索隐》：“刘氏云：‘时钱有重者，一当百；故有送钱三者。’”其实，无论是三百钱、五百钱也好，或者是当百钱三枚、五枚也好，足证这时，也就是高祖徭咸阳时，秦半两钱确已开始减重。此外，《高祖本纪》还有这么一段记录：

沛中豪杰闻令有重客，皆往贺；萧何为主吏，主进。令诸大夫曰：“不满千钱，坐之堂下。”高祖为亭长，素易诸吏，乃绐（dài）谒曰：“贺万钱。”实不持一钱。

这是“高祖徭咸阳”以后的事。可证始皇末期，因为奢侈无度，民穷财尽，已有减重半两钱出现，所以才能够“绐为万钱”。绐就是撒谎，吹牛。如果是原来的半两钱，即令是“千钱”也不可想象，遑论“万钱”。那么，减重钱在秦末时已经产生，应该是可信的，只是原半两钱仍占主要地位。所以高祖初年的秦钱重难用，遂令民铸荚钱。这就是说，即令是减重钱在秦时也是由国家统一铸造的，高祖初年不但干脆一律改铸荚钱，而且全部自由放铸了。

法钱法马

汉文帝的四铢钱虽然准许民铸而有限制，但是，民铸总是有许多私弊的，因而也就经常影响流通和使用。所以贾谊说："又民用钱，郡国不同：或用轻钱，百加若干；或用重钱，平称不受。"[①]这就是说，因为放任民铸，郡国之间所铸的钱既不相同，而民间用钱更是各有歧异。用轻钱的因为重量不足，一百钱还要再加若干钱才算是一百足钱，犹如近代的"升水"；倘若是用重钱，就是所称的分量足够也不接受。关于"平称不受"的问题，旧注都没有解释清楚，而湖北江陵凤凰山 168 号汉墓出土的"天平"和"法钱法马"则可以完全说明这个问题，这也是旧史的一项重要补充。

关于天平横梁上的文书，经过许多专家辨识释读，最后已较清楚。它的原文似应这样读法：

正为市阳户人婴家称钱衡，以钱为累，刻曰"四朱"、"两"，疏"第十"。

敢择轻重，衡及弗用，劾论罚，徭里家十日。(《□黄律》)。

这段文书大意应该是：

（市阳）里正（正）兹为市阳民户（户人）、商家（婴家）发给称钱的天平（衡），须以"法马钱"（钱）作这"累重"（重）的（法马），都刻有"四铢（朱）"、"×两"（的重量），并编成（疏）第十号。倘敢挑选轻重，虽经称量准确（衡及）还不使用，即须根据《□黄律》的规定，依法论（劾）罚：在里正处服行徭役十天。

---

① 见《汉书·食货志》。

这就是“平称”和“平称不受”的法律规定，这项法律就叫做《口黄律》，并且刻在每个天平上，使全体民户及商家共同遵守。而且，所有的“法钱法马”都是编号的，出土的除第十号外还有“第十一、重四两”的法钱法马。正如今天的天平砝码，有各种不同的重量，所以除分别铸明重量外还要编号，以资识别。只是，在交易的收付钱中并不是每枚都需要过秤。而按西汉前期 1 斤约重 250 克恰是 4 两的衡度，用重 4 两的法钱法马每次可称四铢钱 24 枚，手续仍较简单。贾谊谏书中还说过“法钱不立”，即是指的这种“法钱法马”不能依照《口黄律》的规定获取实效，所以接下来即说：“吏急而壹之苲（乎），则大为烦苛，而力不能胜；纵而弗呵苲，则市肆异用，钱文大乱。苟非其术，何乡（向）而可哉！”师古注以为“法钱，依法之钱也”，实属望文生训。他没有我们幸运，能够见到出土的实物，因而难于搞清楚这里面还有一个须用天平加上“法钱法马”称量的问题。后来的说者皆未注意这点，或竟说成是国家法定的钱币。马大英谓“以国家所铸钱为法钱，流通全国”[①]，而李侠《两汉时期的货币理论》亦谓“即国家要有统一法定的重量和成色标准作为本位货币”[②]，两说皆值得商榷，因为没有见到这种出土的实物、或早已出土却没有接触并加以研究的缘故，因而所说的仍属误解。

赤仄钱

什么叫做“赤仄钱”？就是用赤铜所铸的钱，其边缘亦为赤铜，所以又名“赤厕”。《平准书》作“赤侧”。《集解》：“如淳曰：‘以赤铜为其郭也。今钱见有赤侧者，不知作法云何。’”《索隐》：“韦昭曰：‘侧，边也。’”当时铸钱，不可质为黄铜，周廓则为赤铜，铸造技术犹未逮也。如韦昭释“侧”，皆望文生训，不足据。

---

① 见《汉代财政史》第 343 页，财经出版社，1983 年。

② 见《中国钱币》第 42 页，1983 年第 2 期。

唯如淳或曾见有以赤铜为郭者，故疑其制作之法。实则钱廓特光洁耳。为什么要改用赤铜？当然仍是防止“摩钱取鋊”的一种措施。因为钱的颜色不同，质赤较坚，不易磨损；即令磨损也易于发现，而且型制亦较美观。这是五铢钱铸行后的一次必要的改革。可是，有人却认为：赤仄的赤字亦当做动词讲，即“锉平”的意思。彭信威云：“和现代车木行的‘车’字相同，实际两者大概是同一字的两种写法。赤侧就是外郭锉平的意思，是铸钱技术的一种进步。”[1]尤为妄解。考“赤”古或通“捇”或通“斥”，或通“尺”，皆无“锉平”之义，此说恐不可据，而且也不是“锉平”或不“锉平”的问题。不过，此钱汉俗亦名“紫钳钱”，或作“子绀钱”，则“赤仄”实际上就是通常所说的“紫铜”，故名“紫绀”，作“子”者乃为同音讹字，或为民俗的省书。因而自造“赤仄”以后，西汉的钱法又有四种新的发展：第一，整个钱币的颜色和币材都和过去完全不同，对于防止“摩钱取鋊”又有一个新的有效办法；第二，这种钱基本是集中在首都“钟官”来铸造的，造币权开始趋于统一；第三，凡属缴纳赋税和政府发放经费，一律都用“赤仄钱”，这样，通用面既较过去为广，对新钱的流通使用更有法律的保障；第四，赤仄钱一枚当旧五铢钱五枚，从而提高了新币的价值。关于限用“赤仄钱”的立法，汉代的史书上还有某些记录：

元鼎三年（曲城侯虫）皋柔坐为汝南太守，知民不用赤侧钱为赋，国除。(《史记·高祖功臣侯年表》)

元鼎三年，郸侯周仲居为太常，坐不收赤侧钱，收行钱论。(《汉书·百官公卿表下》)

现在所能查到的虽仅这两段史料，但“赋、官用非赤仄不得行”

① 见彭信威《中国货币史》，上海人民出版社，2007年。

的法律规定都完全反映出来了，而且惩罚也比较严厉。足证当时改定钱制，每次都有相应的立法，也可以看到当时钱法的周密。

苛留

王莽所面临的威胁有“盗铸”的问题。因为“盗铸不可禁，乃重其法：一家铸钱，五家坐之，没入为奴婢”。又因“百姓溃乱，其货不行”，于是规定：凡“吏民出入，持布钱以副厨传。不持者，厨传勿舍，关津苛留”（《王莽传中》）。前者是用一家盗铸五家连坐的法律来严禁盗铸，后者更是限制官民出入都要携带新铸的布钱和法定的“通行证”相互配合，也就是同时携带，然后才能够通过，缺一不可。师古注：“旧法，行者持符传即不稽留，今更令持布钱与符相副，乃得过也。”所言甚是，所谓“符传”，即古代之“通行证”，经过关卡，尤须有此。彭信威则谓有人以此种“布泉”即“当时的一种通行证”，并谓“不过以布泉为通行证，未免离奇”。[①]则系以“布钱”与“符传”误合为一，而未明“以副符传”之“副”，究竟为何义，故有此误耳。当时朝廷之所以作出这种规定，是为了强制这种新币的推行。凡不同时携带新铸布钱的非但住不上旅馆，也进不了饭馆，还要遭到水陆关卡的盘问和扣留。师古注：“厨，行道饮食处；传，置驿之舍也。苛，问也，音何。”补注引苏舆曰：“苛与何同音通训。《周礼·射人》‘不敬者苛罚之’，郑注：‘苛，谓诘问之。’《广雅·释诂》：‘何，问也。’”由此可见，苛留，即今言盘问与扣留。旧说皆未甚审。

爰、锾、锊

“爰”本是金属重量单位，因而亦作为货币重量标度或价格标度。考“爰”为“锾”的古字，亦犹“寽”为“锊”的古字，初皆不加金旁，凡属初文大抵如此。一爰的重量究竟是多少，自古即有两种说法。《说文·金部》：“锊，十铢二十五分之十三也。从

① 见彭信威《中国货币史》，上海人民出版社，2007年。

金，寽声。《周礼》曰：‘重三锊。’北方以二十两为锊。”又：“锾，锊也。从金，爰声。《罚书》曰：‘列百锾。’”（按：段本作“《书》曰：罚百锾”，较是。）《周礼·考工记·冶氏》“重三锊”，郑众注：“锊，量名也。读为刷。”郑玄注：“许重叔《说文解字》云：‘锊，锾也。’今东莱称或以大半两为钧，十钧为环，环重六两。锾、锊似同矣。则三锊为一斤四两。”《小尔雅·广量》亦云：“二十四铢曰两，两有半曰捷，倍捷曰举，倍举曰锊。锊谓之锾。”则亦以锾、锊同重，皆为六两。又或以“锾”、“锊”本为两事，篆体易讹，说者合而为一；而又以为“恐未必然”。戴震以为“锾与锊不同。锊者，一万六千黍之重；锾者，一万一百五十二黍之重。《考工·弓人》之‘锊’当为‘锾’，《吕刑》之‘锾’当为‘锊’”。其弟子段玉裁则认为“恐未然也”，详见《说文》“锾”字注。朱骏声《说文通训定声·泰部》及《干部》皆甚是之。但近人仍以爰、寽“判然两字”，并将新中国成立以来出土的“郢爰”作过详细的比较和秤量，从而得出“一般的一小方块‘郢爰’重在14～17克左右，约相当于当时的1两”的结论。钱剑夫认为，古文本只作“爰”，所以金文皆如此作，但甲骨文又常作“赑”，从贝，盖因当时的货币原为贝壳，故而从“贝”。后来的货币以铜以金，所以从“金”。爰，本为量名，用于货币，浸久遂为一种单位的名称，和后来的“圆”或“锭”相同。则“郢爰”、“陈爰”实即“郢圆”、“陈圆”，亦犹今言“美元”、“日元”。与此同时，“锾”又为罚金的代称，名为“罚锾”，义即出此。因而所谓“郢爰”、“陈爰”并不代表它的重量，实际上也无法代表它的重量，所以使用时还应根据需要切成小块，再用天平称量支付，和后来的银锭使用方法正同，除非刚巧是这一版或一锭的数额。所以，这种货币亦称“爰金”、“爰币”或“楚爰”，都是后人的称呼。

陈藏经耗

《平准书》："于是大司陈藏钱经耗。赋税既竭，犹不足以奉战士。"《食货志》："于是大司农陈臧（藏）钱经用赋税既竭，不足以奉战士。"师古注："陈，谓列奏之；经，常也；既，尽也。言常用之钱及诸赋税并竭尽也。"钱剑夫认为：此"经用"当依《平准书》作"经耗"，意为陈奏大司农所藏之钱皆经常耗竭也。唯《集解》引韦昭曰"陈，久也"，则非。"久藏钱"亦殊无谓。

白选

《平准书》："故白金三品，名曰'白选'。"这里所说"白金三品"，也就是"白选"。疑"白选"乃"白金三品"之总名，选者，善也，见《武帝纪》应邵注。白选犹言白金之善者，亦犹朱提出善银，故谓之朱提耳。

饼金

"饼"亦作"鉼"。《尔雅·释器》"鉼谓之钣"即是。而亦作"钉"。《说文·金部》："钉，炼饼黄金也。"又说："铤，模也；锭，镫（灯）也。"则"饼金"的"饼"正当作"鉼"，而亦作"钉"。或者，饼金的单称即名为"鉼"。而凡金银称"铤"，西汉时但为矿石或金块的专名。《说文》既以"铤"为"铜铁朴"，《木部》又曰："朴，木素也。"《尚书·梓材》："若作梓材，既勤朴斫。"《释文》："朴，音普角反。马云：未成器也。"《论衡·量知篇》："无刀斧之斫者谓之朴。"则"朴"即未经加工成器之原材料，故释为矿石或金块。《急就篇》卷三说："锻铸铅锡镫锭鐎。"因而这种"鉼"当和战国时代楚国的"金版"大略相似。再考唐制，"金银曰铤"[①]。宋戴侗则云："五金锻为条朴者，金曰铤，木曰梃，竹

① 见《唐六典》卷十二。

曰筳，皆取其长。”[1]则所谓“铤”当和后来的金条相似，故“铤”亦作“挺”[2]，当又为汉代“饼金”的演进。

可知“金饼”即未经加工成器的金条之类，也即“铤”。而铤、梃、筳皆是同源字。

朱提

朱提银重八两为一流，直一千五百八十；它银一流，直千。是为银货二品。(《食货志》)

朱提，师古注：“县名，属犍为，出善银。音殊，提音上支反。”则朱提应读为 shúshé。《汉书·地理志》：朱提属犍为郡，“山出银”。《续汉书·郡国志五》：东汉则属犍为属国，“山出银铜”。刘昭注补：“诸葛亮书云：‘汉嘉金、朱提银，采之不足以自食。’”那么，王莽盖以朱提银是银子中最好的，所以列为第一品，价值也较它银为高。后世每以“朱提”为银子的代称，实际上并不限于高质，则又当别论。只是，武帝时所造的“白金三品”，其上品亦重八两，而值钱三千；此则重量相同，而所值减半，就不知道是什么缘故。所谓“它银一流直千”的，也不知道是否亦重 6 两或 4 两。关于这些，倘若不是王莽的币制本来就非常紊乱难于理解，就是旧史所记不详，或有夺漏。

再说“流”是什么意思？古今说者似皆未及。考《礼记·乐记》：“龙旗九流。”《释文》：“流，本又作旒。”《公羊传·襄公十四年》何休注：“君若缀流然。”《释文》亦曰：“一本作赘旒。”足证流、旒字通。旒，原为旌旗下面悬垂的饰物。《诗经·商颂·长发》：“受小球大球，为下国缀旒。”郑玄笺：“旒，旌旗之垂者也。”字亦作“斿”。《周礼·春官·巾车》：“建大常，十有十二斿以祀。”

---

① 见《六书故》卷三。

② 见《册府元龟》卷四八四。

郑玄注："大常，九旗之画日月者。正幅为縿，縿则屬焉。"孙诒让则云："《说文·㫃部》：'游，旌旗之流也。'斿即游之省，俗又作旒。"[①]王莽事必师古，尤其是要师《周礼》，可能即是以"十有二斿"的"斿"为义，可以累累悬垂；而亦犹"钱"之为"泉"，皆假借古名。汉人又每以"泉"有"流布"之义，故名为"流"，企其普遍流通。

幕

《汉书·西域传上》："（罽宾国）以金、银为钱，文为骑马，幕为人面。"

据张晏注："钱文面作骑马形，漫面作人面目也。"如淳注："幕，音漫。"师古注："幕即漫耳，无劳借音。今所呼幕皮者，亦谓其平面无文也。"那么，面就是钱面，幕就是钱背。王先谦补注引徐松曰："《通雅》云，钱面钱幕，幕谓背也。故《扁鹊传》'爪幕'谓按背穴。又引王先慎云：'今西洋银钱，犹沿其制。'钱面铸作骑马形，钱背就铸作人的头像，则与后来西方的金币和银元略同。今考"罽宾"所指地域实因时代而异，汉、魏时指今克什米尔（《希腊古地志》作 Caspiraei，"罽宾"为其音译），唐代称"个失密"，或作"迦湿弥罗"。而唐时又指今阿富汗东北的 Kapesa（《魏书》"伽比沙"、《西域记》"迦毕试"、《新唐书·波斯传》"诃毗施"）为罽宾。因此，罽宾也是一个文明古国，金、银、铜、铁器物的制作都很精巧，且系大乘佛教的发源地。汉代以后，许多僧人译师都是来自该国。它的钱币，直到近世纪还是多有发现，并且也常著录。只是，这种造币的方法和型制，却没有传入中国。而且汉时明明已经见过、甚至因为贸易往来曾经用过这种钱币，却并没有仿制；以后的千余年中也从未仿制。这是什么原因，仍然是一个值得深入探索的问题。

---

① 见《周礼正义》卷五二。

缣

《汉书·王莽传下》:“天凤三年五月，莽下吏禄制度曰:‘予遭阳九之厄，百六之会，国用不足，民人骚动，自公卿以下，一月之禄，十緵布二匹。’”六年“一切税天下吏民訾、三十取一，缣帛皆输长安”。孟康注:“緵，八十缕也。”王氏补注引沈钦韩据《说文》“综，机缕也”，以为字通为緵、总。近人吴恂则谓:“緵即升也，与总相通，见《周礼·掌客》及《诗经·九罭》释文。通综之说，未之闻焉。十緵布，为缕八百，乃小功布之疏者。”[①]这大抵都是以“布帛”用为货币，并且开始用“缣”。主要原因，应是“莽货不行”，没有别的办法，只好自行杂用或征取布帛缉缣，以维持狂跌的币值。

酺布

东汉还有一种制度，就是凡令天下“大酺”，也常赐“酺布”。或户一匹，或两户、三户一匹。这是因为，汉时民间无故不得饮酒，故《汉律》规定:“三人以上，无故群饮，罚金四两。”必有祭祀之事，才有酒醴肉脯，也才能够群聚饮酒，这就叫“酺”或“大酺”。《说文·酉部》:“酺，王德布大饮酒也。”此因“酺”必赐自天子，故曰:“王德布。”《肉部》:“脯，干肉也。”郑玄《礼记·内则篇》注:“脯，所谓析干牛羊肉也。”《释名·释饮食》:“脯，搏也，干燥相搏着也。”大抵佐酒以脯，乃为古俗。故《论语·乡党篇》云:“沽酒市脯不食。”则“酺”当即“酒脯”两字之合体。两《汉书》中“赐酺”之典甚多，至于并赐“酺布”的，如《章帝纪》“络阳人当‘酺’者布，户一匹；城外三户共一匹”，又《和帝纪》:和帝永元三年春正月，因“皇帝加元服”，亦赐全国人民“大酺五日”，并“赐京师民酺布，两户共一匹”。这种酺

① 见吴恂《汉书注商》，上海古籍出版社，1983年。

布即为饮酒食脯的费用，所以“酺布”以“匹”论而且也是实物货币。

贱贾

汉元帝以后，至武帝初年，国富民足，仓盬充实，谷粟布帛不为人所重视，富商巨贾争夺的是金银财宝。而少数人也有因此时窖藏谷粟而发大财的。如《史记·货殖列传》所载：“楚汉相距荥阳也，民不得耕种，米石至万，而豪杰金玉，尽归任氏，任氏以此起富。富人争奢侈，而任氏折节为俭，力田畜。田畜、人争取贱贾（盬），任氏独取贵善，富者数世。”《索隐》：“晋灼云，争取贱贾（价）金玉也。”又注：“谓买物必取贵而善者，不争贱价也。”此亦见《食货志》，师古注：“贾读曰价。”王念孙则云：“此当以‘任氏取贵善’为句，贾读为‘盬’，谓物之粗恶者。此传则商贾之贾，以声近而字相通。贱贾，犹言贱恶。‘善贵’与‘贱恶’正相对也。《索隐》断‘任氏独取其善’为句，是也；唯仍读贾为价，亦与师古同误。”王氏补注亦引此说，而云：“谓人争取贱而恶者，于理未允。人争取贱者是矣，肯争取恶者乎？读贾为盬，古义无征，仍读价为是，不必定与贵善为对也。”钱剑夫认为：王怀祖以声近相通之义释“贾”字，并与“贵善”为对文，说至精确，不得谓于古无征，即不可取。凡字义于古无征而为王氏父子发明独创者甚多，故从。清张文虎《校刊史记集解索隐正义札记》云：“吴校金板‘粟’作‘谷’。”亦较确。唯梁玉绳《史记志疑》卷三五谓“师古以‘善’字连下句，‘善富’二字新”，则在疑似之间。

这里涉及标点判句与“贾”字意义之争。

取之不足以更费

西汉初年，百姓喜爱贮藏谷粟布帛。《史记·货殖列传》说：豫章虽然“出黄金，长沙出连锡，然堇堇物之所有，取之不足以更费”。《集解》：“应劭曰：‘堇，少也；更，偿也。言金少少耳，取之不足用故费用也。’”《汉书·地理志》作“取之不足以更费”。应劭注“故”作“顾”。盖言取之不足以偿雇工之费也。师古注：“应说非也，此言所出之金既已少矣，自外诸物，盖亦不多，故总言之，取之不足以偿功直（值）也。堇，读曰仅；更，音庚。”钱剑夫认为：师古说似亦与应说无异，唯上“用”字当作“偿”，下涉而误耳。诸说者皆未及，似疏。

上林三官

元鼎四年“赤侧钱贱，民巧法用之，不便，又废。于是悉禁郡国无铸钱，专令上林三官铸”。这才是西汉完全统一并由中央独自掌握铸钱权的开始。不过，这里还要辨明两个重要问题。第一，所谓“上林三官”究竟是哪“三官”；第二，所谓“上林三官”的“上林”到底在什么地方。

先说第一个问题。依照历来的旧说，所谓上林三官就是“均输”、“钟官”、“辨铜”三官。《集解》：“《汉书·百官表》：‘水衡都尉，武帝元鼎二年初置，掌上林苑，属官有上林均输、钟官、辨铜令。’则上林三官，其是此三令乎？”王应麟亦主是说，见《小学绀珠》卷八。王先谦《食货志》补注引齐召南，亦以裴说甚确。唯言“但混上林均输为一官，则微讹耳”。而王先谦云：“水衡都尉诸官，置于元鼎六年，见《百官表》。”亦误。盖《百官表》明言“武帝元鼎二年初置也”。但是，“均输”是“谓诸当所输于官者，皆令输其土地所饶，平其所在时贾（价），官吏于他处卖之。输者既便，而官有利也”[①]。这就是由中央政府派遣官吏前往产地，

① 见《汉书·食货志》孟康注。

将其所应贡输于政府的土特产运往京师，供给每个官府，并平衡产地的时价；其原来由商人运销的物资，则由政府控制运往需要的地方出售。《盐铁论·本议篇》：“往者，诸侯各以其方物贡输，往来烦杂，物多苦恶，或不偿其费。故郡国置输官，以相给运，而便远方之贡，故曰均输。”则是此官初乃置于郡国。《后汉书·朱晖传》：“宜因址益州上计吏，往来市珍宝，收采其利，武帝所谓‘均输’者也。”李贤注：“武帝作均输法，谓州郡所出租赋，并雇运之直，官总取之，市其土地所出之物，官自转输于京，谓之均输。”则均输之义，后虽较泛，但与铸钱毫无关系，则可断言。因而此官虽亦设于元鼎二年，但和铸钱毫不相干。其中只有“钟官”别设“火丞”，而且王莽时对于盗铸的人犯即输于钟官。则“钟官”即为主管铸钱的官署，自无疑义。而“技巧”则又有“技巧钱丞”的封泥发现于后世，其与铸钱必有密切关系当亦无疑。加上“辨铜”，则所谓“上林三官”当为“钟官”、“技巧”、“辨铜”三官，而没有也不应该有“均输”。所以陈直也说：《集解》以均输、钟官、辨铜为上林铸钱之三官，其说本于张晏。以余考之，当为钟官、辨铜、技巧三令丞，皆属于水衡都尉。因水衡设在上林苑，故称为上林三官。故官主造钱，见于本文及《王莽传》。《齐鲁封泥集存》有“钟官火丞”封泥，西安汉城又曾出土有“钟官钱丞”残封泥（现存西北大学历史系）。知钟官令有火丞、钱丞两丞，与少府属官乐府令之钟官，各为一官，不相混淆。特不知钟官之名称，与铸钱之关系。辨铜令则顾名思义，甚为明显。又《齐鲁封泥集存》有“技巧钱丞”封泥，余在西安又得有“巧二”五铢钱范题字（见《关中秦汉陶录》卷四），因推断技巧令必在三官之列，不当如旧说三官中有均输令也。其分工之推测，当为钟官主铸造，技巧掌刻范技术，辨铜掌原料也。[1]陈氏的这些意见，以及所推断的三官分工情况，大体上都是正确的。

① 见陈直《史记新证》，中华书局，2006年。

磊落百文

《天工开物》记载钱模的铸造工艺，谈到将熔流倾注模孔中之后。“冷定解绳开匡，则磊落百文，如花朵附枝。模中原印空梗，走铜如树枝样，夹出逐一摘断，以待磨锉成钱。凡钱先错边缘，以竹木条贯数百文受锉，后挫平面，则逐一为之。”

磊落，此处意为众多杂沓地落下。《后汉书·蔡邕传》：“连衡者，六印磊落；合从者，骈组流离。”磊落、流离对文，即众多纷杂下垂貌。“锉”，古曰“鑢”。《诗经·大雅·抑》“白圭之玷”郑玄笺：“玉之缺，尚可磨鑢而平。”盖初铸之钱须先锉圆边缘，故须以竹木贯之，即不易移动。“后锉平面，则逐一为之”，即将钱散置，逐一磨平磨光。商务本“锉”作“鎈”，当据武进陶氏所校印者。

十余钱和数十钱

《史记·律书》：“故百姓无内外之繇（徭），得息肩于田亩，天下殷富，粟至十余钱。”这个“十余钱”当然是每石的价格，所以桓谭《新论》也说“谷石至数十钱，上下饶羡”。这里，《史记》说谷价每石“十余钱”，《新论》却说“数十钱”，究竟谁是正确的？钱剑夫认为十余钱太贱，数十钱较近情理，《史记》所作或为“数十钱”的误倒，而又意改“数”为“余”字。但是，“数十钱”到底是多少，司马迁和桓谭都是西汉人，又去文帝时不远，史迁尤近，也说不出一个确数，倘如始皇统一时的每石三十，即令是文帝改铸的四铢钱恐怕也没有这么便宜。而且：

（成帝问刘向曰：“孝文皇帝）治天下，致升平，断狱三百人，粟升一钱，有此事不？”向对曰：“皆不然。……其后匈奴数犯塞，侵扰边境，……由是北边置屯待战，设备备胡，兵连不解，转输骆驿，费损虚耗。因以年岁不登，百姓饥乏，谷籴常至石五百，

时不升一钱。”(《风俗通·正失篇》

吴树平《风俗通义校释》注：“粟，《初学记》、《御览》卷八八皆引作‘米’。升，《御览》引同，《初学记》、《天中记》引作‘斗’。按：作斗是，下同。《书抄》卷一五六引桓谭《新论》云：‘世俗咸曰，汉文帝躬俭约，天下化之，故致充实殷富，谷石数钱。’而《汉书·食货志》亦云宣帝即位，‘岁数丰穰，谷至石五钱’。与‘斗一钱’价格相近。”[①]钱剑夫认为：《书抄》引已见前，此夺“十”字，误；引《书抄》作一五六卷及所云“斗一钱”亦非。王充《论衡·增艺篇》亦以文帝之世“断狱三人”为不可信，虽未及当时粮价，其不可信实同。王充东汉人，其言自尤可据。

根据这段记录，足证“匈奴犯塞连年战争”加以“年岁不登”的文帝时代，每石粮食曾经涨到五百钱；而且即令这里的“粟升一钱”可信，每石也要达到百钱。说只是“十余钱”或“数十钱”，都是很不可靠的。因而文帝时的粮价，应该是：

时间	每石粮价（钱）	备考
安定时期	100	约在改铸四铢以后
战争时期	500	

这里校勘文字，以表格、数据证之，其法可为训诂学界之参考。

谷石至五钱

《汉书·食货志》：“宣帝即位，用吏多选贤良，百姓安土，岁数丰穰。谷石至钱，农人少利。”这个时候西汉的“五铢钱制”固然已是最为稳定的时期，但是每石谷只值五个铜钱，总是一项破天荒的粮价记录，实在令人怀疑它的真实性，很可能有记载上的

① 见《风俗通义校释》第76页，天津人民出版社，1980年。

错误。所以沈彤说："五下当有十字。若石止五钱，则不得但云'少利'矣。"①钱剑夫认为，沈氏的话是很正确的。虽然"农人少利"的"少"字可以双解，或读如字，或是"稍微"。但是，谷贱伤农，而又贱到每石五钱，非但不是利益很少的问题，而且更不能在这种极度伤农的粮价中还会稍有好处。因此，"五"下必夺"十"字，或"石"为"斗"之误，应该毫无疑问。《前汉纪》卷十八但云："是时，比年丰，嘉谷玄稷，降于郡国。"未及粮价。《通鉴》卷十五亦作"是时，比年丰稔，谷石五钱"。当即承《汉书》传写之误。何况每石五十，已经低于文帝时的稳定粮价的一半。

此外，还有一个可资参考的史料：

（神爵中，宣帝以书敕让充国曰）边兵少，民守保不得田作。今张掖以东，粟石百余，刍稿束数十，转输并起，百姓烦扰。（充国乃上书陈兵利害，并曰）金城湟中，谷斛八钱。吾谓耿中丞，籴二百万斛谷，羌人不敢动矣。（《汉书·赵充国传》）

照这两番话来推论，"粟石百余"应为当时的高价，而且边地也只有"谷斛八钱"。所以周寿昌说："《食货志》'谷至石五钱'，是中土也；此每斛八钱，是边地也。皆当宣帝时丰穰屡岁。"②但是，金城、张掖两郡，同属凉州，皆为边地，谷价不应悬殊若此。疑《赵充国传》"金城湟中，谷斛八钱"的"八"字之下亦夺漏"十"字，因而能够和宣帝的诏书针锋相对，正是陈述金城的谷价也达每石八十，和张掖的谷价相去不远。

关于这点，陈直还曾举出几个旁证：

以居延木简考之，西汉中晚期，河西一带粟价，每石皆在百

① 见《十七史商榷》卷十二。

② 见《汉书注补正》卷二。

钱上下（粟谓谷也，居延简有云，粟一石得米六斗）。刍茭每束有纪六钱者（见《居延汉简释文》253页），有纪二钱者（见同书314页），与充国所奏每束数十，则价值相差很大。（《汉书新证》370页）

陈直所据居延木简，既是“西汉中晚期”，又是“河西一带”，而每石谷价都在百钱上下，则与“张掖以东粟石百余”和“金城湟中，谷斛八钱”完全符合，也更足以证明“八”下必夺漏“十”字。所以宣帝的诏书既说“将军将万余之众，不早及秋共水草之利，争其畜食，欲至冬，虏皆当畜（蓄）食，多藏匿山中，依险阻。将军将士寒，手足皲瘃，宁有利哉”！充国的答复则是：“耿中丞清籴百万斛，乃得四十万斛耳。义渠再使，且费其半，失此二册（策）羌人故敢为逆。”因而上《屯田奏》，认为“步兵九校，吏士万人，留屯以为武备，因田致谷，威德并行，一也；又因排斥羌虏，令不得归肥饶之坠（地），贫破其众，以成虏羌相畔（叛）之渐，二也；居民得并田作，不失农业，三也”……故“留屯得十二利，出兵失十二利”。倘若当地的谷价每石有八钱，则屯田之费既将超过成本，尤其是不必从中土运谷于边，以致“难久不息，徭役不解”。因此，根据这些推论，宣帝时的粮价就应该是：

地区		时间	每石价（钱）	备考
中土		元康四年间	50	根据考证计算
边郡	张掖	神爵中	100	尚有余数
	金城	神爵中	80	根据考证计算

这里以推理加数据校勘史书中的文字夺误现象。

日阕而已

《汉书·王莽传》："初，四方皆以饥馑穷愁，起为盗贼，稍稍群聚；常思岁孰（熟），得归乡里。众虽万人，亶（但）称巨人、从事、三老、祭酒，不敢略有城邑，转掠求食，日阕而已。"师古注："阕，尽也，随日而尽也。"《通鉴》卷三八胡三省注："此言群盗攻剽所得，日给口体而已。"钱剑夫案："此文原意，当为至日暮而止，初非恣为叛逆，夺取政权也。颜、胡两说皆非。"宋按：还需商量。

第三节　饮食中的训诂

中国的饮食文化渊源深远，《诗经·小雅·绵蛮》中说："饮之食之，教之诲之。"视饮食与教育并重。《论语·乡党》中说："食不厌精，脍不厌细。食饐而餲，鱼馁而肉败，不食。色恶不食，臭恶不食，失饪不食，不时不食，割不正不食，不得其酱不食。不撤姜食，不多食。"可见我们的先哲在饮食上的科学、卫生与讲究。周代的宫廷职官中，关于饮食方面的即有膳夫、亨人、庖人、鳖人、醢人、腊人、酒正、酒人、浆人、凌人、笾人、食医等职掌，这说明当时的君王对饮食的安排是何等铺张。至于民间的饮食花样与故事，更是代代翻新，史不绝书的。总之，"民以食为天"，吃在我们民族生活中是头等大事，饮食文化中的训诂资料也是异常丰富的。

王宁在其《训诂学原理》一书中有专文曰《中国古代烹饪饮食用语名实考》，运用训诂学原理，对中国烹饪饮食用语的名与实进行考证。她说："烹食文化的研究，不只是在饮食领域里有宏观研究的价值，而且对整个人类文明史规律的揭示，起着不可取代的重要作用。"并且认为："古代汉字与汉语的研究对于探索中国古代的烹食文化是不可或缺的。”[①]从而强调了训诂学在专科历史研究中的应用价值。

下面选编数条，以充本节之内容，编者对原文作了少数的删省与补说。

饪

“饪”是古代熟食的总名，又是生熟程度的标准。《礼记·文王世子》和《论语·乡党》都有“失饪”之说，“失饪”即“失生熟之节”，也就是食物煮得不熟或过熟，不合标准。古代祭祀时，煮肉要煮得恰到好处。祭肉生熟程度大致有四等：“腥”是全生；“焖”是半生半熟；“糜”是过熟；熟而不过，称作“饪”。“腥”与“焖”都可入祭，然而至于糜，也就是到了厨房里，供人的膳食时，就必须合乎“饪”。所以《论语》说：“失饪不食。”

“饪”字是古汉语中的一个重要的词，它的同源字很多，都跟“熟”义有关。“饪”的异体字作“脸”。《仪礼·聘礼》说：“唯羹饪篚一尸。”注说：“古文饪作脸。”《诗经·小雅·楚茨传》：“亨（烹），饪之也。”《经典释文》说：“饪，本作脸。”由“脸”生出另一个孳乳字“稔”（rěn），意思是稻谷成熟。因为中原农作物一般是一年一熟，所以“稔”又引申为“年”。《左传·襄公二十七年》：“不及五稔。”《国语·晋语》：“鲜不五稔。”“五稔”就是五年。“稔”有时也写作“饪”，二字同源通用。“饪”还有一个同源字，就是胹（ér），“胹”也是用火熟肉。《方言》说：“胹，熟也。自关而西，秦晋之郊曰胹。”它的字音是因为方言而略有变化，但从古音看，与“饪”仍很接近。《左传·宣公二年》中记载了一个极端暴虐的君主晋灵公，因为“宰夫（按：厨师）胹熊蹯不熟”，便“杀之，寘诸畚，使妇人载以过朝”的故事。“胹熊蹯”就是炖熊掌。由此看来，“饪”为古代熟食的总名，并与“烹”连用成为

① 引自王宁《训诂学原理》，中国国际广播出版社，1996年。

现代熟食的总名，是渊源已久的。

羊

从汉字看，“祥”、“善”、“美”、“义”都从“羊”。古代吉礼用羊，卿贽用羔，都表现了对羊的赞赏褒扬。《春秋繁露》解释人们对羊的好感说：“羔饮其母必跪，类知礼者，故羊之为言犹祥。”文天祥的《咏羊诗》称：“长须主薄有佳名，羵首柔毛似雪明。牵引驾车如卫玠，叱教起石羡初平。出都不失成君义，跪乳能知报母情。千载匈奴多牧养，坚持苦节汉苏卿。”

《说文解字》“美”训作“甘”，本义是味美，美貌、美好之义都已是引申义，“美”下说：“羊在六畜主给膳也。”“羸”训“瘦”，徐铉说：“羊主给膳，以瘦为病。”“羞”下又说：“进献也，从羊，羊所进也。”“羡”当“贪欲”讲，上从“羊”下从“次”，“次”训“慕欲口液”，也就是今天所说的口水，望羊而流口水，是谓贪欲。凡此种种，都说明羊的价值主要在食用。宋代的黄鲁直《戏答张秘监馈羊诗》说：“细肋柔毛饱卧沙，烦公遣骑送寒家，忍令无罪充庖宰，留马儿童驾小车。”

鹅

古代鹅以雁名。《周礼》膳夫掌学六牲，指的是牛、羊、豕、犬、雁、鱼，雁实际是鹅。《庄子·山木篇》说：“命竖子杀雁而亨（烹）之。”杀的其实是鹅。《说苑·臣术篇》：“公孙支归，取雁以贺。”取的也是鹅。《汉书·翟方进传》：“有狗从外入，啮其中庭群雁数十。”所啮仍是鹅……《尔雅》：“舒雁，鹅。”李巡注：“野曰雁，家曰鹅。对文则鹅与雁异，散文则鹅亦谓之雁。”这就是在古书中称鹅为雁的训诂上的原因。鹅与雁确实类似，都有苍、白两种，停栖下来很难分清。但家养的鹅两翅已经退化，行动缓慢。它美丽、傲岸、忠诚、警惕，却已失去轻捷、机敏，不能如鸿雁一般，应时群集而南北飞翔了。

鹅在周代就已是六牲之一，可见它充祭坛和充庖厨为时都早。中国古代讲究用谷类来配肉类，“雁宜麦”——鹅肉是用来配麦的。贾公彦疏说：“雁味甘平，大麦味酸而温，小麦味甘微寒，亦是气味相成。”这个说法，和《本草》的说法是一致的。鹅的肉肥硕饱满，即使两肋的肉，也不像鸡肋那样“食之无味，弃之可惜”。食鹅能解五脏热，患有炎症的病人，不宜食鸡，而宜食鹅。鹅卵有补中益气的作用，比鸡蛋性温，也好消化。鹅油既可以润肤防皴，又可以和面作酥食，鹅油酥比猪油制品细腻鲜美。

在一般的饮食领域，白鹅比苍鹅肉更嘉美，老鹅比嫩鹅营养价值更高。嫩鹅性冷，多食易发痼疾，但解热消炎却有效果，宜给高烧的病人补身。鹅的尾肉叫臎，《礼记·内则》说：“舒雁臎不可食。”除了气臊可厌外，还因其略有毒性。只有现代烧鹅反而将臎留下，以满足一些特殊口味的人食用。臎多肥油，少吃亦无大碍。

蟹

蟹的腿多，名也多。傅肱《蟹谱》说：“蟹，水虫也，故字从虫，亦鱼属也，故古文从鱼。以其横行，则曰螃蟹；以其行声，则曰郭索；以其外骨，则曰介士；以其内空，则曰无肠。”名是针对特点取的，蟹的雅号这样多，说明它的特点显著。

蟹的特点确实很多，是一种极富个性的动物，所以时常入画入诗，仅仅一个横行，便是诗人们创作的好材料。且看黄鲁直的《蟹诗》：“怒目横行与虎争，寒沙奔火祸胎成。虽为天上三辰次，未免人间五鼎烹。”

在蟹的许多特点中，美味是使它受到人们重视的一大特点。中国吃蟹的历史很早。《周礼》：“庖人共祭祀之好羞。”郑注：“好羞谓四时所膳食，若荆州之鲝鱼，扬州之蟹胥。”胥是酱，古人又称醢。所以，最晚是汉代，蟹已为常膳之一。蟹的种类也很多，平时常见的是蝤蛑；还有一种叫拥剑，以螯大似兵刃而得名，其中有一种一螯大一螯小的，用小螯谋食，用大螯自卫，称为桀步；最小而无毛的是蟛蜎（yuè），这几种都可供食用。另有一种蟛蜞，也有二螯八足，比蟹小些，生长在海边，是不能吃的。《世说新语》记载：蔡谟初渡江，不认识蟛蜞，误当螃蟹吃了，差一点死去。他自嘲说：读《尔雅》不熟，几为劝学者所误。意思是说自己未能从《尔雅》里得到区别蟹与蟛蜞的知识，只因《大戴礼记·劝学篇》有"蟹二螯八足"之说，凭螯足误识蟛蜞，差点送了命。所以，海边的人捕蟹吃蟹，都得小心为之。

蟹性寒，北方人拆而食之，都要伴一点姜，如黄鲁直《蟹诗》直所言："解缚华堂一座倾，忍堪支解见姜橙。"雅士则伴酒而食，苏轼《丁公默送蝤蛑诗》："半壳含黄宜点酒，两螯斫雪劝加餐。"这都是为了去寒。蟹时常腌藏，用来下酒。李时珍《本草纲目》说："凡蟹生烹，盐藏糟收，酒浸酱汁浸，皆为佳品。"他还介绍了多种藏蟹的方法：蟹"久留易沙，见灯易沙，得椒易脏"，而"得皂荚或蒜及韶粉可免沙脏。得白芷则黄不散，得葱及五味子同煮则色不变"。加工后的蟹称蝑蟹，可以收藏起来，择时食用。

关于蟹的名称来源，说法很多。一说因蟹每至夏末秋初，"如蝉蜕解"，所以称蟹。（宗奭说）这个说法似太迂曲，即使蟹真有蝉蜕的生性，恐怕也难以为常人所见。大约还是通俗的说法对：蟹食用时辄肢解，所以叫蟹。唐宋时，北方人因蟹要剥食，吃时得先洗手，所以又把蒸蟹叫洗手蟹。洗手蟹就是洗了手拆解。

蚌

蚌是我国最早食用的水产之一。《周礼·天官》记载："鳖人掌取互物，以时簎鱼、龟、鳖、蜃凡狸（mǎi）物。春献鳖蜃，秋献龟鱼。祭祀共蠯，蠃、蚳，以授醢人。"而"醢人"所掌的"馈食之豆"有八，即"葵沮、蠃醢、脾析、蠯醢、蜃、蚳醢、豚拍、鱼醢”。这些记载表明，古代的蚌是和鱼、甲鱼等一起制成祭品以充祭祀的，同时也供宫廷内食用。

古代的蚌大的叫蜃，小的叫蛤，蛤又名蛎，是圆的，长的则称蠯，都能食用，这些软体动物都有一双相对称的外壳，所以都称互物（互有相对之义），又称甲莇（莇有相当之义）。又因为它埋藏在泥中，到了春天，鳖人从泥里把它挖出，所以叫“狸（音埋）物”。蜃早在远古就在人类生活中起着十分重要的作用了，商代的金文里把它画为一个带壳的软体蚌蛤形，甲骨文里把它画为似犁头般的农具。十二地支中的“辰”字，也就是“蜃”的古字。可以看出，原先画的是带壳的软体蚌哈，以后变形似犁头般的农具。文字记载着古代的生活——蚌肉可以吃，而蚌壳经过打磨后，则可以作农具。《淮南子·氾论训》说：“古者剡耜而耕，摩蜃而耨。”这使我们理解，蚌为什么又叫蛎，俗称蛤蛎（gělì）。那是因为源于砺，砺是磨石，派生出需要打磨的蛎名来。我们还因此而理解，“农”、“耨”都从“辰”，也是因为“蜃”曾作过农具。由此当然可以推想，如果不是人们在农耕开始以前就知道食蚌，便不会想到用蚌壳作为最早的农具。

传说蜃与蛤都是鸟变的。《国语·晋语》：“雀入海为蛤，雉入淮为蜃。”《说文》：“蛤，蜃属。有三，皆生于海：厉，千岁雀所化，秦人谓之牡厉；海蛤者，百岁燕所化也；魁蛤，一名复絫，老服翼所化也。”（依段玉裁《说文解字注》）翩跹翱翔的燕雀，投入恣肆汪洋的大海，化作外壳缄闭的蚌蛤，这给蚌染上了一点神秘色彩，也给食蚌增添了隽永的诗意。

蚌制成醢（酱），大约曾是一种鲜美的食物，可惜今天民间已经很少有人这样烹食了。现代人吃蚌肉，多半是将它带壳煮熟，使蚌壳张开，调以姜醋，饶有风味。蚌肉含高蛋白，营养也极丰富。南方的水产公司将丰产的蛎去壳，肉制成干儿，叫做淡菜，淡菜是一种清肺降压的好食品，爱吃的人很多，但人们都不知道它为什么叫淡菜。明代郎瑛在《七修类稿》里曾谈到，他见杭州人食蚌肉称食淡菜，最初以为“淡”是“啖”的同音借用字，“啖”当“吃”讲，虽勉强可解，但明明是软体动物，为什么叫“菜”呢？他还是不懂。郎瑛又曾见《韩昌黎集》（唐代古文家韩愈的文集）记载孔戣为华州刺史时，奏请免掉明州岁贡淡菜，“淡菜”也是写这两个字，更为使他不解。后来，他考得南海取珠者名“蜑户”，珠取于蚌，“淡”与“蜑”在上古双声，韵很近。“淡”韵收—m，“蜑”韵收—n，但宋元以后，—m 已逐渐变为—n，蚌名“蜑”而写作“淡”，是因为宋元以后的口语中，“淡”成了“蜑”的同音借字。蚌肉是取珠人经常食用的，贱之如菜，所以叫淡菜。他的说法颇有根据。元代的陶示仪在《南村辍耕录》中记载：“广海采珠之人，悬组于腰，沉于海中，良久得珠，撼其组，舶上人挈出之。葬于鼋鼍蛟龙之腹者，比比有焉。有司名曰乌组户，蜑音但。”看来采珠取蚌当时是个危险的职业，而从事这种职业的人确实以“蜑”命名。《说文·虫部》新附字里有“蜑”字，训作“南方夷也”。正如北方以牧羊为业者名羌一样，南方以采蚌为业者称蜑，都以其畜养获取之物命名。这正是蚌名蜑而写同音字“淡”的明证啊！

葱

葱是现代菜肴重要的佐味品，北方很多地区还直接当生菜食用，极为普遍。中国古代食葱的历史很早。《荀子·哀公篇》说：“夫端衣玄裳、絻而乘路者，志不在于食荤。”杨倞注：“荤，葱薤之属也。”这说明，葱在古代属荤菜（即辛辣有味儿的菜），而且是常馔之菜。古人在几种情况下是不食荤的：一是佛门、道门不用荤菜，他们认为葱、蒜、韭、姜之类辛辣味太大，会坏人心性，所以不吃；二是祭祀、斋戒时不食荤。《庄子·人间世》：“颜回曰：回之家贫，唯不饮酒，不茹荤者数月矣。若此，则可以为斋乎？”

这是古代斋戒不吃葱、蒜等臭菜的明证。《论语·乡党》记载，斋戒要“变食”，禁荤物，唯独不撤姜食。因为在荤菜中，葱、蒜、韭都有浊气，唯独姜气清。由此看来，葱在古代的荤菜中也不是上等品。

但是在药用植物中，葱却有相当高的地位，葱的别名是“菜伯”、“和事草”，李时珍说：“葱初生曰葱针，叶曰葱青，衣曰葱袍，茎曰葱白，叶中涕曰葱苒。诸物皆宜，故云菜伯、和事。”从疗病的功能看，葱白最有价值。古代食与医并举，这大约便是葱虽有很大浊气却仍为古人常馔的主要原因吧！

葱的命名很有意思，它是因中空而贯通的形状特点而称作“葱”的。《本草纲目》记载，葱还有一个名字叫“芤”，因草中有孔而得名。考察“葱”的同源字，可以看出它命名的理据。“窗”和“囱”都与“葱”同源，前者相当于今天的天窗，后者相当于今天的壁窗，它们都是房屋的通风孔。耳听通彻叫聪，引申为聪明。古人认为人的聪明即是头脑或心窍的通彻，所以，“聪”也和“葱”、“窗”、“囱”同源。《释名·释宫室》说：“囱，聪也。于内窥外为聪明也。”有一种可以作照明用的麻秆叫“熜”，一想就能明白，它和“葱”一样，也是因中空贯通而得名。从这一系列的同源字中可以看出：茎、叶中空的植物，上下通风的窗口，内外贯通的灵性，虽然是如此不同的东西，命名的理据却是一样的。

生葱的味道很少有人称道，但过油的葱香却很能激发人们的食欲，而葱的颜色、形状却常被文学家用来形容美好的事物。《礼记·玉藻》有“三命赤韨葱衡”的记载，以“葱”代苍青之色。《江赋》的“葱茏”、《射雉赋》的“葱翠”都用“葱”形容一种翠玉般的青色。著名的汉乐府《古诗为焦仲卿妻作》形容刘兰芝“指如削葱根”，使人由葱根联想到那纤细嫩白的五指。

甘甜

烹饪的要义一是求熟，二是调味。“味”字从“未”。《说文解字》说：“未，味也。六月滋味也。五行木老于味，象木重枝叶也。”这是附会后汉谶纬之学阴阳五行的说法。但“味”由“未”孳乳的说法还是可信的。郭沫若说：“釐”从“未”，其形可作采，即“穗”的古字，“未”即“采（穗）”字。这个说法很有道理。古人以“禾”为“和”，以“穗”为“味”，道理是一样的。中国烹食中的味是调和的结果，如同大自然的各种因素综合作用于禾苗，使之抽穗。

酸、甜、苦、辣、咸，称作“五味”，这是五种单一的味感。其中的“甜”古代为“甘”。五味可以分成三组，“酸”与“辣”是由酒中体会出来的。“咸”与“苦”是由盐里体会出来的。这四种味感如不调和，进到人的嘴里，都会感觉到较强烈的刺激性，与这两组味感相对立的是“甘”。

从汉字的构形看，“酸”从“酉”，“辣”在《说文》中作“辠吏”（即“辛”的本字），从“辠”。“酉”、“辠”都标识酒。“咸”从“卤”，“苦”即“盬”，都与盐有关。它们的构形，都以这种滋味最浓烈的酿造物与提取物作为标志。唯独“甘”及由它孳乳出的“甜”，直接从“口”或从“舌”。“甘”字从“口”含“一”，“一”是个指事符号，指出味在口中，“甜”字从“甘”从“舌 ”，表示舌所感受。从这里可以看出，“甘”与“甜”不与其他四味并列，而是与四味总体相对。

“甘”是不带任何刺激的正味。《春秋繁露》说：“甘者，五味之本也。”汉代以五行配五味，总是用中央“土”来配甘。《素问》说：“物之味甘者，皆土气之所在也。”

这就是说，“甘”是入口后不会引起刺激的一种味道。口舌对它非常适应，因而没有任何阻滞的反应。因此，《庄子·外物》说：“口彻为甘。”《淮南子·原道》说：“味者，甘立而五味亭矣。”

这就是说，味道调和到“甘”的状况，就任何味儿都感觉不出来了。这并不是说味感等于零，只是说，因为适口，不会引起丝毫刺激，达到了“和”这一最高味觉审美标准。《老子》有“甘其食”之说，“甘”就是味觉最高的享受。且看从“甘”之字：“猒”字从“甘”从“肰”，当“饱”讲；“甚”字从“甘”从“匹”，当“非常安乐”讲；“旨”从“甘”，当味美讲。“甘”带给这三个字形的意义信息是“享受”。“历”字从“历”从“甘”，“曆”字当“调和”讲，它是“秝”的孳乳字，“秝”以两株禾苗表示匀称状态，也就是适中。而从“甘”，正是调和的结果。“甘”带给“曆”字的意义信息是“适宜”、“和美”。这都可以看出，“甘”不是一种单一的味感，而是味的中和。《说文解字》说：“甘，美也。”“甜，美也。”确实道出了它们的意义所在。

我们从古代调味也可以看到“甘”与其他四味的总体对立。《周礼·食医》有“春多酸，夏多苦，秋多辛，冬多咸，调以滑甘”的说法。这就是说，四季的自然食物中，常常有一种味道比较突出，压倒众味，也就是五味不和，这就容易伤身。需要用枣、栗、饴、蜜这些甘甜的东西调和一下，冲淡它，于身体才有益，于品味才适宜。可见“甘”有中和其他四味的作用。

“甘”直接孳乳出的“甜”字，有两个意思：一是蜜糖的味道；另一个是淡，也就是不放糖也不放盐，只有食物的本味。例如河南人管白的面糊叫“甜汤”，指不放任何佐料的面糊。这个“甜”，还保留着“甘”的本味的意思。

弄清了“甘”的内涵，我们就可以明白：“甘”、“甜”和其他四味都有对立关系。水果生酸熟甜，酸与甜对立。中药凉苦温甘。《庄子·天道》：“徐则甘而不固，疾则苦而不入。”苦与甘对立。甜与咸本来就是对立的滋味。至于甜和辣，体现在酿造物上：烈酒味辣，醴酪味甜。它们也是对立的。

豉

刘熙《释名》说："豉，嗜也。五味调和须之而成乃可甘嗜也。故齐人谓豉声如嗜。"可见汉代以前就有豉。"豉"的语源是不是"嗜"，这另当别论，值得注意的倒是刘熙讲出了豉在调味中的重要性。古代调味，如果没有豉，其他味道便不能显示作用，放了豉，才能出味儿。《楚辞·招魂》说："大苦咸酸，辛甘行些。"王逸注说："大若，豉也。""辛谓椒姜也，甘谓饴蜜也。言取豉汁，调和以椒姜咸酸，和以饴蜜，则辛甘之味皆发而行也。"

"豉"的正字作"敊"，从"尗"，"尗"是"豆"的古字。《说文·七下·尗部》："尗，配盐幽尗也。"重文作"豉"，并说："俗敊，从豆。"段玉裁说："此可证尗、豆为古今字"。这说明，豉是豆制品，"幽"同"郁"，是一种封闭加温使之发酵的做法，所以《齐民要术》说，作豉必室中温暖。

古代的豆豉有咸、淡两种，咸的供调味用，淡的可以入药。袁宏《汉记》说过这样一个故事：李傕常设酒请郭汜。郭汜的妻子怕丈夫与李傕的婢妾有染，便设计离间他们。有一次，李傕送来一席菜，汜妻便以豉为药，使郭汜起疑，从此疏远李傕。可见调味的豉与入药的豉形状类似，区别仅在配盐不配盐上。

调味的豆豉要配盐，所以"盐"与"豉"是经常连用的。《史记》有"蘖面盐豉千答"之说。《后汉书》说："羊续为南阳大守，都豉共壶。"《宋书·张畅传》说："魏主又遭送毡及九种盐并胡豉。"都以"盐"、"豉"并提 。所以，豉是主咸味的，百肴无咸而失味。没有豉，椒姜蜜酢不出味，这是很自然的。

这种配盐的豆豉如果取汁，就是今天的豆酱油。汉代以前就已经有了很好的豉汁，也就是酱油，可见中国的烹调调味技术，在世界上确为遥遥领先。

精与粝

中国古代社会进入以农业生产为主之后，粟米便成为餐饭的主食。夏商周三代以前，米已有粗细之分。粗米称“粝”，或写作“糲”。《韩非子》说：“尧粝蒸之饭。”又说：“孙叔敖为令尹，粝饭、菜羹、枯鱼之膳。”“粝”都是粗米的专称。细米称“精”。《论语·乡党》：“食不厌精。”《风土记》说：“精淅米十取七八。”“精”都是指的细米。

“粝”的意义特点是“粗”。且看与它同源的“砺”字。“砺”是粗石，朱骏声说：“精者曰砥，粗者曰砺。”砥是细的磨刀石，砺是粗的磨刀石，所以“砥砺”当“磨炼”讲。《汉书·外戚传》“妾夸布服粝食”，颜师古注引孟康说：“夸，大也，大布之衣也。粝，粗米也。”韩愈的《山石》诗有“铺床拂席置羹饭，疏粝亦足饱我饥”的句子，以“疏”与“粝”连用，“疏”即“蔬”，粗菜，“粝”自然是粗米了。但“精”的意义特点却不是“细”，而是“纯”。《说文解字》：“精，择也。”朱骏声说：“檃米使纯洁也。”“纯”正是“精”义的核心。这一点也可以它的同源字“晶”为证。《说文解字》：“晶，精光也。”字像星星三两相聚之状。“晶”是极亮极纯之光，所以称“精光”，可见“精”义的特点在“纯”。“精”发展出“细”的意义，是在和“粝”构成反义词后，因“粝”有“粗”义，同步引申而来。“精”与“晶”在古代典籍里经常通用。《吕氏春秋·圜道》“精行四时”，注：“精，日月之光明也。”《文选·东京赋》“五精帅而来摧”，注：“精，五方星也。”这里的“精”，其实都是“晶”的同源通用字。

演变到近、现代，“精米”之说尚得保留，“粝米”在普通话里改说“粗米”、“糙米”，只在北方方言“好赖”的“赖”上，还保留“粝”字“洛带切”（lài）的读音。

发酵

用酵头发面来蒸馒头烙饼，是北方人最常吃的主食。发面的使用，在中国少说也有两千多年近三千年的历史了。这一点，从

“酵”字的历史发展上可以看出。

我国古代有一部记载周以前政治制度的书叫《周礼》，又叫《周官》。这部书的《天官·醢人》记载，醢人负责掌管“四豆之实”，豆是一种类似今天高脚盘子的食肉器，醢人负责在祭祀时庖制豆中的食物，除了各种畜肉、海味和菜蔬外，还有“酏食糁食”。酏食是发面饼，糁食是菜粥。郑司农注“酏食”说：“以酒酏为饼。”贾公彦进一步解释说：“以酒酏为饼，若今起胶饼。”这里的酏，是发面引子，“胶”又写作“教”。《汉书·李陵传》注引阵部：“媒，酒教。”从这些可以看出古人对发面的认识，那时的人们已经认识到，发面是用一种媒介物，也就是引子来使面像酒一样发酵。这就是后来“教”字发展为从“酉”的“酵”的原因。后来发面的引子称“起子”、“酵头”，正是从“起胶饼”的“起”、“胶（酵）”发展而来的。

割与烹

早在公元前八九世纪，我们的老祖宗就已经有了比较成熟的烹肉技术。烹肉先将整牲宰割，割肉也很有些讲究。《礼记·郊特牲》记载“腥肆焖脍祭”。腥是生肉，将整个的生肉割成大块叫肆，肆解后将肉放在热水里叫做焖，煮沸后先将肉煮熟，熟肉叫脍。就是说，那时的祭祀已经用的是切割后的熟肉。不只祭祀如此，宫廷里的膳食也用熟肉。《周礼·天宫·内饔》：“掌王及后，世子膳羞之割烹煎和之事。”割是解，也就是肆，烹是煮，煎是将汁煨干并使肉烂，和是调和，也就是加上甘、酸、辛、苦、咸等五味之调味品。可见当时煮肉的技术已经有了一套程序，比较发达了。

古代切割整牲有两种解法：一种叫豚解，一种叫体解。豚解是将牲畜切割为七块，左右前肢叫肱，左右后肢叫股，体中叫脊，脊的左右叫胁。肱二、股二、脊一、胁二，共是七块。体解切割较细，共切割为二十一块。

前肢肱骨：最上的肩，肩下为臂，臂下为臑。

后肢股骨：最上是肫，也叫膊；肫下为胳，或作骼；胳下为觳。

中体正中脊骨：前为正脊，中为脡脊，后为横脊。

脊两旁之肋骨称胁：前为代胁，中为正胁，后为短胁。

肱骨六、股骨六、脊骨三、胁骨六，共二十一块。

肆解成大块后，再细割为小块或薄片，然后再加水煮。《吕氏春秋·本味篇》说："凡味之本，水最为始。五味三材，九沸九变，火为之纪。"意思是说，在烹肉时，用水和用火是根本。煮肉时一开始用热水（古时热水叫汤）大火，先沸一次，然后渐渐加水，开几次后，肉熟了，即是脍——谷熟为稔，肉熟为脍。然后用文火，即小火，慢慢煨，将肉汤煨成浓汁，肉也已糜烂。这是用水用火的一般规律。

用火用水之外，重要的是调味，也就是所说的"和"。《左传·昭公二十年》记载晏子的话，解释了"和"。晏子说："和如羹焉。水、火、醯、醢、盐、梅以烹鱼肉。燀之以薪。宰夫和之，齐之以味，济其不及，以泄其过。"可以看出古代虽有甘、酸、辛、苦、咸称作五味，但基本的味道是咸和酸。所谓"和"，就是适中；所谓"调"，就是加加减减，使其适中。所以孔颖达说："齐之者，使酸咸适中，济益其味不足者，泄减其味大过者。"

"和"就是在参与烹饪的诸多要素（如水与火，各种主原料、佐料、调料，主食与副食等）之中，寻求适中与平衡，以达到整体的最佳效应。《周礼内饔》所说的"割烹煎和"，前三者都是烹饪的局部过程，唯"和"是贯穿全过程的。要达到"和"的高标准，必须经过谐调。谐调水量与火候，如《吕氏春秋·本味篇》所说："凡味之本，水最为始，五味三材，九沸九变，火为之纪。"谐调季节与味性，如《周礼·天官·冢宰》所说："凡和，春多酸，夏多苦，秋多辛，冬多咸，调以滑甘。"谐调肉食与五谷合膳的，又有“牛宜稌，羊宜黍，豕宜稷，犬宜粱，鸟宜麦，鱼宜苽”之说。总之，在中国古代的烹饪中，处处都讲究谐调以达到“和”的境界。据《左传·昭公十年》记载，齐国的政治家晏婴在跟齐侯谈到君臣关系的时候，用烹饪作比喻，讲述了要“和”不要“同”的道理。“和”是在多样和差异中经过调节达到适中的平衡而不是单调的千篇一律。“和”是一种辩证法，是中国古代传统价值观与审美观的根基，政治上提倡“人和”，音乐上讲究“和乐”、“唱和”，医学上主张“气和”等等，都是在寻求一种适中与平衡。

炙

把生食近火烧烤而熟之，其法曰炙。《齐民要术》有“炙法”，具体做法很多：有用整猪开腹去五脏净洗以茅填满腹腔而炙者，也有逼火偏炙一面随炙随割者，还有切成寸块急速回转而炙者，更有灌肠而炙，捣丸而炙，薄片而炙，作饼而炙者。可炙之肉除猪、牛、羊、鹿、鸭、鹅外，还有鱼、蚶、蛎等水产。穷其做法，大约相当于今天的烤肉，但今天常常食用的烤肉除了整只的烤乳猪和烤羔羊外，常做的就是在烤炉上设网而烤和串成串来烤，比起我们的祖先来，已经单调得多了。

《齐民要术》是后魏贾思勰的撰著，而烧炙之法则早已有之。《礼记·礼运》篇说：“夫礼之初，始诸饮食。”又说：“以炮以燔，以亨（烹）以炙，以为醴酪。”注说：“炮，裹烧之也。燔，加于火上也。炙，贯之火上也。”以“炮”、“燔”、“炙”三者分言之，统言之则都称“炙”，具体炙法不同。

《说文·十下·炙部》：“炙，炙肉也，从肉在火上。”战国简书“炙”形正像一块吊着的肉在火苗上烘烤。分言之，炮、燔、炙是三种不同的烤肉法。《说文·十上·火部》：“炮，毛炙肉也。”字或作“炰”。段玉裁说：“毛炙肉，谓肉不去毛炙之也。”不去毛如何炙？《礼记·内则》注说：“炮者，以涂烧之为名也，这里说的“涂烧”也就是《礼运》注所说的“裹烧”。所谓“以涂烧为名”，意思是“炮”从“包”得名，因其涂裹而为之也。这大约是用泥涂在外面而用火烤，熟热后，将泥剥下而把毛带下来。《说文·十上·火部》：“燔，爇也。”“燔”得名于“傅”。《诗经·大雅·生民》传说“传火日燔”，这是一种将成块的肉一面一面平传于火上翻烤的炙法，与“炮”法不相同。“燔”用来遗兄弟之国，所以不但要烤熟，还要烤干，以便保存得长久 。而分言之的“炙”，《礼运》注说“贯之火上也”，这大约是今天烤羊肉串之类的东西，而古代则常用于烤鱼，方法是把鱼从后背至腹串上，一面烤，一面把调好的汁刷在鱼上，这个做法也和今天的烤羊肉串一样。炙鱼、炙肉，都是边烤边吃，不必保存的。《诗经》郑笺说：“鲜者毛炮也，柔者炙之，干者燔之。”正反映了这三种炙法的区别。

蒸馏

“蒸”与“馏”都是中国古代熟食的饪法。“蒸”字本作“烝”，与“登”、“升”、“乘”、“腾”同源，以“向上”为语源意义。《说文解字·火部》：“烝，火气上行也。”道出了“烝”的词义特点，也道出了蒸作为熟饪方法的特点。蒸，就是利用温度高的气流向上升腾的原理来熟物。“馏”是蒸的一种。《尔雅》注和《诗经》释文都说：“一蒸为饙（fēn），再蒸为馏。”有人以为饙只得半熟，馏才达到全熟。这是古代造酒时对粮食的两种不同的处理。统称之，饙和餾都是蒸。“饙”字已不用于现代汉语，“馏”源于“流”。《说文解字·食部》：“馏，饭气蒸也。”段玉裁根据《诗经》注改为“饭气流也”，为的是说明“馏”字的语源意义。

古代最原始的蒸法是用封闭的竹筒来熟鱼。《说文解字》：“煎，置鱼筩（筒）中炙也。”记录了这种原始的熟食方法。这种蒸法也是利用上升的气流，但只是热空气，还不是水蒸气。直到发明了甑（zèng）与甗（yǎn），才成为汽蒸。甑和甗在新石器时代晚期已经产生，那时是陶器，以后有了青铜制品，更为精致。甑的底部有许多透蒸汽的孔格，放在鬲和鍑上使鬲鍑中的水沸后的蒸汽通过孔格冲进甑里以熟食。鍑分上下部，中间有带孔的箅隔开，下部放水，沸而成汽，以熟上部的食物。《齐民要术》说“饙熟即举甑”，《方言》说“甑自关而东谓之鉹镏”，都可以看出蒸、馏与甑的关系。今天用来蒸饭、蒸馒头和蒸肉的蒸锅、蒸笼、笼箅，都是甑与甗发展来的。

蒸馏比起烹煮，各有其特长。烹煮是把食物直接放在水里，而食物沉于锅底，各面上受热不均，如不翻搅，可能因为生熟程度不同而造成夹生。而蒸馏则是利用蒸汽熟食，盖上盖儿后，蒸汽充满器皿，食物各部位均匀受热，易熟易烂。所以，《齐民要术》称馏法为“均熟”。从熟食效果上，蒸馏比烹煮进了一大步。但烹煮在原料与佐料滋味的混合上又比蒸馏容易，有利于和味与留汁。在现代烹饪上，蒸馏与烹煮是各司其事的。而从蒸馏利用火气上行这一情况看，古人对气体温度越高越升腾而上，并且产生能量这一热学原理，早就发现并加以应用，这不能不让我们感到中国人的聪明。

“蒸”与“馏”在现代汉语里，也都有发展，“蒸”除了音义沿用外，还发展出一个“塍”（读gēng，平声）字，是用火或汽把已熟的食物再加热。而“馏”则完全变为再蒸熟食的专称了。

在古代文献里，“烝烝”被解释为“上升貌”，成语“蒸蒸日上”，正是用热气升腾的炊爨情状来比喻生活的兴旺与事业的兴旺。

脍

把肉剁成细末，拌以调和而烹食，中国古代叫做脍（kuài）。《说文解字》说：“脍，细切肉也。”脍的语源大约来自“会合”之义。刘熙《释名》说：“脍，会也。细切肉令散。分其赤白异切之，已乃会合和之也。”这个推源颇有道理。

上古制脍多用肉，《释名》有“细切猪、羊、马肉使如脍”的说法。它的制作，首先是把瘦肉和肥肉分开来切碎，然后再根据需要混合起来。这种切法，一则是由于瘦肉与肥肉质地不同，切碎的程度和切法都不完全相同；二则是肥与瘦的比例也要因季节、地域、烹法和人的口味以及生理卫生的要求而异。混合时要达到“和”的标准，也就是刚刚适宜。切脍是有一定程序的，据郑玄的《礼记注》“脍者必先轩之”，轩是大切，即粗切，也就是先切成肉丁；“复报切之成脍”，“报”是“赴”的借字，当“疾速”讲，“报切”就是加快切的速度，也就是今天的剁了。肉切小剁细后，要加上佐料，佐料因季节而异。《礼记·内则》所说的“脍，春用葱，秋用芥”，就是说要配以不同的菜当佐料。在烹饪法上，脍的做法又分羹——水煮、烝——干蒸两种。干蒸有时放在竹筒里。上古时，这应该是很讲究的吃法了。

鼎

鼎是中国古代最重要的烹饪器之一。从出土的文物看，它是陶或青铜制品，一般的形体是圆体、大腹、两耳对立于口上或附于体侧。腹下有三足，因而有“三足鼎立”这一成语。周代的鼎分为镬鼎、升鼎和羞鼎三大类。在祭祀时，各司其职。镬鼎是煮肉器，形体很大。三足架空，下面好架柴点火。两耳用一种称作铉的铜钩穿扃（jiōng，横扛）抬举。两汉以后，镬鼎因灶的使用而变为无足，这就是后来的釜。升鼎与羞鼎是供器，肉煮好后，把镬鼎中的肉用匕（bǐ）取出，放到升鼎中，作为供品。把加放佐料的汤汁，放到羞鼎中，与升鼎相配。所以升鼎又叫正鼎，羞鼎又叫陪鼎。

周代的祭祀是用鼎数与牲肉的种类来标示等级的。因此，用鼎是一种重要的祀制。天子九鼎，诸侯七鼎，牛、羊、豕三牲俱全，称作大（tài）牢。卿与上大夫五鼎，不用牛，只用羊、豕，称作少牢。元士三鼎，就只用豕了。以上所说的鼎数是升鼎数，所配的羞鼎也有规定：九鼎、七鼎配羞鼎三，五鼎配羞鼎二，三鼎、特鼎（一鼎）配羞鼎一。鼎在祭祀时作等级的标志，就使它在器皿中的地位非同寻常。所以《说文》说："鼎，三足两耳，和五味之宝器也。"古代用鼎作为传国的宝器，并常把有关的铭文铸在上面。《礼记·祭统》："夫鼎有铭……铭者，论撰其先祖之有德善、功烈、勋劳、庆赏、声名列于天下，而酌之祭器，自成其名焉，以祀其先祖者也。"

碗和盘

碗和盘都是今天常用的餐具。这两种餐具自古有之，推究它们命名的由来，便知两种餐具不同的特点。

《说文》称"盂"为"饭器"，"盌"为"小盂"，当然也是饭器。"盌"就是"碗"的古字，它是用来装饭的。"盌"与"碗"来源于"宛"。古代称中央低而四方高的丘陵地形为"宛丘"，这种山丘的形状酷似饭碗，以凹曲而名。"宛"声之字大多有"屈曲"义。《文选·东都赋》"马踠余足"，李善注："踠，屈也。"《文选·琴赋》"蜿蟺相外"，注："蜿蟺，展转也。"声音回转称"婉转"，语言纡回委曲称"委婉"。《周礼》有"琬圭"，形屈曲。"踠"、"蜿"、"婉"、"琬"都与"碗"同源，都以屈曲为词义特点。"凹曲"义引申为"蕴积"。《素问·生气通天论》："大怒则形气绝而血菀于上。"注："菀，积也。"《诗经·小雅·都人士》："我心菀结。"郑笺："菀犹结也，积也。"足见"菀"也与"碗"同源。碗形中央凹下，有容积，可装饭。这种餐具的特点由它的一系列同源字显示无余。

盘则不同。它的繁体字作"槃"、"鎜"、"盤"，字从"般"。"般"从"舟"。《周礼·春官·司尊彝》说，尊和彝都是祭器，它们下面有一个圆形的承器，叫做舟。郑司农说，舟就像汉朝的承盘。可见周代称“舟”，汉代称“盘”，名有异而用为一。

“般”字从“舟”之意，《说文》说得很清楚：“般，辟也。象舟之旋，从舟从殳，殳所以旋也。”舟是承盘，圆形，可以旋转。“般辟”就是“盘旋”，因而取“舟”会意。后来舟船的“舟”，也是因为它能在水中自由盘旋而与承盘之“舟”同名。这是“盘”后来的字形来源。最早的“盘”字完全象形，作，是一个带耳的立起的盘子。这就是后代的“凡”字。以后“凡”借作了虚词，才有了“槃”、“鎜”、“盤”字。“盘”字的特点是圆转，与“碗”的凹曲是不相同的。这是因为，最早的盘子是承盘，它的作用是承垫其他器皿，本身不是直接装纳食物，所以扁浅，与碗的特点相较，便突出了碗的深凹。现代的盘子还有一部分保持承盘的作用，另一部分已经直接装菜肴，变为常用餐具了。

饮器

中国古代饮器的名称来源，更是一个值得研究的问题。上古饮器的名称，大约有两个系统。一个是礼器的系统。这就是爵、觚、觯、角、散、觞。爵既是饮器的总名，又是能容一升酒的饮器别名。它的词源来自雀。甲骨文“爵”字画的是一个雀头，圆形，有嘴，颈毛象爵的足。觚、觯、角、散都是爵的一种，只是所容的升数不同。传说它们的命名都与礼的节制意义有关。觚是容量较小的饮器，得名于“寡”，意思是告诫人们“饮当寡少”。春秋时代，周的礼制失去作用，孔丘认为它的名实已不统一，所以发出了“觚不觚！觚哉！觚哉”（《论语·雍也》）的悲叹。“觯”音 zhì，古人认为它得名于“适”，取“饮当自适”的意思。至于“角”和“散”，都是容量比较大的饮器，旧说“角”与“触”同源，取义“不能自适，触罪过也”；“散”与“讪”同源，取义“饮不自节，为人谤讪也”。其说都无证据，不能作为科学的词源，只能看做人们利用饮器的谐音字对“饮酒要节制”这一道理的通俗解说。“觞”是对装满酒的饮器的通称，所以《说文解字》说：“实曰觞，虚曰觯。”饮器的这一名称系统，与礼制密切相关，流行于贵族宫廷，以后大多用于书面语了。

另一名称系统来自口语。由于方言的缘故，非常纷繁复杂，这里只取瓯、盏、盃（杯）三个词来略加说明。

《方言》：“瓯，杯也。”“瓯”字常写作“雅”。曹丕《典论》说：“刘表有酒爵三：大曰伯雅，容七升；次曰仲雅，容六升；小曰季雅，容五升。”从此，“三雅”便成为酒的代称。于志宁诗“俱裁七步咏，共倾三雅杯”，便是以曹植的七步《豆萁诗》与刘表的伯仲季三雅酒爵对言，把诗与酒联系在一起。“瓯”在今天口语里还留有痕迹，俗说酒量大为“雅量”，本字应写“瓯”，就是从三雅瓯（杯）的典故来的。

“盏”字本作“醆”，原是夏代酒杯的名字。可见词比较古，后来被口语吸收。《方言》：“盏，杯也。”盏是一种小酒杯。“盏”字与“笺”（薄纸）、“浅”（小水）、“栈”（简易木车）、“钱”（小片金属以为货币）……等字同源，都含有简易而微小的特点。盏常与杯并称。李清照词“三杯两盏淡酒”，就以“杯”与“盏”互用。后来才有了“杯盏”的合成词。

“杯”是饮器的通称，它的词源是“不”。在甲骨文里，“不”画的是花托。否定词“不”已是假借字。杯子正因为很像上圆下尖成椎形的花托而得名。“杯”是饮器的通称，所以常用来指代酒。俗称酒为“杯中物”，称奢酒为“贪杯”，酒宴完毕称“杯盘狼藉”，都可见“杯”与“酒”难分难解的缘分。

粮糗饭

粮、糗、饭都是古代制熟后的主食，它们的原料又都是黍（小米）、稷（高粱）、稻（大米）、麦（小麦）之类，而且，它们都不是专供祭祀的，什么人都能吃，因此，可算做同类物。但这三个词在古代又是各有内涵的名称。

“粮”又写作“粻”，专指旅途中食用的熟食，这种路粮古代也称“糒”。《周礼·廪人》有“治其粮与其食”之说，注：“行道曰粮，谓糒也；上居曰食，谓米也。”可见粮所指的范围比较狭小。孔子在陈绝粮，是说他在周游列国的路途中带的储备粮吃完了。古代使者出远门要带资粮，路过的友好国家作为东道主要给使者补充资粮。资是路上的用度，粮是路上的食物。

出门在外，最常带的粮是糗。糗是炒熟的粮食，有的是成粒的，也有炒完后磨成粉的。《孟子》赵岐注说：“糗饭，干糒也。”干指炒干，糒是路粮。《公羊传·昭公二十五年》记载：鲁昭公失国出走，齐国的国君在野井慰问他，齐国的高子执箪食与四脡脯，国子执壶浆，对鲁昭公说：我们的国君听说您在外，早晚的伙食还没有着落，所以送一点糗粮来给您的随从。脡脯是晒干的肉，糗是炒干的粮，都是路上吃的。说给随从，是客气话，不好意思直说给国君，只说是给随从的。

饭与糗不同，是蒸熟的。《春秋运头枢》说：“粟五变：以阳化生而为苗，秀为禾，三变而粲谓之粟，四变入臼米出甲，五变为而蒸饭可食。”这里的粟即细粒米。种子种下去，出土而变成苗，苗抽穗灌浆称作禾，舂成粗米称粟，再脱皮变为米，蒸熟了即是饭。可见饭是米粮加工的最后一道工序。中国吃饭的历史很早，据《周书》记载：“黄帝始蒸谷为饭。”

“饭”字的含义有个演变过程。最早“饭”既可作动词用，又可作名词用。《论语》“饭疏食饮水”，“侍食于君，君祭，先饭”，“饭疏食，没齿无怨言”……都当“吃饭”讲，是动词。作名词的也很多，《九章算术》所说的“粟饭”、“粝饭”、“稗饭”、“糳饭”、“御饭”，都当“饭食”讲，是名词。魏晋时代，经师们想把动词和名词分开，将名词的“饭”写作“饣卞”。隋唐时代又写作“饣弁”。

“饼”字被讹作“饼”字，人们对这个字不习惯。之后，“饭”的动词义消逝，只剩了名词义，“饣卞”、“饼”就更无法流行了。在现代汉语普通话里，“饭”有两个内涵：一个泛指一日三餐，不论原料和做法；另一个只指蒸、煮熟的稻米饭，与面食相对。但在有些方言例如河南方言里，面条也称“饭”，稻米饭则不得不在前面加上“米”字。“饭”的这些词义与字形的演变历史中包含着很多语言文字学知识，也包含着很多烹饪史的知识，是我们不可不深究的。

粥与羹

“粥”字从“米”，“羹”字从“羊”，它们的区别在于：粥在古代的主要原料是米，而羹的主要原料却是肉。宋代陶谷的《清异录》记载：魏王继岌荐羹时把羊肉、兔肉、猪肉切碎掺着入料。当时卢澄为平章事（主管宫廷内务的相），清晨上朝，堂厨备一些稀粥作早餐。有粟粥、乳粥、豆沙加糖粥。卢澄每次各取少许掺着喝。于是，厨官们便据此二事作了一副对联：“王羹亥卯未，相粥白玄黄。”对子作得极巧——亥猪、卯兔、未羊，以地支代牲畜；乳白、粟黄、豆沙黑赤，以颜色代粥料。这说明，粥需用米而羹则必用肉。

粥是一种简食，贫贱时常食，居丧时以食粥为礼。《礼记》记载曾子的话：“哭泣之哀，饘粥之食，自天子达。”羹可得有肉。《左传·隐公元年》记载“郑伯克段于鄢”事，郑庄公赐给颖谷封人颖考叔一些吃的，颖考叔把别的吃了，却收起来一块肉。郑庄公问他为什么把肉留下不吃，他说：“小人有母，皆尝小人之食，未尝君之羹，请以遗（wèi）之。”可见羹是离不开肉的。不过，古代的肉羹里也放一点菜，所谓“牛藿，羊苦，豕薇”，叫做“芼”，但这是中和肉性和调味的，不是主原料。什么菜也不放的纯肉汁叫大（tài）羹。《左传》说：“大羹不致，昭其俭也。”可见大羹是一种豪华的食物。除了用肉之外，羹还可用豆。《急就篇》“饼饵麦饭甘豆羹”，颜注：“以山豆为羹，不以酰酢，其味纯甘，故曰甘豆羹也。”以后的张翰便作有《豆羹赋》，这恐怕是羹必有肉的一种例外。

脯腊

从储备的需要出发，把野味和家畜肉制成干，叫做“脯”。脯和蒸、煎、烹、炙一样，都是肉食制作的常用方法。

脯法在我国早已有之，记载最详细的早期文献是《周礼·天官·腊人》：“腊人掌于肉，凡田兽豚之脯腊朊胖之事，凡祭祀，共豆脯荐脯朊胖凡腊物。宾客，丧纪共其脯腊，凡干肉之事。”由此可以看出，脯腊关系到自己食用，祭祀丧葬，以及接待宾客。礼学家对脯物的名称区分很细。大体可以分为四种：

一是干肉。这是把大的兽或畜肆解后，大块作成干肉。这种大块干肉，祭祀时是盛在一种青铜礼器俎里的。

二是腊。这是把小的禽兽，如雉、兔等整个风干做成干肉。古代冬季十二月有一种祭祀，是用腊肉作祭品，所以称作腊祭，十二月叫“腊月”，十二月初八称“腊八”，都是由这种腊祭得名的。

三是脯。脯是把肉去骨切薄片再制成干肉，祭祀时不放在俎里，而放在笾里。笾是一种竹制的祭器，比俎小。

四是修。修是把肉片切薄后加上姜桂等佐料，锻锤使肉紧实。孔夫子让学生交束修，就是这种干肉。

这四种干肉，笼统说来，都叫干肉。礼学家们之所以把它们分得这么细，主要是因为它们与祭祀有关，祭祀是奴隶制时代的一件大事，一点也马虎不得的。

腊、脯、修各具其名，推究它们的命名由来，“腊”字大约来源于“猎”字。《风俗通》说：“腊，猎也。”段玉裁说：“猎以祭，故其祀从肉。”腊祭在冬至后三戌，用腊肉祭百神，因其以冬天的猎获物作成干肉来祭祀，所以制成的干肉就叫腊，“腊”是“昔”的后出字，“昔”字上像肉状，下以日晒之，正是腊肉的古字。后来才又加了肉旁。“脯”字与“薄”、“迫”、“搏”等字同源。取薄片之义。《说文》：“膊，薄脯，膊之屋上。”段玉裁注：“膊之屋上当作薄之屋上。薄，迫也。”《左传》：“龙人囚卢薄就魁，杀而膊诸城上。”“膊”与“脯”义亦通。“修”与“条”（小枝）、“修”（长）、“筱”（细竹）、“滫”（溲）……等词同源，这些词或有“长”义，或有“久”义，可以看出，“修”是因形长时久而得名。由其命名来源，可知其各自的特点。“脯腊”合称，统言于耳！

醉

酒与中国文化关系至为密切，不论是帝王、贵族还是平民百姓，文人还是武士，鸿儒还是白丁，圣贤还是恶棍，能见于中国古代典籍的，很少有完全与饮酒无涉的。因此，自古以来，人们对饮酒的生理卫生，也颇有一番研究。

每个人的体质对酒的接受能力不同，因此便有“酒量”之说。酒量，每个人不同，所以《论语·乡党》说：“惟酒无量。”甚至同一个人在不同的情绪下酒量也有变化，因此又有“酒兴”之说。《史记》记载齐威王问淳于髡能饮多少酒，淳于髡说：“臣饮一斗亦醉，一石亦醉。”威王问他为什么，他说：“赐酒大王之前，执法在前，御史在后，髡恐惧，饮不过一斗，若乃履舄交错，杯盘狼借，堂上烛灭，主人留髡而送客，当此时，髡心最欢，能饮一石。”这是一个很典型的故事，它说明，饮酒无量，因人而异，因兴而异。

但《论语》在“唯酒无量”之后还有半句很重要的话，叫做“不及乱”。这使我们明白，“无量”是对整个社会饮酒人总体而言，对每个饮酒的个人，则是“有量”的，这个量，应限制在“不及乱”上。“不及乱”就是“醉”。《说文解字·十四下·酉部》：“醉，卒也。卒其度量不至于乱也。”“卒”是“终了”，“终结”醉就是每个人所适应的酒量的终极，也就是每个人饮酒达到“不及乱”的生理极限。《说文解字》解释了“醉”字从“卒”的造字意图，也解释了酒醉的确切含义。

中国古代爱饮酒的人追求的是一个醉，“有饮辄醉”，“一醉方休”，醉是一种诗境、美境。《醉仙图记》说：“凡醉有所宜：醉花宜昼，袭其光也；醉雪宜夜，消其洁也；醉楼宜暑，资其清也；醉水宜秋，泛其爽也。”这实在是于身心绝美的境界。

但是，醉终归是一个模糊概念。在日常生活中，真正能掌握“醉而不乱”这个极限点，往往很难办到。古代的饮酒者除礼宴外，大多是悲愁者、狂放者、浪漫者、嗜欲者，饮起酒来，能够以醉不及乱为上者，虽非绝无其人，说来也很难得。晋代的山巨源（涛），饮酒至八斗方醉，帝以八斗饮涛，密益其酒，涛至本量而止。像山涛这样掌握本量的，实不多见。因此，在日常生活中，醉便渐渐与“不及乱”这个概念脱节，因酒误事的有之，因酒闹事的也有之，甚至因酒败其大事，也不乏见。春秋鄢陵之战时，楚国的子反克制不了酒欲，让谷阳以酒代饮端给他喝，终因醉倒，楚子召之而不能见，致败楚军。所以，一个“醉”字，已经不能道尽全部的饮酒之理。翻开《说文解字》，可以见到一系列的与醉相关而程度有差异的词：

“醉”的同义词是“醺”，“醺”字从“熏”，《毛诗传》说：“熏熏，和悦也。”“熏”的“和悦”义是“醺”的义源。宋陶谷《清异录》说：穆宗守临芳殿赏樱桃，进西凉州葡萄酒，帝曰：“饮此等觉四体融和，真太平君子也。”“四体融和”，就是对“醺”的“和悦”义的具体形容。

饮酒恰到好处，尽兴而不乱，是谓“酣”。《说文解字》：“酣，酒乐也。”段玉裁注引张晏说“中酒为酣”。《文选·吴都赋》“酣谓半刻”注：“酣，酒洽也。”对“酣”更明确的解释是《史记·高帝记》集解所引的应劭注：“不醒不醉曰酣。”酒带给饮者的朦胧感已经袭来，而意思尚存，思维尚清。陆游《石洞酒戏作》所说的“酣酣霞晕力通神”，正谓此境。

酣、醉之后，酒便于人体有害，于心理更为不宜，不成其为享受了。

《说文解字》：“酖，乐酒也。”《字林》：“嗜酒为酖。”《诗经·小雅·鹿鸣》毛传说：“湛，乐之久也。”“湛”即是“酖”的借字。用今天的话说，“酖”就是沉湎于酒。《左传》所说“宴安酖毒，不可怀也”，指所乐非其正而言，可见“酖”非正常之乐，在古代是含有贬义的。

“酲，病酒也。”《庄子·人间世》：“嗅之则使人狂酲。”司马注：“病酒曰酲，因酒呈重病态，是过量无疑。”

“酗”（酟），是饮酒过量的最激烈表现。《尚书·泰誓中》“淫酗肆虐”，疏：“酗是酒怒。”《无逸》传：“以酒为凶谓之酗。”以“酗”和“淫”、“肆虐”并称，它的恶劣程度，可想而知。

从广义说，“酲”与“酗”也都是“醉”。《左传·昭公十二年》说：“去其醉饱过淫之心。”“酲”与“酗”，都是醉之过，达到了“及乱”的地步。《北齐书》记载王绂之说：“酒有大乐，亦有大苦。”梁陈宣《与兄子秀书》说：“吾尝譬酒锋水也，可以济舟，亦以覆舟。”都道出了饮酒的两面，也道出了醉之不可过的道理。

四川省2008年1月高等教育自学考试训诂学试题

一、单项选择题（本大题共15小题，每小题1分，共15分）在每小题列出的四个备选项中只有一个是符合题目要求的，请将其代码填写在题后的括号内。错选、多选或未选均无分。

1．训诂的主要研究对象是（　　）

A．异域方言词语　　B．历代文献语言

C．古语中的方言词语　　D．一种语言的词汇

2.《史记·项羽本纪》:“距关，毋内诸侯，秦地可尽王矣。”中“内”与“纳”的关系是（　　）

A．通假字　　B．古今字

C．异体字　　D．繁简字

3．诸葛亮《出师表》:“五月渡泸，深入不毛。”中“不毛”应该理解为（　　）

A．没有头发　　B．不生草木

C．不长头发　　D．不长庄稼

4.《吕错春秋·期贤》:“然则君何不相之。”高诱注：“何不以段木干为相也。”这里是在（　　）

A．说明语序　　B．指出词类活用

C．解释虚词　　D．显示修辞手法

5.《礼记·大学》:“所谓诚其意者：毋自欺也，如恶恶臭，如好好色。”《释文》:“恶恶，上乌路反，下如字。”第二个“恶”

字使用的注音方法是（　　）

A．直音　B．如字　C．反切　D．读若

6．刘向《别录》所谓“一人持本，一人读书，若怨家相对者”说的是（　　）

A．对校　B．他校　C．本校　D．理校

7．所谓“辨志”是指（　　）

A．审明文章的思想内容　B．点断文章的句读

C．分析文章的句子结构　D．分析文章的篇章结构

8．《尔雅》：“速，征也。”“征，召也。”这种训诂方法属于义训中的（　　）

A．同训　B．递训

C．小名释大名　D．大名释小名

9．《诗经·大雅·灵台》：“经之营之。”《毛传》：“经，度之也。”注释增了一个“之”字，表示被注释的“经”字是（　　）

A．名词　B．动词

C．形容词　D．代词

10．训诂术语“浑言、析言，散文、对文”的作用是（　　）

A．辨析同义词　B．表示声训

C．说明通假字　D．串讲文意

11．魏晋南北朝隋唐，训诂学进一步发展，逐渐摆脱了它的附庸地位，此前它附庸于（　　）

A．文学　B．文字学　C．经学　D．史学

12．《方言》卷一：娥、嬴，好也……自关而东，河济之间谓之（　　）

A．娥　B．嬴　C．姝　D．好

13．《赤壁之战》：“蒙冲头舰乃以千数”中“蒙冲”的意思是（　　）

A．小船　B．大船

C．小型战船　　　　　D．大型战船

14.《汉书·严助传》："今闽越王狼戾不仁。""狼戾"是双声联绵词，又写作"贪狼"，是"凶狠"的意思。颜师古注："狠性贪戾，凡言狼戾者，谓贪而戾。"这个解释的弊病在于（　　）

A．穿凿附会　　　　　B．随意破字

C．增字强释　　　　　D．望文生训

15.《论语·微子》："子曰：'隐者也。'使子路反见之。至，则行矣。"引文中的主语有省略了的，如果补出这些主语，按顺序应当是（　　）

A．子、丈人隐者　　　　　B．子、子路

C．丈人、子、子路、隐者　　D．丈人、子路、隐者

二、多项选择题（本大题共 5 小题，每小题 2 分，共 10 分）在每小题列出的五个备选项中至少有两个是符合题目要求的，请将其代码填写在题后的括号内。错选、多选、少选或未选均无分。

16. 把"求，无乃尔是过与？"一句译为"冉求，大概你是错的吧？"不正确，原因是（　　）

A．不明修辞　　　B．不懂语法　　　C．不明句意

D．不懂词义　　　E．不明句读

17. 下列注释材料中，运用了"以形说义"这种训诂方法的有（　　）

A.《孟子·滕文公上》："痒者，养也。校者，教也。序者，谢也。"

B.《论语·颜渊》："政者，正也。"

C.《说文·泉部》："泉，水原也。象水流出成川形。"

D.《说文·木部》："采，持取也。从木从爪。"

E.《诗经·沔水》毛传："规，正圆之器也。"

18. 下列通释语义的专著中，主要用于解释实词意义的是

（　　）

A.《经传释词》　　B.《经籍纂诂》　　C.《助字辨略》

D.《方言》　　E.《尔雅》

19. 清代研究《说文》最著名的人物有（　　）

A. 徐锴　　B. 段玉裁　　C. 朱骏声

D. 桂馥　　E. 王筠

20. 下列引文中，加点词的构成属于连类而及的是（　　）

A.《楚辞·九歌·东君》："长太息兮将上，心低徊兮顾怀。"

B.《孟子·告子上》："曾益其所不能。"

C.《三国志·蜀志·诸葛亮传》："陟罚臧否，不宜异同。"

D.《列子·杨朱》："趋走不足以逃利害。"

E.《列子·杨朱》："无毛羽以御寒暑。"

三、名词解释题（本大题共5小题，每小题3分，共15分）

21. 训诂学

22. 变文

23. 义界

24. 破音异读

25．音义

四、判断分析题（本大题 3 小题，每小题 5 分，共 15 分）判断正误，在题后的括号内，正确的划上“√”，错误的划上“×”，并简述理由。

26．训诂术语“读为”和“古声同”都可以用于说明文字通假。（　　）

27.《诗经·小雅·采薇》:“昔我往矣，杨柳依依。今我来思，雨雪霏霏。行道迟迟，载渴载饥。我心伤悲，莫知我哀。”《郑笺》:“上三章言戍役，次二章言将率之行，故此章重序其往反之时，极言其苦以说之。”《郑笺》注释的是句义。（　　）

28.《庄子·盗跖》:“勇悍果敢，聚众率兵。”中“兵”用的是它的本义“士兵”。（　　）

五、简答题（本大题共 5 小题，每小题 5 分，共 25 分）

29．什么叫“有本字的假借”？举例说明。

30．简要介绍集注的类别。

31．简要介绍训诂术语“读为、读曰、读若、读如”的作用和格式。

32. 简要介绍训诂的主要原则。

33.《论语·卫灵公》:“由知德者鲜矣。”集解引王肃说:“君子固穷,而子路愠见,故谓之少于知德者也。”皇侃疏云:“呼子路语之云:夫知德之人难得,故为少也。”陈澧《东塾读书记》卷二:“皇疏最精确……王肃说非是……皇疏解知德为知德之人,文义最明。若如王肃说,则‘者’字何所指乎?”陈澧认为皇侃的解释精确,而王肃的解说不正确。依据是什么?

六、论述题(本大题共2小题,每小题10分,共20分)

34. 增子强释和增字足意有什么不同?

35.《说文》在训诂学上的主要贡献是什么?

四川省2008年1月高等教育自学考试训诂学试题答案

一、单项选择题（本大题共15小题，每小题1分，共20分）在每小题列出的四个备选项中只有一个是符合题口要求的，请将其代码域写在题后的括号内。错选、多选或未选均无分。

1. B　2. B　3. D　4. B　5. B　6. A
7. A　8. B　9. B　10. A　11. C　12. D
13. B　14. D　15. C

二、多项选择题（本大题共5小题，每小题2分，共10分）在每小题列出的五个备选项中至少有两个是符合题目要求的，请将其代码填写在题后的括号内。错选、多选、少选或未选均无分。

16. BC　17. CD　18. BDE　19. BCDE　20. CDE

三、名词解释题（本大题共5小题，每小题3分，共15分）

21．训诂学：以前代训诂材料和前人的训诂工作为研究对象而建立起来的一门科学，是研究语言意义的理论科学。

22．变文：是指古人行文时用同义词互相变换，以达到修辞的目的。

23．义界：又称标明义界，是用下定义的方式来表述词义的内容和特点。

24．破音异读：是指为了区别一个字的不同意义而改读的现象。

21 音义：辨音的书叫做音，释义的书叫做义，合起来叫做音义，又称释文。

四、判断分析题（本大题共 3 小题，每小题 5 分，共 20 分）判断正误，在题后的括号内，正确的划上“√”，错误的划上“×”，并简述理由。

26. √。训诂术语“读为”和“古声同”都可以用于说明文字通假。“读为”往往用本字说明通假字，“古声同”用来说明文字通假。

27. ×。郑笺注释的不是句义，而是章句义。

2S. ×。《庄子》中的“兵”的意义是“士兵”，但不是用的“兵”字的本义。

五、简答题（本大题共 4 小题，每小题 5 分，共 20 分）

29. 什么叫“有本字的假借”？举例说明。

有本字的假借：本有其字，临时代替。这种假借是本字见存而不用，借用同音或者音近的字，用此字代作彼字。两字通用。为了与无本字的假借相别，现在人们称它为通假或者通借。也就是“古人写别字”，例如《史记·项羽本纪》“要项伯”中的“要”是“邀”的通假字，“倍德”中的“倍”是“背”的通假字。

30. 简要介绍集注的类别。

集注，又称集解。它有两种：一是兼解经和注的，如《春秋经传集解》；一是采集各家解说，再加上自己的注解，以为一书的，如《论语集解》。又例如《公羊传》引子沈子、子司马子、子北宫子等六家之言，《毛诗故训传》引仲梁子、高子之言，他们所开创的训诂体制也是集注。

31. 简要介绍训诂术语“读为、读曰、读若、读如”的作用和格式。

“读为”、“读曰”往往是用本字来说明通假字，格式是“甲读为乙”、“甲读曰乙。”

“读若”、“读如”一般是用来注音，有时也用来破通假字。格式是“甲读若乙”、“甲读如乙。”

32．简要介绍训诂的主要原则。

训诂的主要原则有：

（1）注意词义的社会性

词的词汇意义不是任何人主观决定的，而是由社会公众约定俗成并受社会制约的，这是词义的社会性。

（2）注意词义的时代性

词义是随着时代的变迁而演变的，就是词的意义在不同的时代有不同的变化，这是词义的时代性。

（3）释义要联系语言环境

释义要联系语言环境是指解释词要与上下文吻合。

（4）尊重古训而不墨守古训

33．依据是皇侃的解释符合上下文，符合语法。

六、论述题（本大题共2小题，每小题10分，共20分）

34．增字强释和增字足意有什么不同？

增字就是在解释古书正文时增加一些词语。

增字强释就是在增字后，意思上与原文不符，增字者是为了迁就己见，不惜违背原意而妄乱增字。

而增字足意则是解者适当增加一些必要的词语，以完足原书的意思。例如《礼记·郊特牲》，“为人臣者无外交，不敢贰君也。”正义云：“不敢贰心于他君。”王引之认为“贰”是并比之意。正义的弊病就是增字强释。

35．《说文》在训诂学上的主要贡献是什么？

《说文》是我国第一部对文字进行系统研究的专著，也是我国以及世界上的第一部字典。《说文》在训诂学上的主要贡献是：

（1）奠定了“六书”的基本理论，提出了以形索义的训诂方法。

（2）首创了汉字的部首分类法。

（3）确立了分析汉字的本义的原则。

四川省2008年4月高等教育自学考试训诂学试题

一、单项选择题（本大题共15小题，每小题1分，共15分）在每小题列出的四个备选项中只有一个是符合题目要求的，请将其代码填写在题后的括号内。错选、多选或未选均无分。

1．“训诂”的本义是（　　）

A．解释实词　　B．解释虚词

C．解释词义　　D．解释古语

2．“朝诸侯，分职授政任功，曰：‘予一人。’”这里的“予”与“余为”（　　）

A．通假字　　B．假借字

C．异体字　　D．古今字

3．“目”字由“眼睛”、“看视”义发展出“称呼”义，这是词义变化中的（　　）

A．扩大　　B．缩小　　C．转移　　D．减少

4．“香稻啄余鹦鹉粒，碧梧栖老凤凰枝。”这里使用的修辞格是（　　）

A．变文　　B．互文　　C．并提　　D．倒文

5．《诗经·周南·葛覃》：“葛之覃兮，施于中谷。”《毛传》：“中谷，谷中也。”《毛传》的内容属于（　　）

A．句读分析　　B．显示修辞

C．阐述语法　　D．串讲大意

6. “夫文，止戈为武。”这里的形训内容出自（　　）

A.《朝非子》　　B.《左传》

C.《说文》　　D.《释名》

7.《释名·释天》：“日月亏曰食，稍稍侵亏，如虫食草木叶也。”这里的训释方式属于（　　）

A. 义界　B. 描写　C. 譬况　D. 比较

8. 训诂体式“大传”这个名称，开始于（　　）

A. 张生　B. 毛亨　C. 许慎　D. 郑玄

9.《管子·心术上》：“义者，谓各处其宜也。”这里的训释方式属于（　　）

A. 形训　B. 声训　C. 义训　D. 描写

10.《水经注》的作者是（　　）

A. 顾野王　　B. 刘孝标

C. 郦道元　　D. 颜之推

11. 中国历史上第一部把部首分为214部的字典是（　　）

A.《康熙字典》　　B.《正字通》

C.《字汇》　　D.《中文大辞典》

12. 下面著作，作者是段玉裁的那部是（　　）

A.《经韵楼集》　　B.《十驾斋养新录》

C.《群经评义》　　D.《潜研堂文集》

13.《释名》在编排上继承《尔雅》的分类法。共分为（　　）

A. 17篇　B. 24篇　C. 25篇　D. 27篇

14.《说文解字》按五百四十个部首排列。最后一个部首是（　　）

A. 子　B. 亥　C. 辛　D. 丑

15.《类篇》是模仿《说文》而作的字书，其部首为（　　）

A. 544个　B. 540个　C. 214个　D. 189个

16.《礼记·礼运》："选贤与能。"这里的"与"，义为（　　）

A．和　　B．以及

C．推举　　D．并且

17．许慎在《说文解字》里，据"为"字的小篆形体，把"为"解释为"母猴"。这样的说解方式称为（　　）

A．望文生训　　B．穿凿附会

C．烦琐寡要　　D．随意破字

18.《荀子·劝学》："强自取柱，柔自取束。"这里的"柱"，义为（　　）

A．柱子　　B．折断

C．任劳　　D．屋柱

19．"大氐双声叠韵之字，其义即存乎声，求诸其声则得，求诸其文则惑也。"这里的话出自（　　）

A．《读书杂志》　　B．《广雅疏证》

C．《经义述闻》　　D．《经传释词》

20.《世说新语·方正》："卢志于众坐问陆士衡：'陆逊、陆抗是君何物？'"这里的"何物"，义为（　　）

A．什么东西　　B．什么关系

C．什么　　D．什么

二、多项选择题（本大题共 5 小题，每小题 2 分，共 10 分）在每小题列出的五个备选项中至少有两个是符合题目要求的，请将其代码填写在题后的括号内。错选、多选、少选或未选均无分。

21．古代书面语言中的文字障碍，主要有（　　）

A．避讳字　　B．讹误字　　C．古今字

D．通假字　　E．异体字

22．解释词义包括的内容有（　　）

A．解释本义　　B．解释古语　　C．解释方言

D. 解释引申义　　　　　　E. 解释典制

23. 下列内容，属于训释中的描写方式的有（　　）

A. 赧，面渐而赤也

B. 金石谓之镂，木谓之刻

C. 揽，敛也，敛置手中也

D. 二足而羽谓之禽，四足而毛谓之兽

E. 兕，似牛。犀，似豕

24. 训诂体式"音义"，又可以称为（　　）

A. 音　　　　　　B. 音释　　　　　　C. 音证

D. 注音　　　　　E. 音隐

25. 下面的注释书，属于郑玄所注的有（　　）

A.《毛诗故训传》　　B.《毛诗笺》　　C.《周礼注》

D.《仪礼注》　　E.《礼记注》

三、名词解释题（本大题共 5 小题，每小题 3 分，共 15 分）

26. 校勘

27. 声训

28. 反义相训

29. 补注

30. 浑言

四、判断分析题（本大题3小题，每小题5分，共15分）判断正误，在题后的括号内，正确的划上“√”，错误的划上“×”，并简述理由。

31. “谓之”就是“谓”。（ ）

32. 声训的方式不可以分类。（ ）

33. 古音学清代才取得重大突破，因此，东汉的《释名》一书毫无价值可言。（ ）

五、简答题（本大题共 5 小题，每小题 5 分，共 25 分）

34. 简述形训的局限性。

35. 简述西汉训诂工作大发展的原因。

36. 训诂术语“犹”的解释词和被释词之间的关系，可以分为哪些类型？

37. 简述《尔雅》的主要不足。

六、论述题（本大题共 2 小题，每小题 10 分，共 20 分）

38．通释语义的专著可以分哪些类型？试举例说明。

39．试述《方言》的价值。

四川省2008年4月高等教育自学考试训诂学试题答案

一、单项选择题（本大题共20小题，每小题1分，共20分）在每小题列出的四个备选项中只有一个是符合题目要求的，请将其代码填写在题后的括号内。错选、多选或未选均无分。

1．D　2．D　3．A　4．D　5．C　6．B
7．C　8．A　9．B　10．C　11．C　12．A
13．D　14．B　15．B　16．C　17．B　18．B
19．C　20．D

二、多项选择题（本大题共5小题，每小题2分，共10分）在每小题列出的五个备选项中至少有两个是符合题目要求的，请将其代码填写在题后的括号内。错选、多选、少选或未选均无分。

21．ABCDE　22．ABCD　23．ACD　24．ABCDE
25．BCDE

三、名词解释题（本大题共5小题，每小题3分，共15分）

26．校勘：狭义的校勘是指对文字的订正和考异，诸如校订错字、乙正错简、删削衍文、补缀脱义、比较异同等；广义的则包括对古书的辨伪和轶佚。

27．声训：又称“音训”，或者称“因声求义”，就是用音同或者音近的字来解释字（词）义。

28．反义相训：用某词的反义词来解释该词的意义。

29．补注：对原注进行补充说明的注释，可以分为两类：一是补原文的阙略，一是补旧注的遗漏。

30. 浑言：辨析同义词的训诂术语，又称为“统言”、“通言”、“散文”、“散言”，笼统地说，是异中求同。

四、判断分析题（本大题共 3 小题，每小题 5 分，共 15 分）判断正误，在题后的括号内，正确的划上“√”，错误的划上“×”，并简述理由。

31. ×。“谓之”不是“谓”，它们是两个不同的训诂术语。“谓之”用来释义，还用于辨析同义词或者近义词，被释词放在它的后面，格式是“乙谓之甲。”“谓”和“谓之”不同，被释词放在它的前面，格式是“甲谓乙。”有时，它也用于串讲句意。

32. ×。声训的方式可以分类。声训的方式包括：利用形声字；利用音同或者音近字；利用同形字。

33. ×。虽然古音学清代才取得重大突破，但不能够因此说东汉《释名》毫无价值。价值：（1）广泛运用声训，保存东汉末年以前的语音资料；提供了许多探求语源的线索，对后世“右文说”和“音近义通”论的成立有很大的影响。（2）收录名物词语比较多，有助于了解汉代名物制度。（3）可以印证经典传注的解说。

五、简答题（本大题共 4 小题，每小题 5 分，共 20 分）

34，简述形训的局限性。

形训的局限主要有：

第一，在历史长河中，汉字的形体已经发生了大的变化，字形已经失去了表义作用，所以形训必须借助于古文字的资料和研究成果。

第二，在汉字的长期发展过程中，由于词义的引申，文字的假借，字义和词义之间出现了复杂的情况，所以在确定字的本义时，字形分析只能作为参考，而不能作为唯一的依据。

第三，形声字的形符只能揭示其意义范畴，而不能指明其本义。

35．简述西汉训诂工作大发展的原因。

西汉训诂工作大发展的原因：

（1）语言文字发生了比较大的变化，一般人对古音古义已经不能理解，由于隶书和“古文”的差异，文字上存在着种种复杂的情况。

（2）师说差异，就是西汉经师对经书的解释各不相同，各家弟子恪守师说，为后来学者留下比较研究的领域，从而推动训诂的发展。

（3）当时统治者出于政治的需要，“罢黜百家，独尊儒术”，尊儒学经，就得精通训诂，所以，训诂得以兴盛。

36．训诂术语“犹”的解释词和被解释词之间的关系，可以分为哪些类型？

犹：解释词义，格式是“甲犹乙也。”有四种情况：

（1）同义相训

（2）说明引申义

（3）以本字释借字

（4）以今语释古语

37．简述《尔雅》的主要不足。

《尔雅》的主要不足有：

（1）分类不够科学；

（2）释义上使用多义词，使意义不够明确。

六、论述题（本大题共 2 小题，每小题 10 分，共 20 分）

38．通释语义的专著可以分哪些类型？试举例说明。

按内容来分，通释语义的专著可以分为三类：

其一，单解语义的专著。可分为五小类：

一是总释群书语义的，如《尔雅》、《释名》等。

二是只释一书语义的。如《说雅》、《选雅》等。

三是解释部分词语的，如《通俗文》、《恒言录》等。

四是解释方言的，如《方言》、《续方言》等。

五是解释少数民族语言或者外国语言的。如《羌尔雅》、《佛尔雅》等。

其二，音义兼注的专著。可分为两小类：

一是单注一书的音义，如《楚辞章句》等。

二是注释群书的音义。如《经典释文》、慧琳《一切经音义》等。

其三，形音义结合的专著。可分为两小类：

一是每解一字，都说形、音、义，如《说文》、《五篇》等。

二是一书中虽包含着说形、音、义三部分，但并不是逐字解其形、音、义，如《匡谬正俗》等。

39. 试述《方言》的价值。

《方言》的价值是：

（1）对同义词的辨析，有助于对古汉语的词义认识和研究。

（2）保留下来的秦汉方言，有助于印证古代作品中的一些词义。

（3）书中收载不少名物词，有助于了解古代有关名物。

（4）书中记载有不少方言同源词，有助于研究古汉语的“声转”等问题。

（5）拿本书与现代汉语比较；可以看出古今语的联系，有助于汉语词汇史的研究。

四川省2009年1月高等教育自学考试训诂学试题

一、单项选择题（本大题共15小题，每小题1分，共15分）在每小题列出的四个备选项中只有一个是符合题目要求的，请将其代码填写在题后的括号内。错选、多选或未选均无分。

1.《杂字》的作者是（　　）

A. 张揖　B. 孔颖达　C. 马瑞辰　D. 许慎

2."泪"与"淚"是（　　）

A. 古今字　B. 繁简字

C. 异体字　D. 假借字

3.《国语·齐语》:"故拘之以利。"于鬯认为"拘"当为"均"。于鬯之说见于（　　）

A.《十驾斋养新录》

B.《香草校书》

C.《经词衍释》

D.《义府续貂》

4. 白居易《题峡中石上》:"诚知老去风情少，见此争无一句诗。"这里的"争"，义为（　　）

A. 确实　B. 怎么　C. 真正　D. 争论

5.《后汉书》:"吴公差强人意，隐若一敌国矣。"这里的"差"，义为（　　）

A. 稍微　B. 很　C. 强迫　D. 勉强

6.《左传·昭公十九年》:“室于怒，市于色。”这里的辞格是（　　）

A．变文　B．互文　C．倒文　D．并提

7.《左传》:“狄人归其元，面如生。”这里的“元”，义为（　　）

A．国君　B．祖宗　C．太父　D．头

8.《世说新语》:“人谓公无嗔喜，曾送兄征西葬还，日莫雨驶，小人皆醉，不可处分。”这里的“驶”，义为（　　）

A．行驶　B．驾驶　C．迅疾　D．驾车

9.《诗经》:“心之忧矣，曷维斯已。”《毛传》:“忧虽欲自止，何时能止也？”《毛传》的内容属于（　　）

A．申述章旨　B．串讲大意

C．分析句读　D．显示修辞

10.《汉书·高帝纪》:“秦将章邯距破之。”苏林注:“邯，音酒酣之酣。”这里的注音属于（　　）

A．读若　B．譬况　C．如字　D．直音

11.“寸”属于（　　）

A．象形字　B．指事字　C．会意字　D．形声字

12．全面系统运用形训方法解释词的意义的书是（　　）

A.《尔雅》　B.《方言》

C.《说文》　D.《说文释例》

13.《诗经》:“有女同行。”《毛传》:“行，行道也。”这里的释义方式是（　　）

A．由反知正　B．反义相训

C．同义相训　D．增字足意

14.《国学发微》的作者是（　　）

A．沈钦韩　B．刘师培

C．刘大白　D．黄侃

15．他注起源于（　　）

A．先秦　　B．西汉　　C．东汉　　D．魏晋

16．下列术语，其功能是指明某词是象声词的一个是（　　）

A．辞　　B．别　　C．之　　D．声

17．“右文说”的创始人是（　　）

A．王圣美　　B．王若虚

C．王引之　　D．王国维

18．《集韵》的作者是（　　）

A．陆法言　　B．丁度

C．陈彭年　　D．丘雍

19．“尔雅”二字连用，最早见于（　　）

A．《周礼》　　B．《仪礼》

C．《礼记》　　D．《大戴礼记》

20．《释名》分为（　　）

A．540 篇　　B．214 篇

C．27 篇　　D．19 篇

二、多项选择题（本大题共 5 小题，每小题 2 分，共 10 分）在每小题列出的五个备选项中至少有两个是符合题目要求的，请将其代码填写在题后的括号内。错选、多选、少选或未选均无分。

21．异体字又可以称为（　　）

A．古今字　　B．重文　　C．或体

D．俗体　　E．异相动词

22．下列内容，属于校勘的有（　　）

A．比较异同　　B．校订文字　　C．乙正错简

D．删削衍文　　E．补缀脱文

23．下列术语，属于注疏的名称的有（　　）

A．笺　　B．义疏　　C．校

D．章句　　E．音义

24. 训诂术语“之言”、“之为言”的作用有（　　）

A. 表明声训　　B. 说明语源　　C. 说明通假

D. 是正文字　　E. 串讲大意

25. 郑玄注释，保留至今的有（　　）

A.《周礼注》　　B.《仪礼注》　　C.《礼记注》

D.《列子注》　　E.《毛诗笺》

三、名词解释题（本大题共 5 小题，每小题 3 分，共 15 分）

26. 变文

27. 他校法

28. 义训

29. 笺

30.《史记》三家注

四、判断分析题（本大题 3 小题，每小题 5 分，共 15 分）判断正误，在题后的括号内，正确的划上“√”，错误的划上“×”，并简述理由。

31．训诂术语“谓”的功能是具体释抽象、一般释特殊、串讲句意。（　　）

32．训诂就是训诂学。（　　）

33．析言就是对文。（　　）

五、简答题（本大题共 5 小题，每小题 5 分，共 25 分）

34．简述假借字的类型。

35．常见的校勘方法有哪些？

36. 自注可以分为哪些类型？

37. 简述旧训诂的弊病。

六、论述题（本大题共 2 小题，每小题 10 分，共 20 分）

38. 试述萌芽时期的训诂学的特点。

39.《释名》之后，运用因声求义方法解释词语和探求语源的主要著作有哪些？

四川省2009年1月高等教育自学考试训诂学试题答案

一、单项选择题（本大题共20小题，每小题1分，共20分）在每小题列出的四个备选项中只有一个足符合题目要求的，请将共代码填写在题后括号内。错选、多选或未选均无分。

1. A　2. B　3. B　4. B　5. B　6. C　7. D
8. C　9. B　10. D　11. B　12. C　13. D　14. B
15. A　16. D　17. A　18. B　19. C　20. C

二、多项选择题（本大题共5小题，每小题2分，共10分）在每小题列出的五个各选项中至少有两个是符合题目要求的，请将其代码填写在题后的括号内。错选、多选、少选或未选均无分。

21. BC　22. ABCDE　22. ABCDE　24. ABC　25. ABCE

三、名词解释题（本大题共5小题，每小题3分，共15分）

26. 变文：是指古人行文时用同义词互相变换，以达到修辞的目的。

27. 他校法：用他书勘定本书的校勘方法，凡其书有采自前人者，可以前人之书校之；有为后人所引用者，可以后人之书校之；其史料有为同时之书所并载者，可以同时之书校之。

28. 义训：又称“直陈词义”，是不借助字形和字音而用一个词或者一串词来直接说明某词的含义的方法。

29. 笺：《说文》：“笺，表识书也。”本义是指在书上作记号。注书叫笺，是从汉代的郑玄开始的。笺有补充、订正的意思。但是到后来，笺与传注没有差异了。

30.《史记》三家注：关于《史记》的注本，最有名的是“三家注”，即南朝宋裴骃的《史记集解》，唐司马贞的《史记索隐》，和张守节的《史记正义》。

四、判断分析题（本大题共3小题，每小题5分，共15分）判断正误，在题后的括号内，正确的划上“√”，错误的划上“×”，并简述理由。

31. √。“谓”属于训诂术语，能够具体解释抽象，一般解释特殊，它也用于串讲句意。

32. ×。训诂不等于训诂学。训诂是一种工作，而训诂学是研究训诂这门工作的一门学术。

33。√。“析言”，又称为“对文”、“对言”。相对而言的文辞，称为“对文”。“对言”，就是相对地说。

五、简答题（本大题共4小题，每小题5分，共20分）

34. 简述假借字的类型。

类别：

（1）无本字的假借：许慎所说的：“本无其字，依声托事。”连词、介词、代词、方位名词等，一般是无法用象形、指事、会意、形声的造字法选出来的，只能够是通过假借。虚词一般都是找不到本字的。

（2）有本字的假借：本有其字，临时代替。这种假借是本字见存而不用，借用同音或者音近的字，用此字代作彼字。两字通用。为了与无本字的假借相别，现在人们称它为通假或者通借。也就是“古人写别字”。

35. 常见的校勘方法有哪些？

校勘的方法：

（1）对校：是用同书的版本或者别本互相对勘。

（2）本校：是用本书的前后文互证，断定其中的错误。

（3）他校：是用他书勘定本书，凡其书有采自前人者，可以前人之书校之；有为后人所引用者，可以后人之书校之；其史料有为同时之书所并载者，可以同时之书校之。

（4）理校：根据文字、音韵、语法、文理等规律来推测其讹误。

36. 自注可以分为哪些类型？

根据章学诚所说，自注可以分为三类：一是自明宗旨；二是区分纲目；三是举要考异。

37. 简述旧训诂的弊病。

旧训诂的弊病有：

（1）穿凿附会：就是把彼此无关的事物任意牵合强加比附。它往往是由于客观条件的限制，对真理无能揭示，或者是由于主观的原因，在阐释词义或者句意时灌注了说者自己的观点所造成的。例如“马头人为长”、“人持十为斗”以及《说文》：“为，母猴也。”

（2）烦琐寡要。

（3）望文生训：就是只就某字的字面加以解说。其实跟原文的意义毫不吻合。它的实质，就是把文字和语言混为一谈，没有注意作为语言内在因素的语音。

（4）随意破字：破字就是用本字改读古书中的假借字。有的学者解释古书，研究词义，滥用通转，随意破字，往往只是主观臆断，并无丝毫根据，这就叫做随意破字。

（5）增字强释：增字就是在解释古书正义时增加一些词语。增字强释就是在增字后，意思上与原文不符，增字者是为了迁就己见，不惜违背原意，而妄乱增字。而增字足意则是解者适当增加一些必要的词语，以完足原书的意思。

（6）不解语法：例如《诗经·邶风·终风》：“终风且暴。”《毛传》：“终日风为终风”。这个解释的弊病就是在于不解语法。

六、论述题（本大题共 2 小题，每小题 10 分，共 20 分）

38. 试述萌芽时期的训诂学的特点。

萌芽时期的训诂学的特点：

（1）行文过程中对词义进行解释。

（2）多用词义对比的方法。

（3）义训、形训、声训三种训诂方法都已经产生。基本训诂术语已经出现。

（4）开始出现解释句意和全篇大意的训诂。

（5）语法分析零散。

39.《释名》之后，运用因声求义方法解释词语和探求语源的主要著作有哪些？

《释名》之后，运用因声求义方法解释词语和探求语源的主要著作有：

（1）明黄扶孟《字诂》、《义府》。

（2）清戴震《转语》。

（3）清程瑶田《果裸转语记》。

（4）清王念孙《广雅疏证》、《读书杂志》和《释大》。

（5）章炳麟《文始》。

四川省2009年4月高等教育自学考试训诂学试题

一、单项选择题（本大题共15小题，每小题1分，共15分）在每小题列出的四个备选项中只有一个是符合题目要求的，请将其代码填写在题后的括号内。错选、多选或未选均无分。

1.“地远则有翻译，时远则有训诂。”这个观点的提出者是（　　）

A．顾炎武　　B．戴震　　C．陈第　　D．陈澧

2.“古今无定时，周为古则汉为今，汉为古则晋宋为今。”这一说法的首创者是（　　）

A．王念孙　　B．王引之

C．段玉裁　　D．孔广森

3.“上天之载，无声无臭。”这里的“臭”的意义与现代汉语中该词的常用义相比。属于词义变化中的（　　）

A．扩大　　B．缩小

C．转移　　D．减少

4.“母也天只，不谅人只。”这里使用的修辞格是（　　）

A．变文　　B．互文

C．并提　　D．倒文

5.《诗经·小雅·鹤鸣》：“鹤鸣于九皋，声闻于野。”《毛传》：“兴也。皋，泽也，言身隐而名著也。”这里《毛传》的内容属于（　　）

A．申述章旨　　B．考证名物

C．显示修辞　　D．引证史实

6．“古者仓颉之作书也，自环者谓之厶，背厶谓之公。”这里的形训出自（　　）

A．《左传》　　B．《韩非子》

C．《说文》　　D．《释名》

7．《说文·水部》：“漏，以铜受水，刻节，昼夜百节。”这里的训释方式属于（　　）

A．义界　B．描写　C．譬况　D．比较

8．《经典释文》的作者是（　　）

A．陆德明　B．陆法言　C．黄侃　D．皇侃

9．《论语义疏》的作用是（　　）

A．黄侃　B．黄季刚　C．皇侃　D．陶侃

10．“右文说”的提出者是（　　）

A．沈括　B．王圣美　C．王观国　D．张世南

11．开创古音学研究道路的人是（　　）

A．吴棫　B．陈第　C．陈澧　D．顾炎武

12．《积微居小学金石论丛》的作者是（　　）

A．沈兼士　B．杨树达　C．黄侃　D．刘师培

13．清代学者对《释名》有较深入的研究。王先谦研究《释名》的著作名字叫（　　）

A．《释名疏证》　　B．《释名校补》

C．《释名补证》　　D．《释名疏证补》

14．《文始》的作者是（　　）

A．王念孙　　B．程瑶田

C．章太炎　　D．黄扶孟

15．《字林》是模仿《说文》而作的字书，其作者为（　　）

A．顾野王　B．张参　C．吕忱　D．梅膺祚

16.《诗经·召南·行露》:“岂不夙夜，谓行多露。”这里的“谓”，义为（　　）

A．认为　　B．叫做

C．说的是　　D．奈何

17.《五人墓碑记》:“而又有剪发杜门，佯狂不知所之者。”有人对“剪发杜门”的注释为“剪发为僧，闭门不出。”这种注释情况称为（　　）

A．望文生训　　B．随意破字

C．增字强释　　D．不解语法

18.“训诂之旨，本于声音。故有声同字异，声近义词，虽或类聚群分，实亦同条共贯。”这里的话，出自于（　　）

A．王念孙　　B．段玉裁

C．顾炎武　　D．戴震

19.《荀子·法行》:“瑕适并见，情也。”这里的“适”，义为（　　）

A．玉之美泽调适之处　　B．适合

C．瑕　　D．美好

20.《易·系辞》:“鼓之以雷霆，润之以风雨。”这里的“风雨”，义为（　　）

A．风和雨　　B．风

C．雨　　D．雨中带风

二、多项选择题（本大题共5小题，每小题2分，共10分）在每小题列出的五个备选项中至少有两个是符合题目要求的，请将其代码填写在题后的括号内。错选、多选、少选或未选均无分。

21．词义障碍的主要原因有（　　）

A．不解古语　　B．不明音韵　　C．不明文献

D．不明校勘　　E．词义演变

22．早期的注音方法有（　　）

A．譬况法　　B．读若法　　C．直音法

D．反切法　　E．汉语拼音方案

23．从表达方式看，义训的主要方式有（　　）

A．举例　　B．增字足意　　C．由反知正

D．描写　　E．比较

24．训诂体式“义疏”的其他称呼有（　　）

A．义注　　B．义章　　C．义赞

D．义证　　E．义略

25．《五经正义》所注释的五部经书是（　　）

A．《诗经》、《尚书》、《周易》　　B．《周礼》、《仪礼》

C．《左传》、《公羊传》　　D．《礼记》、《左传》

E．《礼记》、《谷梁传》

三、名词解释题（本大题共 5 小题，每小题 3 分，共 15 分）

26．互文

27．义训

28．歧训

29．疏

30．乙

四、判断分析题（本大题3小题，每小题5分，共15分）判断正误，在题后的括号内，正确的划上“√”，错误的划上“×”，并简述理由。

31．“浑言”就是“散文”。（　　）

32．异体字产生的方式是无规律可寻的。（　　）

33．魏晋时期的训诂学摆脱了经学附庸的地位，扩大了自己的领域。（　　）

五、简答题（本大题共 5 小题，每小题 5 分，共 25 分）

34．形训必须符合的条件有哪些？

35．两汉时期具有代表性的通释语义的专著有哪些？

36．简述《毛诗笺》的主要内容。

37．《方言》的学术价值体现在哪些方面？

六、论述题（本大题共 2 小题，每小题 10 分，共 20 分）

38．注疏的类别有哪些？试举例说明。

39．试述《尔雅》训释词语的方式。

四川省 2009 年 4 月高等教育自学考试训诂学试题答案

一、单项选择题（本大题共 20 小题，每小题 1 分，共 20 分）在每小题列出的四个各选项中只有一个是符合题目要求的，请将其代码填写在题后的括号内。错选、多选或未选均无分。

1. D　2. C　3. B　4. A　5. C　6. B　7. B
8. A　9. C　10. B　11. A　12. B　13. B　14. C
15. C　16. D　17. C　18. A　19. A　20. C

二、多项选择题（本大题共 5 小题，每小题 2 分，共 10 分）在每小题列出的五个备选项中至少有两个是符合题目要求的，请将其代码填写在题后的括号内。错选、多选、少选或未选均无分。

21. AE　22. ABC　23. ABCDE　24. ABCDE　25. AD

三、名词解释题（本大题共 5 小题，每小题 3 分，共 15 分）

26. 互文：指并列的两个词组或对偶句子中相应位置上的两个词或词组互为补充、互相发明的修辞方法。

27. 义训：又称“自陈词义”，是不借助字形和字音而用一个词或者一串词来直接说明某词的含义的方法。

28. 歧训：为避免训释词产生歧义而再加一个训释，使词义更加明确。

29. 疏：从训诂的对象来说的注疏，既解正文，又解前人之注。

30. 乙：训诂术语，校勘文字，表示将原文词序上下倒置，格式是“某某二字互乙。”

四、判断分析题（本大题共3小题，每小题5分，共15分）判断正误，在题后的括号内，正确的划上“√”，错误的划上“×”，并简述理由。

31．√。“浑言”是辨析同义词的训诂术语，又称为“统言”、“通言”、“散文”、“散言”，笼统地说，是异中求同。

32．×。异体字是读音和意义完全相同，可以通用的外形不同的字。绝大多数是因为造字法的不同而产生的。异体字是在任何语句之中都可以相互替换的，因为它们的意义完全相同。它是因为不同地区的人用不同的造字法造了同一个字。

33．√。魏晋时期，训诂进一步发展，出现广大量有关经、史、子、集四部重要著作的训诂专著以及佛经的音义，标志着这一时期训诂学逐渐摆脱了经学附庸的地位，扩大了自己的领域。

五、简答题（本大题共4小题，每小题5分，共20分）

34．形训必须符合的条件有哪些？

形训的条件有：

第一，只有本义才直接和字形切合，近引申义与字形的关系只能见其端倪，而远引申义与字形的关系则是模糊不清的。

第二，只有本字才能直接反映本义。

第三，只有“笔意”才能与意义切合，“笔势”大部分已经游离了字义。

35．两汉时期具有代表性的通释语义的专著有哪些？

两汉时期具有代表性的通释语义的专著按内容来分，可分为三类：

其一，单解语义的专著。可分为五小类：

一是总释群书语义的，如《尔雅》、《释名》等。

二是只释一书语义的。

三是解释部分词语的，如《通俗文》等。

四是解释方言的，如《方言》等。

五是解释少数民族语言或者外国语言的。

其二，音义兼注的专著。可分为两小类：

一是单注一书的音义，如《楚辞章句》等。

二是注释群书的音义。

其三，形音义结合的专著。可分为两小类：

一是每解一字，都说形、音、义，如《说文》等。

二是一书中虽包含着说形、音、义三部分，但并不是逐字解其形、音、义。

36. 简述《毛诗笺》的主要内容。

《毛诗笺》的主要内容有：

（1）注解《诗序》

（2）申述《毛传》

（3）补正《毛传》

37.《方言》的学术价值体现在哪些方面？

《方言》的价值是：

（1）对同义词的辨析，有助于对古汉语的词义认识和研究。

（2）保留下来的秦汉方言，有助于印证古代作品中的一些词义。

（3）书中收载不少名物词，有助于了解古代有关名物。

（4）书中记载有不少方言同源词，有助于研究古汉语的“声转”等问题。

（5）拿本书与现代汉语比较，可以看出古今语的联系，有助于汉语词汇史的研究。

六、论述题（本大题共 2 小题，每小题 10 分，共 20 分）

38. 注疏的类别有哪些？试举例说明。

注疏的类别

（1）注和疏：从训诂的对象来说，注和疏应分属两类。专门解释古书正文叫“注”，既解正文，又解前人之注，叫“疏”。传注古时与正文是分开的，西汉时开始将传注刻于经文之下，东汉以后才开始盛行。而疏与经注合在一起又晚一点，是在宋代。

（2）他注和自注：从训诂的作者来说，有他人所注和作者自注两类。他注起源于先秦，盛行于两汉。根据章学诚所说，自注可以分为三类：一是自明宗旨；二是区分纲目；三是举要考异。自注开始于西汉司马迁《史记》的“自叙”。

已经有自注的书，如果后人再加以注解，那么其自注便称为本注或者原注。自注又名子注或者注中注。

（3）集注和补注：从注解之间的关系来说。

集注，又称集解。它有两种：一是兼解经和注的，如《春秋经传集解》；一是采集各家解说，再加上自己的注解，以为一书的，如《论语集解》。又例如《公羊传》引子沈子、子司马子、子北宫子等六家之言，《毛诗故训传》引仲梁子、高子之言，他们所开创的训诂体制也是集注。

补注也可以分为两类：一是补原文的阙略；一是补旧注的遗漏。

39．试述《尔雅》训释词语的方式。

《尔雅》训释词语的方式有：

（1）汇集具有相同、相近意义的或者具有某种相关性的一组词，用一个比较普通的词来解释。

①同字相训

②异字相训

③同字异训义通

④异字同训义异

⑤相反为训

⑥同音为训

⑦因下字而更训其同声之字

⑧因下字而转训

（2）以共名释别名，以俗语释文言。

（3）用语句说明词义。

四川省2010年10月高等教育自学考试训诂学试题

一、单项选择题（本大题共20小题，每小题1分，共20分）在每小题列出的四个备选项中只有一个是符合题目要求的，请将其代码填写在题后的括号内。错选、多选或未选均无分。

1.《杂字》的作者是（　　）

A. 张揖　B. 孔颖达　C. 马瑞辰　D. 许慎

2.“训诂者，用语言解释语言之谓。”这一说法的提出者是（　　）

A. 孔颖达　B. 段玉裁　C. 马瑞辰　D. 黄侃

3.《国语·齐语》:“故拘之以利。”于鬯认为“拘”当为“均”。于鬯之说见于（　　）

A.《十驾斋养新录》　B.《香草校书》

C.《经词衍释》　D.《义府续貂》

4.“汤”由“热水”、“开水”义变为“菜汤”义，属于词义变化中的（　　）

A. 扩大　B. 缩小　C. 转移　D. 减少

5.《左传·昭公十九年》:“室于怒，市于色。”这里的辞格是（　　）

A. 变文　B. 互文　C. 倒文　D. 并提

6.“受任于败军之际，奉命于危难之间。”这里使用的修辞手法是（　　）

A．变文　　B．互文　　C．并提　　　D．倒置

7.《世说新语》：“人谓公无嗔喜，曾送兄征西葬还，日暮雨驶，小人皆醉，不可处分。”这里的“驶”，义为（　　）

A．行驶　　B．驾驶　　C．迅疾　　　D．驾车

8.《汉书·高帝纪》：“秦将章邯距破之。”苏林注：“邯，音‘酒酣’之‘酣’。”这里的注音属于（　　）

A．读若　　B．譬况　　C．如字　　　D．直音

9．对汉字形体结构的分析，开始于（　　）

A．夏朝　　B．商朝　　C．春秋战国　D．汉代

10．训诂体式“笺”开始于（　　）

A．张生　　B．欧阳生　C．毛亨　　　D．郑玄

11.《国学发微》的作者是（　　）

A．沈钦韩　B．刘师培　C．刘大白　　D．黄侃

12．下列术语，其功能是指明某词是象声词的一个是（　　）

A．辞　　　B．别　　　C．之　　　　D．声

13．训诂的萌芽时期是（　　）

A．夏　　　B．商　　　C．西周　　　D．春秋战国

14.“右文说”的创始人是（　　）

A．王圣美　B．王若虚　C．王引之　　D．王国维

15．现存最早最完整的《尔雅》注本为《尔雅注》，其作者为（　　）

A．邢昺　　B．邵晋涵　C．郝懿行　　D．郭璞

16.《释名》分为（　　）

A．540 篇　B．214 篇　C．27 篇　　D．19 篇

17．我国第一部专收楷书汉字的字典是（　　）

A.《类篇》　　　　　　B.《玉篇》

C.《正字通》　　　　　D.《康熙字典》

18．我国第一部大规模地讲解古汉语虚词的专著是（　　）

A.《语助》 B.《助字辨略》

C.《经传释词》 D.《经词衍释》

19.《尚书·皋陶谟》:“烝民乃粒，万邦作乂。”这里的“作”，义为（ ）

A. 开始 B. 制作 C. 做 D. 工作

20.《庄子·人间世》:“子其有以语我来。”这里的“来”，义为（ ）

A. 来到 B. 瑞麦 C. 句末语助 D. 前往

二、多项选择题（本大题共 5 小题，每小题 2 分，共 10 分）在每小题列出的五个备选项中至少有两个是符合题目要求的，请将其代码填写在题后的括号内。错选、多选、少选或未选均无分。

21. 解释文意包括的内容有（ ）

A. 分析句读 B. 引证史实 C. 考证名物

D. 申述章旨 E. 串讲大意

22. 下列内容，属于校勘的有（ ）

A. 比较异同 B. 校订文字 C. 乙正错简

D. 删削衍文 E. 补缀脱文

23. 从同义、反义、多义的角度看，义训的主要方式有（ ）

A. 递训 B. 歧训 C. 反训

D. 互训 E. 同训

24.《十三经注疏》中的《毛诗》，包含的注释体式有（ ）

A. 传 B. 笺 C 释文

D. 正义 E. 集传

25. 训诂术语“之言”、“之为言”的作用有（ ）

A. 表明声训 B. 说明语源 C. 说明通假

D. 是正文字 E. 串讲大意

三、名词解释题（本大题共 5 小题，每小题 3 分，共 15 分）

26．变文

27．如字

28．他校法

29．集注

30．《史记》三家注

四、判断分析题（本大题共 3 小题，每小题 5 分，共 15 分）

判断正误，在题后的括号内，正确的划上“√”，错误的划上“×”，并简述理由。

31．校勘的方法是无限的。（　　）

32．“读为、读曰”与“读如、读若”功能相同。（　　）

33．析言就是对文。（　　）

五、简答题（本大题共4小题，每小题5分，共20分）

34．简述汉语外来词的分类。

35．简述常见的校勘方法。

36．简述两汉训诂的特点。

37．写出《尔雅》前十篇的篇名。

六、论述题（本大题共 2 小题，每小题 10 分，共 20 分）

38. 试论清代训诂学的特点。

39.《释名》之后，运用因声求义方法解释词语和探求语源的主要著作有哪些？

四川省2010年10月高等教育自学考试训诂学试题答案及评分参考

一、单项选择题（本大题共20小题，每小题1分，共20分）

1. A	2. D	3. B	4. C	5. C
6. B	7. C	8. D	9. C	10. D
11. B	12. D	13. D	14. A	15. D
16. C	17. B	18. B	19. A	20. C

二、多项选择题（本大题共5小题，每小题2分，共10分）

21. ABCDE	22. ABCDE	23. ABCDE
24. ABCD	25. ABC	

三、名词解释题（本大题共5小题，每小题3分，共15分）

26. 指古人行文时用同义词互相变换（2分），其作用有协韵、成辞、避复等（1分）。

27. “如字”是注音术语（1分），这个术语告诉读者，在特定的上下文里，这个字要按照它本来的读音读（1分）。如“如恶恶臭”中的第二个“恶”，即为如字（1分）。

28. 用他书的内容勘定本书（2分）。凡本书有采自前人者、后人引用者、同代之书并载者，均可用于他校（1分）。

29. 集注又名“集解”，分为两种类型（1分）：一种是兼解经和注的，如杜预的《春秋经传集解》（1分）。一种是汇集各家之说于一书并加以自己的注解的，如何晏的《论语集解》（1分）。

30. 指刘宋时代裴骃的《史记集解》（1分），唐代张守节的《史记正义》（1分），唐代司马贞的《史记索隐》（1分）。

四、判断分析题（本大题共 3 小题，每小题 5 分，共 15 分）

31.（×）这种说法是错误的（1 分）。校勘的方法主要有四种：用同书的版本互相对勘的对校法（1 分），用本书的前后文字互证的本校法（1 分），用他书勘定本书的他校法（1 分），据文字、音韵、语法、文理等规律推测讹误的理校法（1 分）。

32.（×）这种说法是错误的（1 分）。"读为"、"读曰"往往是用本字来说明通假字（2 分），"读如"、"读若"一般是用来注音，偶尔也可用来破通假字（2 分）。

33.（√）这种说法是正确的（1 分）。析言指分开来说，是辨析同义词异同的术语，它着重强调同义词不同的方面（2 分）。析言也可以称为"对文"、"对言"，指相对而言的文辞，是同中求异（2 分）。

五、简答题（本大题共 4 小题，每小题 5 分，共 20 分）

34．外来词主要指音译的外来词，汉语里的这类外来词大约分为四类（1 分）：第一类为上古时期的外来词（1 分）；第二类为西域的借词和译词（1 分）；第三类为佛教翻译过来的借词和译词（1 分），第四类为日本传入的汉字译名（1 分）。

35．校勘指对文字的订正和考异，对古书的辨伪和辑佚（1 分）。常见校勘方法有四种：一是对校法，用同书的别本互相对勘（1 分）。二是本校法，用本书的前后文字互证（1 分）。三是他校法，用他书勘定本书（1 分）。四是理校法，据文字、音韵、文理等推测谬误（1 分）。

36．确定了随文注解和通释语义两种基本形式（2 分）。开始了由语文学领域进入语言学领域（1 分）。把形、音、义三方面结合起来进行研究，如《说文解字》（2 分）。

37．《释诂》、《释言》（1 分），《释训》、《释亲》（1 分），《释宫》、《释器》（1 分），《释乐》、《释天》（1 分），《释地》、《释丘》

（1分）。

六、论述题（本大题共2小题，每小题10分，共20分）

38. 清代训诂学的特点约有以下五点：

第一，重证据，反对臆说，强调证据的时代性，孤证不能作为结论（2分）。

第二，善于运用古音学的研究成果，以解决训诂上的问题（2分）。

第三，确立了历史变化的观念，注意了文字形、音、义方方面面的古今异同（2分）。

第四，从语法的角度分析作品中的语言，其成就超越前代（2分）。

第五，随文释义的注疏和通释语义的训诂专著的数量大大超越前代，训诂体式也更加完备（2分）。

39.《释名》之后，运用因声求义的方法解释词语和探求语源的书，主要有：明代黄扶孟的《字诂》、《义府》（2分），清代戴震的《转语》（2分），清代程瑶田的《果裸转语记》（2分），清代王念孙的《广雅疏证》、《读书杂志》（2分），章太炎的《文始》（2分）。

四川省2011年10月高等教育自学考试训诂学试题

一、单项选择题（本大题共20小题，每小题1分，共20分）在每小题列出的四个备选项中只有一个是符合题目要求的，请将其代码填写在题后的括号内。错选、多选或未选均无分。

1.“训诂之旨，本于声音。故有声同字异，声近义同，虽或类聚群分，实亦同条共贯。”这句话的提出者是（　　）

A. 顾炎武　B. 戴震　C. 王念孙　D. 段玉裁

2.《方言校笺》的作者是（　　）

A. 戴震　B. 钱绎　C. 王念孙　D. 周祖谟

3.《大宋重修广韵》的作者是（　　）

A. 宋祁　B. 欧阳修　C. 丁度　D. 陈彭年

4. 下列各书，不属于《五经正义》的一部是（　　）

A.《诗经》　B.《尚书》

C.《周礼》　D.《礼记》

5.“古今无定时，周为古则汉为今，汉为古则晋宋为今，随时异用者谓之古今字。”这个说法的提出者是（　　）

A. 朱骏声　B. 王筠　C. 桂馥　D. 段玉裁

6. 下列训诂术语，其功用不是说明通假字的一个是（　　）

A. 言　B. 读如　C. 读若　D. 古字同

7. 枚乘《七发》“淹沈之乐，浩唐之心”李善注：“唐犹荡也。”

这里的训诂术语"犹"的作用是（　　）

A．以本字释借字　　B．同义相训

C．说明引申义　　D．以今语释古语

8.《史记正义》的作者是（　　）

A．孔颖达　B．张守节　C．张廷玉　D．孔广森

9."内传"、"外传"创始时期是（　　）

A．春秋　B．战国　C．西汉　D．东汉

10.《尔雅·释言》:"煽，炽。""炽，盛也。"这里的释义方式是（　　）

A．同训　B．互训　C．递训　D．歧训

11."诂训之旨，本于声音。"这句话的提出者是（　　）

A．戴震　B．王念孙　C．王引之　D．章太炎

12."夫文，止戈为武。"这个形训出自（　　）

A．《春秋》　　B．《左传》

C．《韩非子》　　D．《说文解字》

13.《释名·释丧制》:"碑，被也。此本葬时所设也，施鹿卢以绳被其上，引以下棺也。"这里的解释文意属于（　　）

A．考证名物　　B．考证典章制度

C．引证史实　　D．引证故事

14.《周礼·天官·宫正》"春秋以木铎脩火禁凡邦之事跸宫中庙中则执烛"郑玄注:"郑司农读火绝之云'禁凡邦之事跸'。玄谓：事，祭事也。邦之祭社稷七祀于宫中，祭先公、先王于庙中。隶仆掌跸止行者，宫正则执烛以为明。"这里的解释文意属于（　　）

A．阐述语法　　B．串讲大意

C．分析句读　　D．申述章旨

15．下列各句中的"去"，涉及本义的一句是（　　）

A．处女相与语，欲去之　B．则去之否乎

C．不能相去　　　　　　　D．卫侯不去其旗

16．下列各句所给出的词，与现代汉语相比，不属于词义转移的一句是（　　）

A．赴汤火，视死如归

B．白日放歌须纵酒，青春作伴好还乡

C．氓之蚩蚩，抱布贸丝

D．灯影照无睡，心清闻妙香

17．下列各句所给出的词，与现代汉语相比，不属于词义扩大的一句是（　　）

A．红脸桃花色，客别重羞眉

B．抉吾眼县吴东门之上，以观越寇之入灭吴也

C．上天之载，无声无臭

D．钟士季目王安丰：阿戎了了解人意

18．下列各句，没有古今字的一句是（　　）

A．既成昏，晏子受礼

B．犹未足以澹其欲也

C．距关，毋内诸侯，秦地可尽王矣

D．庄公寤生，惊姜氏

19．下列训诂学的定义，属于周大璞的解释的是（　　）

A．训诂学也就是语义学

B．训诂学是关于字义方面的一种专门学术

C．训诂学是以训诂作为研究对象的学科

D．训诂学是书本子上的考古学

20．“诂训者，通古今之异辞，辨物之形貌，则解释之义尽归于此。”这个定义的提出者是（　　）

A．孔颖达　　B．章太炎

C．黄侃　　D．胡朴安

二、多项选择题（本大题共 5 小题，每小题 2 分，共 10 分）在每小题列出的五个备选项中至少有两个是符合题目要求的，请将其代码填写在题后的括号内。错选、多选、少选或未选均无分。

21．义疏的其他称谓有（　　）

A．义注　　B．义章　　C．义赞

D．义证　　E．义理

22．下列各句中的内容，涉及义训的有（　　）

A．星，散也，列位布散也　　B．拙，不巧也

C．漏，以铜受水，刻节，昼夜百节

D．揽，敛也，敛置手中也

E．二足而羽谓之禽，四足而毛谓之兽

23．下列各句中的注释内容，属于解释词义的有（　　）

A.《左传·僖公三十三年旷狄人归其元，面如生”杜预注：“元，首也。”

B.《礼记·中庸》“壹戎衣而有天下”郑玄注：“衣读如殷，声之误也，齐人言殷如衣。”

C.《诗经·邶风·绿衣》“心之忧矣，曷维斯已”《毛传》：“忧虽欲自止，何时能止也?”

D.《诗经·小雅·车攻》“萧萧马鸣，悠悠旆旌”《毛传》：“言不喧哗也。”

E.《淮南子·泰族》“商鞅为秦立相坐之法，而百姓怨矣”高诱注：“相坐之法，一家有罪，三家坐之。”

24．古语包括的内容有（　　）

A．成语　　B．典故　　C．古译语

D．古方俗语　　E．古词语

25．训诂学的任务有（　　）

A．分析古代书面语言的矛盾障碍

B．总结前人的注疏经验

C．阐明训诂的原则、方法

D．指导鉴赏古文

E．指导校勘古文

三、名词解释题（本大题共 5 小题，每小题 3 分，共 15 分）

26．《尔雅》

27．音义

28．如字

29．异体字

30．训诂

四、判断分析题（本大题共3小时，每小题5分，共15分）判断正误，在题后的括号内，正确的划上“√”，错误的划上“×”，并简述理由。

31.《说文·言部》：“讯，问也。”《尔雅·释诂》：“遐，远也。”《说文·手部》：“拙，不巧也。”这些都是义训。（　　）

32.《管子·霸言》：“故贵为天子，富有天下，而伐不谓贪者，其大计存也。”俞樾《古书疑义举例》：“‘伐’乃‘代’字之误，《管子》原文本作‘世不谓贪’，言一世之人不以为贪也。唐人避讳，改‘世’为‘代’，后人传写又误‘代’为‘伐’。”这里使用的校勘方法是本校法。（　　）

33．训诂术语“谓”就是“谓之”。（　　）

五、简答题（本大题共4小题，每小题5分，共20分）

34．怎样理解训诂中的解释词义？

35．简述训诂学与语法学的关系。

36．简述兴盛时期的训诂学。

37．怎样理解训诂中的语法障碍？

六、论述题（本大题共 2 小题，每小题 10 分，共 20 分）

38．评述《说文解字》。

39．试论形训。

四川省2011年10月高等教育自学考试训诂学试题答案及评分参考

一、单项选择题（本大题共20小题，每小题1分，共20分）

1．C　2．D　3．D　4．C　5．D
6．A　7．A　8．B　9．C　10．C
11．B　12．B　13．A　14．C　15．C
16．C　17．C　18．D　19．A　20．A

二、多项选择题（本大题共5小题，每小题2分，共10分）

21．ABCD　22．BCDE　23．AB
24．ABCDE　25．ABC

三、名词解释题（本大题共5小题，每小题3分，共15分）

26.《尔雅》是中国古代第一部训诂专著，也是第一部分类词典。它训释词语的方式有同字异训、异字同训、相反为训、同音为训等，代表性的注本有晋代郭璞的《尔雅注》、宋代邢昺的《尔雅注疏》、清代郝懿行的《尔雅义疏》等。

27．辨音的书叫“音”，释义的书叫“义”，合起来称为“音义”。唐代陆德明的《经典释文》是音义的代表。

28．如字是注音术语，它的意思是指一个字在特定的上下文里，应按照本来的读音去读。如《礼记》的“如恶恶臭”，第二个“恶”字，《经典释文》即注为“如字”。

29．指读音、意义、用法完全相同，只是形体不同的一组字，又称为“重文”、“或体”。如“泪—泪”、“睹—覩”、“绵—緜”即为异体字。

30．训诂的本义是解释古语，后来泛指做解释的工作。训诂大师黄侃说："训诂者，用语言解释语言之谓。"

四、判断分析题（本大题共3小题，每小题5分，共15分）

31．（√）这种说法是正确的（1分）。义训是用一个词或一句话来说明某个词的意义的一种词义解释法（1分），"讯，问也。""遐，远也。"是用一个词解释另一个词（2分）。"拙，不巧也。"是用反义词加上否定词来阐明词义（1分）。

32．（×）这种说法是错误的（1分）。本校法是根据本书的前后文字互证断定错误的方法（2分），而这里用的是根据文字、音韵、训诂、义理等规律校定讹误的理校法（2分）。

33．（×）这种说法是错误的（1分）。"谓"相当于现代汉语的"指的是"（1分），使用"谓"时，被释词放在它的前面（1分）。"谓之"相当于现代汉语的"叫做"（1分），使用"谓之"时，被释词放在它的后面（1分）。

五、简答题（本大题共4小题，每小题5分，共20分）

34．词义解释是训诂的基础工作，词义解释在训诂实践和训诂学研究中占有极其重要的地位 （1分）。词义解释，涉及的内容有：解释本义（1分），解释引申义（1分），解释古语（1分），解释方言（1分）。

35．语法和训诂关系密切，"详训诂，明句读"是古人在训诂实践中总结出来的经典话语，它表明了语法和训诂的有机联系（2分）。语法和训诂的具体关系体现在三方面：词性影响词义（1分），词序影响词义（1分），构词法影响词义（1分）。

36．西汉至唐代为训诂学的兴盛时期（1分）。这一时期训诂的主要特点有：确定了随文注解和通释语义为训诂的两种基本形式（1分），把汉字的形音义三者结合起来研究（1分），扩大了训诂的研究范围（1分），出现了义疏和集解这样的注释体裁（1分）。

37. 古汉语的语法与现代汉语大同小异，但是古汉语语法也有它的特殊之处，不了解古今语法的异同，阅读古籍就会遇到障碍（2分）。古汉语语法的特殊性体现在以下三个方面：词法上的词类的活用问题（1分）；句法上的宾语前置等倒装语序（1分）；古代特有的虚词的用法（1分）。

六、论述题（本大题共2小题，每小题10分，共20分）

38.《说文解字》是东汉学者许慎编的一部专门解释文字本义的工具书，它总共收字9353个，异体字1163个，按540部首编排，第一个部首是“一”，最后一个部首是“亥”（2分）。《说文解字》在训诂学上的价值，主要有三：第一，奠定了六书的基本理论，提出了以形索义的训诂方法（2分）。第二，首创汉字的部首分类法，这种分类法有助于了解字义，至今仍被广泛使用（2分）。第三，确立了分析汉字本义的基本原则，从汉字的形体结构入手，探讨字形结构与词义的联系（2分）。《说文解字》出现之后，有众多的研究者写出了研究著作，最具有代表性的是清代《说文》四大家，即：段玉裁《说文解字注》、王筠《说文句读》（1分），桂馥《说文解字义证》、朱骏声《说文通训定声》（1分）。

39. 形训又名以形索义，指的是根据分析汉字形体结构来解释词义，这种训诂方法是依据汉字的特点而建立起来的（2分）。形训法在春秋战国时代就开始了，全面的、成系统的形训法的使用是东汉的《说文解字》（1分）。《说文解字》的六书，有四书都是形训：象形是根据形象性的符号解释字义（1分）；指事是根据抽象性的符号解释字义（1分）；会意是根据构成一个字的两个汉字的组合情况解释字义（1分）；形声是根据构成一个字的两个汉字中的表形旁的字的意义来解释字义（1分）。形训的作用在于探求字的本义，有时也能探明词的引申义（2分）。形训应注意的问题：由于字形的变化，有些字的意义与形体的联系不易弄明白。同时，形训也应结合文献证据（1分）。

训诂学参考文献简目

一、专著之属

黄　生：《义府》
黄　生：《字诂》
戴　震：《方言疏证》
郝懿行：《尔雅义疏》
段玉裁：《说文解字注》
王念孙：《广雅疏证》
王念孙：《读书杂志》
王引之：《经义述闻》
钱大昕：《十驾斋养新录》
桂　馥：《札朴》
毕　沅：《释名疏证》
胡承珙：《小尔雅义证》
俞　樾：《诸子平议》
俞　樾：《群经平议》
朱骏声：《说文通训定声》
孙诒让：《札迻》
章炳麟：《文始》
章炳麟：《国故论衡》（有关部分）
章炳麟：《小学答问》
章炳麟：《新方言》

黄 侃：《黄侃论学杂著》
刘师培：《刘申叔全书》（有关部分）
王国维：《观堂集林》（有关部分）
梁启超：《清代学术概论》（论述乾嘉学派部分）
沈兼士：《段砚斋杂文》
杨树达：《增订积微居小学金石论丛》
黎锦熙：《汉语释词论文集》
闻一多：《古典新义》（见《闻一多全集）二）
周祖谟：《问学集》

二、通论之属

许 慎：《说文解字·叙》
陆德明：《经典释文·叙录》
孔颖达：《毛诗注疏》大题《周南·关雎诂训传第一》疏
戴 震：《与是仲明论学书》（《戴震集》上篇文集卷八）
段玉裁：《广雅疏证·序》（《经韵楼集）卷八）
段玉裁：《说文·叙》注语
王念孙：《说文解字注·序》
阮 元：《与郝兰皋户部论尔雅书》（《揅经室集》一集卷五）
王引之：《经义述闻·通说下》“增字解经”
王引之：《经义述闻·春秋名字解诂叙》
马瑞辰：《毛诗诂训传名义考》
孙诒让：《札迻序》（《籀庼述林》卷五）
章炳麟：《小学略论》（《国故论衡》上卷）
黄 侃：《训诂述略》（《制言》第7期，1935年）
黄 侃：《训诂学讲词》《文字声韵训诂笔记》（黄焯整理）
刘师培：《小学发微》、《小学发微补）（见《刘申叔全书》）

钟　泰：《荀注订补序》

王　力：《理想的字典》（见《龙虫并雕斋文集》）

王　力：《新训诂学》（同上书）

王　力：《训诂学上的一些问题》（同上书）

张舜徽：《中国古代史籍校读法》有关章节

胡朴安：《中国训诂学史》

张世禄：《训诂学概要》

陆宗达：《训诂浅谈》

陆宗达：《训诂简论》

陆宗达：《谈一谈训诂学》（《中国语文》1957 年第 4 期）

黄　焯：《训诂丛说》（油印本）

周大璞：《训诂学要略》

蒋礼鸿：《古汉语通论》有关章节

蒋礼鸿：《辞书三议》（《杭大学报》1977 年第 2 期）

洪　诚：《训诂学》（油印本）

齐佩瑢：《训诂学概论》

吴孟复：《训诂通论》

洪　诚：《训诂杂议》（《中国语文》1977 年第 5 期）

殷孟伦：《略谈训诂学这门科学的对象和任务》（《文史哲》1957 年第 6 期）

殷孟伦：《训诂学的回顾与前瞻》（油印本）

彭　铎：《古籍校读与语法学习》（《中国语文》1979 年第 5 期）

于省吾：《从古文字学方面来评判清代文字、声韵、训诂之学的得失》（《历史研究》1962 年第 6 期）

裘锡圭：《考古发现的秦汉文字资料对于校读古籍的重要性》（《中国社会科学》1980 年第 5 期）

周法高：《中国训诂学发凡》（收在《中国语文研究》中）

赵仲邑：《训诂学概论》（香港《中国语文研究》1981 年第 3 期）

郭在贻：《训诂丛稿》

张永言：《训诂学简论》

白兆麟：《简明训诂学》

赵振铎：《训诂学史略》

赵振铎：《训诂学纲要》

刘又辛、李茂康：《训诂学新论》

齐冲天：《论语源研究》（《郑州大学学报》1988 年第 5 期）

段会杰：《谈谈古籍整理中训释词语问题》（《河北师范大学学报》1988 年第 4 期）

韩峥嵘：《训诂学之争刍议》（《吉林大学社会科学学报》1989 年第 1 期）

蒋礼鸿：《训诂浅说》（《汉字文化》1992 年第 2 期）

三、专论之属

1. 关于通假

陆德明：《经典释文·叙录》引郑玄说

戴　侗：《六书故·六书通释》论假借部分

王引之：《经义述闻·通说下·经文假借》

钱　馥：《与陈仲鱼书》（《小学盦遗稿》卷三）

李赓芸：《古字通假举例》（《炳烛篇》卷二）

钱大昕：《说文答问》（《潜研堂文集》卷五）

钱大昕：《古同音假借说》（《潜研堂文集》卷一）

魏　源：《说文假借释例》（《古微堂外集》卷一）

俞　樾：《以双声叠韵字代本字例》（《古书疑义举例》卷三）

俞　樾：《以读若字代本字例》（同上）

俞　樾：《湖海楼笔谈》
朱骏声：《说文通训定声·自序》
马瑞辰：《毛诗古文多假借考》（《毛诗传笺通释》卷一）
章炳麟：《转注假借说》（《国故论衡》卷上）
刘师培：《古本字考》（《左盦外集》卷七）
杨树达：《造字时有假借证》、《说文读若探源》（《积微居小学述林》）
董同龢：《假借字的问题》
甄尚灵：《汉字假借义试探》（《词典研究丛刊》第一辑）
盛九畴：《通假字小议》（《辞书研究》1980 年第一辑）
蒋礼鸿：《说“通”》（《辞书研究》1980 年第一辑）
王　力：《本”和“通”》（《辞书研究》1980 年第一辑）

2．关于连语（联绵词）

张　有：《复古编》
方以智：《通雅》
王念孙：《读书杂志·汉书第十六·连语》
王引之：《经义述闻·通说上》“犹豫”、“无虑”两条
王　筠：《毛诗双声叠韵说》
邓廷桢：《双砚斋笔记》卷三
刘师培：《骈词无定字释例》（《左盦外集》卷七）
刘师培：《古书疑义举例补·两字并列系双声叠韵之字而后人分析解之之例》
刘师培：《古书疑义举例补·双声之字后人误读之例》
王国维：《肃霜涤场说》（《观堂集林》第一册卷一）
沈兼士：《联绵词音变略例》（见《段砚斋杂文》）
姜亮夫：《诗骚联绵字考》
朱芳圃：《联绵字概说》（《民铎》九卷五期，1928 年）

朱起凤：《辞通》

符定一：《联绵字典》

钱兴奇：《〈文选笺证〉中所见之连语研究》（《南京师大学报》1987 年第 2 期）

金小春：《王念孙“连语”说等四种释例及重评》（《杭州大学学报》1989 年第 1 期）

李运富：《王念孙父子的“连语观”及其训解实践（下）》（《古汉语研究》1991 年第 2 期）

3．关于音义关系、音近义通、右文说、词源学等

杨　泉：《物理论》述臤字

沈　括：《梦溪笔谈》卷一四

王观国：《学林》卷一

张世南：《游宦纪闻》卷九

戴　震：《六书音韵表序》（《戴震集》上编文集卷一）

戴　震：《转语二十章序》（《戴震集》上编文集卷四）

王念孙：《释大》

王引之：《春秋名字解诂·叙》（《经义述闻》卷二三）

焦　循：《易余籥录》卷四

郝懿行：《尔雅义疏·释诂》“弘，大也”条注语

程瑶田：《果裸转语考》

阮　元：《释门》、《释矢》、《释磬》、《释心》（均见《揅经室集》）

邵晋涵：《尔雅正义序》

邵晋涵：《汉魏音序》（《南江文钞》卷五）

黄承吉：《义起于右旁之声说》（《梦陔堂文集》卷二）

钱　塘：《与王无言书》（《溉亭述古录》卷二）

戚学标：《训诂取同音说》（《鹤泉文钞续选》）

邓廷桢：《古双声叠韵》（见《双砚斋笔记》）

陈　澧：《说文声表序》（见《说文诂林·补逸》）

章炳麟：《语言缘起说》、《转注假借说》（《国故论衡》上卷）

章炳麟：《文始略例》

刘师培：《古韵同部之字义多相近说》（《左盦集》卷四）

刘师培：《字义起于字音说》（《左盦集》卷四）

刘师培：《物名溯源》、《物名溯源续补》（《左盦外集》卷七）

王国维：《尔雅草木虫鱼鸟兽名释例》（《观堂集林》第一册卷五）

沈兼士：《右文说在训诂学上之沿革及其推阐》（见《庆祝蔡元培先生六十五岁论文集》）

沈兼士：《与丁声树论释名酒字之义类书》《"不"、"坯"、"芣苡"、"梧棬"诸永义类说》、《卢字之字族与义类》（以上均见《段砚斋杂文》）

沈兼士：《鬼字原始意义之试探》（民国二十四年北京大学国学季刊五卷三号）、《杀祭古语同源考》（民国二十八年辅仁学志八卷二期）、《声训论》（民国三十年辛巳文录续集）、《袒裼、但马、划袜》（民国三十一年《辅仁学志》十一卷一、二合期）

胡朴安：《中国文字学史》上册二三一页

杨树达：《积微居小学述林·自序》

杨树达：《形声字声中有义略证》、《字义同缘于语源同例证》（《增订积微居小学金石论丛》）

杨树达：《字义同缘于语源同续证》（《积微居小学述林》）

姜亮夫：《中国文字的声音与义的关系》（《青年界》七卷五期，1935 年）

刘　赜：《古声同纽之字义多相近说》（见国立武汉大学文哲季刊第二卷第二期，1931 年）

岑麒祥：《词源研究的意义和基本原则》（《新建设》1962 年

第8期）

张世禄：《汉语词源学的评价及其他——与岑麒祥先生商榷》（《江海学刊》1963年第7期）

严学宭：《论汉语同族词内部屈折的变换模式》（《中国语文》1979年第2期）

王 力：《同源字论》（《中国语文》1978年第1期）

蒋礼鸿：《读（同源字论）后记》（见浙江语言学会编《语言学年刊》）

康 甦：《谈谈古汉语中的"合音兼义词"》（《山东师大学报》1987年第3期）

张如元：《释"恭俭"》（《温州师范学院学报》1987年第3期）

严廷德：《同源词管窥》（《四川大学学报》1989年第1期）

何九盈：《词义拾零》（《湖北大学学报》1988年第6期）

章 也：《释"库伦"（兼论上古汉语的复辅音问题）》（《内蒙古社会科学》1988年第五期）

白兆麟：《"右文说"是对早期声训的反动（关于"右文说"的再思考）》（《安徽大学学报》1988年第3期）

王 晖：《"年"字语源考》（《陕西师范大学学报》1989年第2期）

李新魁：《释"慕"》（《古籍整理研究学刊》1989年第2期）

陆天桥：《汉语"是"在壮语中的同源词》（《中央民族学院学报》1989年第1期）

李法信：《论形声字声中有义的范围和右文说的局限》（《山东师大学报》1989年第1期）

林海权：《谈"辟易"和"披靡"》（《福建师范大学学报》1991年第3期）

江蓝生：《禁止词"别"考源》（《语文研究》1991年第1期）

吴辛丑：《从语法角度看〈周易〉"贞"字的训诂》（《语文月

刊》1991年第9期）

张惠英：《第二人称“贤、仁、恁、您”语源试探》（《中国语文》1991年第3期）

刘钧杰：《释童蒙、四海》（《中国语文》1991年第4期）

牛占珩：《〈周易〉古经词汇琐议》（《周易研究》1992年第3期）

杨学军：《与先秦两汉冠服文化相关的词语考释》（《北京师范学院学报》1992年第4期）

王敬骝：《释“鼎”》（《民族语文》1992年第3期）

谢元震：《释衣》（《文物》1992年第4期）

黎千驹：《浅谈系联同源字的标准（读〈同源字典〉后记）》（《古汉语研究》1992年第1期）

徐　超：《声训原理初探》（《山东大学学报》1992年第1期）

党怀兴：《〈六书故〉“因声以求义”论》（《陕西师大学报》1992年第1期）

贺德扬：《汉字的词根音谐声：兼释甲骨文、帝、丙、商字》（《语言研究》1991年增刊）

4. 关于同义复词

顾炎武：《日知录）卷二四“重言”条

王引之：《经义述闻·通说下》“经传平列二字上下同义条”

俞　樾：《古书疑义举例》卷四“语词复用例”

俞　樾：《古书疑义举例》卷七“两字一义而误解例”

刘师培：《古书疑义举例补》“两字并列为表象之词而后人望文生训之例”

刘师培：《文例释要》（《左盦外集》卷一三）

刘师培：《古用复字考》（《左盦集》卷八）

5．关于偏义复词

俞　樾：《古书疑义举例》“因此以及彼例”

刘盼遂：《中国文法复词偏义例》（见《文字音韵学论丛》）

余冠英：《汉魏六朝诗里的偏义复词》（见《汉魏六朝诗论丛》）

俞　扬：《对偏义复词的再认识》（《宁波师范学报》1992 年第 2 期）

6．关于反训

郭　璞：《尔雅注》（见《释诂》“肆、故，今也”，“徂、在，存也”二条注语）

郭　璞：《方言注》（见《方言》卷二“逞、若，快也”条注语）

吴曾祺：《涵芬楼文谭・杂说》

章炳麟：《小学答问》

刘师培：《古书疑义举例补》“二义相反而一字之中兼具其义之例”

董　瑶：《反训纂例》（《燕京学报》二二期，1937 年）

高庆赐：《试论汉语一词多义的内部联系》第二节（《中国语文》1978 年第 3 期）

徐世荣：《反训探源》（《中国语文》1980 年第 4 期）

杨荣祥：《“反训”研究综述》（《中国语文天地》1988 年第 5 期）

7．关于词类活用

俞　樾：《古书疑义举例》卷三“实字活用例”

刘师培：《古书疑义举例补》“使用器物之词同于器物之名例”

陈承泽：《国文法草创》“活用之实例”一章

郑奠等编：《古汉语语法学资料汇编》有关章节

8．关于虚数

汪　中：《释三九》（见《述学》内篇卷一）

刘师培：《古书疑义举例补》“虚数不可实指之例”

朱祖延：《释十二、三十六、七十二》（《中国语文》1978 年第 4 期）

9．关于古成语

俞　樾：《古书疑义举例》卷七“不达古语而误解例”

王国维：《与友人论诗书中成语书》（《观堂集林》第一册卷二）

10．关于虚词（或称语词、虚字、助字）

王引之：《经义述闻·通说下》“语词误解以实例”

王引之：《经传释词》

刘　淇：《助字辨略》

吴昌莹：《经词衍释》

杨树达：《词诠》

裴学海：《古书虚字集释》

吕叔湘：《文言虚字》

杨伯峻：《文言虚词》

徐仁甫：《广释词》

何乐士等编：《方言虚词浅释》

郑奠等编：《古汉语语法学资料汇编》有关章节

陈应中：《古汉语虚词辨源》（《辽宁师范大学学报》1987 年第 5 期）

李维琦：《〈诗经〉中“维”字考察》（《古汉语研究》1991 年第 2 期）

杨天戈：《名词前缀“阿”探源》（《中国语文》1991年第3期）

张联荣：《〈诗经〉“维”字解》（《语文研究》1991 年第 4 期）

11．关于古音韵

钱大昕：《古无轻唇音》（《十驾斋养新录》卷五）

钱大昕：《舌音类隔之说不可信》（同上）

章炳麟：《古音娘日二纽归泥说》（见《国故论衡》）

章炳麟：《古双声说》（同上）

罗常培：《汉语音韵学导论》

魏建功：《古音系研究》

12．关于训诂和校勘的条例

段玉裁：《与诸同志论校书之难》（《经韵楼集》卷六）

段玉裁：《周礼汉读考序》（《经韵楼集》卷一）

王念孙：《读书杂志》卷一五，《淮南内篇第二二》

张舜徽：《中国古代史籍校读法》

张舜徽：《广校雠略》

周祖谟：《古籍校勘述例》（《中国语文》1980 年第 2 期）

程千帆：《校勘略说》（《社会科学战线》）1981 年第 1 期）

蒋礼鸿：《传注训诂例述略》（《中国语文》1960 年第 5 期）

蒋礼鸿：《误校七例》（《浙江师院学报》1981 年第 1 期）

蒋礼鸿：《校勘略说》（《安徽师大学报》1979 年第 4 期）

宋子然：《古书校读法略论》（《四川师范大学学报》1991 年第 4 期）

13．关于古书辞例

俞　樾：《古书疑义举例》（共 88 例）

刘师培：《古书疑义举例补》（共 11 例）

杨树达：《古书疑义举例续补》（共 28 例）

马叙伦：《古书疑义举例校录》

姚维锐：《古书疑义举例增补》（共 15 例）

黄　侃：《文心雕龙札记·章句第三十四》“约论古书文句异

例”

陈望道：《修辞学发凡》有关章节

郑奠等编：《古汉语语法学资料汇编·句论·文句中几种特殊的表达格式》

李亚明：《〈尔雅〉“连言为训”体例略说》（《吉林社会科学》1987 年第 3 期）

陈焕良：《古书文例在训诂中的运用》（《中山大学学报》1991 年第 3 期）

姜跃滨：《论王念孙“同义相因”说》（《北方论丛》1991 年第 4 期）

殷寄明：《本义推求方法刍议》（《杭州大学学报》1992 年第 3 期）

陈焕良：《“古人语急”献疑》（《中山大学学报》1992 年第 3 期）

（日）平山久雄；典翰章译：《高诱注〈淮南子〉〈吕氏春秋〉的“急气言”、“缓气言”》（《古汉语研究》1991 年第 3 期）

14. 关于古书句读

武　亿：《经读考异》

钱大昕：《说文连上篆字为句》（《十驾斋养新录》卷四）

杨树达：（古书句读释例）

徐仁甫：《古书引语例辨》（《中国语文》1979 年第 3 期）

章秋农：《古书记言标点易误举例》（《中国语文》1979 年第 3 期）

吕叔湘：《〈通鉴〉标点琐议》（《中国语文》1979 年 1、2 期）

钱剑夫：《〈三国志〉标点本商榷》（《中国语文》1978 年第 2 期）

任　远：《论校勘与句读》（《浙江师大学报》1992 年第 2 期）

15．关于古今字

郑　玄：《礼记·典礼下》“予一人”注

娄　机：《班马字类》

戴　震：《答江慎修先生论小学书》（见（戴震集）上编文集卷三）

段玉裁：《〈曲礼〉君天下曰天子至余予古今字》（《经韵楼集》卷一一）

段玉裁：《说文解字注》卷二上余字注、卷二下连字注、卷三上谊字注、卷四上舄字注、卷四下骨字注、卷四下腻字注、卷五上于字注、卷五下今字注、卷七下卡字注、卷一二上联字注

王　筠：《说文释例》卷六、八、一〇

王　筠：《说文句读》卷一三下垂字注

徐　灏：《说文解字注笺》第一上祐字，三上谊字，五下于字，十下氏字，十二下也字，十二下联字

薛传均：《〈文选〉古字通疏证》

吕锦义：《〈文选〉古字通补训》

管　雄：《〈汉书〉古字论例》（《学原》一卷一一期）

洪成玉：《古今字概说》（《中国语文》1981年第2期）

16．关于方俗语词的研究

张　鹜：《朝野佥载》

刘　悚：《隋唐嘉话》

王应麟：《困学纪闻》“俗语有所本者”条

王观国：《学林》卷四“方俗声语”

陆　游：《老学庵笔记》

陶宗仪：《南村辍耕录》

杨　慎：《丹铅总录》

田汝成：《委巷丛谈》（见《西湖游览志余》卷二五）

胡应麟：《庄嶽委谈》（见《少室山房笔谈》）
郎　瑛：《七修类稿》
方以智：《通雅·谚原》
　　　　《敦煌掇琐》
　　　　《景德传灯录》
　　　　《罗湖野录》
杨　慎：《俗语》
李　实：《蜀语》
金　檀：《诗词典语正诠》
胡震亨：《唐音癸籤》
凌　初：《西厢五本解证》
徐　渭：《南词叙录》附“俗说”七〇条
火源诘：《华夷译语》
　　　　《市语声咳》、《行院声咳》（均载《墨娥小录》）
　　　　《金陵六院市语》
翟　灏：《通俗编》
钱大昕：《恒言录》
陈　鳣：《恒言广证》
钱大昕等：《迩言》等五种
赵　翼：《陔余丛考》
毛奇龄：《越语肯綮录》
胡文英：《吴下方言考》
梁同书：《直语补正》（《频罗庵遗集》）
孙棉标：《通俗常语疏证》
平步青：《玉雨淙释谚》（《霞外捃屑》卷一〇）
王鸣盛：《十七史商榷》“五代俗字俗语”
日人吉川幸次郎：《元曲选释》
王贞珉：《元曲选释补笺》

张星逸：《元曲选释补证》

王贞珉：《明代方言俗语汇编叙录》（《活页文史丛刊》卷八〇）

张　相：《诗词曲语辞汇释》

蒋礼鸿：《敦煌变文字义通释》

徐嘉瑞：《金元戏曲方言考》

朱居易：《元剧俗语方言例释》

陆澹安：《小说词语汇释》

余嘉锡：《余嘉锡论学杂著》下册《读已见书斋随笔》“莫须有”，“水浒传之俗语”两条

孙楷第：《沧州集》下册“释兀的”等文

王　锳：《诗词曲语辞例释》、《唐宋笔记小说语词汇释》

徐震锷：《〈世说新语〉词语简释》（《中华文史论丛》1979 年第 4 辑）

徐　复：《敦煌变文词语研究》（《中国语文》1961 年第 8 期）

蒋礼鸿：《〈敦煌资料〉词释》（《中国语文》1978 年第 2 期）

刘　坚：《语词杂说》（《中国语文》1978 年第 2 期）

龙潜庵：《宋元词语札记》（《中国语文》1979 年第 5 期）

杜仲陵：《略谈唐宋以后一些词的新义》（《中国语文》1980 年第 5 期）

樊维纲：《魏晋南北朝乐府民歌词语释》（《中国语文》1980 年第 6 期）

林昭德：《诗词曲语杂释》（《中国语文》1980 年第 3 期）

蒋绍愚：《唐诗词语札记》（《北京大学学报》1980 年第 3 期）

许政扬：《宋元小说戏曲语释》（《南开大学学报》1964 年五卷 1 期，1979 年第 1 期）

顾学颉：《元剧（曲）词语诠释举例》（《社会科学战线》1978 年第 2 期）

胡竹安：《略论方言方俗对训诂的作用》（《人文杂志》1981

年第1期）

李行健：《方言词语在训诂中的作用》（《南开学报》1981年第5期）

高福生：《读〈魏晋南北朝小说词语汇释〉札记》（《江西师范大学学报》1991年第3期）

钟兆华：《释“趁急”》（《语文研究》1991年第2期）

何坦野：《“脂粉”考释》（《语文研究》1991年第3期）

汪　儒：《元曲释词六则》（《杭州师范学院学报》1992年第4期）

王学奇：《元曲词语释例》（《徐州师范学院学报》1992年第3期）

蒋宗许：《六朝语词杂释》（《四川大学学报》1992年第3期）

蒋骥骋：《〈敦煌变文集〉校注笺识》（《湖南师范大学》1992年第1期）

黄　征：《汉语俗语词研究的几个理论问题》（《杭州大学学报》1992年第2期）

曾宪通：《明本潮州戏文疑难字试释》（《方言》1992年第2期）

张美兰：《敦煌变文词语拾零》（《南京师大学报》1992年第2期）

刘　金：《方言中的古语词拾零》（《光明日报》1992年2月27日第三版）

方一新：《汉魏六朝俗语词杂释》（《中国语文》1992年第1期）

方一新：《〈世说新语〉词语校读札记》（《杭州大学学报》1991年第4期）

周一良：《魏晋南北朝史札记》

江蓝生：《魏晋南北朝小说词语汇释》

宋子然：《古汉语词义丛考》

17. 关于训诂要籍的介绍和研究

张永言：《论郝懿行的〈尔雅义疏〉》（《中国语文》1962 年第 11 期）

周祖谟：《许慎和他的〈说文解字〉》（《中国语文》1956 年第 9 期）

陆宗达：《介绍许慎的〈说文解字〉》（《北京师范大学学报》1961 年第 3 期）

殷孟伦：《段玉裁和他的〈说文解字注〉》（《中国语文》1961 年第 8 期）

倜东华：《略谈〈说文解字〉段注的局限性》（《中国语文》1961 年第 10、11 期合刊）

周因梦：《扬雄和他的〈方言〉》（《中国语文》1956 年第 5 期）

罗常培：《扬雄方言在中国语言学史上的地位》（《光明日报》1950 年 10 月 22 日第六版）

孙德宣：《刘熙和他的〈释名〉》（《中国语文》1956 年第 11 期）

林　焘：《陆德明的〈经典释文〉》（《中国语文》1962 年第 3 期）

裴学海：《评高邮王氏四种》（《河北大学学报》1962 年第 3 期）

赵振铎：《读〈广雅疏证〉》（《中国语文》1979 年第 4 期）

殷孟伦：《王念孙父子〈广雅疏注〉在汉语研究史上的地位》（《东岳论丛》1980 年第 2 期）

周祖谟：《读王念孙〈广雅疏证〉简论》（《兰州大学学报》1979 年第 1 期）

郑师许：《〈玉篇〉研究》（《学术世界》一卷四期，1935 年）

刘晓东：《文始初探》（油印本）

王小苹：《王氏父子“因声求义”述评》（《华南师范大学学报》1988 年第 4 期）

徐　超：《杨树达语源学思想及其研究方法》（《文史哲》1991 年第 4 期）

赵伯义：《论邢昺的〈尔雅疏〉》（《河北师范大学学报》1992 年第 3 期）

曹先擢：《反训研究的可贵收获：读徐世荣〈古汉语反训集释〉》（《语文研究》1992 年第 3 期）

杨放之：《王念孙对因声求义理论的扩充和发展》（《萍乡教育学院学报》1992 年第 1 期）

何毓玲：《王引之、俞樾〈诗〉诂异同平议》（《古汉语研究》1991 年第 3 期）

史有为：《外来词研究之回顾与思考》（《语文建设》1991 年第 11 期）